DICIONÁRIO DE LINGUÍSTICA E GRAMÁTICA

Dados Internacionais de Catalogação na Publicação (CIP)
(Câmara Brasileira do Livro, SP, Brasil)

Camara Junior, Joaquim Mattoso

    Dicionário de linguística e gramática :
referente à língua portuguesa / Joaquim
Mattoso Camara Jr. 28. ed. – Petrópolis, RJ :
Vozes, 2011.

    1ª reimpressão, 2025.

    ISBN 978-85-326-0466-8

    Bibliografia

    1. Língua portuguesa – Gramática – Dicionários

    2. Linguística – Dicionários I. Título.

06-8884   CDD-469.503

Índices para catálogo sistemático:

1. Língua portuguesa : Gramática : Dicionários

469.503

2. Linguística : Dicionários 469.503

JOAQUIM MATTOSO CAMARA JR.

Dicionário de linguística e gramática

Referente à Língua Portuguesa

Petrópolis

© 1997, Editora Vozes Ltda.
Rua Frei Luís, 100
25689-900 Petrópolis, RJ
www.vozes.com.br
Brasil

Todos os direitos reservados. Nenhuma parte desta obra poderá ser reproduzida ou transmitida por qualquer forma e/ou quaisquer
meios (eletrônico ou mecânico, incluindo fotocópia e gravação) ou arquivada em qualquer sistema ou banco de dados sem permissão escrita da editora.

CONSELHO EDITORIAL	PRODUÇÃO EDITORIAL
Diretor	Anna Catharina Miranda
Volney J. Berkenbrock	Eric Parrot
	Jailson Scota
Editores	Marcelo Telles
Aline dos Santos Carneiro	Mirela de Oliveira
Edrian Josué Pasini	Natália França
Marilac Loraine Oleniki	Priscilla A.F. Alves
Welder Lancieri Marchini	Rafael de Oliveira
	Samuel Rezende
Conselheiros	Verônica M. Guedes
Elói Dionísio Piva	
Francisco Morás	
Teobaldo Heidemann	
Thiago Alexandre Hayakawa	

Secretário executivo
Leonardo A.R.T. dos Santos

Projeto gráfico: AG.SR Desenv. Gráfico
Capa: Marta Braiman

ISBN 978-85-326-0466-8

Este livro foi composto e impresso pela Editora Vozes Ltda.

SUMÁRIO

Sinais de transcrição fonética usados no livro, 7

Sinopse dos Estudos Linguísticos no Brasil, 9

Biobibliografia, 13

Nota dos editores para a 7ª edição, 27

Advertência para a 3ª edição, 29

Advertência para a 2ª edição, 31

Explicação preliminar da 1ª edição, 33

Verbetes, 41

Referências bibliográficas, 309

Posfácio, 323

SINAIS DE TRANSCRIÇÃO FONÉTICA USADOS NO LIVRO

/e:/, /o:/ – timbre fechado como *êle*, *ôvo*.

/e/, /o/ – timbre aberto, como em *ela*, *ova*.

[e_o] – vogal neutra como quando átona final no português europeu.

/y/, /w/ – valor assilábico das vogais /i/, /u/ respectivamente.

/s'/, /z'/ – consoantes chiantes, como em *eixo* (ou *acho*), *ajo* (ou *agi*).

/l'/, /n'/ – líquida e nasal molhadas, como em *alho*, *anho*.

/a(n)/, /e(n)/ etc. – representação das vogais com travamento nasal, ditas "vogais nasais", como *lã*, *bem*, etc.

/a-/, /e-/ etc. – vogais longas, como em latim, a terminação verbal de *amare*, *habere*, etc.

A letra entre barras inclinadas indica fonema e transcrição da palavra nas mesmas condições uma transcrição fonêmica. A letra entre colchetes indica que não se trata de fonemas, mas de som da fala e a transcrição é puramente fonética.

SINOPSE DOS ESTUDOS LINGUÍSTICOS NO BRASIL

Cremos poder dividir a evolução dos estudos linguísticos no Brasil em três grandes fases: a gramatical, a filológica e a linguística propriamente dita.

Na fase inicial, predomina a preocupação normativista, sem ter a ampará-la os conhecimentos seguros da ciência da linguagem que, diga-se de passagem, estava em sua infância. Basta lembrar que o pai da nova ciência publicou o seu Sistema de Conjugação em 1816. Não nos esqueçamos também de que Francisco Adolfo Coelho, que introduziu em Portugal os modernos métodos filológicos, publicou o livro inovador, *A Língua Portuguesa*, em 1968. E que a *Esquisse d'une dialectologie portugaise*, de José Leite de Vasconcelos, é de 1901. "A gramática", dizia Adolfo Coelho no opúsculo *O Ensino da Língua Portuguesa nos Liceus*, "é realmente no estudo atual do nosso ensino primário e secundário, uma das causas principais por que não se aprende a língua". Se assim ocorria em Portugal, as coisas não se passavam de modo diferente no Brasil. O início do nosso século ainda assistiu a uma polêmica, que se tornou célebre, entre Rui Barbosa e Carneiro Ribeiro, seu antigo mestre, a propósito da redação do Projeto do Código Civil Brasileiro, em que predominou a preocupação normativista dos fatos da língua. Teve ela, entretanto, a vantagem de evidenciar a necessidade de se proceder a uma investigação científica desses fatos. Pode-se dizer que, nessa primeira fase, a figura mais representativa foi Mário Barreto, a quem é possível, talvez, censurar a obediência rigorosa aos padrões clássicos portugueses, mas não se pode deixar de reconhecer-lhe um conhecimento da língua, aliado a um espírito sempre aberto às inovações necessárias, como foi o caso da introdução no Brasil da simplificação ortográfica, implantada em boa hora em Portugal.

Como precursores da segunda fase, impõe-se a citação de dois nomes: Silva Ramos e João Ribeiro. A Filologia começa os seus caminhos, fortemente marcados, de início, pelos progressos realizados no estudo histórico da língua destacando-se, nessa ocasião, Said Ali, que viria a deixar um discípulo seguro como Evanildo Bechara; Sousa da Silveira, com continuadores bem dignos de sua orientação cuidada, entre os quais me ocorre agora citar Gladstone Chaves de Melo, que foi seu assistente na Faculdade Nacional de Filosofia; e Antenor Nascentes (de quem tive a honra de ser discípulo e que contribuiu para a formação de filólogos como Sílvio Elia), mestre veterano de várias gerações, que se beneficiaram de seus ensinamentos no Externato Pedro II, espírito sempre em dia com os progressos da ciência linguística, cuja evolução acompanhou sempre com passo igual. Nem se pode olvidar, nesta fase, a figura extraordinária de Serafim da Silva Neto, que se afastou tão cedo do nosso convívio, mas que deixou uma obra espantosamente grande e valiosa, capacidade de trabalho verdadeiramente milagrosa.

Na terceira fase, a atenção dos estudiosos se volta, preferentemente, para os estudos de caráter linguístico. É nesta fase que se fundam as Faculdades de Filosofia. E é a ela que pertence Joaquim Mattoso Camara, não como aluno, mas como mestre consumado, a quem devemos o que de melhor se produziu, entre nós, até hoje, no terreno linguístico, que soube ampliar e demarcar, assinalando rumos e abrindo caminhos que foram sempre se prolongando e alargando até a data em que cessou, definitivamente, as suas atividades. Não possuíamos, em nossa língua, até o fim do primeiro semestre do ano de 1941, um compêndio de Linguística. Mattoso Camara veio atender a essa exigência inadiável com os seus *Princípios de Linguística Geral*, apresentados como introdução aos estudos superiores da Língua Portuguesa. Na Faculdade de Filosofia e Letras da Universidade do Distrito Federal coube-lhe, desde 1938, ministrar o curso de Linguística, no qual não se sabe dizer se era maior o professor da matéria ou o linguista que a ensinava. Os *Princípios de Linguística Geral* seriam apenas o começo de uma nova série de obras, versando setores variados, inovando e difundindo, esteadas sempre em vigorosa base doutrinária. Na então Universidade do Distrito Federal, criada em 1935, Mattoso Camara lecionou por dois anos, até a data em que foi fechada aquela casa de ensino. Durante esse período, viera ao Brasil o romanista George Millardet, a fim de dar na Escola de Filosofia e Letras daquela Universidade um curso de Filologia Românica. Mattoso Camara assistiu a esse curso, na qualidade de ouvinte, deixando-se influenciar, como o confessaria mais tarde, pelas lições do mestre. Logo a seguir, seria convidado para ministrar o curso de Linguística, como foi dito acima. Em 1942, afasta-se do país para fazer cursos nos Estados Unidos da América do Norte, onde tem oportunidade de conhecer o grande Roman Jakobson, de quem foi discípulo, e cujas ideias irão influenciá-lo grandemente e refletir-se em sua obra posterior. Em 1953, obtém a docência-livre de Língua Portuguesa, na Universidade do Brasil. Em 1954 passa também a exercer a cátedra de Linguística na Universidade Católica de Petrópolis. Convidado pela Universidade de Lisboa, nela ministra, no ano letivo de 1962-1963, a cadeira de Introdução aos Estudos Linguísticos. Em 1966 volta a exercer na School of Languages and Linguistics da Universidade de Georgetown, em Washington dC., como professor-visitante, a cadeira de História e Estrutura da Língua Portuguesa. Concomitantemente vão-se estendendo a novas áreas os seus conhecimentos e, em 1961, ei-lo lecionando a cadeira de Introdução ao Estudo das Línguas Indígenas Brasileiras, no Museu Nacional. Note-se que, em 1959, já havia o Museu Nacional feito publicar o seu estudo sobre Alguns Radicais Jê. Na Universidade Autônoma do México dá, em 1968, um curso de História da Linguística e Estrutura do Português, curso que já havia ministrado, anteriormente, em 1965, na Universidade da República de Montevidéu. Seria longo enumerar todas as atividades desempenhadas pelo grande linguista. Ao leitor interessado em tomar conhecimento minucioso dessas atividades oferecemos a relação que segue este artigo. Seja-nos lícito, apenas, ressaltar que, na data do seu falecimento, era presidente da ALFAL (Associação de Linguística e Filologia da América Latina), cargo em que foi substituído pelo linguista Robert Lado, Reitor da School of Languages and Linguistics da Universidade de Georgetown. E que foi ainda divulgador, entre nós, da obra de Sapir e Jakobson, através das traduções intituladas, respectivamente, Linguística como Ciência e Fonema e Fonologia.

Três influências notáveis sofreu Mattoso Camara em sua formação: a de Jonathas Serrano, o extraordinário professor de História do Externato do Colégio Pedro II, com quem teve o privilégio de aprender, no próprio lar, todas as disciplinas que compunham, então, o currículo de nível médio; George Millardet, a cujas aulas assistiu, como acima deixamos dito, na Escola de Filosofia e Letras da Universidade do Distrito Federal e cuja doutrina se reflete em seus Princípios de Linguística Geral; e, finalmente, Roman Jakobson, que lhe ministrara um curso nos Estados Unidos. A influência de Jakobson ressalta em seu livro *Para o Estudo da Fonêmica Portuguesa*, cuja segunda edição saiu em 1977.

Apesar das influências recebidas, Mattoso Camara soube amoldá-las com o seu espírito equilibrado, sem prejuízo da originalidade do pensamento. O que lhe deve a Linguística no Brasil falará de si mesma a sua obra, cujos ensinamentos se projetarão para o futuro, pois essa mesma obra ficará como um marco, entre nós, do que foi feito até a sua chegada e o que se virá a realizar posteriormente. Serviu ela, também, de estímulo aos nossos melhores filólogos que, incentivados pelo seu exemplo, voltaram-se, então, para o campo da Linguística, dedicando a ela o melhor de suas atividades, como é o caso de Aryon Dall'Igna Rodrigues, especialista em Tupinologia e versado em Antropologia Linguística, Leodegário Amarante de Azevedo, com uma obra já notável, Francisco Gomes de Matos, Diretor do Centro de Linguística Aplicada Yázigi, e Geraldo Cintra (em São Paulo), e o de Sílvio Elia, cujas *Orientações da Linguística Moderna* o situam na mais avançada linha dos estudos desse gênero.

Quanto ao autor destas linhas, que se confessa seu discípulo e que teve o privilégio de conhecê-lo e de privar de sua amizade, espera, apenas, que lhe perdoem a impossibilidade de retratar-lhe a obra e a personalidade pela forma que melhor justiça fizesse ao seu merecimento.

Hamilton Elia

BIOBIBLIOGRAFIA

Joaquim Mattoso Camara Junior – Nasceu no dia 13 de abril de 1904, na rua dos Araújos, n° 15, bairro da Tijuca. Filho do Dr. Joaquim Mattoso Duque Estrada Camara e de Dona Maria Paula de Castro Silva Mattoso Camara. Casou com D. Maria Irene Ramos Camara, tendo uma filha de nome Lúcia Ramos Camara e uma filha adotiva, Maria da Glória Nascimento Alves. Fez o curso primário em casa, com professora particular, e o curso secundário, também em casa, sob a orientação do grande mestre Jonathas Serrano, que lhe ensinou todas as matérias que, então, compunham aquele curso. Concluiu o curso superior da Escola Nacional de Belas Artes (Arquitetura), em 1927, e o da Faculdade de Direito da Universidade do Rio de Janeiro, em 1932. Concluiu os seguintes cursos de especialização linguística: em 1937 – Linguística latina e neolatina – Universidade do Distrito Federal; em 1943 – Fundamentos da linguagem – Universidade de Columbia (New York); em 1943 – Linguística indo-irânica – Universidade de Columbia (New York); em 1943 – Línguas da África – Universidade de Columbia (New York); em 1943 – Linguística Geral – Ecole Libre des Hautes Etudes (New York); em 1943 – Fonética Experimental – Universidade de Chicago. De regresso à pátria, alcança o doutorado em Letras Clássicas na Faculdade de Filosofia da Universidade do Brasil, em 1949; obtém a docência-livre de Língua Portuguesa, na mesma Universidade, em 1953. A par de todos esses cursos, exerceu atividades de nível superior de: professor-adjunto de Linguística da Universidade do Distrito Federal – 1938/39; professor-adjunto de Linguística na Faculdade Nacional de Filosofia, depois Faculdade de Letras da Universidade Federal do Rio de Janeiro, a partir de 1950; professor-visitante de Fonética na Faculdade de Filosofia e Letras da Universidade do Paraná – 1961; professor-conferencista de Expressão Oral e

Escrita na Escola de Comando e Estado Maior da Aeronautica – 1950/1954; professor titular de Língua Portuguesa e, em seguida, também de Linguística, na Faculdade de Filosofia, depois Universidade Católica de Petrópolis, de 1954 em diante. E, no estrangeiro: professor convidado de Introdução aos Estudos Linguísticos, na Faculdade de Letras da Universidade de Lisboa – 1962/1963; professor-visitante de História da Linguística e Estrutura do Português no Instituto Linguístico de Verão da Universidade de Washington, Seatle – 1942; professor-visitante de História e Estrutura da Língua Portuguesa no Institute of Languages and Linguistics da Georgetown University, em Washington dC. (1943/1944 e em 1966); professor convidado de História da Linguística e Estrutura do Português, no Instituto Interamericano de Linguística da Universidad de la Republica, Montevideo – 1965; Professor de História da Linguística e Estrutura do Português, no Instituto Interamericano de Linguística da Universidad Autónoma de México – 1968. Tendo estado no Brasil, em 1961, ministrou o curso de Introdução ao Estudo das Línguas Indígenas Brasileiras, no Museu Nacional do Rio de Janeiro. Posteriormente, em 1968, deu o curso de Estrutura do Português, no Instituto Brasileiro de Linguística da Universidade Católica do Rio Grande do Sul, como professor convidado. Tomou parte em vários congressos científicos: Reuniões de Antropologia da Associação Brasileira de Antropologia, no Rio, em 1953; no Recife, em 1955; em Curitiba, em 1957; em Belo Horizonte, em 1959; Colóquios de Estudos Luso-Brasileiros, em São Paulo, 1954; em Salvador, 1960; em Cambridge, Mass. – 1966; Congresso Brasileiro de Língua Vernácula da Academia Brasileira de Letras, em 1949; Congrès International de Linguistique Romane, Strassbourg, 1962; Congreso de Instituciones Hispánicas, Madrid, 1963; Reunion pour l'information linguistique da UNESCO, Paris, 1963; Reunion du Conseil International de Philosophie et Sciences Humaines da UNESCO, México, 1963; International Congresses of Linguists – IX – Cambridge, Mass. e X-Bucarest: 1962 e 1967; Reuniões do Interamerican Program of Linguistics and Languages Teaching: I – Carthagena – 1963; II – Bloomington, Ind. – 1964; III – Montevideo – 1965; IV – México – 1968; V – São Paulo – 1969; Congresso da Associação de Filologia e Linguística da América Latina: I – Montevideo – 1965; II – São Paulo – 1969. Exerceu os seguintes CARGOS CONSULTIVOS: Conselho Consultivo do Instituto de Letras da Universidade de Brasília – 1964; Conselho Técnico do Instituto de Idiomas Yázigi – 1965 em diante; Advisory Board for Foreign Countries de Word, journal of The Linguistics Circle of New York – 1943 em diante; Interamerican Program of Linguistics and Language. ASSOCIAÇÕES CIENTÍFICAS: Academia Brasileira de Filologia, Centro de Estudos Filológicos de São Paulo, Associação Brasileira de Antropologia, onde foi secretário de 1961 a 1963; Linguistic Circle of New York; Linguistic Society of America, USA; Societé de Linguistique Romane, Strassbourg – Union Internacionale des Sciences Anthropologiques et Ethnologiques da UNESCO; Current Anthropology, Chicago; Associação de Linguística da América Latina (de que foi presidente até a data do seu falecimento); Academia de Ciências de Lisboa, como sócio correspondente, eleito em 1966; Comitê Internacional de Linguistas, eleito em 1967, como representante da América Latina.

OBRAS PUBLICADAS

1. *Princípios de Linguística Geral*, 4ª ed., 3 impressões. Rio de Janeiro, Livraria Acadêmica, 1969. Biblioteca Brasileira de Filologia, v. 5.

2. *Para o Estudo da Fonêmica Portuguesa*. Rio de Janeiro, Edições da "Organização Simões", 1953. Coleção Rex Filologia, 13.

3. *Contribuição à Estilística Portuguesa*, 3ª ed., Rio de Janeiro, Ao Livro Técnico e MEC, 1977. Coleção Linguística e Filologia.

4. *Teoria da Análise Léxica*. Rio de Janeiro. Edição Acquarone-Cuñarro – Salaberry, 1956.

5. *Dicionário de Linguística e Gramática*, 7ª edição. Petrópolis, Editora Vozes, 1977. A 1ª edição foi publicada com o título de Dicionário de Fatos Gramaticais, pelo Centro de Pesquisas da Casa de Rui Barbosa, MEC, Coleção Estudos Filológicos, 1.

6. *Uma Forma Verbal Portuguesa: Estudo estilístico-gramatical*. Rio de Janeiro, Livraria Acadêmica (distribuidora) – 1956. A 2ª edição, com o título "A forma verbal portuguesa em -ria", foi editada pela School of Languages and Linguistics da Georgetown University, Washington, dC., 1967.

7. *Manual de Expressão Oral e Escrita*, 4ª edição. Petrópolis, Editora Vozes, 1977.

8. *Ensaios Machadianos: Língua e Estilo*. Rio de Janeiro, Livraria Acadêmica, 1962. Rumos, 6.

9. *Introdução às Línguas Indígenas Brasileiras*. 2ª ed. Rio de Janeiro, Livraria Acadêmica, 1965. Biblioteca Brasileira de Filologia, v. 18. A 1ª ed., da mesma data, foi publicada pelo Museu Nacional.

10. *Problemas de Linguística Descritiva*. 8ª edição, Petrópolis, Editora Vozes.

11. *Estrutura da Língua Portuguesa*. 7ª edição, Petrópolis, Editora Vozes.

12. *História da Linguística*. 2ª edição, Petrópolis, Editora Vozes.

13. *História e Estrutura da Língua Portuguesa*. Rio de Janeiro, Padrão Livraria e Editora.

14. *Dispersos* (seleção de Carlos Eduardo F. Uchoa). Rio de Janeiro, Fundação Getúlio Vargas.

TRADUÇÕES

1. Sapir, Edward. *A linguagem: introdução ao estudo da fala*. Rio de Janeiro, Instituto Nacional do Livro, 1954. Biblioteca Científica Brasileira, 4ª série B.

2. Sapir, Edward. *Linguística como Ciência: Ensaios, Seleção,* Tradução e Notas. Rio de Janeiro, Livraria Acadêmica, 1961. Filologia e Linguística, v. 1.

3. Jakobson, Roman. *Fonema e Fonologia: ensaios*. Seleção, tradução e notas, com um estudo do autor. Rio de Janeiro, Livraria Acadêmica, 1967. Filologia e Lingüística, v. 2.

ARTIGOS PUBLICADOS

1. Um caso de regência. In *Miscelânea em Honra de Manuel Said Ali*. Rio, 1938, p. 49/59. Nova redação em Revista de Cultura, Rio, 1943, fascículo de julho.

2. Uma alternância portuguesa: fui/foi. In *Revista de Filologia Hispánica*. Buenos Aires, 1(3): 257-61. 1930 – Versão portuguesa em *Revista de Cultura*. Rio de Janeiro, 1944, fasc. de julho.

3. Lições de Linguística Geral. In *Revista de Cultura*. Rio de Janeiro, 1939, fasc. 146, 147, 148, 149, 150.

4. O estilo indireto livre em Machado de Assis. In *Miscelânea de Estudos em Honra de Antenor Nascentes*. Rio de Janeiro, 1941, p. 19-30.

5. "Cão" e "cachorro" no Quincas Borba de Machado de Assis. In *Revista de Cultura*. Rio de Janeiro, 29: 298-303, 1951; 30: 56-58, 72-76.

6. Linguística e Etnografia. In *Revista do Museu Nacional*. Rio de Janeiro, 2: 271, 1944.

7. *Os Estudos Linguísticos nos Estados Unidos da América do Norte*. Rio de Janeiro, Museu Nacional, Ministério da Educação e Saúde, 1945. Publicações Avulsas, 1.

8. Notas Gramaticais. In *Revista de Cultura*, Rio, 37: 114-118, 137-141, 237-242, 1945.

9. Machado de Assis e suas referências ao leitor. In *Boletim de Filologia*. Rio de Janeiro, 1(2): 75-86, junho de 1946.

10. Imperfect Rimes in Brazilian. In *Word, Journal of the Linguistics Circle of New York*. New York, 2: 131-135, 1946.

11. Os estudos linguísticos regionais. In *Boletim de Biologia*. Rio de Janeiro, 2(5): 3-14, março de 1947.

12. Quincas Borba e o Humanitismo. In *Boletim de Filologia*. Rio de Janeiro, 2(7): 131-138, setembro de 1947.

13. Para o estudo da Fonética portuguesa. Os fonemas em português. In *Boletim de Filologia*, Rio de Janeiro, 3(9): 1-30, março de 1949.

14. Para o estudo da fonêmica portuguesa: Fonética e Fonêmica. In *Boletim de Filologia*. Rio de Janeiro, 3(10): 71-97, junho de 1949.

15. Filologia. In *Manual Bibliográfico de Estudos Brasileiros*, sob a direção de Rubens Borba de Moraes e William Berrien. Rio de Janeiro, Gráfica Editora Souza, 1949, p. 257-262. Seguido da bibliografia organizada e comentada pelo Autor. Mencionam-se 249 espécies.

16. A Rima na Poesia Brasileira. In *Anais do Congresso Brasileiro de Língua Vernácula*. Rio de Janeiro, Casa de Rui Barbosa, 1: 298-333, 1949.

17. A língua literária. In *A Literatura no Brasil*, Rio de Janeiro, Editorial Sul América S.A., 1(1): 101-111, 1955.

18. O verso romântico. In *A Literatura no Brasil*, direção de Afrânio Coutinho, Editorial Sul América, 1(1), 1955.

19. Morfologia e Sintaxe. In *Jornal de Filologia*, São Paulo, 3(3/4): 177-182, junho/dezembro 1955.

20. *Panorama da evolução linguística nos Estados Unidos da América do Norte*. Bogotá, Instituto Caro y Guervo, 1956.

21. Gonçalves Viana and the Phonic Sciences. In *For Roman Jakobson. Essays on the occasion of his Sixtieth Birthday*. The Hague, Mouton, 1956.

22. *Manual de Transcrição Fonética*. Rio de Janeiro, Museu Nacional, 1957.

23. Um soneto de Machado de Assis. In *Revista do Livro*. Rio de Janeiro, 2(5): 69-73, março de 1957.

24. Do Estudo Tipológico em listas de vocábulos indígenas. In *Revista de Antropologia*. São Paulo, 7(1/2), 1959.

25. *Classificação das Línguas Indígenas no Brasil*, Relatório na IV Reunião Brasileira de Antropologia, Letras, Universidade do Paraná, n° 10, Curitiba, 1959.

26. A coroa de Rubião. In *Revista do Livro*. Rio de Janeiro, 2(8): 105/109, dezembro de 1957.

27. Sur la neutralisation morphologique. In *Travaux de L'Institut de Linguistique de l'Université de Paris*. Librairie Klincksieck, 1957.

28. Ele comme un accusatif dans le portugais du Brésil. In *Miscelánea Homenaje à André Martinet* – "Estruturalismo y Historia". Canarias, 1957, p. 39-46. Biblioteca Filológica de la Universidad de la Laguna, 1.

29. Erros de escolares como sintomas de tendências linguísticas no português do Rio de Janeiro. In *Romanistisches Jahrbuch*. Hamburgo, 3: 279-286, 1957.

30. Machado de Assis e o corvo de Edgar Poe. In *Revista do Livro*, Rio de Janeiro, 3(11): 101-109, setembro de 1958.

31. *Alguns radicais Jê*. Rio de Janeiro, Museu Nacional, MEC, 1959. Publicações avulsas, 28.

32. *A obra linguística de Curt Nimuendju*. Rio de Janeiro, Museu Nacional, MEC, 1960, publicações avulsas.

33. Da natureza das línguas indígenas. In *Revista de Letras*, Faculdade de Filosofia, Ciências e Letras de Assis, 3: 17-29, 1962.

34. A propos d'un vulgarisme du portugais du Brésil. In *Omagiu lui Alexandru Rosetti la 70 ani*. Bucareste, Academiei Republicii Socialiste România, 1965.

35. Para o estudo descritivo dos verbos irregulares. In *Estudos Linguísticos*, Revista Brasileira de Revista Teórica e Aplicada. São Paulo, 1(1): 16-27, julho de 1966.

36. Considerações sobre o gênero em português. In *Estudos Linguísticos*, Revista Brasileira de Linguística Teórica e Aplicada. São Paulo, 1(2): 1-9, dezembro de 1966.

37. A Note on Portuguese Noun Morphology. In *To Honor Roman Jakobson. Essay on the Occasion of his Seventieth Birthday*. The Hague, Mouton, 1967, p. 1311-1314.

38. O estruturalismo linguístico. In *Tempo Brasileiro*. Rio de Janeiro, 15/16, 5-43, 1968.

39. Une catégorie verbale: le futur du passé. In *Proceedings of the International Congress of Linguists*, ed. by Horace Lunt, the Hague, 1964.

40. Programas: carta aberta ao Dr. Frota Pessoa. Rio de Janeiro, Jornal do Brasil, Seção Educação e Ensino, 12 de junho de 1940.

41. Problemas de Linguística Descritiva. In *Vozes*. Petrópolis, 61(10), outubro de 1967; 61(11), novembro de 1967; 61(12), dezembro de 1967; 62(5), maio de 1968; 62(6), junho de 1968; 62(7), julho de 1968; 62(8), agosto de 1968; 62(9), setembro de 1968; 62(10), outubro de 1968; 62(11), novembro de 1968.

42. Said Ali e a Língua Portuguesa. In *Vozes*. Petrópolis, 35(6), junho de 1961.

43. Considerações sobre o estilo. In *Vozes*. Petrópolis, 55(11), novembro de 1961.

44. Antenor Nascentes e a Filologia Brasileira. *Vozes*. Petrópolis, 60(6), junho 66.

45. As ideias gramaticais de João Ribeiro. In *Letras*, Universidade do Paraná, Curitiba, n° 12-161.

46. Da Mofina Mendes ao "Padre Mendes". In *Verbum*, Pontifícia Universidade Católica do Rio de Janeiro. Rio de Janeiro, 9(4), janeiro de 1933.

47. Nomenclatura Gramatical, com a nota "Curso Organizado pelo Diretório Acadêmico Santo Tomás de Aquino da Faculdade Católica de Filosofia de Petrópolis, aos sábados, de 23 de abril a 21 de maio. Aulas taquigrafadas pelo estudante da Faculdade Católica de Direito Luciano René Boettger. In *Letras*, Universidade do Paraná. Curitiba, n° 11, 1960.

48. O espanhol no Brasil e a conexão do português e do espanhol na América do Norte. In *Presente y Futuro de la Lengua española*. Madrid, Ediciones Cultura Hispânica, 1964.

49. Línguas Europeias de Ultramar: O Português do Brasil. In *Revista do Livro*, órgão do Instituto Nacional do Livro, 8 (27/28), 1965. Este trabalho é uma conferência feita no Romanisches Senúnar da Universidade de Barn, a 17 de maio de 1963, e foi traduzido para o alemão e publicado com o título "Europaïsche Sprachen in Ubersee; Das brasilianische Portugiesich". In *Archiv für das studium der neueren Sprachen und Literaturen*, Geng Westermann Verlag. 200 Band, 115 Jorhgang, 5 Geft.

50. Brazilian Linguistics. In *Current Trends in Linguistics*, v. Ibero-American and Caribean Linguistics, ed. by Thomas A. Sebeok, Mouton, The Hague, 1968. [Traduzido para o português por Maria Cândida D. Bordenave e publicado em "Tendências Atuais da Linguística e da Filologia no Brasil", Rio de Janeiro, Francisco Alves, 1976].

51. Contemporary Brazilian Studies in Portuguese Linguistics, translated by Charles L. Eastlack. In *Portugal and Brazil in transition*. Raymond S. Sayers, editor, University of Minnesota, USA, 1968.

52. Para uma estilística estrutural. In *Langue-Literature, Folklore*, estudos dedicados a Rodolfo Orós. Santiago do Chile, Universidade do Chile, 1967.

53. A locução "a olhos vistos". In *Miscelânea Filológica em honra à memória de Clóvis Monteiro*. Rio de Janeiro. Editora do Professor, 1965.

54. Um caso de colocação. In *Estudos Filológicos em homenagem a Serafim da Silva Neto*. Rio de Janeiro, Edições Tempo Brasileiro, 1967.

55. História Externa da Língua Portuguesa. In *Revista de Cultura*. Rio de Janeiro, 21(242), fevereiro de 1956.

56. Carta ao professor Sílvio Elia. Comentários, crônicas, notas e notícias. In *Revista de Cultura*. Rio de Janeiro, 32: 264, maio de 1942.

57. A pronúncia do latim. In *Revista de Cultura*. Rio, 41: 264, maio de 1942. Errata no fascículo de junho.

58. A pronúncia do latim. In *D. Casmurro*, 11 de junho de 1942.

59. O ensino de línguas na América do Norte. In *Boletim de Filologia*. Rio de Janeiro, 1(3): 145-148, setembro de 1946.

60. Otto Jespersen. In *Boletim de Filologia*. Rio de Janeiro, 1(3): 149-152, setembro de 1946.

61. Sobre a classificação das palavras. In *Boletim de Filologia*, Rio de Janeiro, 2(4): 87-91, junho de 1947.

62. Sobre as consoantes palatalizadas. In *Boletim de Filologia*, Rio de Janeiro, 1(4): 225-229, dezembro de 1946.

63. *Inexequível no Brasil. Entrevista sobre o Acordo Ortográfico*, Rio de Janeiro, A Noite, 22 de janeiro de 1948.

64. Discurso de Paraninfo no Colégio Jacobina. Rio de Janeiro, Traço de União, órgão dos alunos do Colégio Jacobina, n° 1, 1950.

65. O VI Congresso Internacional de Linguistas. In *Revista Brasileira de Filologia*. Rio de Janeiro, 1(1): 53/59, junho de 1955.

Biobibliografia

66. A conferência de Indiana entre Antropólogos e Lingüistas. In *Revista Brasileira de Filologia*. Rio de Janeiro, 1(2): 187-95, dezembro de 1955.

67. Carta aberta a José Simeão Leal "A pedidos", Rio de Janeiro, *Diário de Notícias*, 7 de junho de 1955.

68. Relatório (sobre a ligação entre a Linguística e a Antropologia) na *I Reunião de Antropologia*, Rio de Janeiro, 1(2): 251-260, dezembro de 1955.

69. Roman Jakobson. In *Revista Brasileira de Filologia*. Rio de Janeiro, 2(1): 55-64, junho de 1956.

70. Discurso de Paraninfo na Faculdade Nacional de Filosofia. In *Revista de Cultura*. Rio de Janeiro, 21(243), março de 1956.

71. A Teoria Sintagmática de Mikus. In *Revista Brasileira de Filologia*, Rio de Janeiro, 5(1/): 245-259, dezembro de 1956.

72. Entrevista sobre a nova NGB a Zuenir Carlos Ventura. Rio de Janeiro, *Tribuna da Imprensa* (tabloide), 25 de junho de 1969.

73. Glotocronologia e estatística léxica. In *Revista Brasileira de Filologia*. Rio de Janeiro, 5(1/): 209-215, 1959/1960.

74. Maurício Swadesh, 1909/1937. In *Estudos Linguísticos*, Revista Brasileira de Linguística Teórica e Aplicada. São Paulo, 2(1/2): 112-115, jul./dez., 1967.

75. Sobre o futuro romance. In *Revista Brasileira de Filologia*. Rio de Janeiro, 3(2), dezembro de 1957.

RESENHAS

1. Faria, Ernesto – O Latim e a Cultura Contemporânea. In *Revista de Filologia Hispânica*. Buenos Aires, 3: 395/396, 1941.

2. Silva Neto, Serafim – Manual de Gramática Histórica. In *Revista de Cultura*. Rio de Janeiro, 34: 327, 1943.

3. Jakobson, Roman – Kinderproche, Aphasio und Allgemeine Lautgesetze. In *Boletim de Filologia*. Rio de Janeiro, 1(1): 37-40, março de 1946.

4. Swadesh, Mauricio – Le Nueve Filologia. In *Boletim de Filologia*. Rio de Janeiro, 1(1): 40-47, março de 1946.

5. Van Ginneken, Jacques – La Reconstruction Typologique des Langues Archaiques de l'Humanité. In *Boletim de Filologia*. Rio de Janeiro, 1(1): 47-51, março de 1946.

6. Trubetzkoy, N.S. – Grundsüge der Phonologie. In *Boletim de Filologia*. Rio de Janeiro, 1(2): 97-107, junho de 1946.

7. Kainz, Friedrich – Psychologie der Sprache. In *Boletim de Filologia*. Rio de Janeiro, 1(4): 233-236, dezembro de 1946.

8. Trubetzkoy, N.S. – Principes de Phonologia. In *Boletim de Filologia*. Rio de Janeiro, 1(9): 53-54, março de 1949.

9. Simões Neto, Lopes – Contos Gauchescos, edição crítica por Aurélio Buarque de Holanda. In *Boletim de Filologia*, Rio de Janeiro, 3(10): 123-127, junho de 1949.

10. Vicente – Alonso Zamora – Les Sonatas de Valle Inclán. In *Revista Brasileira de Filologia*. Rio de Janeiro, 2(1): 102-106, junho de 1956.

11. Pidal, Diego Catalan Menéndez – La Lingüística Española y su concepción de Lenguaje. In *Revista Brasileira de Filologia*. Rio de Janeiro, 2(2): 161-264, dezembro de 1956.

12. Boléo, M. de Paiva – Introdução ao Estudo de Filologia Portuguesa. In *Boletim de Filologia*. Rio de Janeiro, 2(6): 113-116, junho de 1947.

13. Sturtevant, Edgar N. – The Indo-Hittite Laryngeals. In *Boletim de Filologia*, Rio de Janeiro, 2(6): 116-117, 1947.

14. Terracini, A. Benevenuto. Que és la Linguística? In *Boletim de Filologia*. Rio de Janeiro, 2(8): 249-251, dezembro de 1948.

15. Niedermann, Joseph – Kultur, Werden, und Wandlungen des Begriffs und seiner Ersatzbegriffe von Cicero bis Herder. In *Revista Brasileira de Filologia*. Rio de Janeiro, 1(1): 61-64, junho de 1955.

16. Jakobson, Roman – Selected Writings, I Phonological Studies. In *Word, Journal of the Linguistics Circle of New York*, 20(1), abril de 1964. A tradução portuguesa desta resenha figura, como Apêndice

e com o título de Os Estudos Fonológicos de Roman Jakobson, em *Fonema e Fonologia* (Livraria Acadêmica), p. 187-200.

17. Sturtevant, Edgar H. – An Introduction to Linguistic Science. In *Revista Brasileira de Filologia*. Rio de Janeiro, 1(1): 64-66, junho de 1955.

18. Instituto de Filosofia de la Academia de Ciencias de la URSS. Pensamento y Lenguaje. In *Revista Brasileira de Filologia*. Rio de Janeiro, 5(1/2): 217-220, 1959, 1960.

19. Boléo, Manuel de Paiva – Algumas tendências e perspectivas da Linguística Moderna (Separata da Revista Portuguesa de Filologia). In *Estudos Linguísticos*, Revista Brasileira de Linguística Teórica e Aplicada. São Paulo, 1(1): 41-42, julho de 1966.

20. Academie de la Republique populaire Roumaine, Melanges Linguistiques publiées à l'occasion du VII Congrès International des Linguistes à Oslo, du 5 au 9 août, 1957. Bucarest, editions de l'Academie de la R.P.R., 1957. In *Romance Philology*. Berkeley, University of California Press, 3(2) novembro de 1963.

21. Martinet, André – A functional view of language. Oxford, The Clarendon Press, 1962. Malmberg, B. Structural Linguistics and Human Communication, Verlag, Berlin-Gottingen-Heidelberg, 1963. In *International Review of Applied Linguistics (IRAL)* 3(3), Aug, 1965.

22. Amaral, Amadeu – O dialeto caipira, Gramática. Vocabulário. Prefácio de Paulo Duarte. São Paulo, Editora Anhembi Ltda., 1955. In *Revista de Antropologia*. 3(2), dezembro de 1955.

23. Language in culture and society, edited by Dell Hymes. New Hymes. New York Evanston and London, Harper and Row, 1964. In *Linguistics an International Review*. The Hague, Mouton, and Co., n° 28, 1966.

24. Von Humboldt, Wilhelm – Schriften zur Sprachphilosophie. Sttutgart, J.G. Cotta'sche Buchandhihgm 1963. In *Linguistics an International Review*. The Hague, Mouton and Co., n° 33, July, 1967.

25. William A. Read – Louisiana Frech, revised edition. Louisiana State University Press, 1963. In *Archiv für das Studiens der neueren*

Sprachen und Literaturen, 202 Band, 117 Jahrgang, 6 Heft, George Westermann Verlag, abril, 1966.

26. Angiolollo, Paul E. – Armed Forces Foreign Language Teaching. New York, 1947. In *Cultura*, revista quadrimestral, publicada pelo Serviço de Documentação, MEC. 1(2), abril de 1969.

27. Spitzer, Leo. Essays in Historical Semantics. New York, 1948. In *Cultura* 1(3), maio/agosto, 1949.

28. Notícias críticas a: Sílvio Elia, O Ensino de Latim: Leodegário Amarante Azevedo Filho. Didática Especial de Português: Ismael de Lima Coutinho: Pontos de Gramática Histórica. Rio de Janeiro, *A Cigarra* – Livros, revista semanal da Editora O Cruzeiro, 1958.

29. Notícias críticas a: Teatro de Martins Pena, ed. Darcy Damasceno; Gladstone Chaves de Melo, Iniciação à Filologia Portuguesa; Tulio Hostilio Montenegro, A Análise Matemática do Estilo; Said Ali, Dificuldades de Língua Portuguesa. Rio de Janeiro, *A Cigarra*, "Livros", 1957.

30. Notícias críticas a: Cavalcanti Proença, Exercícios de Português; Sílvio Elia e Hamilton Elia, 100 Textos Errados e Corrigidos; Adriano da Gama Kury, Pequena Gramática para explicação da nova nomenclatura gramatical. Rio de Janeiro, *A Cigarra*, "Livros", 1959.

31. Notícias críticas a: S.P.J., Vokomono. Oti, Cartilha Terena; Th. Maurer Jr. Gramática do Latim Vulgar. Rio de Janeiro, *A Cigarra*, "Livros", 1960.

32. Silva Neto, Serafim da – Manual de Gramática Histórica. In *Revista de Cultura*. Rio de Janeiro, junho de 1942.

33. Lima, Rocha – Anotações a textos errados. In *Revista de Cultura*. Rio de Janeiro, fevereiro e março, 1943.

34. Schaff, Adam – Introdução à Semântica, tradução de Célia Neves. Rio de Janeiro, Civilização Brasileira, 1968. In *Vozes*, revista católica de cultura, Petrópolis, 63(4): 364, abril de 1969.

NOTA DOS EDITORES PARA A 7ª EDIÇÃO

A primeira edição desta obra foi publicada (1956) pelo Centro de Pesquisas da Casa de Rui Barbosa, Rio de Janeiro, com o título *Dicionário de Fatos Gramaticais*. A partir da 2ª edição, até à sexta, por razões que o autor explicou, o livro levou o título *Dicionário de Filologia e Gramática*. Tanto a 2ª quanto a 3ª, 4ª, 5ª e 6ª edições estiveram a cargo da J. Ozon-Editor, Rio de Janeiro.

Ao aceitar o pedido de Dona Maria Irene Ramos Camara, viúva de Joaquim Mattoso Camara Jr., de continuar a publicação do livro, lhe fizemos duas propostas: o acréscimo de um posfácio com os principais termos linguísticos desenvolvidos após a morte do Prof. Mattoso Camara (1970), visando sobretudo aos alunos de nossas faculdades; e a mudança do título para *Dicionário de Linguística e Gramática*. Dona Maria Irene concordou com ambas as propostas.

Já em 1966, ao resenhar muito favoravelmente a 2ª edição na revista norte-americana *Hispania* (1966: 181-182), o prof. Gomes de Matos lembrava que o conteúdo do dicionário justificaria a substituição, no título, da palavra "Filologia" por "Linguística". Consultado agora, o referido linguista (e outros como, por exemplo, a Madre Olívia, de quem Mattoso Camara prefaciou *Nova Análise Semântica*) se mostrou favorável à troca do título, explicando que, muito embora a Linguística e a Filologia sejam campos intercomplementares, aquela é mais abrangente e bem mais difundida no Brasil. Poder-se-á discutir a redundância parcial existente na locução *Linguística e Gramática*. Entretanto, aí se configura o *status* da primeira como "verdadeira ciência panssemiótica do comportamento humano" (Gomes de Matos) e da segunda como o estudo descritivo e/ou explicativo das características formais de uma língua, do mecanismo gerador de todas as orações possíveis de uma língua e dos usos psico-sócio-culturais desse sistema por seus usuários. O termo *gramática* é, além disso, menos abstrato que *linguística*, aplicando-se a diversos "produtos pedagógicos", isto é, a gramáticas escolares.

Para escrever o posfácio, convidamos o Prof. Francisco Gomes de Matos, diretor do Centro de Linguística Aplicada do Instituto de Idiomas Yázigi S/C, em São Paulo; e professor no programa de pós-graduação em Linguística Aplicada na PUC/SP; e bom conhecedor, como ex-discípulo e amigo de Mattoso Camara, de toda a obra de quem já foi chamado de Pai da Linguística no Brasil.

A Editora Vozes Ltda. agradece à Dona Maria Irene a honra desta edição, e ao Prof. Gomes de Matos o valioso acréscimo que, pensamos, deixa este Dicionário totalmente atualizado.

Clarêncio Neotti
Petrópolis, julho de 1977

ADVERTÊNCIA PARA A 3ª EDIÇÃO

Esta 3ª edição sai cuidadosamente revista e acrescida de alguns verbetes. Procurou-se não só corrigir os erros tipográficos, mas ainda certos detalhes de redação e doutrina. O Autor consigna com gratidão as observações que espontaneamente lhe fizeram sobre a 2ª edição os seus colegas e amigos Antenor Nascentes, Zdeněk Hampl e Celso Luft. Um agradecimento muito especial cabe para Hamilton Elia, que auxiliou a revisão e preparação do texto. Mesmo quando não aceitou algumas das observações desses quatro colegas e amigos, o Autor soube apreciar o generoso interesse assim demonstrado pelo seu despretensioso livrinho.

Rio, 1968

ADVERTÊNCIA PARA A 2ª EDIÇÃO

Ao preparar a 2ª edição deste Dicionário, mantive-me fiel ao objetivo que foi claramente exposto no início da "Explicação Preliminar à 1ª edição, no que, aliás, alguns recenseadores não atentaram, insistindo em ver no trabalho um Léxico de Nomenclatura. Tal objetivo – "o de dar em ordem alfabética, para consultas ocorrentes, as noções gramaticais, como base para a compreensão estrutural, funcional e histórica da língua portuguesa" (p. 11) – era sem dúvida ambicioso e talvez acima das forças do Autor. Como quer que seja, houve um estrênuo e sincero empenho de atingi-lo, então como agora, dentro da orientação sistemática e doutrinária, à luz da linguística contemporânea, que venho há muito procurando imprimir aos meus estudos sobre a língua portuguesa.

Intensificaram esta atitude os anos transcorridos e as novas experiências didáticas a que tenho sido chamado em meu país e no estrangeiro. Neste particular, o ano de 63 me encontra não só um tanto evoluído, em face do que ousei apresentar em 56, como mais seguro das minhas ideias e menos tímido em expô-las – o que os que as partilham comigo julgarão um bem, e os que delas discordam considerarão um mal. Por outro lado, mantive-me atento às críticas, para corrigir-me quando me convencessem de estar em erro, e reexpressar-me quando me parecessem provir de incompreensão por falta de clareza de minha parte.

De tudo isso resultou nesta 2ª edição uma revisão cabal, em amplitude e profundidade. O novo título, que é uma mudança de detalhe, vale como símbolo dessa remodelação, procurando acentuar o caráter da obra e evitar o que no título antigo poderia sugerir profissão de fé no empirismo, que rejeito e sempre rejeitei; outra mudança de detalhe foi nas referências bibliográficas e na sua ampliação a fim de melhor informar e orientar os leitores.

Advertência para a 2ª edição

Preparei esta 2ª edição longe do meu país e não pude assim apelar para a assistência do professor Rosalvo do Valle, que me foi tão preciosa na edição de 56. Em compensação, valeu-me agora o auxílio da linguista Yonne Leite, do Museu Nacional do Rio de Janeiro, que se ofereceu a rever as provas tipográficas, dirimir dúvidas nesse afã e servir de agente de ligação entre o Editor no Rio e o Autor no estrangeiro.

Lisboa, 1963.

EXPLICAÇÃO PRELIMINAR DA 1ª EDIÇÃO

1. Este DICIONÁRIO *não versa a Nomenclatura Gramatical como orientação para o emprego dos termos técnicos, à maneira das bem conhecidas obras de J. Marouzeau em francês, de Lázaro Carreter em espanhol, de A. Nascentes em português. Em vez de tal objetivo – evidentemente utilíssimo mas já assim bastante ventilado – teve-se o de dar, em ordem alfabética, para consultas ocorrentes, as noções gramaticais, como base para a compreensão estrutural, funcional e histórica da língua portuguesa. Não se visou ao problema terminológico, senão a uma divulgação de conhecimentos doutrinários. O modelo distante foi o* Dicionário Gramatical *de João Ribeiro, que tantos serviços prestou ao estudo do seu tempo.*

Não se trata, porém, de uma mise-au point *de qualquer outro empreendimento anterior. Obedeceu-se a um plano próprio, com um propósito bem determinado, que convém de antemão rapidamente definir.*

2. Digamos preliminarmente que não se procurou fazer um vade-mécum *da ciência da linguagem, ou, em outros termos, um Dicionário de Linguística Geral. Com isso, uma obra sucinta, como esta, ficaria necessariamente fragmentária, perfunctória e vaga, e pois de muito escassa utilidade. Para tanto, impor-se-ia, em lugar deste livro, uma pequena Enciclopédia Linguística, cuja vantagem e oportunidade não se pretende negar, mas que seria "outra história", como diria Kipling, a exigir longa e complexa elaboração por uma equipe de redatores especializados, com um dilatado prazo de execução e dilatadas possibilidades financeiras diante de si. Além do mais, o interesse básico do* Centro de Pesquisas da Casa de Rui Barbosa *tem de ser, na sua Seção de Língua, o estudo da Língua Portuguesa, que, ao lado da ciência do Direito, o grande patrono da Casa tanto cultivou na sua vida exemplar de intelectual.*

A ciência geral da linguagem só está presente no espírito com que aqui se procurou trabalhar.

A língua é, com efeito, um fenômeno humano e deve ser objeto científico de observação interpretativa à maneira de todos os demais. A sua importância na vida prática tem obnubilado esta circunstância, fazendo com que se procure em regra, antes de tudo, utilizá-la proveitosamente no intercâmbio social. Não há dúvida que a finalidade pragmática não deve ser sacrificada ao "ponto de vista de Sirius" da ciência desinteressada; nem cabe, evidentemente, uma filosofia educacional pautada no "laissez faire, laissez passer" de um como que livre-cambismo linguístico. Mas a arte normativa tem de partir, em cada um de nós, da compreensão do que é a linguagem e da do funcionamento espontâneo da língua a cujo bom emprego se pretende chegar.

Não há arte normativa sem a base do conhecimento científico da interpretação desinteressada, quer se trate de uma ciência da natureza, quer de uma ciência do homem. É por não atentar nesta verdade que a nossa gramática escolar, mesmo depois de adereçar-se com o eruditismo da Filologia, patinha em regras estéreis, falazes e contraditórias, e perturba, muito mais do que rege, o uso eficiente da língua falada e escrita.

Este Dicionário *cogitou da ciência da linguagem no sentido de que os fatos da língua portuguesa foram encarados objetivamente, na sua realidade, e não para fins normativos de correção gramatical.*

3. Que se entendeu, entretanto, por fatos da língua portuguesa, assim destinados a ser sucintamente dicionarizados em verbetes?

Convém dividir o conceito, expresso em tal locução, em certos subconceitos.

Em primeiro lugar, temos os elementos propriamente ditos da língua, que, por assim dizer, a consubstanciam: elementos fonéticos, como as nossas diversas vogais e consoantes; elementos mórficos, como os diversos afixos e desinências; elementos vocabulares, inclusive os instrumentos gramaticais, como as diversas preposições, os nossos pronomes, o nosso artigo, etc. São os fatos que podemos chamar concretos, ou antes, de preferência a fatos, as formas da língua.

Em segundo lugar, as entidades classificatórias, decorrentes do agrupamento dessas formas por um critério de classificação gramatical. Assim, cabe considerar o que se entende, em português, por vogal, por consoante, por afixo, por desinência, por preposição, por artigo etc., e as partes da gramática em que tais entidades se estudam. As formas aí aparecem a título de ilustração e exemplo, sem propósito de uma enumeração cabal: ab uno disce omnes.

Em seguida, vêm os processos de que se serve a língua portuguesa para estruturar as suas formas e funcionar na comunicação linguística. Temos de considerar, desta sorte, o acréscimo de um segmento fonético à parte final de um elemento vocabular (sufixação), a mudança do timbre vocálico para fim gramatical, como em pus-pôs, avô-avó *(alternância), a indicação de um determinante pela sua "concordância" com o respectivo determinado, etc., bem como as valorizações estilísticas e os aspectos que assume a linguagem segundo as suas condições de realização (solilóquio, fala, escrita, etc.).*

Cabe ainda levar em conta as noções que figuram na gramática portuguesa, como a de número, a de tempo verbal, a de voz verbal, etc. É o que se define tradicionalmente como "categorias gramaticais". Os sistemas gramaticais divergem profundamente na quantidade e na qualidade das suas categorias. São elas que lhes dão aquela fisionomia íntima que Wilhelm von Humboldt chamou a "forma interna" de uma língua em contraste com a "forma externa", que vem a ser o conjunto dos elementos concretos existentes na língua. Em português, por exemplo, não há categoria de caso, segundo a qual um nome mude de forma de acordo com a sua função na frase, como em latim – homo vidit lupum *(o homem viu o lobo),* hominem vidit lupus *(o lobo viu o homem).*

Finalmente, são também, de certo modo, fatos gramaticais os próprios sistemas linguísticos como entidade social, conceituando-se em falar dialeto, gíria, língua, etc., ou consubstanciando-se, geograficamente distribuídos, em meios coletivos de comunicação, que são as línguas e os blocos de línguas particulares, como o português, o latim, o indo-europeu.

4. Do plano deste Dicionário *ficaram excluídos verbetes para os elementos concretos, ou formas, apreciados de início no parágrafo anterior.*

A razão é óbvia. Esses elementos, quando são vocábulos, inclusive instrumentos gramaticais, constam dos dicionários gerais da língua, que arrolam, por exemplo, o artigo, as preposições e assim por diante. Quando são segmentos vocabulares, como os afixos e as desinências, figuram, em listas facilmente encontráveis, em qualquer gramática. Além disso, a inclusão desses verbetes aumentaria excessivamente o volume sem maior proveito que compensasse tão sério inconveniente. Pelo contrário, o acúmulo de formas na obra lhe tiraria em grande parte o caráter que deve consubstanciá-la. O consulente, interessado em adquirir a noção nítida de um processo ou de uma categoria da língua, se emaranharia num conglomerado de verbetes de formas, em regra bem conhecidas, e, não o sendo, já constantes exaustivamente de outras obras de consulta, como os dicionários analógicos, as listas e os paradigmas gramaticais.

Ficaram, portanto, previstos no plano do Dicionário *apenas verbetes para os subconceitos restantes em que dividimos, no parágrafo anterior, o conceito geral de fato da língua. Foram arrolados os diversos agrupamentos de formas gramaticais, os processos gramaticais com os diversos aspectos que assume a linguagem, as categorias gramaticais que funcionam na língua portuguesa e o sistema linguístico como entidade social.*

Há, entretanto, um ponto importante a considerar a este propósito.

Vimos que as línguas divergem entre si na quantidade e na qualidade dos seus fatos. A rigor, poderia parecer, de acordo com o espírito do plano já aqui esboçado, que só deviam ter sido incluídos no Dicionário *aqueles que realmente figuram em português.*

Ora, sucede que cada língua é, a rigor, apenas o novo estágio de uma língua anterior, e, ao mesmo tempo, nela estão em elaboração mudanças que já prefiguram um estágio seguinte.

Nestas condições, há fatos que, embora ausentes, são muito importantes para dela se ter um conhecimento exato. Assim, a categoria de caso, típica do latim, que é um estágio anterior ao português, interessa profundamente ao estudo deste último, porque os nomes portugueses e suas categorias de gênero e número se tornam compreensíveis pela persistência formal do caso acusativo latino em português.

Por outro lado, muitas categorias e processos gramaticais nossos são, em última análise, aspectos particulares de processos e categorias mais gerais, que aparecem em sua plenitude alhures. Haja vista os nossos masculino e feminino, que só ficam plenamente inteligíveis quando os situamos num plano classificatório mais amplo.

Daí os fatos gramaticais, incluídos no Dicionário, *terem abrangido os fatos portugueses, propriamente ditos, e os fatos não-portugueses que interessam a esses primeiros e a que se teve de fazer alusão nos verbetes a eles corres-*

pondentes. Em outros termos, um fato gramatical figurou tanto por existir direta como indiretamente em português.

5. *O* Dicionário de Fatos Gramaticais, *composto nestes moldes, com o fim de fazer compreender a nossa língua em sua estrutura, em seu funcionamento espontâneo e em sua história, destina-se a preencher uma lacuna da nossa bibliografia filológica. Permitirá, em consultas rápidas e diretas, a solução de incertezas e dúvidas que, atualmente, só se pode conseguir de maneira trabalhosa, com grande gasto de esforço e de tempo, em tratados e gramáticas primacialmente destinados a um estudo coordenado e seguido.*

A sua desvantagem, em face de um tratado ou de uma gramática, é – como para qualquer dicionário – a de fragmentar em verbetes o que por si possui uma unidade intrínseca, apresentando uma atomização dos fatos em vez de uma concatenação compendiosa e lógica.

Mas não é uma desvantagem insuperável.

Procurou-se aqui neutralizá-la com a escolha cuidadosa dos verbetes, destinados a focalizar fatos centrais, e, em cada um, com uma exposição ampla e coerente, abrangendo vários fatos intimamente correlatos. Estes últimos, por sua vez, não ficaram perdidos para uma consulta direta, porque constam de verbetes de remissão, onde estão indicados os verbetes centrais em cujo corpo se deve procurá-los. Por outro lado, os próprios verbetes centrais foram articulados entre si pela remissão, feita em cada um, a todos os outros que com ele logicamente se associam.

Caberá à exação do consulente aproveitar ao máximo essa disposição da matéria, ampliando a sua consulta por todos os verbetes assim relacionados e indo de remissão em remissão até chegar a um informe compreensivo e conclusivo, em vez de contentar-se com os dados parciais e incompletos do verbete a que por acaso se tenha circunscrito.

6. *É óbvio que neste plano, pautado numa seleção de verbetes, predominou um dado critério. A obra reflete, neste sentido, um ponto de vista pessoal e nem poderia deixar de fazê-lo, embora se tenha evitado cuidadosamente um arbítrio essencialmente subjetivo com a distribuição, tão objetiva quanto possível, dos fatos gramaticais pela sua importância e dependência intrínseca.*

Também se evitou cuidadosamente o arbítrio subjetivo no tratamento dos fatos. Levou-se o escrúpulo, neste particular, à serena apresentação dos pontos de vista mais diversos, pois um Dicionário é, antes de tudo, uma obra de informação e não, como a tese, uma tomada de posição doutrinária.

O que primacialmente interessa a um consulente é saber as interpretações correntes de determinado fato da língua para poder, por sua vez, chegar a uma conclusão, em relação a ele.

Isso não importa, evidentemente, numa abdicação de princípios. A obra procura ter uma linha diretriz nítida, que acompanha o pensamento gramatical de quem a traçou. Do contrário, não seria um todo orgânico, como convinha à própria finalidade de informar e orientar. Apenas evitou-se a unilateralidade de doutrina, bem como a valorização ostensiva de pontos de vista, por meio de uma redação essencialmente expositiva, que não quer sugestionar o consulente.

7. O mesmo critério regeu a escolha dos termos técnicos.

Ressalvou-se de início nesta Explicação que não se teria aqui um Dicionário de Nomenclatura Gramatical. O objetivo foi o fato gramatical e não a sua denominação.

É óbvio, entretanto, que se deve usar um nome para título de cada verbete e que esses nomes podiam, e deviam, pautar-se por um princípio terminológico bem definido. O ecletismo era evidentemente desaconselhável no próprio proveito do consulente, que com isso se confundiria.

Adotou-se, portanto, uma nomenclatura bem determinada e de acordo com certas convicções.

Tal decisão não pretende dar ao Dicionário *o caráter complementar de fixador da nomenclatura gramatical. Fugiu-se a essa consequência, que não seria pertinente à utilidade essencial da obra, incluindo-se em cada verbete, ou a ele remetendo-se em verbetes separados, as denominações mais ocorrentes em nossas gramáticas e paralelas às que foram escolhidas.*

Por outro lado, foram excluídos os termos que a rigor não vingaram no uso didático e se conservam como simples idiossincrasias de dado gramático ou professor. Também não foram alvitradas denominações novas, em princípio; quando muito, houve num ou noutro ponto uma discreta sugestão do que pareceu mais aconselhável. Cada termo, a que se deu preferência, teve a esteá-lo o seu uso em obras fundamentais sobre o assunto.

8. Tal é o Dicionário de Fatos Gramaticais, *que, sob a égide da Casa de Rui Barbosa, se entrega à consulta do público estudioso brasileiro.*

Explicação preliminar da 1ª edição

Na sua execução, quem assina esta Explicação, como Chefe da Pesquisa, contou com a operosidade inteligente e valiosa de um Auxiliar de Pesquisa dos mais competentes na pessoa do professor-licenciado Rosalvo do Valle. Embora o plano do Dicionário e a composição dos verbetes sejam da responsabilidade do primeiro, a contribuição do segundo fez-se sentir de maneira eficiente sob os seguintes aspectos: um levantamento preliminar de verbetes, como ponto de partida para a seleção ulterior; uma colaboração das mais felizes na escolha de exemplos e de textos citados em muitos verbetes; uma revisão cuidadosa da redação, podando ambiguidades, redundâncias e aparentes incoerências de definições; uma organização sistemática das obras compulsadas no correr da fatura, quer quanto à doutrina, quer quanto aos textos ilustrativos; e last but not least, *um senso crítico sempre alerta, de que se beneficiou o Chefe da Pesquisa para ampliar por sua conta certos verbetes, esclarecer melhor certos pontos de vista e melhor firmar certas interpretações.*

Também foi preciso o serviço da funcionária Stella Prata da Silva na cópia à máquina das fichas em que se vazaram definitivamente os verbetes para a publicação ulterior. A sua inteligência e competência permitiram um excelente trabalho dactilográfico, cuja feição técnica teria provocado em mão menos hábil muitos equívocos [sic].

É evidente, enfim, que este Dicionário *só se tornou possível pela aprovação que deram ao empreendimento os eminentes membros da Comissão de Filologia do Centro de Pesquisas da Casa de Rui Barbosa e pelo apoio constante do ilustre Diretor dessa Casa, Dr. Américo Lacombe, e do Diretor de Pesquisas Dr. Thiers Martins Moreira, quer pessoalmente, quer por intermédio de sua secretária Norah Levy. Dos membros do Centro de Pesquisas impõe-se citar aqui, especialmente, o nome do Dr. Augusto Meyer, a quem coube a ideia de um Dicionário Gramatical atualizado e a iniciativa de propor a sua execução aos seus Colegas da Comissão de Filologia, lembrando quem lhe pareceu dever ser encarregado da tarefa.*

A todos ficam aqui consignados sinceros agradecimentos, e ao público em geral desculpas pelas inegáveis deficiências da obra, em parte devidas à complexidade e dificuldade do assunto e em parte em consequência de óbvias limitações pessoais.

J. MATTOSO CAMARA JR.

A

ABERTURA – Refere-se, em fonética, em sentido lato, à abertura da boca, determinada pelo afastamento das mandíbulas, enquanto se fala. Não confundir com abrimento (v.).
Também designa o timbre (v.) das vogais, resultante do distanciamento entre a língua e o céu da boca, que modifica a câmara de ressonância (v.) oral.

ABLAUT – v. apofonia.

ABRANDAMENTO – v. lenização; sonorização.

ABREVIATURA – Recurso convencional da língua escrita (v.), que consiste em reduzir, na grafia do vocábulo, o número de letras (v.) que o compõem e correspondem aos fonemas (v.) da enunciação. Omite-se assim na representação gráfica uma parte desses fonemas, e a que fica passa a equivaler ao todo, desaparecendo a associação que, na nossa escrita por alfabeto (v.), se estabelece *pari passu* entre as letras de um vocábulo escrito e os fonemas do respectivo vocábulo oral: por isso, a abreviatura se aproxima do chamado ideograma (v.). O leitor é avisado de que vai haver abreviatura, em virtude de um sinal especial depois ou acima da letra que precede a parte omitida; na ortografia atual esse sinal é um ponto ao lado da última letra grafada: *ex*. (= exemplo).

A praxe é manter a letra inicial, ou essa letra com uma ou mais seguintes, e às vezes, também, a última ou últimas letras (postas ao lado ou acima das demais), quando há para isso um forte motivo gramatical (como a indicação do gênero e a do número): *p*. ou *pág*. (= *página*), *fls*. (= *folhas*), Sr.ª (= *Senhora*).

Os vocábulos que se abreviam são os de frequência forçada em determinados textos: a) fórmulas de tratamento; b) termos para indicar que o autor vai exemplificar ou reportar-se a algo; c) nomes de corpos químicos; d) nomes de medida; e) fórmulas comerciais; f) saudações e certas indicações em telegramas; g) títulos de livros de consulta e revistas técnicas; h) designações de órgãos e subdivisões burocráticas; i) nome de pessoa (especialmente de um autor) ocorrente num texto. Às vezes, o vocábulo abreviado não é o português, mas o latino correspondente. Assim temos: a) *Sr*. (= *Senhor*),

V.Ex.ª (= *Vossa Excelência*); b) *ex.* (= *exemplo*), *v.* (= *veja* ou latim *vide*), *i.e.* (= *isto é* ou latim *id est*), *cf.* (= latim *conferre* "comparar") confira ou confronte; c) *Az.* (= azoto), *Ag.* (= latim *argentum* "prata"); d) *h* (= hora), *km* (= *kilometro*, antiga grafia de "*quilômetro*"); e) *s/f* (= *seu favor*), *m/l* (= *minha letra*); f) *ABRS* = *abraços*), *PT* (= *Ponto*); g) *CA.* (= *Cancioneiro da Ajuda*), *REL* (= *Révue des Etudes Latines*); h) *MEC* (= *Ministério de Educação e Cultura*); i) *M.A.* (= *Machado de Assis*, num texto em que se trata desse escritor). As abreviaturas do tipo g), h), i), em que só figura a inicial maiúscula de cada vocábulo e que podem dispensar o ponto indicativo da abreviação, têm o nome especial de acrografia (v.); v. ainda sigla.

O uso de abreviatura é comum em qualquer sistema de grafia mais ou menos analítico, como meio de ganhar tempo e espaço. Encontramo-lo em latim, onde os gramáticos distinguiam as abreviaturas de textos jurídicos e administrativos (L.I.D.A.C. (= *Lex Iulia de adulteriis cohercendis*) e as familiares usadas à vontade por qualquer um (c' = *cum*, m' = *mihi*) (cf. Zanier, 1955). Entre os copistas medievais as abreviaturas eram constantes e criavam um dos problemas para a leitura correta dos códices; assim *q* encimado de um til (v.) e seguido de *r* correspondia a *querer*.

A ESTENOGRAFIA, ou TAQUIGRAFIA, se explica como um desenvolvimento metódico e contínuo de abreviaturas, que acabam perdendo a relação com as letras do alfabeto tradicional. Ao lado do termo "abreviatura" também existe o sinônimo de origem grega BRAQUIGRAFIA (de *brachys* "curto" e *grafia*, derivado do nome grego *graphé* "escrita").

ABRIMENTO – Distância que pode ser nula (OCLUSÃO), entre os órgãos fonadores determinantes da articulação de um fonema (v.). É um termo técnico (cf. Nogueira, 1938, 125), correspondente ao fr. *aperture*, e que não se deve confundir com abertura (v.), embora a abertura das vogais seja consequência do grau de abrimento.

ABSTRATOS – Designação dada aos nomes, usados como substantivos, para as qualidades e as ações, que ficam assim abstraídas dos seres que, respectivamente, as possuem ou as executam. O substantivo abstrato de qualidade associa-se assim a um adjetivo, que exprime a mesma qualidade como atributo de um determinado ser; ex. *tristeza* (cf. *triste*), *alegria* (cf. *alegre*), *bondade* (cf. *bom*). O substantivo abstrato de ação se associa, por sua vez, a um verbo, que exprime a mesma ação por um determinado ser; ex.: *admiração* (cf. *admirar*), *julgamento* (cf. *julgar*, con-

solo (cf. *consolar*). Os abstratos são, por isso, comumente, vocábulos formados por derivação (v.) – de um adjetivo, se de qualidade, ou de um verbo, se de ação. Podem, por derivação imprópria, ter substantivada a forma do adjetivo, no masculino, ou do verbo, no infinito, em virtude da adjunção do artigo (v.) ou de um pronome adjetivo; ex.: *o belo horrível – o comer e o coçar tudo está em começar – este sofrer que não tem fim.*

É frequente a transposição (v.) dos nomes substantivados abstratos para concretos (v.), indicando um ser relacionado com a qualidade ou a ação que o abstrato designa; ex.: *uma beleza*, por "uma mulher bela"; *um passe*, por "um bilhete que dá passe ou passagem". Nessa transposição o substantivo que era abstrato fica sujeito a plural para mais de um ser (ex.: *as belezas da festa*), enquanto como abstrato propriamente dito ele é apenas sujeito à pluralização (v.). Por isso a forma plural serve às vezes para opor o uso concreto do abstrato ao seu uso como abstrato (cf. *bens* "objetos de riqueza" oposto a – *bem* "felicidade ou virtude").

V. alegoria.

ACENTO – É a maior intensidade (acento de intensidade ou ICTO) ou a maior altura (acento de altura ou TOM) com que a emissão de uma sílaba se opõe às que lhe ficam contíguas numa enunciação. O acento, de intensidade ou de altura, conforme a língua, entra na estruturação fônica do vocábulo (v.) criando um contraste na emissão das sílabas. As línguas se dividem em dois grupos, de acordo com a natureza do acento que utilizam em seus vocábulos: 1) línguas intensivas ou de icto; 2) línguas tonais ou de altura. O português é uma língua intensiva, mas a gramática portuguesa usa, no estudo do acento, a nomenclatura do grego, que era uma língua tonal, e a própria palavra "accentus", latina, é uma tradução literal do grego "prosodía" (*prós-*, como *ad-*, "junto"; *odé*, como *cantus*, "canto"). Daí os adjetivos "tônico" (derivado de "tom") e "átono" (sem tom) para a sílaba que tem, ou não, acento, respectivamente, e os compostos OXÍTONO ("tom agudo"), PAROXÍTONO (*para-* "ao lado de"), PROPAROXÍTONO (*pro-* "antes") para classificar os vocábulos portugueses pela posição do acento. Tem-se assim em português, como já se tinha em latim – 1) vocábulos oxítonos, ou agudos, com acento na última sílaba (ex.: *ocular*); 2) vocábulos paroxítonos, ou graves, com acento na penúltima sílaba (ex.: *açúcar*); 3) vocábulos proparoxítonos, ou esdrúxulos (ex.: *óculos*) com acento na antepenúltima sílaba. As sílabas inacentuadas, ou átonas, apresentam, por sua vez, uma gradação na sua fraqueza de emissão, ou atonicidade (v.). Alguns vocábulos gramaticais, isto é, vocábulos cuja função é de morfema (v.), figuram na frase sem acento e dizem-se vocábulos átonos ou CLÍTICOS. Isto significa que na enunciação eles são incorporados a um vocábulo contíguo, com uma ou duas sílabas a mais desse vocábulo, ficando em próclise (v.) ou em ênclise (v.). Por sua vez, a sílaba tônica apresenta uma variante subtônica (com acento secundário), que aparece no primeiro elemento de um sintagma (v.) frasal e no dos compostos por justaposição (v.), a que se opõe a sílaba tônica do segundo elemento com o acento primário.

Na ortografia portuguesa representa-se o acento tônico pelos sinais gráficos chamados acento agudo (v.) e acento circunflexo (v.). O sinal gráfico é sempre usado nos vocábulos proparoxítonos, que não são bem do gênio da língua (v.) portuguesa, pois esse tipo de acentuação só se ampliou, tardiamente, por via erudita; no latim vulgar lusitânico os proparoxítonos latinos sofreram em regra a síncope da penúltima vogal átona (v.). Nos oxítonos só se usa o sinal gráfico de acento em vocábulos terminados por vogal baixa ou média, seguida ou não de -*s* (ex.: *alvará*, *português*, *compôs*), e nos paroxítonos terminados por consoante (l, n, r, x) ou ditongos (ex.: *açúcar*, *jóquei*) ou para assinalar o timbre aberto da base de um ditongo em oxítonos (exs.: *incréu*, *herói*).

Ao lado do acento vocabular, há o chamado acento frasal, que consiste na elevação da voz em determinado ponto de enunciação da frase; o resultado é uma escala de altura vocal – ascendente, descendente ou ascendente-descendente a que se dá o nome de entoação (v.).

É impróprio usar o termo "acento" no sentido de sotaque (v.).

ACROGRAFIA – Grafia (v.), em abreviatura (v.), de uma locução por meio das letras iniciais dos vocábulos componentes, que formam em conjunto um nome próprio; ex.: REW (*Romanisches Etymologisches Wörterbuch*) para o "Dicionário Etimológico das Línguas Românticas" de Meyer-Lübke; em português, como nas demais línguas modernas, lança-se mão da acrografia para títulos de obras, revistas e jornais em citação (ex.: REW), partidos (ex.: ARENA para "Aliança Renovadora Nacional" e MDB para "Movimento Democrático Brasileiro"), departamentos, organizações e até nomes de países (ex.: MEC, para o "Ministério da Educação e Cultura"), no Brasil; ONU para a "Organização das Nações Unidas", USA para os "Estados Unidos da América" em sua forma inglesa de *United States of America*; URSS para a "União das Repúblicas Socialistas Soviéticas), mais recentemente nomes de autores, figuras políticas (MA, para "Machado de Assis"), etc.

Há hesitação em escrever as iniciais separadas por ponto (U.S.A.) ou não (USA). E na leitura em ler as letras pelo seu *nomen* (v. alfabeto) (ex.: USA, lido *u-esse-a*) ou como um vocábulo de acordo com as regras usuais de leitura da língua (ex.: ONU, lido *ônu*). Em regra, o segundo processo só se firma quando a sequência de letras coincide com a silabação normal da língua e quando não se trata de nomes de pessoas. Com qualquer dos processos, porém, deixa-se de ter o caráter de ideograma (v.), o que seria o da acrografia ser lida como se figurasse a locução que ela abrevia.

Como fatos de dinâmica em linguagem são curiosas nas acrografias duas tendências: 1) ensejarem derivados específicos (ex.: *Arenista*, da Arena); 2) associarem-se a raízes da língua parônimas ou homônimas, cuja significação a isto se presta (ex., a extinta SAPS, para "Serviço de Alimentação da Previdência Social" associado à raiz *sap-* de *sapare* "saborear"). O intento da associação se revela mais nitidamente na posição do acento, se o vocábulo é de mais de uma sílaba, e pelo emprego de letras excrescentes (ex.: ECEMAR, lido oxítono e com um *r* excrescente final, para "Escola de Comando e Estado Maior da Aeronáutica").

ACÚSTICA – Parte das ciências físicas destinada ao estudo dos sons e sua propagação na atmosfera. A fonética acústica define e interpreta os sons vocais pelas diretrizes da física acústica. É uma disciplina que recentemente ganhou grande impulso e tem aparelhos de pesquisa próprios, como espetrógrafo (v.) em fonética (v.) experimental. O linguista Roman Jakobson fez a análise da frase do ponto de vista acústico (Jakobson-Fant-Halle 1952) e criou nomenclatura e definições novas para as vogais e consoantes, examinando as suas qualidades acústicas (Jakobson 1967, 122-127). Assim, a fonética acústica separa-se da fonética ARTICULATÓRIA, ou genética, que focaliza os movimentos do aparelho fonador, produzidos pelo falante. Também não se confunde com a fonética AUDITIVA, que analisa a impressão dos sons vocais no aparelho auditivo do falante e do ouvinte.

ADJETIVO – Palavra de natureza – a) nominal, ou b) pronominal, que

adjetivos determinativos / adjunto

se associa com um substantivo (v.) e em muitas línguas fica em concordância com ele; em português a concordância é em gênero e número: a) *belas casas*; b) *estas casas*. O adjetivo pode funcionar na frase como adjunto (v.) ou como predicativo (v. complementos). É uma divisão secundária do nome (v.) e do pronome (v.) na base do emprego sintático; donde os nomes adjetivos (ex.: *belo*) e os pronomes adjetivos (ex.: *este, meu, algum*). Outro critério, na classificação das palavras (hoje abandonado em português), é partir do emprego sintático e dividir os adjetivos em QUALIFICATIVOS, quando são de natureza nominal, e DETERMINATIVOS, quando são de natureza pronominal; neste caso, "nome" é sinônimo de "substantivo" de significação simbólica, oposto a "pronome", que é substantivo de significação dêitica (v. dêixis).

Os nomes adjetivos se associam a nomes substantivos; mas há uma subclasse que se associa aos verbos e são os particípios (v.). Dos nomes adjetivos se derivam por um especial sufixo lexical outros chamados superlativos (v.) que têm a mesma significação mas num grau mais intenso (v.). A cada nome adjetivo corresponde um nome advérbio (v.), que dele se deriva pela justaposição (v.) do termo feminino *-mente* (no sentido lato de "maneira") à sua forma feminina (ex.: *belamente* /be la men te). (A 3 0 4 0 numeração de 4 a 0 indica uma escala decrescente da força expiratória) (v. acento, atonicidade).

ADJETIVOS DETERMINATIVOS – v. determinativos; pronome; adjetivo.

ADJETIVOS QUALIFICATIVOS – v. determinativos; pronome; adjetivo.

ADJUNTO – Literalmente e em sentido lato, uma palavra ou locução em subordinação (v.) a outra na frase, para lhe completar ou fixar o sentido; é, portanto, um elemento determinante SECUNDÁRIO, isto é, acompanha o outro, determinado, que é o principal ou PRIMÁRIO. Na técnica da análise da frase (v.) convém reservar o título de adjunto às palavras ou locuções que assim funcionam ao lado de um substantivo (v.), distinguindo-se pela nomenclatura, dos complementos (v.), que funcionam ao lado de um verbo. É de preferir esse critério lógico, que consiste em chamar adjuntos os elementos considerados acessórios para a compreensão da frase e complementos os considerados essenciais para essa compreensão.

Na língua portuguesa, como em muitíssimas outras, há dois tipos gerais de adjuntos, do ponto de vista formal: 1) um adjetivo (v.), concordando em gênero e número com o substantivo, que é o elemento primário correspondente; 2) uma locução cujo núcleo é um substantivo secundário subordinado ao primário por uma das preposições (v.), comumente *de* para exprimir a relação de genitivo (v. casos). Há frequentemente em português a possibilidade de escolha entre os dois tipos de adjunto, a que corresponde em latim ao uso de um adjetivo ou ao de um substantivo no genitivo. Ex.: 1) *obra gramatical*; 2) *obra de gramática*.

Na técnica de análise lógica, atualmente vigente entre nós, é praxe dividir os adjuntos em – a) RESTRITIVOS, quando concorrem para definir o ser considerado (ex.: *obra gramatical*), e – b) ATRIBUTIVOS, quando apenas lhe atribuem uma dada qualidade (ex.: *obra magnífica*). Essa distinção tem expressão formal nos adjuntos constituídos por orações subordinadas relativas, isto é, orações que se reportam a um substantivo antecedente (v.) por meio de um pronome relativo (v.). Nos casos a) e b) a NGB denomina *adnominais* esses adjuntos.

ADJUNTOS ADVERBIAIS – v. complementos.

ADSTRATO – Toda língua que vigora ao lado de outra, num território dado, e que nela interfere como manancial permanente de empréstimos (v.). Na história do português é particularmente importante o adstrato árabe, decorrente da ocupação moura da Península Ibérica, a partir do séc. VIII, ao lado do romanço (v.) dos MOÇÁRABES (v.) aljamia. É desse adstrato que provém a grande massa dos arabismos (v.) em português. No Brasil temos como adtratos do português línguas como o alemão, o italiano, o sírio, o japonês dos núcleos de imigrantes dessas nacionalidades, em várias zonas, especialmente no sul do Brasil, e no Amazonas, o NHEENGATU, que é um aspecto moderno do TUPI, ou língua indígena da costa brasileira, tal como o usaram, para fins de catequese, os missionários jesuítas em forma normalizada e disciplinada a que chamaram LÍNGUA GERAL (v. norma; disciplina gramatical). Pode-se considerar, aliás, essa língua geral, ou tupi jesuítico, como um adstrato do português no período do Brasil colonial, determinando a maior parte dos tupinismos (v.). V. ainda substrato.

ADVERBAL – v. medial, voz.

ADVÉRBIO – Palavra de natureza nominal ou pronominal que na frase se acrescenta à significação – a) de um adjetivo (v.) ou – b) de um verbo (v.), como seu determinante. É portanto um elemento frasal TERCIÁRIO, pois serve de determinante ao – a) adjetivo ou ao – b) verbo, que, como elementos frasais SECUNDÁRIOS, determinam por sua vez – a) um substantivo com seu adjunto (v.), ou – b) um sujeito como seu predicado (v.). Exs.: a) *obra muito instrutiva*; b) *obra que instrui muito*. Na função determinante de um verbo os advérbios funcionam na frase como complementos circunstanciais (v.).

O advérbio de natureza pronominal, em português, é indicador de lugar, ou LOCATIVO, quer de – a) natureza demonstrativa, quer de – b) natureza indefinida. Os primeiros constituem um sistema relacionado com os 3 tipos de demonstrativos (v.): *aqui* (cf. *este, isto*), *aí* (cf. *esse, isso*), *ali* (cf. *aquele, aquilo*); ao lado dessa série tripartida, na base das pessoas gramaticais, há uma segunda série, na base da 1ª pessoa, apenas, para o que está próximo do falante – *cá* (no Brasil muitas vezes substituído por *aqui*), e para o que está distante – *lá*, a que se pode opor outra posição distante – *acolá*; e ainda uma terceira série, que distingue o que está entre o falante e um dado ponto de referência – *aquém*, e o que está a partir desse ponto – *além*. Os advérbios pronominais indefinidos correspondem às ideias de – algum lugar, outro lugar e nenhum lugar, respectivamente – *algures, alhures, nenhures*, de emprego raro na linguagem coloquial (e o último nela desusado), os quais na análise sincrônica apresentam um sufixo lexical *ures*.

Os advérbios de natureza nominal são de duas espécies: 1) palavras nominais específicas, sincronicamente inanalisáveis, – a) para indicar posição no tempo em relação ao momento em que se fala (*agora, hoje, ontem, amanhã*) ou a um momento focalizado (*cedo, tarde, antes, depois*, podendo ser os dois últimos também indicadores de posição no espaço), b) para indicar modalidades que acompanham o processo verbal ou a qualificação adjetiva (*apenas*); 2) adjetivos – a) fixados na forma temática pura, que corresponde à do masculino singular (*muito, tanto, barato, caro, só*) (v. próclise, atração), ou – b) constituídos por justaposição do termo *mente* "maneira", ficando o adjetivo, se do tema em -*o*, na forma feminina, em concordância com *mente* (exs.: *belamente, somente, cortesmente*).

Há, por outro lado, a possibilidade ampla de locuções na base de um nome (substantivo ou adjetivo), no singular ou no plural e no masculino ou feminino, regido da preposição *a* ou *de*, ou sem preposição regente (exs.: *claras, às vezes, aos poucos*, de *propósito, muitas vezes*). São construções idiomáticas (v. idiotismos) por fossilização (v.) do emprego do nome como complemento circunstancial.

Do ponto de vista significativo, os advérbios são, portanto, em essência – locativos ou de lugar (os de natureza demonstrativa ou indefinida), temporais ou de tempo (as palavras nominais que indicam posição no tempo em referência ao momento em que se fala ou outro), modais ou de modo (todos os demais que assinalam modalidades do processo verbal ou de qualificação adjetiva).

AFÉRESE – Perda de um fonema inicial.

Na língua portuguesa, há tendência à aférese da vogal inicial que constitui sílaba simples, por causa da força expiratória que se dá à consoante que começa a sílaba seguinte (v. sílaba; acento).

Essa tendência explica, na diacronia da língua, a evolução de *inodiu* > *enojo* > *nojo*, *inamorare* > *enamorar* > *namorar*. Na aférese de um -*o* ou um *a*- deve-se levar em conta a confusão da sílaba inicial, assim constituída, com o artigo definido (*o*, *a*): *obispo* (lat. *episcopu-*) > bispo, *horologiu* > *rologio*, donde – *relógio*, *abbatina* > *batina*; interferiram aí fenômenos morfológicos – deglutinação (v.), resultante da metanálise (v.).

AFETIVIDADE – Capacidade – a) de exprimir o falante na linguagem os sentimentos de simpatia, entusiasmo ou repulsa que lhe despertam as ideias enunciadas, bem como – b) de despertar, nos ouvintes, análogos sentimentos. Cria-se assim a LINGUAGEM AFETIVA que se entrelaça com a LINGUAGEM INTELECTIVA ou de comunicação de ideias. A afetividade estabelece uma estrutura frasal típica, a da FRASE EXCLAMATIVA, que não se pauta pelo esquema estabelecido pela chamada análise lógica (v.), deduzida da FRASE DECLARATIVA com base na linguagem intelectiva: tem como elemento típico uma interjeição ou uma das partículas iniciais de intensidade – *quanto* (e sua redução proclítica – *quão*), *que*, *como*, podendo concentrar num substantivo ou num adjetivo toda a expressão (ex.: *Que bela paisagem!*); do ponto de vista da fonação, caracteriza-se uma entoação ascendente (v.), que se indica na escrita pelo "ponto de exclamação" (v. pontuação). A linguagem afetiva pura, sem um ponto de partida intelectivo, se reduz à interjeição (v.).

A linguagem intelectiva torna-se afetiva por processos fonológicos, escolha de palavras na base da sua conotação (v.) e de tipos especiais de colocação (v.), que constituem a essência do estilo (v.) e são estudados na estilística (v.). Ao afastamento maior ou menor do esquema da frase declarativa, em que se assenta a chamada análise lógica (sintática), dá-se o nome de SINTAXE AFETIVA; é essencialmente de dois tipos – a) anacoluto (v.), b) silepse (v.). De maneira geral, qualquer figura de linguagem (v.) prende-se à afetividade.

A POESIA caracteriza-se menos pelo uso de uma frase rítmica especial, chamada verso (v.), do que pelo intento capaz, coerente e sistemático de traduzir emoção: é uma linguagem que comunica antes de tudo afetividade (Murry, 1951, 30).

AFIRMAÇÃO – v. em negação (v.).

AFIXO – Segmento fônico, com significação própria, que entra na constituição mórfica de um vocábulo na qualidade de forma presa (v.), acrescentando-se à raiz (v.) que contém o semantema (v.). Conforme – a) se antepõe ao radical, b) a ele se segue ou c) nele se intercala, apresenta-se como prefixo (v.), sufixo (v.) ou infixo (v.). Na classificação dos morfemas, o afixo corresponde ao morfema aditivo (v.).

AFRICADA – Consoante oclusiva (v.) com uma parte final constritiva (v.), de sorte que a emissão da corrente de ar se dá sem explosão súbita, própria das consoantes oclusivas, e sim com o atrito, ou fricção, que caracteriza as constritivas. Não se trata de grupos consonânticos (v.) de oclusiva com constritiva, porque as duas fases articulatórias, do ponto de vista fonético e do fonêmico, estão intimamente ligadas, constituindo um fonema (v.), o que equivale a um segmento indivisível apesar da sequência de oclusão e constrição.

No português moderno, salvo como traço dialetal, não há consoante africada, mas sempre, ao contrário, grupo consonântico, mesmo no caso de /ks/ (ex.: *fixo*) escrito com letra única *x*. No português arcaico, porém, havia uma africada surda, indicada na escrita pelo dígrafo (v.) *ch* correspondente a uma oclusão dental surda como em /t/) que se desfazia numa constrição palatal (como em /s'/), exatamente como se ouve no inglês *chair*. Resultou, nos vocábulos de origem latina, da evolução de grupos como *pl*, *cl* não intervocálicos (ex.: *clave-* > *chave*; *plorare* > *chorar*; *amplu-* > *ancho*; **mancla*, de *macula*, *mancha*). No português moderno, salvo dialetalmente, essa africada se simplificou para /s'/ (grafada sempre pelo dígrafo *ch*) e assim se confundiu com a consoante constritiva, palatal resultante da palatalização (v.) da constritiva dental /s/ em certos ambientes fonéticos, escrita *x*.

AFRICANISMOS – Traços linguísticos resultantes da interferência das línguas africanas em português, especialmente em português do Brasil, onde com a vinda em massa de negros para escravos, na época da colônia e primeiros tempos da nação, se constitui um substrato (v.) de línguas africanas, especialmente o IORUBÁ, das chamadas línguas sudanesas, no golfo de Guiné, e o QUIMBUNDO, do bloco bantu, no sul do continente africano.

No português do Brasil tem-se procurado descobrir a influência africana na pronúncia e na sintaxe (cf. Mendonça, 1933) para explicar certas evoluções peculiares da língua popular e dialetal do Brasil, como a iotização (v.); mas é pacífico que não houve empréstimos de fonemas ou de tipos sintáticos (v.). Os africanismos são essencialmente empréstimos lexicais com adaptação à fonologia e à morfologia portuguesa; exs.: *cochilar*, *camundongo*, *maribondo*, *molambo*, *quitute*; existem tanto na língua popular como na língua culta, constituindo uma seção apreciável dos brasileirismos (v.). São especialmente curiosos os africanismos, em sentido lato, decorrentes dos termos para *senhor* e *senhora* no português crioulo dos negros escravos e vigentes como hipocorísticos (v.) no português do Brasil: *sinhô* (> *senhor*), com o feminino analógico *sinhá*, as reduções – *nhô*, *nhã*, e as reduplicações – *nhonhô*, *nhanhã*, ou por iotização (v.) – *ioiô*, *iaiá*.

AGENTE – O termo referente ao ser que pratica a ação, expressa ou implícita noutro termo que com ele forma sintagma. A frase verbal em português, como nas línguas indo-europeias em princípio, se constrói no esquema de – agente + ação, que corresponde à análise – sujeito + verbo, na construção chamada de voz ativa (v.), mas nem sempre nesse esquema o conceito de sujeito (v.) coincide como o de agente, como o de verbo (v.) nem sempre coincide com o de ação.

Na voz passiva (v.), que é uma transposição da voz ativa transitiva (v. transitividade), o agente pode ser expresso no predicado por locuções nominais regidas da preposição *por* ou *de*, que constituem um tipo especial entre os complementos (v.). Note-se, por outro lado, que nos verbos causativos (v.) o agente é o ser expresso pelo objeto, a que o sujeito impõe a ação.

Nos sintagmas nominais, o adjunto, como determinante do sintagma, pode indicar o agente em relação ao nome que é o determinado do sintagma: a) em adjuntos preposicionados por *de* (ex.: *obra de José de Alencar* – *vitória de Napoleão* – *monumento de Rodolfo Bernardelli*); b) em adjuntos constantes de um pronome possessivo (ex.: *conheço José de Alencar e aprecio sua obra*); c) em adjuntos que são nome adjetivo referente a homem ou animal (ex.: *a vitória brasileira* – *"rinchos equinos"* (Porto Alegre).

AGLUTINAÇÃO – Perda da delimitação vocabular entre duas formas que se reúnem por composição (v.) ou por derivação (v.) e assim passam a constituir um único vocábulo fonético (v.). A perda da delimitação vocabular decorre: 1) da subordinação das duas formas a um único acento vocabular (v.); 2) de troca ou perda de fonema, por sândi interno; 3) de modificações de ordem mórfica, que fazem da forma um elemento de composição ou derivação. O fenômeno oposto à aglutinação é a justaposição (v.), em que persiste a delimitação vocabular entre as formas.

A aglutinação é o que sucede quase sempre com a adjunção de sufixos (v. sufixo), mas os diminutivos em -*zinho*, por exemplo, são derivados por justaposição. Na composição por prefixos há muitos casos de justaposição (cf. *pré-histórico*, com dupla acentuação, *cooperar*, com dupla acentuação e sem crase, etc.). Na composição entre as palavras nominais ou verbais é frequente na aglutinação aparecer uma forma lexical diversa da correspondente palavra isolada (ex.: *pede* ao lado de *pé*), ou adaptada da isolada com a substituição da vogal temática pela vogal de ligação -*i*-, assim chamada porque liga a forma à seguinte com que se aglutina (ex.: *fruticultor*), ou sem palavra isolada corresponde dentro da língua portuguesa (ex.: -*fero* em *frutífero* etc., *agri*- em *agricultor* etc.). São em regra deste último tipo os compostos por aglutinação de elementos lexicais gregos (v. helenismos).

A aglutinação, como fato sincrônico, só deve ser levada em conta, quando a análise mórfica (v.) depreende as formas aglutinadas. Em caso contrário, trata-se, para a descrição da língua, de vocábulo PRIMITIVO (v. forma primitiva) embora dentro da diacronia a análise etimológica seja capaz de separar os elementos componentes; ex.: *relógio*, *naufrágio*, *fidalgo* (v. raiz). Para os prenomes, especialmente os de origem grega e germânica, ver antropônimos.

ÁGRAFAS – Diz-se das línguas que não possuem escrita (v.). Como a escrita só se desenvolve a partir de certo nível de civilização, as línguas dos povos, conhecidos como "selvagens" ou "primitivos", são ágrafas. A ausência de linguagem escrita tem uma influência notável no funcionamento e na evolução linguística, de sorte que a qualidade de ágrafa é uma característica muito importante para uma língua. O mesmo se pode dizer quanto à cultura (v.), de maneira geral, o que determina em antropologia cultural a definição de um povo como ágrafo, isto é, com uma cultura que não apresenta língua escrita.

AGUDO – Vocábulo com o acento tônico na última sílaba (v. acento). Na escrita, é o sinal sobre a vogal, inclinado da direita para a esquerda, que a ortografia grega passou a usar, a partir do séc. II a.C., além do grave (v.) e do circunflexo (v.). Indicava aí uma sílaba de tom ascendente, ou agudo, em contraste com o tom ascendente-descendente das vogais longas, indicado pelo circunflexo. Em português, esse sinal agudo indica acento para as vogais /a/, /i/, /u/ e as vogais abertas /e/, /o/, em oposição às vogais fechadas correspondentes, cujo acento se indica por circunflexo; ex.: *lírio, açúcar, cajá, sopé, avó* (cf., ao contrário, *sapê, avô*).

Na classificação acústica dos fonemas de Jakobson, os agudos se opõem aos graves pelo efeito auditivo que produzem; os fonemas agudos são aí as vogais anteriores e as consoantes dentais, sendo graves as vogais posteriores e as consoantes labiais, palatais e velares (cf. Jakobson-Fant-Halle, 1952).

ALEGORIA – Processo mental que consiste em simbolizar como ser humano ou animal uma ação ou uma qualidade. Nas artes plásticas é comum a alegoria, e na linguagem ela torna concretos (v.) os nomes substantivos abstratos (v.), cuja significação passa a ser a de nome próprio para um ser animal, humano ou divino, ou concretiza para a nossa imaginação o conceito abstrato ali expresso; ex.: *"Estava a Morte ali em pé, diante, / sim, diante de mim..."* (Quental, Sonetos, 82).

ALFABETO – Nome dado ao conjunto de letras (v.) para fim de língua escrita (v.). Em português é ele basicamente o alfabeto latino que por sua vez é uma adaptação do alfabeto grego. Criaram-se apenas, a mais, como em todas as línguas ocidentais modernas, as letras *j* e *v* para a função consonantal do /i/ e do /u/, que não se assinalava em latim (cf. *uita* como *una*, *lacere* como *ire*), ou para consoantes resultantes da evolução desses /i/ e /u/ consonantais (cf. port. *jazer* /ˈzazer/, *vida* /vida/). O novo acordo ortográfico (2009) reabilitou o uso do *y*, que em latim servia para transcrever o ipsilon /ü/ grego nos helenismos, o *k*, cujo uso já era excepcional em latim, a letra *w* de uso nas línguas germânicas (/u/ consonantal ou /v/).

O nome "alfabeto" é uma aglutinação dos nomes das letras gregas correspondentes às nossas *a* e *b*, respectivamente, que aparecem em primeiro e segundo lugar na ordem convencional com que se enumeram as letras em gramática: a, b, c, d, e, f, g, h, i, j, k, l, m, n, o, p, q, r, s, t, u, v, w, x, y, z.

NA TRANSCRIÇÃO FONÉTICA (v. grafia), tem-se, ao contrário do alfabeto usual, um ALFABETO FONÉTICO.

ALFABETO FONÉTICO – v. em alfabeto; grafia.

ALITERAÇÃO – Repetição de dado fonema, numa frase, em vocábulos – a) seguidos, b) próximos, c) distantes e simetricamente dispostos. O termo consagrou-se neste sentido quando ainda se confundia em gramática a letra (lat. *littera*) com o som que ela representa (v. letras), mas evidentemente a repetição da mesma letra, com som diferente, não constitui aliteração. A aliteração, compreendida em sentido restrito, como a identidade de consoante de dois ou mais vocábulos nas condições acima referidas, é um recurso para intensificação do ritmo (v.) e aparece frequentemente em provérbios e no verso; exs.: *Quem com ferro fere, com ferro será ferido* – *"Já para se entregar todo movido à fortuna das forças africanas"* (Lusíadas, IV, 20) – *"Auriverde pendão da minha terra, que a brisa do Brasil beija e balança"* (Alves, Obras, II, 100).

De maneira geral, a aliteração é um fato de estilística fônica (v.). É especialmente expressiva quando traz harmonia imitativa (v.); assim, nos versos de Castro Alves, citados acima, o caráter labial do /b/ espontaneamente se associa à ideia de "beijo". A aliteração da vogal tônica tem o nome particular de eco (v.).

ALJAMIA – Nome dado pelos mouros, na Península Ibérica, ao romanço (v.) dos MOÇÁRABES (v. bilinguismo). Como estes estavam integrados na cultura árabe, a aljamia aparece escrita em caracteres árabes. O estudo desses textos em aljamia é precioso para a depreensão das formas e da pronúncia do romanço moçarábico em suas variedades dialetais, como a que se relacionava com o romanço lusitânico, de que saiu o português (v.), na zona meridional da costa atlântica.

ALOFONE – v. fonema.

ALOMORFES – v. em alternância; morfema; variantes.

ALOMORFIA – v. em alternância; heteronímia.

ALTERNÂNCIA – Tipo de morfema (v.) que consiste na substituição de um fonema dentro do semantema, donde uma oposição entre duas ou mais formas de um mesmo semantema; ex.: *avô – avó, fiz – fez – faz*.

Na língua portuguesa, são muito encontradiças as alternâncias de timbre da vogal tônica, como mostram os exemplos acima. Em regra, porém, além da alternância, há um morfema aditivo; ex.: *formosa*, em que a categoria de feminino se indica pelo timbre aberto /ó/, em alternância com /ô/ no masculino, mas também pela adição de -*a*. Assim, a alternância é comumente um ALOMORFE em redundância (v.) com outro, que em regra é o básico. A flexão (v.) dos nomes e verbos em português apresenta comumente um alomorfe de alternância de vogais: para a oposição feminino – masculino e plural – singular, nos nomes; a oposição pessoa 1 do singular – pessoa 2 do singular e 3 do singular e plural, ou apenas 3 do singular, nos verbos; a oposição inanimado – animado, nos pronomes (v.). Quando só aparece a alternância (sem morfema aditivo), diz-se que a forma nominal ou verbal é uma FORMA FORTE (v. fortes).

O mecanismo da alternância vocálica em português repousa nas oposições – 1) ô/ó, ê/é; 2) ô/u, ê/i; 3) i/é, u/ó. O tipo 1 cria contrastes entre masculino e feminino, singular e plural (com a vogal fechada para o masculino ou o singular, com a vogal aberta para o feminino ou plural); ex.: *avô – avó*, *olho – olhos*, *ele – ela*; o tipo 2 cria contrastes – a) para marcar o gênero inanimado em certos pronomes substantivos (*este – isto*, *todo – tudo*), b) pessoa 1 e 3 do singular, como formas fortes, no indicativo pretérito de um pequeno número de verbos (*fez – fiz*, *pôs – pus*); o tipo 3 cria contrastes entre pessoa 1 e as demais do singular do indicativo presente na conjugação 3 (com a vogal alta para pessoa 1; ex.: *firo – feres*, *fere*, *ferem*; *durmo – dormes*, *dorme*, *dormem*). Essas alternâncias são fatos de sincronia (v.). A causa histórica, operando na diacronia (v.) da língua, é a metafonia (v.) (v. entretanto seleção; apofonia).

Também se encontra, além das alternâncias de fonemas segmentais (vogais e consoantes), a de fonemas supra-segmentais (v. acento). Em português há assim uma oposição entre formas verbais, que nunca são proparoxítonas, e formas nominais que, em regra, são vocábulos eruditos ou semieruditos (v.) e conservam a prosódia proparoxítona latina (ex.: *exercito*, verbo – *exército*, nome) ou que são derivados do verbo sem morfema aditivo pelo modelo da oposição nome erudito – verbo (ex.: *retifica – retífica* na indústria automobilística). Aí a alternância prosódica é o morfema lexical, que distingue o nome do verbo (v. deverbais).

Muitas vezes se encontra o termo "alternância" no sentido de variação mórfica, ou ALOMORFIA, e ALTERNANTES como equivalente de variantes (v.) mórficas ou ALOMORFES.

ALTERNANTES – v. em alternância; morfema.

ALTURA – v. acento.

ALUSÃO – Figura de pensamento em que se faz a apreciação indireta de uma pessoa ou um seu ato, por meio da referência a outra, bem conhecida e a respeito de quem há um julgamento geral bem firmado, sendo até frequentemente personagem histórica, lendária ou literária. A alusão, não raro, assume o aspecto de uma frase feita; assim – *estar sob a espada de Dâmocles* – *achar-se num leito de Procusto* – *obter uma vitória de Pirro*. Os nomes próprios citados em alusão podem ir para o plural ou serem usados como indefinidos com *um, uma, uns, umas*; exs.: *"esses Leandros do Helesponto novo..."* – *"mais um Graco apareceu"* (Alves, Obras, I, 313, 296).

AMBIGUIDADE – Circunstância de uma comunicação linguística se prestar a mais de uma interpretação; a antiga retórica grega focalizou-a na construção da frase sob o nome da ANFIBOLOGIA. Em sentido lato, a ambiguidade é uma consequência, em qualquer língua, da – a) homonímia (v.), b) polissemia (v.) e c) deficiência dos padrões sintáticos (v. frase). A homonímia e a polissemia desaparecem no contexto linguístico, em princípio; mas em certos contextos não desaparecem inteiramente e cria-se a ambiguidade. Já a ambiguidade, que decorre da deficiência dos padrões sintáticos, diz respeito à colocação (v.), à concordância (v.) e à regência (v.). A boa manipulação da língua no discurso individual (v.) elimina a ambiguidade, criando contextos em que a homonímia ou a polissemia se anula pela concatenação com outros termos, e jogando com a colocação, a concordância e a regência de maneira a suprir a deficiência existente. Assim, em *exigi de Pedro o livro*, a colocação corrige a ambiguidade da regência com *de*, que pode indicar complemento verbal (como é o caso) ou adjunto nominal (*o livro de Pedro*).

Na língua literária, em que a colocação normal é desrespeitada, para efeito estilístico, na figura de sintaxe chamada HIPÉRBATO (ex.: *a grita se levanta ao céu da gente*, em vez de – *a grita da gente se levanta ao céu*), cria-se não raro ambiguidade, que em certas escolas literárias é propiciada sob o nome de SÍNQUISE.

ANACOLUTO – Chama-se anacoluto ou FRASE QUEBRADA àquela em que a uma palavra ou locução, apresentada inicialmente, se segue uma construção oracional em que essa palavra ou locução não se integra. O papel do anacoluto é pôr em relevo a ideia primordial que temos em mente, destacando-a como uma espécie de título do que vamos dizer. O seu uso, comum no grego antigo e na nossa literatura clássica, é hoje combatido pela disciplina gramatical (v.). É, entretanto, ainda encontradiço na língua literária; ex.: *"Eu, que era branca e linda, eis-me medonha e escura"* (Manuel Bandeira, cf. Silveira, 1937, 344) – *"Estas estradas, quando novo Eliseu as percorria / as crianças* *lançavam-me pedradas"* (Correia, Poesias, I, 154). Na língua oral coloquial o anacoluto é um processo frequente de construção de frase.

ANÁFORA – Qualquer referência a um termo já constante do contexto.

Há anáfora, em vez de dêixis (v.), no uso dos pronomes (v.), quando, em vez de uma indicação no espaço, há uma referência ao contexto. Assim os demonstrativos (v.), ao lado do seu emprego dêitico, têm outro, anafórico; ex.: *"O sono ou a vigília, que me importa esta ou aquele?"* (Herculano, Eurico, 48) – *"Estas palavras tais falando orava: Sublime rei..."* (cf. Ali, s.d., 107).

Como figura de sintaxe, a anáfora é uma iteração (v. pleonasmo), que consiste na repetição de termos no início de cada membro sucessivo de frase; é um recurso estilístico para dar mais realce ao pensamento; ex.: *"quem, senão ela, há de expulsar do templo o renegado, o blasfemo, o profanador, o simoníaco? Quem, senão ela, exterminar da ciência o apedeuta, o plagiário, o charlatão? Quem, senão ela, banir da sociedade o imoral, o corruptor, o libertino? Quem, senão ela..."* (Barbosa, Oração, 1949, 21-22).

ANAGRAMA – Artifício que, na base da língua escrita, consiste em disfarçar uma palavra pela troca de posição das letras e, pois, dos correspondentes fonemas. Aplica-se a nomes próprios, especialmente antropônimos (v.). Ex.: *Natércia* (*Caterina*), *Binarder* (*Bernardin*).

ANÁLISE – Decomposição de uma enunciação em seus elementos constituintes para fins de interpretação linguística; é na análise que se baseia o estudo descritivo da língua (cf. Bloch-Trager, 1942, 8). Conforme o intuito interpretativo, temos várias espécies de análise: 1) Fonológica – depreensão dos elementos fonológicos, como as sílabas e os fonemas em suas possíveis variantes (v. sílaba; fonema); 2) Morfológica ou mórfica – com destaque e classificação de cada morfema (v.); 3) Lexicológica ou léxica – exame de cada vocábulo na enunciação a fim de classificá-lo do ponto de vista gramatical; 4) Sintática – divisão de uma frase em suas orações e de cada oração (v.) em suas partes constituintes; 5) Etimológica – apresentação das mudanças fonéticas que explicam uma forma portuguesa em face do étimo latino, registrando-se a cadeia evolutiva (v.).

As análises fonológica, morfológica e lexicológica são gramaticais, porque dependem da gramática da língua (v.). A análise sintática que é também gramatical, como depreensão dos padrões de construção da frase, foi chamada LÓGICA, porque tende a apreciar as frases em seu esquema oracional (v. frase) de acordo com os princípios da lógica dita formal, disciplina filosófica que estabelece as condições para a expressão de um raciocínio verbal. Deste ponto de vista, é uma técnica inadequada a se aplicar a todo e qualquer esquema oracional por três motivos: 1) muitas frases não são essencialmente informativas, na base de uma representação intelectiva, que corresponda a um raciocínio (v. linguagem); 2) muitas outras, mesmo pautadas por um raciocínio em princípios lógicos, sofrem a interferência de variados fatores psíquicos que perturbam a nitidez do seu desdobramento lógico (v. anacoluto; atração; afetividade; silepse); 3) as possibilidades de expressão linguística, mesmo nas frases essencialmente informativas, ultrapassam os esquemas verbais que a lógica ministra (v. idiotismos; realce; pleonasmo; impressionismo; antecipação). Ao lado dessas análises, que se reportam à gramática, há a análise estilística, que aprecia numa enunciação os recursos que advêm da estilística (v.) sob todos os seus aspectos – estilística fônica, valor das palavras, principalmente em sua conotação (v.), processos sintáticos, destinados à expressividade, balanço das figuras de linguagem (v.).

É na base da análise estilística que se procede, numa obra de literatura (v.), à análise literária, cujos objetivos foram assim resumidos por um especialista: "Qual é a natureza exata da língua de um texto? Qual o seu poder de evocação? Quais são os seus meios de expressão? Dirigem-se essencialmente à inteligência? Apelam mais especialmente para a vontade, estimulando-a e impulsionando-a? Ou, antes, são de caráter lírico? Em que medida emocionam então nosso sentimento e nos convidam a divagações e meditações prolongadas que vivem de si mesmas? Até que ponto esta língua, em que fundo e forma parecem indissoluvelmente ligados, pode tornar-se forma pura, com a sonoridade e o ritmo agindo por si, destacados de toda significação inteligível?" (Fuchs, 1948, 265-266). A análise literária se estende ao ritmo da enunciação (v.), ou seja, a análise rítmica que, quando a enunciação é um verbo (v.), se desenvolve na análise métrica.

ANALÍTICA, LÍNGUA – v. em sintagma.

ANALOGIA – Mudança linguística em que há uma interferência do plano formal da língua no plano fonológico ou, em outros termos, em que a fonação (v.) é afetada pela coesão formal entre os vocábulos, ou – a) porque se cria uma associação entre configurações fonológicas análogas (cf. em port. -st- ao lado de -str-, que se reflete nas variantes – *registo e registro*, *estalar e estralar*, *lista e listra*, e na forma *mastro*, proveniente do germânico *mast*, que fonologicamente ficaria em latim *mastu-), ou – b) porque a associação morfológica ou semântica cria a associação entre as configurações fonológicas (cf. port. *pelo*, do lat. *pilu-*, porque a sinonímia de *pilu-* com *capilu-*, port. *cabelo*, deve ter dado a *pilu-*, no latim vulgar, um *-ll-* geminado, que, como em *capillu-*, evoluiu para *-l-* simples, ao passo que *-l-* simples, intervocálico, em latim, sofreria síncope (v.). Às vezes, há confluência das motivações *a* e *b*, como em *estrela*, do lat. *stella*, onde, além da associação *-st-*: *-str-*, temos a analogia de *astru-* no mesmo campo semântico. Ao lado da mudança de uma forma por analogia, temos a considerar a criação de uma nova forma, dentro de um paradigma ou de um campo semântico, com o abandono da forma fonologicamente aberrante. Assim se criou, por exemplo, lat. vulg. *potere, que deu em port. *poder*, com o abandono do infinitivo clássico *posse*.

Têm-se, portanto, dois tipos fundamentais de analogia: 1) CRUZAMENTO ANALÓGICO, em que há mudança fonológica de uma forma por interferência de outra ou outras; 2) CRIAÇÃO ANALÓGICA, em que há o aparecimento de uma forma nova que elimina a antiga. O cruzamento se chama ETIMOLOGIA POPULAR, quando aí se nota o esforço para integrar uma forma numa família léxica (v.), a que ela etimologicamente não pertence; assim: lat. *veruculu* deu em port. *ferrolho*, tratado como um derivado de *ferro*; fr. *cheminée* passou, como empréstimo, em português, a *chaminé*, pelo modelo de *chama*; port. ant. *soidade* (do lat. *solitate-*) modificou-se para *saudade* pela associação à família léxica de *saúde*, levando-se em conta o mal-estar e o definhamento físico decorrente do sentimento da solidão (cf. Carolina, 1922, 19).

Na diacronia portuguesa, a analogia explica muitos dos traços morfológicos da língua. Eis alguns exemplos importantes: 1) os nomes neutros imparissilábicos da 3ª declinação (*corpus-corporis* etc.), integrados na 2ª declinação, ficaram com um acusativo (*corpus-i etc.), que explica a forma portuguesa (*corpo* etc.); 2) os pronomes demonstrativos e o pronome pessoal da 3ª pessoa, proveniente do nominativo (*iste*, *ipse*, *ille*) apresentam em português um plural em *-s* pela analogia dos nomes (*estes*, *esses*, *eles*, *aqueles*); 3) os verbos da 3ª conjugação latina (*capere*, *fugere* etc.) se integraram na 2ª ou ainda na 4ª, no romanço lusitânico com *e* ou *i* tônicos (*capere*, *fugire*), o que explica formas portuguesas (*caber*, *fugir* etc.) e a eliminação do que era a 3ª entre as conjugações latinas (v.); 4) nos verbos compostos por prefixação, as formas que eram proparoxítonas, com acento no prefixo, porque a sílaba radical era breve (*cóllocat, rétinet* etc.), passaram a paroxítonas, pelo modelo do verbo simples com o radical tônico, e o enfraquecimento da vogal radical (v. apofonia) foi eliminado (*collócat, reténet* etc., donde port. *coloca, retém* etc.).

A criação analógica pode-se referir apenas a mudança do sufixo de um derivado (ex.: *fibula* para *– fibella*, donde port. *– fivela*) ou resultar de uma metanálise (v.) (ex.: *obispo*, substituído por *bispo*; *leijão*, de *lesione-*, fem., substituído por *aleijão*).

ANAPTIXE – Anaptixe (do grego *ana* "ideia de inversão", *ptyx* "dobra", i.e., "desdobramento"), ou *suarabácti* (do sânscrito *suara* "vogal", *bhaj*, raiz verbal para "dividir", *-ti*, sufixo) (cf. Whitney, 1941, 79), é uma espécie de epêntese (v.) que consiste no desenvolvimento de uma vogal dentro de um grupo consonântico como de oclusiva ou constritiva labial seguida de líquida; exs.: *fevreiro (de *febrariu-* por *februariu-*) > *fevereiro*; *brata* (de *blatta*) > *barata*. No português moderno há anaptixe nos grupos consonânticos em que o segundo elemento é oclusiva ou constritiva ou nasal, criando-se vogal reduzida que faz do primeiro elemento uma consoante crescente e, na língua popular do Brasil, passa a vogal plena (cf. *adevogado* por *advogado*, *peneu* por *pneu* etc.) (v. grupos consonânticos).

ANÁSTROFE – v. em colocação.

ANFIBOLOGIA – v. ambiguidade.

ANGLICISMOS – Qualquer fato da língua inglesa que aparece no português falado ou escrito. Os anglicismos são principalmente de ordem – a) sintática, b) lexical. Como anglicismos sintáticos temos: 1) a antecipação de um adjunto adjetivo ao seu substantivo, sem o intuito que essa colocação (v.) tem em português, mas com valor descritivo (quando em português é normal a posposição do adjetivo) como nos nomes de hotel (ex.: *Majestoso Hotel*); 2) o emprego de um substantivo com função de adjetivo porque anteposto assim (ex.: *Rio Hotel*); 3) o emprego de uma preposição, como *com*, isolada do nome a que rege (ex.: *capas com e sem forro*) ou até como *contra*, em fim de frase (ex.: *eu sou pelo povo e tu és contra*). Os anglicismos lexicais, ou anglicismos *stricto sensu*, são – a) formais (ex.: *sport*, *tank*, *week-end*, b) semânticos (ex.: *realizar* "compreender", *assumir* "supor"). V. estrangeirismos; aportuguesamento.

ANIMADO – v. em interrogativos; gênero; relativo; objetivos.

ANOMALIA – "Caráter aberrante de uma forma ou de uma construção, dita anômala, em relação a um tipo, a um sistema, a uma regra, que rege uma categoria" (Marouzeau, 1943, 30). Mais que nos termos exceção (v.) e irregularidade (v.), frisa-se no termo anomalia a falta de simetria estrutural que assim se revela na língua, como é o caso de heteronímia (v.). Tem além disso uma significação mais geral que as daqueles dois termos: a exceção é a anomalia em relação a uma regra; a irregularidade, a anomalia em relação a um paradigma.

ANTECEDENTE – Em sentido lato, qualquer termo que antecede outro com que forma um sintagma. Em sentido estrito, o substantivo (nome ou pronome) a que se refere o pronome relativo e que é o determinado do sintagma de que a oração relativa é o determinante, como *livro* em *o livro que comprei*, ou *o* em – *o que comprei*. V. demonstrativos.

ANTECIPAÇÃO – Qualquer enunciação antecipada em referência à sua posição devida, de acordo com a formulação normal do padrão oracional de que faz parte. Por exemplo, a apresentação de um pronome para só mais tarde se expressar o determinante que o define; "*aquele se chamará bom prelado que tiver letras, reputação e virtudes*" (cf. Epifânio, 1918, 345). No esquema oracional de oração subordinada relativa é relevante atentar na possível antecipação do pronome relativo à oração em que funciona; ex.: "*...as infidas gentes se chegaram / às naus que pouco havia que ancoraram*" (Lusíadas, II, 1; entenda-se: as *quais pouco havia desde que ancoraram*.

Entendida latamente como a anteposição de um determinante ao seu determinado, a antecipação ocorre em português nos três seguintes casos (v. colocação): a) anteposição de um nome adjetivo ao seu substantivo; b) anteposição de um verbo ao seu sujeito; c) anteposição de um complemento verbal ao seu verbo. Nesses três casos, muda-se, com dada intenção, o padrão normal português em que o determinante se segue ao determinado.

ANTÍFRASE – É a figura linguagem (v.) que consiste em empregar uma palavra ou uma frase de sentido oposto ao que se quer comunicar. A antífrase pode resultar de uma intenção de eufemismo (v.); encontra-se principalmente nas denominações e epítetos dados ao que é maléfico com o propósito supersticioso de assim tornar propícios forças e seres inimigos; ex.: as *Eumênides*, na mitologia grega (literalmente "as benfazejas") para as Fúrias; o *Cabo da Boa Espe-*

rança, para o Cabo das Tormentas; a *doninha* para um animal nocivo e depredador (v. hipocorísticos). Há ainda a antífrase irônica, que é o caso da figura de pensamento chamada ironia (v.).

ANTÍTESE – Antítese, ou CONTRASTE, é uma figura de sintaxe, pela qual se faz a contraposição simétrica de palavras ou expressões de significado contrário, para – a) pôr em relevo a oposição entre elas, b) obter um impressionante efeito paradoxal. Ex.: a) *"residem juntamente no teu peito / um demônio que ruge e um deus que chora"* (Bilac, Poesias 310); b) *"Nada! Esta só palavra em si resume tudo"* (Correia, Poesias, I, 267).

ANTONÍMIA – Propriedade de duas palavras terem significações opostas, tornando-se ANTÔNIMOS.

A antonímia se apresenta sob três aspectos diferentes: palavras de radicais diferentes; ex.: *bom: mau*; 2) palavras de uma mesma raiz, numa das quais um prefixo negativo cria oposição com a raiz da outra, negando-lhe o semantema; ex.: *feliz: infeliz, legal: ilegal, político: apolítico*; 3) palavras de mesma raiz, que se opõem pelos prefixos de significação contrária; ex.: *excluir: incluir, progredir: regredir, superpor: sotopor*. Note-se que uma frase negativa com um dos antônimos não equivale, em regra, a uma frase afirmativa com o outro antônimo, porque a primeira pode exprimir a falta de uma propriedade sem a presença da propriedade oposta; ex.: a) *Pedro não é mau* (cf. *Pedro é bom*); b) *Este país não regride* (cf. *Este país progride*). Em certos casos, a frase negativa corresponde a uma atenuação (v.) da frase afirmativa com o outro antônimo; ex.: *Pedro não está bem* (cf. *Pedro está mal*).

ANTÔNIMOS – v. em antonímia.

ANTONOMÁSIA – Substituição do nome de um ser pelo de uma sua qualidade; ex.: *o Redentor*. Pode ter intuito descritivo, laudatório, pejorativo, eufêmico ou irônico.

ANTROPÔNIMOS – Substantivos próprios que numa dada sociedade se aplicam aos indivíduos componentes, para distingui-los uns dos outros. Geralmente o indivíduo se identifica por dois ou mais vocábulos antroponímicos que formam uma locução. Aí se destaca o prenome, que é o nome próprio individual, e o SOBRENOME, *ou* APELIDO, que situa melhor o indivíduo em função da sua proveniência geográfica, da sua profissão, da sua filiação (v. patronímicos), de uma qualidade física ou moral, de uma circunstância de nascimento.

O SOBRENOME tende a se transmitir de pai a filhos, fixando-se como um NOME DE FAMÍLIA, e, assim, acaba por situar o indivíduo em função de sua agnação nas sociedades mais evoluídas e complexas. Daí, em português, já desligados de sua origem, os nomes de família – *Fernão Cardim* (*Cardim*, localidade de Portugal; *Cardim*, também na Galiza), *Maciel Monteiro* (*Monteiro*, "caçador de monte", também título de um antigo cargo cortesão), *Pedro Álvares* (*Álvares*, *patronímico* de *Álvaro*), *Diogo Cão* (*Cão*, lat. *canu-* "branco", "de cabelos brancos"), *Graciliano Ramos* (*Ramos*, do domingo santificado, dia de nascimento ou de consagração).

Os PRENOMES se originam, em regra, de substantivos comuns ou de adjetivos com que se intentou atribuir a um indivíduo uma qualidade, considerada nobilitante na sociedade respectiva. Assim, os prenomes do grego ou das antigas línguas germânicas, passados para o português, são muitas vezes vocábulos compostos por aglutinação (v.), com intuito de descrição laudatória. Exs.: germ. *Geraldo* (*gerr* "lança", *hard* "duro, forte"), gr. *Sófocles* (*sophós* "sábio", *kléos* "glória"). Em latim aparecem numerais ordinais usados como prenomes: *Octavius* (forma variante de *octavus*), donde port. *Otávio*; *Sextus*; *Septimus*, *Tertius*, donde port. *Tércio*, que é assim forma divergente de *terço*.

Em português há um antigo e tradicional acervo de prenomes latinos, ou, através do latim, de origem – bíblica (ex.: *João*), grega (ex.: *Alexandre*), germânica (ex.: *Carlos*). A esse acervo acrescentaram-se: prenomes de origem estrangeira sem o intermédio do latim (rus. *Ivan* ou *Ivã*, hebr. *Jacó*), de outras línguas românticas (*Luís*, fr.; *Carmen* ou *Carmem*, esp.; *Jaime*, cat.); sobrenomes de homens famosos usados como prenomes por admiração, a eles (*Franklin*, *Lamartine*, *Nelson*): formações novas citadas por anagrama (v.) (*Natercia*, de *Caterina*, *Binarder*, de *Bernardin*); no Brasil, tupinismos (v.) (*Peri*, *Iberê*) ou combinações de sílabas de dois pronomes, comumente o paterno e o materno (*Julice*, de *Júlio* e de *Alice*).

A escolha do prenome obedece a certos interesses dominantes em dada sociedade e dada época: interesse hagiográfico (nomes de santos), coesão familiar (prenomes dos pais ou antepassados), literatura (nomes de heróis de obras de ficção), interesse pela história nacional ou internacional (prenomes de políticos ou militares famosos) e assim por diante.

APARATO CRÍTICO – Conjunto de notas explicativas que se acrescentam à edição de um texto, feitas com o objetivo crítico do tríplice ponto de vista – filológico, literário e histórico. Impõe-se na publicação de textos arcaicos; e bem assim em textos literários modernos, onde há edições anteriores controvertidas e variantes, ou quando convém esclarecer os intuitos estéticos do autor e certas condições de sua vida e do ambiente social coevo. Como exemplos de aparato crítico na literatura portuguesa, temos a) o de Carolina Michäelis de Vasconcelos, na sua edição do *Cancioneiro da Ajuda* (Carolina, 1924); b) o de Serafim Silva Neto, na sua edição de *A Santa Vida e Religiosa Conversação de Frei Pedro*, de André de Resende (Silva, 1947); c) o de Epifânio Dias, na edição de *Os Lusíadas* (Lusíadas); d) o de Sousa da Silveira, na edição das *Obras* de Casimiro de Abreu (Abreu, Obras).

Muitas vezes no aparato crítico se inclui um glossário (v.).

APARELHO FONADOR — Conjunto de órgãos humanos que permitem o ato da fala. Esses órgãos são de 3 tipos: 1) respiratórios; 2) fonadores; 3) articulatórios (Dieth, 1950, 64). Os primeiros, que são subglotais, facultam a emissão da corrente de ar; o principal é o par de pulmões. Os segundos, glotais, fazem com que a corrente de ar se transforme em voz (v.): o principal é o duplo par de cordas vocais, que existem na laringe e produzem a sonorização da corrente de ar. Os terceiros, que são supraglotais, determinam, articulando-se entre si, a produção dos fonemas. Na língua portuguesa, são os seguintes os órgãos articulatórios principais que entram na base de articulação (v.): a língua, os lábios, a arcada dentária, o palato duro, o véu palatino e as fossas nasais. Os lábios se articulam sem interferência da língua, para produzir fonemas não-linguais – labiais ou labiodentais (arcada dentária superior com lábio inferior). Com a língua, como órgão ativo, se articulam como órgãos passivos, a arcada dentária superior, o palato duro e o véu palatino, para produzir fonemas linguais – dentais, palatais e velares, respectivamente. As fossas nasais atuam estabelecendo uma câmara de ressonância, além da ressonância bucal, para produzir fonemas nasais.

Note-se que, para todos os órgãos do aparelho fonador, a fala é uma função secundária. A sua atividade primária está ligada à respiração e à deglutição dos alimentos: os pulmões servem para a respiração, como as fossas nasais; as cordas vocais, para proteger os pulmões quando o líquido ou o alimento sólido ingerido toma o caminho da traqueia; os lábios, para a sucção; os dentes, para a mastigação; a língua, para movimentar o alimento na boca durante a mastigação, etc. (cf. Grammont, 1939). Por outro lado, os órgãos do aparelho fonador humano não são indispensáveis para a produção dos fonemas de qualquer língua, como mostra a imitação da fala humana de que são capazes certos pássaros (corvo, papagaio, principalmente).

A função secundária dos órgãos fonadores na fala resulta da natureza espiritual do homem; a animalidade bruta, por sua vez, utiliza o aparelho respiratório para a produção da voz em sons inarticulados.

APARTE – v. solilóquio.

APASSIVADOR – Assim se qualifica o pronome adverbial átono, em português, *se*, quando deixa de caracterizar a voz medial (v.) e se reporta a um sujeito de 3ª pessoa que na representação linguística não figura como sujeito ativo (v. voz); *aluga-se esta casa*, *quebrou-se o vaso*. Cria-se, pois, uma voz pronominal passiva, ou MÉDIO-PASSIVA, em que predomina a ação verbal reportada ao paciente pelo pronome apassivador e com a apresentação do agente completamente eliminada. Isso dá à voz médio-passiva uma intenção diversa da voz passiva específica (v.), onde o paciente só aparece como sujeito e é possível produzir a representação do agente, como um complemento, no predicado: *o vaso foi quebrado pela criança*. É certo que na linguagem renascentista encontra-se esse complemento na voz médio-passiva – ex.: *"do mal que se aparelha pelo inimigo"*, *"o mar ...que só dos feios focas se navega"* (cf. Carneiro, 915, 685), mas é um emprego esporádico e que foi efêmero, resultante em parte da confusão entre o complemento de agente e o de meio (v. complementos) e em parte de um esforço consciente na língua escrita a equiparar a voz médio-passiva com a voz passiva específica.

A voz médio-passiva se aplica a sujeitos correspondentes a seres inanimados e mantidos como tais na representação linguística – e ainda a sujeito que é ser animado, quando o contexto mostra claramente que está apresentado como paciente; ex.: *lê-se Bernardes com prazer*.

A degradação da função de sujeito, em proveito da ação verbal, na voz médio-passiva, vai até ao desaparecimento do sujeito – a) pela regência da preposição expletiva *a*, à maneira do que acontece com o objeto direto, numa construção muito favorecida na língua literária; b) pela invariabilidade do verbo, o que se dá sistematicamente na língua popular, mas a língua literária ainda refuga, como a outros vulgarismos (v.), embora nela aflore uma ou outra vez e até na linguagem renascentista, com um complemento de agente explícito; c) pela extensão da construção aos verbos intransitivos onde não há um paciente para se arvorar como sujeito; ex.: a) *"a Bernardes admira-se e ama-se"*, b) *"se nota pelos mareantes os perigos do mar"* (Carneiro, 1915, 695, 797), c) *vai-se por aqui*. Assim se chega a uma construção passiva de caráter impessoal, que era comum na voz passiva latina (Ernout, 1909) e tem raízes mais antigas e mais amplas em indo-europeu (Hartmann, 1954), mas em português se limita à voz médio-passiva (v. impessoalidade).

Note-se que é lábil muitas vezes a distinção entre a médio-passiva e a voz medial, em virtude da possibilidade de na representação linguística se tratar qualquer sujeito como ativo (v. voz). A expressão formal da verdadeira intenção da frase repousa precariamente na posposição do sujeito, para o valor médio-passivo, na sua anteposição no valor medial (ex.: *nesta cidade as casas se alugam caro*, *o vaso se quebrou com facilidade*).

Alguns gramáticos estendem o conceito de pronome apassivador aos pronomes adverbiais átonos de 1ª e 2ª pessoa em frases como – *Chamo-me Pedro, Batizei-me em criança*, interpretadas como equivalentes a – *Sou chamado Pedro, Fui batizado em criança*. Na verdade, porém, o que se tem aqui é uma voz medial dinâmica, onde o sujeito é linguisticamente visto como o ponto de partida da ação que o tem como centro; prova-o a circunstância de uma frase lidimamente passiva, como – *"Sou chamado louco sem motivo"*, não poder se transpor para a forma pronominal (*Eu me chamo louco sem motivo* é de significação irretorquivelmente medial). (V. transformação).

APELIDO – v. antropônimos; hipocorísticos.

APERTURA – Adaptação do termo francês *aperture*, criado por Saussure (1922, 70). É preferível dizer em português abrimento (v.).

ÁPICE DE SÍLABA – v. em sílaba; assilábico.

APÓCOPE – Desaparecimento de um fonema em fim de vocábulo. Na evolução da língua portuguesa são muito importantes duas espécies de apócope: 1) a das consoantes finais, não sendo líquidas ou sibilantes: *amat > ama; ad > a*, etc.; 2) a do -e depois de consoante líquida, sibilante ou nasal dental; passando a consoante a formar sílaba com a vogal precedente: *amare > amar, legale- > leal, mense > mês, sermone- > sermon*, arc., donde – *sermão*.

APÓDOSE – v. em condicional; correlação; subjuntivo.

APOFONIA – Nome que traduz nas línguas românicas o termo alemão

ABLAUT "desvio de som", como metafonia (v.) traduz *umlaut*. Refere-se a uma alternância (v.) entre a vogal -*e*- e a vogal -*o*- nas raízes (v.) indo-europeias, de que resultam variações na vogal de uma mesma raiz de uma língua indo-européia para outra (ex.: gr. *pous, podós*, √*pod*, mas lat. *pespedis*, √*ped*) ou dentro de uma mesma língua (lat. *pes-pedis*, √*ped*, mas *repudiare*, √*pod*; *tego* √*teg*, mas *toga* √*tog*). A remota apofonia indo-europeia se reflete quando as duas formas da raiz latina figuram em português (ex.: *pé, repudiar*) ou quando se tem tanto a forma latina como a grega e provenientes de formas apofônicas distintas (-*pede*, latino, em *bípede* etc., -*poda* ou -*pode*, grego, em *antípoda, miriápode*).

Por extensão usa-se às vezes o termo dentro da diacronia para o tratamento evolutivo diferente – a) nas línguas românicas, da vogal de uma raiz conforme em posição tônica ou átona (ex.: ant. fr. *aime-amons, treuve – trouvons*, respectivamente lat. √*am* e √*trop*, b) em latim, da vogal de uma raiz, conforme em sílaba inicial, com icto (v. acento), ou em seguida a um prefixo que recebe o icto (ex.: *facere – deficere*). A um e outro caso, também se chama INFLEXÃO (v. flexão) e ao segundo também ENFRAQUECIMENTO. Por ele se explicam variações na raiz de palavras cognatas portuguesas, quando a forma com prefixo veio diretamente do latim e não foi refeita, pelo modelo da forma simples em latim vulgar; ex.: *fazer*, mas – *deficiente, suficiente* (v. analogia).

APORTUGUESAMENTO – Fenômeno que consiste em adaptar, fonológica e morfologicamente, os estrangeirismos lexicais (v.) ao português. Ex.: *bife* (ingl. *beef*, com /iy/ e /f/ implosivo), *confete* (it. *confetti*, com /t/ geminado e morfologicamente plural de *confetto*). O aportuguesamento integral atinge também a grafia, como em *bife* etc., mas mesmo com a grafia estrangeira pode dar-se o aportuguesamento fonológico pela mudança de leitura – a) francamente, b) sub-repticiamente. Assim: a) *esquimau* /iskimáw/, ao lado de – *esquimó*; b) *toilette*, em que o grupo -*oi*- não é o ditongo crescente francês /wá/, mas um grupo vocálico à portuguesa /ua/.

APOSIOPESE – É a pausa (v.) de RETICÊNCIA, em que a frase é interrompida definitivamente. É uma figura de linguagem (v.), quando a interrupção tem um fim expressivo, como a famosa ameaça de Éolo aos ventos desencadeados, na *Eneida*: "*Eu vos... Mas insta abonançar as vagas*" (Odorico, Virgílio, 201).

APOSTO – Substantivo ou locução substantiva, que, ao lado de outro ou outra, tem a mesma função sintática e se reporta ao mesmo ser. Na análise sintática tem-se dado especial atenção ao aposto de um sujeito; ex.: *"Carlos Gomes, autor da ópera Guarani, é uma das nossas glórias nacionais"* (exemplo de Said Ali). Na aposição tem-se uma SEQUÊNCIA, e não um sintagma (v.), mas uma sequência centrípeta (que gira em torno de um ser como seu centro), em contraste com as demais sequências, de caráter centrífugo (em que cada membro tem o seu centro de referência: *Carlos Gomes, José de Alencar, Pedro Américo são algumas de nossas glórias nacionais*). O aposto se separa do elemento a que se opõe por uma pausa inconclusa, que na escrita se indica por vírgula; se a frase continua depois dele, como no exemplo dado, o aposto fica entre duas pausas e na escrita entre duas vírgulas.

APÓSTROFE – Interpelação a um ouvinte em meio de uma narrativa. Na narrativa literária, a apóstrofe é uma figura de pensamento, por meio da qual o autor imagina o leitor, como ouvinte, diante de si; ex.: *Upa! Cá estamos. Custou-te, não, leitor amigo?* (Assis, Histórias, 275).

APÓSTROFO – Sinal gráfico para indicar a supressão de uma letra, na representação gráfica de um vocábulo, em conseqüência de uma pronúncia com elisão (v.), em sentido lato, ou com ectlipse (v.). A atual ortografia limitou o uso do apóstrofo aos três casos seguintes: 1) "indicar a supressão de uma letra ou letras no verso, por exigência de metrificação": *c'roa, 'star*; 2) "Reproduzir certas pronúncias populares": *'tá, 'teve*; 3) "Indicar a supressão da vogal já consagrada pelo seu uso, em certas palavras compostas ligadas pela preposição de": *olho-d'água, pau-d'arco* (Academia, 1943, XXXV).

ARABISMOS – Vocábulos portugueses de origem árabe.

Há duas espécies de arabismos: 1) aqueles que se introduziram em português como nas demais línguas europeias ocidentais, pela influência da cultura árabe na Europa a partir da Idade Média; ex.: *zenite, califa, algarismo*; 2) aqueles que se introduziram em português como consequência da ocupação árabe da Península Ibérica a partir do séc. VIII; ex.: *alfaiate, azeite, aldeia*. Os vocábulos do grupo 1) vieram às vezes através dos turcos e em regra se propagaram por intermédio do francês (ex.: *minarete*), ou do italiano (ex.: *zero*). Os vocábulos do grupo 2) foram principalmente introduzidos em português pelos MOÇÁRABES bilíngues (v. bilinguismo); apresentam em regra aglutinado o artigo árabe *al* "o, a" (ex.: *al-xaijât* > *alfaia-*

te). Não raro essa aglutinação caracteriza o arabismo português ao lado do mesmo arabismo em outra língua ocidental (cf. port. *açúcar*, fr. *sucre*, it. *zucchero*). Em sentido lato, se chama também arabismo uma forma latina que ficou em português com as características da sua adaptação prévia à fonética árabe; como nos topônimos (v.) *Tejo* e *Beja*. V. adstrato.

ARCAÍSMOS – Vocábulos, formas ou construções frasais que saíram do uso na língua corrente e nela refletem fases anteriores nas quais eram vigentes. Do ponto de vista da língua comum e sua norma, diz-se que há arcaísmos em falares regionais, em que se mantêm por tradição oral formas e construções que a língua comum abandonou e não entram no seu uso normal. Mas os arcaísmos são especialmente encontráveis na língua literária, onde obras literárias antigas continuam a impor certos padrões estéticos; diz-se arcaizante o escrito que emprega arcaísmos em relação à língua comum do seu tempo, para fins estilísticos, "na única intenção" "de dar uma certa cor ao seu estilo" (Vendryes, 1933, 179). Exemplos de arcaísmos: a) vocabulares: *velida* "bela", *coita* "angústia", *medês* "mesmo", *filhar* "tomar"; b) morfológicos: *lhe* pl.; *estê* "esteja", *alféreses* "alferes" pl.; c) sintáticos: concordância do particípio (passado) com o objeto direto na conjugação perifrástica com *ter* ou *haver* (v. aspecto), uso do pronome indeterminado *homem* (v. sujeito), uso do agente da voz passiva na conjugação médio-passiva. Muitas vezes, o arcaísmo é apenas semântico, isto é, consiste no emprego de uma palavra ainda vigente, mas em sentido que não mais possui; ex.: *mágoa* "nódoa", *manhoso* "bem dotado de qualidades", *polícia* "civilização".

ARQUIFONEMA – v. em fonema.

ARRIZOTÔNICOS – Vocábulos cujo acento tônico não cai na raiz, mas num sufixo lexical ou flexional; opõem-se aos rizotônicos (v.). É do gênio da língua (v.), em português, a predominância dos arrizotônicos nos vocábulos derivados e nas flexões verbais.

ARTICULAÇÃO – Propriedade que têm as formas linguísticas de serem suscetíveis de análise (v.) em membros mínimos (lat. *articuli*) no plano da fonação (v.) e no plano da forma (v.) (cf. Camara, 1959, 14-15).

No estudo fonético, designa-se pelo termo cada uma das fases de movimento dos órgãos fonadores na produção de um fonema (v.): 1) movimento de aproximação desses órgãos (CATÁSTASE, IMPLOSÃO OU INTENSÃO); 2) manutenção da aproximação feita (ARTI-

CULAÇÃO SISTENTE OU TENSÃO); 3) movimento de afastamento, com a volta à posição de repouso (METÁSTASE, EXPLOSÃO OU DISTENSÃO). Assim na articulação do /p/ há – 1) o movimento de junção dos lábios, 2) a momentânea manutenção dessa junção, 3) o afastamento dos lábios com a explosão da corrente de ar, que fora retida na boca. Na sílaba (v.) os fonemas que precedem a vogal silábica, isto é, PRÉ-VOCÁLICOS, se caracterizam pela metástase e os que se seguem a essa vogal, ou PÓS-VOCÁLICOS, pela catástase. Cada língua, em sua pronúncia, dá preferência a certas zonas bucais e a certos tipos de articulação para a produção dos seus fonemas; é o que se chama a BASE DA ARTICULAÇÃO da língua. Em português, nota-se – a) a exclusão da zona gutural, b) a importância da zona palatal (v. palatalização), c) a ação das fossas nasais durante a prolação de certas vogais (v. nasal), d) certa debilidade na articulação das consoantes.

ARTICULAÇÃO SISTENTE – v. em articulação.

ARTICULATÓRIA, FONÉTICA – v. acústica e fonética.

ARTIGO – Partícula proclítica que se adjunge em português a um nome substantivo, caracterizando-o – a) como indivíduo bem definido de uma espécie (ex.: *o livro é aquele*), b) como síntese da própria espécie (ex.: *"o livro, este audaz guerreiro, que conquista o mundo inteiro..."* (Alves, Obras, 310). Essa partícula é – *o, a, os, as*, correspondendo ao emprego adjetivo de um pronome demonstrativo vago (v. demonstrativos), saído do acusativo latino – *illum, illam, illos, illas*. Uma variante, forma intermediária diacrônica, *lo, la, los, las*, aparece nas contrações (v.) com algumas preposições e, dialetalmente, em certas condições, no português europeu (ex.: *Trá-los-Montes, João mai-lo amigo*) em sândi com vocábulo precedente terminado em -*s*.

O emprego adjetivo dá, entretanto, ao pronome *o* uma função específica no mecanismo gramatical da língua, que é a de tornar definido o substantivo que modifica, criando-se assim em português, como nas demais línguas românicas, a oposição categórica: definido – indefinido, para os nomes substantivos, a qual não tinha expressão em latim. Em português, é em princípio uma oposição privativa, em que o indefinido se exprime por morfema zero (ex.: *há lobos por aqui*), mas também pelo pronome indefinido *um, uma, uns, umas* (v. indefinidos) para – a) no singular individualizar o ser (cf.: *livro é sempre útil – um livro é sempre útil*), b) no plural para a noção suplementar de pouca quantidade (cf.: *há uns lobos por aqui*).

O nome substantivo, definido pelo artigo, pode estar oculto pela modalidade de elipse (v.) chamada ZEUGMA; exs.: *meu livro e o teu – meu livro e o de João*, e, por outro lado, o artigo pode suprimir-se diante de nome substantivo modificado por possessivo (cf. *este é o meu livro – este é meu livro*), salvo quando o possessivo é um predicativo (cf. *este livro é o meu*, definido *– este livro é meu*, indefinido); v. possessivos.

Aos nomes substantivos próprios (que por definição se aplicam particularmente a um ser determinado) o artigo definido se adjunge por uma servidão gramatical (v.); ex.: *o Niágara, a França, o Rio de Janeiro*. Entre os topônimos só se usam obrigatoriamente sem ele: o nome de país – *Portugal*, e os nomes de cidade que – a) são palavras específicas, como *Lisboa, Londres, Paris* (em vez de decorrentes por derivação imprópria, de substantivos comuns, como – *o Porto, o Rio de Janeiro*), ou – b) são antropônimos aplicados a cidade, como *João Pessoa, Salvador*, ou – c) locuções (v.), como *Belo Horizonte, Vista Alegre*. Os antropônimos se usam sem ele, exceto em duas circunstâncias: a) quando já há um adjetivo modificador anteposto; ex.: *o belo Brummel*; b) quando há o intento de conotação (v.) para assinalar inferioridade hierárquica ou intimidade de relações sociais; ex.: "*Próximo à janela, em uma banquinha oval, Adélia enfeitiçava o Lúcio e o Frederico sentados a um e outro lado*" (Alencar, Ipê, 182).

Por outro lado, a adjunção do artigo a uma palavra é o processo formal básico para a sua substantivação (v.).

ASPECTO – Propriedade que tem uma forma verbal de designar a DURAÇÃO do processo (momentâneo ou durativo) ou o aspecto propriamente dito sob que ele é considerado pelo falante (ex.: em seu começo – incoativo; em seu curso e ainda inconcluso – imperfeito; em seu fim já concluso – perfeito; concluso mas permanente em seus efeitos – permansivo). O aspecto coexiste ao lado da categoria de tempo, constituindo com esta um sistema complexo de categorias verbais, em que, conforme a língua, predomina o aspecto ou o tempo. Em latim os tempos se distribuíam, em princípio, em dois grandes grupos correspondentes ao aspecto imperfeito (*infectum*) e ao aspecto perfeito, que era a rigor, de início, permansivo (*perfectum*) (cf. Meillet, 1931). Em português, como nas demais línguas românicas, não há esse sistema, que se desintegrara em latim vulgar. A base do agrupamento

aspecto (cont.)

das formas verbais passou a ser, primariamente, em função dos tempos; mas no pretérito manteve-se a oposição entre imperfeito (aspecto inconcluso) e perfeito (aspecto concluso); ex.: *ele falava* (a fala é apresentada no passado em sua realização), *ele falou* (a fala é apresentada no passado depois de concluída).

Outras distinções de aspecto são expressas em português por conjugações perifrásticas (v.) como em tipos de construção que entram na estruturação gramatical da língua: a) o verbo auxiliar *ter* (ou, na língua literária, menos usualmente, *haver*) conjugado com um particípio passado invariável; 2) o verbo auxiliar *estar*, conjugado com um gerúndio ou um infinitivo regido de *a*; 3) o verbo auxiliar *ir* conjugado com um infinitivo em seguimento direto. O tipo 2 expressa em qualquer tempo (com a conjugação do auxiliar) o aspecto durativo, constituindo os chamados tempos continuados (ex.: *estou falando, estava falando, estarei falando* etc.). O tipo 3 expressa da mesma sorte um aspecto durativo em progressão (ex.: *vou falando, ia falando, fui falando* etc.). O tipo 4 cria um aspecto inceptivo (ex.: *vou falar, ia falar, fui falar, irei falar* etc.), em que o processo se apresenta como prestes a começar; aí a construção com o presente de *ir* (ex.: *vou falar*) costuma ser considerada um "futuro próximo" nas nossas gramáticas. O tipo 1 não constitui hoje um sistema coeso: a) com o indicativo presente assinala-se um fato constante contínuo ou repetido (iterativo), até o momento presente, a que em nomenclatura gramatical se tem chamado "perfeito" (cf. Boléo, 1936) ou esporadicamente um aspecto permansivo; exs.: "perfeito" – "*à sombra do lindo céu / eu jurei, tenho jurado*" (entenda-se repetidamente) / *não ter outros amores, / só a ti eu tenho amado*" (entenda-se: continuadamente, sem cessar) (Boléo, 1936, 6); permansivo – "*A areia tem corrido, e o livro / de minha infanda história está completo*" (Varela, Obras, II, 38); b) com o indicativo pretérito imperfeito um aspecto concluso permansivo, que em sua aplicação se confunde com a do pretérito mais-que-perfeito (v. pretérito); ex.: *ele já tinha falado – ele já falara*; c) com o indicativo futuro do presente e com os tempos do subjuntivo e com as formas verbo-nominais, um aspecto concluso permansivo, que em sua aplicação coincide com a noção de "tempo anterior", isto é, processo anterior a outro que se focaliza explícita e implicitamente; ex.: *terei falado, quando ele chegar – embora ele tenha falado...* (ou – *tivesse falado...*) –

quando ele tiver falado... – tendo falado, olhou-me – depois de ter falado...; d) com o indicativo futuro do pretérito uma oposição com o futuro do pretérito simples (ex.: *falaria – teria falado*), que, no plano temporal, introduz a ideia de fato concluso ou anterior a outro (ex.: *disse-me que, quando eu chegasse, ele já teria falado*) e, no plano modal, a ideia de pretérito (cf. *se possível, iria – se possível, teria ido*).

Do ponto de vista diacrônico, essa conjugação perifrástica do auxiliar latino *habere* (port. – *haver* ou *ter*) com um particípio passado de verbo transitivo, surgiu em latim vulgar para suprir a desintegração do sistema de *perfectum*, ou seja, do aspecto permansivo; o particípio concordava com o objeto, de que era um predicativo (v. complementos) (ex.: *habeo scriptas litteras*). Com um particípio de verbo intransitivo, desenvolveu-se uma conjugação análoga com o auxiliar *ser*. Daí, no português clássico: a) *"o nome que no peito escrito tinha"* (Lusíadas, VII-120); b) *"já cinco sóis eram passados"* (Lusíadas, V-37). No português moderno, a construção a) ainda aparece com a intercalação do objeto entre o particípio (ex.: *já tenho a carta escrita*), e a construção b) também ainda aparece esporadicamente na língua literária; ex.: *"Meu Deus, meu Deus, pois a isto somos chegados!"* (cf. Boléo, 1936, 36).

Fora da estruturação gramatical, o aspecto se expressa lexicamente em português por sufixos derivacionais: a) *-ecer*, para o aspecto incoativo (ex.: *entardecer* "começar a ficar tarde"), b) *-itar*, *-ejar*, para o aspecto iterativo, a que se acrescenta um grau (v.) diminutivo (ex.: *saltitar*, *voejar*). Também certos semantemas verbais têm em si uma noção de aspecto, como – *partir* (incoativo), *chegar* (concluso), *andar* (durativo).

ASSIBILAÇÃO – Mudança fonética que consiste em tornar constritiva sibilante uma consoante oclusiva velar. Na evolução do latim para as línguas românicas, deu-se a assibilação do /k/ e do /g/ diante de vogal anterior ou palatal: Em português, /k/ passou para a sibilante simples /s/ e /g/ para a chiante /z'/; exs.: lat. *cera /kera/* > port. *cera /sera/*, lat. *gestu- /gestu/* > port. *gesto / z'estu/*. A redução a iode de um /i/ em hiato também acarretou a assibilação da consoante oclusiva dental precedente; ex.: *audio* > *ouço*, *ratione-* > *razom*, *raçom* (v. divergentes), donde – *razão*, *ração*.

ASSILÁBICO – Fonema que não constitui ÁPICE DE SÍLABA (v. sílaba; vogal). Em português, as consoantes são em princípio assilábicas. No ditongo (v.) é assilábica a vogal alta que funciona como auxiliar ou semivogal (v.).

ASSIMILAÇÃO – "Consiste na extensão de um ou vários movimentos articulatórios além do seu domínio originário" (Grammont, 1933, 186). Em outros termos, um fonema adquire traços articulatórios novos pela influência de outro contíguo, caracterizando-se por essa contiguidade a assimilação em face da dilação (v.). As articulações globais dos dois fonemas se aproximam em assimilação parcial (ex.: /layte/, de *lacte-* > *leite, tauru-* > *touro*) ou se igualam em assimilação total (ex.: *saeta*, de *sagitta* > *seeta*, donde – *sela*).

O fonema cujos traços articulatórios se propagam ao outro é o ASSIMILADOR, ou fonema forte; esse outro é o ASSIMILADO, ou fonema fraco; conforme o assimilador precede ou segue o assimilado, diz-se que a assimilação é progressiva (*víbera*, de *vípera* > *víbora*) ou regressiva (*persicu-* > *pêssego*).

Na evolução da língua portuguesa, a assimilação desempenhou um papel importantíssimo, como fenômenos de sonorização (v.), vocalização (v.), palatalização (v.) e ainda no fechamento de timbre da base de um ditongo decrescente assimilada pela semivogal (/aw/ > /ôw/, /ay/ > /êy/).

V. diferenciação.

ASSÍNDETO – Literalmente, "falta de ligação" (gr. *síndeton* "ligação", *a-* prefixo negativo). Aplica-se a uma coordenação (v.) de palavras ou orações, em que se prescinde totalmente da conjunção copulativa *e*: ex.: "*Sorri, doideja, papagueia, canta*" (Correia, Poesias, I, 138).

Usualmente, ao contrário, há SINDETO, com a conjunção copulativa *e*, entre o penúltimo e o último termo coordenado; ex.: "*...a falcífera Peste assombra, fere, / prostra e os campos sem luz de mortos junca*" (*id.*, I, 218).

Também pode haver POLISSÍNDETO, em que se repete a conjunção copulativa em todos os membros coordenados; ex.: "*recua e corre, / vacila e grita, luta e se ensangüenta, / e rola, e tomba, e se espedaça e morre...* (Bilac, Poesias, 86).

ASSONÂNCIA – v. em rima.

ASSUNTO – v. em frase; língua; linguagem.

ATENUAÇÃO – Atenuação ou LITOTE é a figura de linguagem que consiste em atenuar a expressão do pensamento sem prejudicá-lo essencialmente em seu intento. O caso mais comum de atenuação é o de negar o contrário do que se quer afirmar; ex.: "*Tu não estás bom, José Rodrigues*" (Assis, Semana, 194); v. antonímia.

ATIVA VOZ – v. voz.

ATONICIDADE – Propriedade das sílabas que são átonas, isto é, desprovidas de acento (v.), em contraste com as tônicas, que têm tonicidade ou acento. A atonicidade é de grau variável, conforme a

posição da sílaba no vocábulo. Temos assim em português: a) atonicidade mínima – das sílabas iniciais que começam por consoante (v. aférese); b) atonicidade média – das sílabas mediais do vocábulo antes da sílaba tônica (pretônicas); c) atonicidade máxima – na sílaba final dos paroxítonos ou nas duas finais dos proparoxítonos. Daí resulta uma função linguística importante da atonicidade, que é a de delimitar os vocábulos, assinalando numa enunciação sem pausa (v.) dentro de um grupo de força (v.) o início e o fim de cada vocábulo e em sequências homófonas distinguindo a sequência que é vocábulo (ex.: *celebridade* /
2 1 1 4 0
se le bri da di/) e a que é um sintagma frasal (ex.: *célebre idade*
3 0 0 4 0
/se le bri da de/).
V. juntura.

ATRAÇÃO – A disciplina gramatical portuguesa (v.) admite, sob este nome, uma variação flexional, de gênero e número ou de tempo verbal, que infringe os padrões sintáticos normais – a) para maior harmonização morfológica dentro da frase, ou – b) para uma harmonização com outro padrão sintático significativamente equivalente (CRUZAMENTO). Assim: 1) Em relação ao advérbio (v.) que se apresenta como a forma temática pura (correspondente ao masculino singular) do respectivo adjetivo, está firmada a atração do nome a que se refere, quanto a *todo* (ex.: *ela está toda molhada*) e é admitida a mesma atração com *tanto, caro, muito, meio* etc. (ex.: *"tenho comprado muito caras as minhas loucuras"* – *"com tanta mais ânsia de o ouvir"* – *"muitas mais almas atrai"* – *"Eu te encontrei... meia quebrada, ó cruz!"*); 2) Em relação à substantivação dos adjetivos de quantidade indefinida, é admitida a atração do substantivo que figura como seu adjunto preposicionado, reforçada pelo cruzamento da expressão equivalente de adjetivo de quantidade indefinida com substantivo; ex.: *tantos de bons modos* (cf. *tantos bons modos – uma pouca de astúcia*) – *as mais das vezes* (cf.: *as mais vezes*); 3) Em relação aos tempos verbais, admite-se uma forma temporal pouco lógica por atração da forma temporal de uma oração correlata; ex.: *"Em nenhuma outra coisa confiado, / senão no sumo Deus que o céu regia..."* (Lusíadas, III, 43) – *"Porém como a esta terra então viessem / de lá do seio Arábico outras gentes / que o culto Maomético trouxessem..."* (cf. Epifânio, 1918, 352).

ATRIBUTIVO – v. em adjunto.

AUDITIVA, FONÉTICA – v. em acústica.

AUMENTATIVOS – Nomes substantivos derivados, com grau implícito (v.), que com um sufixo lexical específico denotam "aumento de dimensões" em relação aos primitivos de que se derivam; ex.: *sala – salão*. O mais das vezes, porém, a essa denotação se acrescenta uma conotação de – a) disformidade pelo tamanho (ex.: *boca – bocarra*), b) brutalidade (ex.: *drama – dramalhão*), c) falta de medida (ex.: *fatia – fatacaz*), d) nosso desprezo, em decorrência (*mestre – mestraço*). O grau de aumento, puro e simples, é indicado pela adjunção ao substantivo primitivo de um adjetivo adequado, como *grande* (v. colocação).

Os sufixos aumentativos mais comuns são, primeiro, *-ão*, e, depois, *-az*, *-aço*, de origem latina, intensificados às vezes em *-alhão*, *-arrão*, *-arão*, *-alhaz*, *-araz* etc.: para frisar conotativamente o aspecto pejorativo; esse aspecto se intensifica com a mudança de gênero (*beiçorra, naviarra, espadagão, mulherão*), sendo de assinalar que o sufixo *-ão*, apesar do seu feminino *-ona* (ex.: *valentão – valentona*), se acrescenta comumente a nomes femininos, especialmente de coisas, formando um derivado masculino (ex.: *faca – facão*).

Por evolução semântica (v.) muitos derivados aumentativos passam a uma significação particular distinta da do nome primitivo conservando a idéia de aumento (ex.: *portão*, em face de *porta*; *caixão*, em face de *caixa*) ou perdendo-a (*cartão*, em face de *carta*).

V. diminutivos e sufixo.

AUXILIAR – Diz-se de qualquer vocábulo de significação gramatical (v.), que forma locução com um vocábulo de significação externa para situá-lo numa dada categoria gramatical, ou numa dada relação sintática; portanto, qualquer vocábulo que é morfema categórico ou relacional (v. morfema). Muitas vezes trata-se de um vocábulo de significação externa que sofreu gramaticalização (v.) em todos ou alguns de seus empregos.

Na gramática portuguesa, são especialmente dignos de nota os verbos auxiliares, que entram nas conjugações perifrásticas (v.) para indicar o aspecto, modo ou voz verbal que as caracteriza. Esses verbos auxiliares são: 1) permanentes (*ter, haver, ser, estar*), 2) ocasionais (*ir, vir, andar*), segundo a construção perifrástica é – 1) permanente, tradicionalmente enquadrada na gramática da língua, ou 2) de caráter um tanto ocasional. Todos os verbos de ambos os grupos também funcionam como verbos principais. Cf.: 1) *tenho um livro*: *tenho dito*, *"hei grande medo"*: *talvez o desgraçado se houvesse arrependido*; *estou em casa*: *estou escrevendo*; 2) *vai à Europa*: *vai crescendo*; *venho de casa*: *venho-o dizendo há muito*; *andam devagar*: *andam dizendo por aí*.

V. tempo; aspecto; voz.

B

BAIXO-LATIM – Nome que se dá ao latim (v.) usado na Idade Média como língua escrita, em vez das línguas nacionais. Caracteriza-se pela adaptação às condições novas da civilização medieval, em cotejo com as da Antiguidade, especialmente na sintaxe e no léxico; sob muitos aspectos afasta-se portanto do latim clássico dos antigos escritores romanos (cf. Cohen, 1950, 78). O baixo-latim continua o latim cristão dos Pais da Igreja, nos primeiros tempos do Cristianismo, e, deturpou-se afinal em LATIM BÁRBARO, nos cartórios medievais, em documentos de rotina tabelioa, que, redigidos por escrivães incultos, são muitas vezes a mera latinização da língua românica falada pelo redator do texto; assim, em texto português – *uinderemus* "venderemos", *paredes*, *sautos por saltus* "soutos", *tiui*, isto é, *tivi* por *tibi* (Vasconcelos, 1922, 10/12).

BARBARISMO – Vício de linguagem que consiste em erros em relação às palavras: 1) na pronúncia; 2) na grafia; 3) na forma gramatical; 4) na significação. Exs.: 1) a: ortoépico: *abóboda* em vez de *abóbada*; má articulação das consoantes (*carramanchão*, em vez de *caramanchão*); b) prosódico: mudança da sílaba tônica (v. silabada) (*pégada* em vez de *pegada*); 2) troca entre *c* e *s*, *s* pós-vocálico e *x*, etc. (*ância* em vez de *ânsia*, *expontâneo* em vez de *espontâneo*); 3) a: terminação nominal ou verbal errônea (*intervido* em vez de *intervindo*, *crea* em vez de *cria*, *cidadões*, em vez de *cidadãos*); b: troca de gênero (*a grama* "medida de peso", em vez de *o grama*; *uma telefonema* em vez de *um telefonema*); c: derivação ou composição mal feita (*esplosir* em vez de *explodir*; *areonauta* em vez de *aeronauta*); 4) a: confusão entre parônimos (*retificar* "corrigir" com o valor de *ratificar* "confirmar"); b: troca de significação por falsa etimologia (*viável* "capaz de viver" no sentido de "exequível" por causa de *via*); c: troca de significação pela lembrança de vocábulo análogo estrangeiro (*realizar* no sentido de "compreender" por causa do inglês *realize*) (v. estrangeirismos).

BASE – v. ditongo; radical.

BASE DE ARTICULAÇÃO – v. em articulação (v.).

BÉTICA – v. lusitano.

BILINGUISMO – Capacidade de um indivíduo usar duas línguas distintas, como se ambas fossem a sua língua materna, optando por uma ou por outra, conforme a situação social em que no momento se acha. É, portanto, uma capacidade diferente da de falar ou escrever corretamente uma língua estrangeira (DIGLOTISMO) ou várias línguas estrangeiras (POLIGLOTISMO).

Encontra-se o bilinguismo: a) nas famílias de língua materna diversa da do país em que se radicaram; b) nas comunidades conquistadas por um povo de língua diversa; c) nos indivíduos que vivem na fronteira entre dois povos de línguas diversas, com atividade em um e outro povo. Nos casos a) e b) o bilinguismo tende a desaparecer, com o suceder das gerações, pelo enfraquecimento da língua materna familiar (no caso a) e pelo abandono da língua anterior à conquista ou da língua dos conquistadores (no caso b).

Em Portugal houve bilinguismo: 1) em consequência da conquista visigótica e sueva (latim e visigodo ou suevo); 2) em consequência da conquista árabe (romanço português e o árabe). Neste último caso, o bilinguismo existiu nos nativos, chamados MOÇÁRABES, que se sujeitaram ao domínio árabe, adaptando-se à civilização maometana, e com a reconquista passaram ao domínio cristão (v. aljamia; arabismos).

No Brasil, houve bilinguismo na fase colonial, por parte dos índios a serviço dos portugueses (v. tupinismos). Hoje o há, principalmente, nas famílias imigrantes e nos habitantes da fronteira com os países de língua espanhola.

BINARISMO – Teoria linguística segundo a qual qualquer oposição (v.) é essencialmente reduzível a planos hierárquicos de oposições binárias. Assim, a oposição de gênero tripartida em latim (masculino – feminino – neutro) se reduz a uma oposição binária (animado – inanimado ou neutro) e no gênero animado se chega a uma segunda oposição binária (masculino – feminino). Também, em português, a oposição, tripartida das vogais anteriores (/é/ – /ê/-/i/) se reduz a uma oposição entre vogal média (/é/- /ê/) e vogal alta (/i/) e na série média há uma segunda oposição binária (/é/ aberto – /ê/ fechado).

BLOCO LINGUÍSTICO – v. família linguística.

BRAQUIGRAFIA – Termo geral que abrange os casos de abreviatura (v.), e acografia (v.). Não confundir com braquilogia (v.).

BRAQUILOGIA – Qualidade de uma frase que, reduzida em seus constituintes, equivale a outra desenvolvida oracionalmente, e discursiva (v. oração).

Há dois tipos essenciais de braquilogia: 1) a de frases emotivas, como – *Que horror!* – *Perdidos!*; 2) a de frases integradas numa determinada situação (v. frase); na língua escrita têm-se neste caso as INDICAÇÕES: "nas etiquetas, nos cartazes, nos anúncios, nos prospetos, nos livros de endereço, nos catálogos de toda sorte não se encontra outra coisa... Aparecem aos milhares nos jornais *indicações* de toda espécie: há-as nas ruas, nas tabuletas, em toda parte" (Brunot, 1936, 7). A civilização moderna criou um terceiro tipo de braquilogia para a redação de telegramas: aí se formulam as frases desprovidas de partículas auxiliares e verbos, até onde o permite a clareza (v. eclipse).

BRASILEIRISMO – Qualquer fato linguístico peculiar ao português usado no Brasil, em contraste com o fato linguístico correspondente peculiar ao português usado em Portugal ou lusitanismo (v.). O brasileirismo pode ser – a) regional, quando privativo de uma dada região do Brasil; b) geral, quando se estende por todo o território brasileiro. É este último que caracteriza o português do Brasil em face do português de Portugal, podendo ser um vulgarismo (v.) ou estar aceito na norma linguística espontânea (v.).

O brasileirismo pode ser: a) fonológico, como na entoação (v.) ou no sistema de fonemas e suas variantes (ex.: a ausência de [e] neutro como vogal anterior átona, especialmente em posição final, onde se encontra no Brasil [i] ou, de São Paulo para o sul, [e]; b) morfológico (ex.: a forma verbal *quer*, que em Portugal se escreve e pronuncia *quere*); c) sintático (ex.: a colocação do pronome pessoal oblíquo átono, adverbial, nos tempos compostos, entre o auxiliar e o particípio passado, em próclise com este último – *tenho muitas vezes me arrependido*); d) lexical, ou seja, o uso de palavras – 1) não usada e até desconhecidas em Portugal, correspondentes a – tupinismos (v.), africanismos (v.), como respectivamente – *aipim*, *cochilar*; derivações vocabulares, como – *avacalhar*; estrangeirismos aportuguesados (v.), como – *bonde*; 2) usadas em Portugal mas sem a significação que se lhes dá no Brasil, como – *calçada* "passeio" (de rua), ou – *fazenda* "herdade".

A causa fundamental do brasileirismo (como do lusitanismo) é a separação geográfica da língua portuguesa, distribuída em dois territórios isolados, de que resultou a não-coincidência absoluta de evolução. Para a criação dos brasileirismos, em particular, contribuiu

brasileirismo (cont.)

– a) o ambiente físico peculiar a ser traduzido na língua; b) a diferenciação cultural; c) o contato com outras línguas, que explica, por exemplo, os tupinismos e os africanismos; d) a estruturação social e suas peculiaridades em face da de Portugal, que explica, por exemplo, a especialização de *fazendo* "riqueza" como "propriedade agrícola". V. substrato.

C

CACOETE – Do grego *kakoéthes*, pelo latim *cacoethes*, literalmente "mau hábito" (*kakós* "mau", *éthos* "hábito"). No âmbito da linguagem designa uma palavra ou uma expressão habitual num determinado falante, por ele repetida exaustivamente, sem maior atenção à sua aplicabilidade. Estende-se o termo para designar a predileção incontrolável por certas palavras ou expressões, cuja repetição resulta muito mais da força do hábito do que de um intento expressivo (v. chavão). Um bom exemplo nos dá um personagem de Machado de Assis com o emprego dos superlativos, José Dias, que "amava os superlativos": "Oh! as leis são belíssimas" (Assis, Casmurro, 79). "Era um modo de dar feição monumental às ideias; não as havendo, servia a prolongar as frases" (Assis, Casmurro, 11).

CACÓFATO – É toda cacofonia (v.) em que há sugestão de palavras descabidas ou inconvenientes, em virtude do encontro de vocábulos num mesmo grupo de força (v.), onde não há pausa intercorrente. O cacófato está latente em muitos agrupamentos vocabulares, normais e até inevitáveis (exs.: *ela tinha..., não passa disso*). Em certos casos, porém, por um motivo psicológico qualquer, aflora incoercivelmente à consciência do ouvinte ou do leitor, provocando uma sensação de ridículo. Pode-se então evitá-lo por substituição sinonímica ou de construção sintática; deste último tipo é o uso de *uma das mãos* em vez de *uma mão*. Não convém exagerar o esforço contra o cacófato a ponto de apelar para vocábulos obsoletos ou artificiais; tal é, em vez de *uma*, em contato com *mão, manga* etc., a forma *u'a*, em que o apóstrofo pressupõe a supressão do *-m*, quando na realidade se trata de uma obsoleta desnasalação (v.) da forma arcaica *ua* (com til no u) /u(n)a/ (v. epêntese).

CACOFONIA – Qualquer efeito acústico desagradável numa sequência frasal. É o vício oposto à qualidade da eufonia (v.). V. cacófato.

CACOGRAFIA – Grafia errônea dos vocábulos, segundo a ortografia, ou grafia correta, vigente. É um barbarismo ortográfico (v.).

A cacografia pode ser de três espécies, importando em erro de três graus de gravidade: 1) a dos semialfabetizados, em que se revela o desconhecimento do valor das letras (ex.: *segiu*, por *seguiu*); 2) a de pessoas pouco lidas que empregam na grafia de um vocábulo letra que tradicionalmente nele não se usa, embora, do ponto de vista fonêmico, se pudesse fazê-lo (ex.: *pesso*, por *peço*); 3) a dos que se pautam por hábitos ortográficos já substituídos e revela desconhecimento do critério vigente (ex.: *mez*, por *mês*). No grupo 2) agrava-se o erro quando a cacografia revela uma ideia falsa da etimologia do vocábulo (ex.: *excessão* em vez de *exceção*, por causa de *excesso*; *expontâneo*, em vez de *espontâneo*, por se pensar num aí inexistente prefixo *ex-*).

CACOLOGIA – Em sentido lato, qualquer vício de linguagem (v.). Em sentido estrito, um erro de sintaxe ou solecismo (v.).

CADEIA EVOLUTIVA – Nome que se dá em gramática histórica à sequência de formas linguísticas, a partir do étimo (v.), que culminam na forma atual de uma palavra. Essa sequência de formas, documentadas ou deduzidas pela análise etimológica (v.), resulta do caráter evolutivo das mudanças fonéticas (v. evolução). A passagem de uma forma a outra é indicada pelo sinal matemático > "maior que..."; quando se parte da forma atual até o étimo, usa-se o sinal < "menor que...". Ex.: *lupum* > *lapu-* > *lopo* > *lobo*; ou lobo < – *lopo* < *lupu* < *lupum*.

CALÃO – Termo aplicado, originariamente, aos ciganos em Portugal, que usam uma espécie de falar crioulo de um dialeto indo-europeu da Índia (v. falares): o étimo é *zingalô*, vocábulo desse próprio falar. Passou em seguida a designar a linguagem dos malfeitores, em Portugal e no Brasil, por causa dos contatos entre malfeitores e ciganos (Cunha, 1941, 89); caracteriza-se por deformações de ordem fonológica e um vocabulário especial na base de metonímias e metáforas pitorescas (ex.: *penosa* "galinha", *convento* "prisão").
Usualmente, chama-se calão, e até, intensivamente, baixo-calão, a linguagem caracterizada por termos obscenos ou, pelo menos, grosseiros. É um aspecto da gíria *lato sensu* (v.) em sua modalidade mais baixa.

CALIGRAFIA – v. grafema.

CÂMBIOS – v. mudanças.

CAMPOS SEMÂNTICOS – v. léxico; semântica.

CARDINAIS – v. numeral.

CASOS – Formas distintas que podem apresentar em muitas línguas um nome ou um pronome segundo a sua função sintática. É o que se dava nas antigas línguas indo-europeias e se mantém com mais ou menos plenitude em algumas línguas indo-europeias modernas. Os casos dividem-se primariamente: 1) num caso reto, ou nominativo, para sujeito; 2) em casos oblíquos, para adjuntos ou complemento. Os casos oblíquos são variadíssimos conforme a língua; entre eles destacam-se, por exemplo: a) o acusativo, *stricto sensu*, para objeto direto; b) o dativo, para o objeto indireto; c) o genitivo, para um substantivo que é adjunto; d) o ablativo, *lato sensu*, para o substantivo que é complemento circunstancial e tem, pois, função de advérbio (v.), subdivisível em ablativo *stricto sensu* (indicação de proveniência), locativo (lugar), instrumental (meio ou causa). O vocativo (v.) serve para a função vocativa.

Em latim havia seis casos (nominativo, acusativo, dativo, genitivo, ablativo, vocativo) e os nomes apresentavam diferenças flexionais, que serviram de base para eles serem distribuídos na gramática latina em cinco declinações (v.).

Na língua portuguesa, salvo no grupo dos pronomes pessoais (v.), não há casos. Na evolução do latim para o português deu-se uma redução gradual das formas casuais, até subsistir uma única, que normalmente corresponde à do acusativo no singular e no plural, numa das três essenciais declinações latinas: 1) lat. ac. sing. *rosa-*, port. sing. *rosa*; lat. ac. *rosas*, port. pl. *rosas*; 2) lat. ac. sing. *lupu-*, port. sing. *lobo*; lat. ac. pl. *lupos*, port. pl. *lobos*; 3) lat. ac. sing. *ave-, flore-*, port. sing. *ave, flor*; lat. ac. pl. *aves, flores*, port. pl. *aves, flores*. Por isso, na gramática histórica portuguesa, é hábito designar o acusativo como caso lexicogênico (i.e., "criador do léxico"). Apenas palavras esporádicas da língua portuguesa provêm das formas de outros casos latinos. Do nominativo podem citar-se *Deus*, alguns nomes próprios de homens, como *Marcos, Cícero* e os pronomes não só pessoais mas ainda os demonstrativos *este* (nom. *iste*), *esse* (nom. *ipse*), *aquele* (partícula *accu-* e nom. *ille*). Do genitivo temos os patronímicos (v.) e certos topônimos (v.) como *Guimarães*, que é o genitivo de um nome próprio germânico alatinado – (*terra*) *Vimaranis*. Do ablativo ficaram topônimos e formas de advérbios, os quais por sua natureza têm função de complemento circunstancial, que era a função típica do ablativo latino: *agora*, lat. *hac hora* "nesta hora"; *ogano* (arc.), lat. *hoc anno* "neste ano": *talvez*, lat. *tali vice* "em tal ocasião".

Também se encontram vestígios do genitivo, do dativo, do ablativo no primeiro elemento lexical de nomes compostos por aglutinação (v.); ex.: *aqueduto* (gen. *aquae*) "conduto de água"; *agricultura* (gen. *agri*) "cultura do campo"; *crucifixo* (dat. *cruci*) "pregado à cruz"; *fidedigno* (abl. *fide*) "digno de fé".

CASTELHANO – v. espanhol.

CATACRESE – Literalmente, é o emprego abusivo de uma palavra ou expressão fora da sua significação adequada (gr. *katáchresis "mau uso"*). Assim, diz-se que há catacrese, quando se tem: a) uma metáfora (v.) surpreendente, em virtude da tênue relação subjetiva em que se baseia; ex.: *"vogais sem esqueleto"*, i.e., "sem consoantes" (Lima, Orfeu, 290); b) uma metáfora que envolve a rigor uma contradição; ex.: *"Faz da tu'alma lâmpada de cego"* (Sousa, Obras, II, 25). O fundamento psicológico da catacrese está em que a linguagem poética visa, antes de tudo, a nos sugestionar emocionalmente em determinado sentido, e pode obter esse efeito, mesmo sendo inadequada do ponto de vista racional. A antiga gramática arrolava como catacrese as mudanças de sentido das palavras na sua evolução semântica (v.).

CATALÃO – v. românicas, línguas; português.

CATÁSTASE – v. articulação.

CATEGORIAS GRAMATICAIS – Chamaram-se assim os aspectos do mundo biossocial que são levados em conta na organização gramatical de uma língua e aí se simbolizam por meio de morfemas (v.), que multiplicam as aplicações de uma palavra. Assim se consegue uma grande economia de semantemas (v.). "Se a massa inteira dos conceitos, com todas as suas variantes, se expressasse nas línguas por complexos sônicos heterogêneos e sem relação entre si, ter-se-ia a circunstância de que idéias estreitamente relacionadas não mostrariam a sua relação e seria preciso um número infinitamente grande de símbolos fônicos distintos" (Boas, 1911, 25); note-se, por outro lado, que os princípios de classificação, de que resultam as categorias gramaticais, não são os mesmos de língua para língua (*id. ibid.*).

As categorias gramaticais, em sentido lato, abrangem as categorias lexicais, correspondentes aos afixos e que servem de base às famílias léxicas (v. afixo; família léxica), e as categorias gramaticais, em sentido estrito, que se expressam pela flexão externa e interna (v.) como as categorias de gênero, número, casos, tempo, aspecto, modo, voz, etc. (v.).

É impróprio restringir o conceito de categorias gramaticais às classes de vocábulos (v.), como fazem algumas gramáticas no Brasil.

CAUSATIVOS – Chamam-se causativos os FACTITIVOS, os verbos transitivos que exprimem um processo em que o ser objeto é o agente (v.) sob a influência dominante do ser sujeito. Em português, há uma categoria léxica dos verbos causativos, assinalada pelo sufixo lexical -*ent*-; exs. a) *apascentar*, b) *afugentar*, c) *adormentar*; derivados de – a) *pascer*, b) *fugir*, c) *dormir*; cf.: a) *o pastor apascenta o rebanho: o rebanho pasce*; b) *o cão afugentou a raposa: a raposa fugiu*; c) *a ama adormentou a criança: a criança dormiu*. Noutra categoria léxica, com o sufixo -*iz*- expressa a aquisição de uma qualidade, por parte do ser objeto, por iniciativa do ser sujeito; ex.: *civilizar, realizar, amenizar*. Generalizadamente, porém, o valor causativo se indica por uma locução verbal – a) com *fazer*, como auxiliar, ao lado de um infinitivo (ex.: *faz correr, faz nascer*), ficando o ser objeto como sujeito do infinitivo; b) com *tornar, fazer* e um adjetivo como predicativo (v.) do ser objeto (ex.: *tornou-o* ou *fê-lo feliz*).

CAVALGAMENTO – Termo proposto para substituir o fr. *enjambement*. V. debordamento.

CESURA – v. em verso.

CHAVÃO – Palavra, ou construção, a que se recorre para maior expressividade, mas que já não tem esse efeito, em virtude do seu abuso; é o termo correspondente ao fr. *cliché* (cf. Marouzeau, 1943, 55), aportuguesado para CLICHÊ (cf. Academia, 1943, 355). Há chavão em certas fórmulas de linguagem figurada (ex.: *astro-rei*) na adjunção de certos adjetivos a certos substantivos (ex.: *lágrimas amargas*), numa ou noutra perífrase (v.) (ex.: *salso argento* para "mar"). No chavão revela-se a impotência de um esforço estilístico. Quando não há esse esforço, mas apenas o displicente emprego de uma palavra, ou construção, usual e inexpressiva, tem-se o LUGAR-COMUM.

Também se usa o termo chavão como equivalente de cacoete linguístico (v.).

CHIANTES – v. constritivas.

CIRCUNFLEXO – Sinal gráfico que se coloca sobre a vogal tônica, proveniente da ortografia do grego antigo como o agudo (v.) e o grave (v.). Indicava aí uma vogal longa ou ditongo, cujo acento de altura (v.) era ascendente-descendente; a voz elevava-se no início da emissão e baixava no fim.

Em português, indica vogal tônica fechada em todos os vocábulos que, pela ortografia atual, devem ter na vogal tônica o acento gráfico (ex.: *pêssego, sapê, cômodo, avô*).

CIRCUNLÓQUIO – v. perífrase.

CLASSE – Termo aplicável a qualquer conjunto de elementos linguísticos com uma propriedade essencial em comum.

CLASSES DE VOCÁBULOS – Divisões dos vocábulos de uma língua na base dos seguintes princípios diretores: 1) a natureza da significação (critério semântico); 2) a forma do vocábulo quanto à possibilidade de flexão (v.) e ao tipo dela (critério mórfico); 3) a função na frase (critério funcional), que explica o nome de PARTES DO DISCURSO, comumente dado às classes de vocábulos.

"A tradicional classificação dos gramáticos greco-latinos está pautada em critérios heterogêneos, e confusos, e sem hierarquia entre si" (Camara, 1954, 156). Daí a divisão entre substantivo e verbo ser de ordem semântica e mórfica (tipos de flexão diferentes), mas entre substantivo e o adjetivo ser funcional (o primeiro como determinado e o segundo como determinante) dentro de um sintagma (v.), e daí ainda o advérbio semanticamente ser de natureza nominal (ex.: *belamente*, *cedo*, *barato*) ou de natureza pronominal (ex.: *aqui*, que é também pronome demonstrativo, como *isto* e *este*; *onde*, que é também pronome relativo); e assim por diante. Modernamente tem-se procurado estabelecer uma classificação hierarquicamente organizada e homogênea, mas não tem havido acordo geral a respeito. Na gramática portuguesa, a melhor solução é conservar as denominações tradicionais e distribuí-las rigorosamente de acordo com os seus valores semânticos, mórficos e funcionais. Para isso, deve-se associar o critério semântico e o mórfico, que estão intimamente ligados, pois "o termo 'sentido' só pode ser definido com o auxílio do conceito 'forma'" (Groot, *apud* Camara, 1959, 180). À divisão primária pelo critério semântico-formal deve-se acrescentar uma divisão secundária pelo critério funcional. Tem-se assim: 1) nome (v.), pronome (v.), verbo (v.), que se opõem, respectivamente, pela significação estática, dêitica e dinâmica e pela morfologia especial de cada grupo; 2) substantivo (v.), adjetivo (v.), em que se dividem os nomes e os pronomes conforme são determinados ou determinantes no sintagma. O advérbio (v.) se caracteriza, funcionalmente, por ser determinante de um verbo ou de um adjetivo, e, morficamente, por ser um nome ou pronome sem flexão. De papel meramente funcional são os conectivos (v.), que podem ser SUBORDINATIVOS ou COORDENATIVOS; constituem-nos as preposições (v.), que são conectivos subordinativos para sintagmas lexicais, e as conjunções (v.), uma classe híbrida que contém conectivos subordinativos para sintagmas oracionais (conjunções subordinativas) e conectivos coordenativos para SEQUÊNCIAS lexicais e oracionais (orações coordenadas). Entre os pronomes, os relativos (v.) também são conectivos subordinativos oracionais. A interjeição (v.), como palavra-frase, fica fora dessa classificação dos vocábulos propriamente ditos.

Vários gramáticos brasileiros chamam TAXIONOMIA a esse estudo de classificação, denominação, porém, que "não é internacional" (Nascentes, 1946, 95).

CLÁSSICO – Qualificativo que se aplica ao período de uma dada língua, em que ela apresenta, no seu uso culto e literário, sensível estabilidade de formas gramaticais e notável precisão no aproveitamento dessas formas, com um mínimo de dualidade e flutuação, porque há uma norma lingüística (v.) bem assente e firme.

Considera-se, com certa procedência, na língua portuguesa um período clássico correspondente aos sécs. XVI e XVII depois que se estabeleceu uma disciplina gramatical (v.) nítida, em contraste com os séculos anteriores, e antes que se processassem as inovações determinadas por novos fatores sociais e literários a partir do séc. XVIII (v. português).

Aplica-se também o qualificativo ao escritor que, mesmo fora desse período clássico, tem uma linguagem disciplinada, coerente e precisa, como no Brasil Rui Barbosa e Machado de Assis e em Portugal Alexandre Herculano.

CLICHÊ – v. chavão; lugar-comum.

CLÍTICOS – v. ênclise; próclise; vocábulo; acento.

COCHICHO – Enunciação em que não atuam as cordas vocais, de sorte que desaparece a sonoridade ou voz (v.): há o ensurdecimento das vogais, e, ao mesmo tempo, as consoantes que eram de caráter sonoro (v.) passam a se distinguir das surdas apenas pela articulação lene.

Quando há apenas uma atenuação da sonoridade, tem-se o MURMÚRIO.

CO-DIALETO – Diz-se co-dialeto, em relação a uma língua nacional (v.), aquele que não está politicamente subordinado a essa língua nem dela se originou, mas em passado histórico existiu ao lado dela como divergência de uma língua comum.

Assim o GALEGO é um co-dialeto do português. Primitivamente, vigorava na zona atlântica da Península Ibérica um romanço comum (v.), com certas diferenciações dialetais entre a Galiza e Portugal do norte; no Portugal do sul dominavam os mouros e o romanço dos MOÇÁRABES, ou aljamia (v.), era distinto do de uma e de outro. Define-se muitas vezes essa situação, dizendo-se que havia de início uma língua GALAICO-PORTUGUESA ou GALEGO-PORTUGUESA. Com a independência de Portugal, de que não participou a Galiza, a variante portuguesa foi ascendendo a língua nacional, e a variante galega, na Espanha, politicamente subordinada ao castelhano, cabe hoje a categoria de co-dialeto.

V. dialeto; românicas, línguas.

CÓDIGO – v. discurso.

CODIZAÇÃO – v. encodização.

COGNATAS – v. família linguística; raiz.

COLETIVO – v. número; neutro; substantivo.

COLOCAÇÃO – Nome que se dá tradicionalmente, na gramática portuguesa, à disposição dos vocábulos na frase. A colocação é um dos aspectos onde a criação individual que pressupõe uma frase no discurso (v.) é limitada por certos padrões sintáticos, impostos pela língua ao indivíduo. É também onde a liberdade que ela deixa ao indivíduo é aproveitada amplamente para fins de estilística (v.). Assim, há uma colocação sintático-gramatical e a seu lado uma colocação estilística, que se coordenam e complementam.

Em latim não havia colocação sintático-gramatical, porque a colocação dos vocábulos não tinha sequência para a compreensão da sua natureza e da sua função na frase. Havia entretanto uma colocação usual, determinada pela norma lingüística (v.), dita ORDEM DIRETA (não confundir com ordem lógica), que se desobedecia desembaraçadamente para a colocação estilística, chamada ORDEM INVERSA. Em português, a ordem direta no sintagma (v.) é a colocação do determinante depois do determinado, de que resulta: 1) a colocação do adjunto preposicionado depois do seu substantivo (ex.: *livro de Pedro*); 2) a colocação do adjunto adjetivo depois do seu substantivo (ex.: *livro vermelho*); 3) a colocação do verbo depois do sujeito (ex.: *Pedro saiu*); 4) a colocação dos complementos verbais depois do verbo (ex.: *Pedro viu Paulo*). Nos casos 2) e 3) há, contudo, padrões especiais em que o determinante tem colocação antes do determinado: em 2), quando o adjunto adjetivo é um pronome ou um quantitativo, definido ou indefinido (ex.: *meu livro*, *este livro*, *algum livro*, *três livros*, *vários livros*); em 3), quando se trata de voz médio-passiva, com o apassivador *se* (v.) ou de uma oração de interrogação parcial (v.) com pronome interrogativo não-sujeito (exs.: *Ouviu-se um ruído – Onde estão os livros?*). A colocação sintético-gramatical, em todos esses casos, se torna impositiva, quando, por falta de outros fatores, se tem um verdadeiro morfema de colocação (v. morfema), isto é, quando é só a colocação que estabelece a relação sintética; assim, em – *Pedro viu Paulo*, é pela colocação, exclusivamente, que *Pedro* é sujeito e *Paulo* é objeto.

Quando há outras indicações da função (concordância para o sujeito, preposição para o complemento etc.), é possível uma colocação estilística em desacordo com a colocação normal. São especialmente dignas de nota, neste particular, as colocações: a) do nome adjunto adjetivo antes do seu substantivo (ex.: *"A azul Vupabuçu beija-lhe as verdes faldas"* (Bilac, Poesias, 266) (v., entretanto, constituintes); b) do sujeito depois do verbo intransitivo (ex. *"Não voltou o pássaro Ronsard, como não voltará o homem Renan"* (Assis, Semana, 28). Em referência ao nome adjunto adjetivo, criou-se até uma oposição entre a intenção afetiva e a descritiva, correspondendo à colocação de certos adjetivos, respectivamente, antes ou depois do seu substantivo (ex.: *pobre rapaz*, i.e., "digno de lástima", mas *rapaz pobre*, i.e., "sem riqueza").

A ordem inversa que colide com a norma geral da colocação constitui a figura de sintaxe chamada ANÁSTROFE (v. figuras de linguagem); ex.: *"De um vasto edifício nas frias escadas, / eu vi-a sentada"* (Dias, Obras, I, 131); quando chega a prejudicar a clareza, chama-se HIPÉRBATO; ex.: *"Lícias, pastor, enquanto o sol recebe / mugindo o doce armento e ao longe espraia, / em sede abrasa, qual de amor por Febe, / sede também, sede maior desmaia"* (Oliveira, Poesias, II, 111); entenda-se: *o pastor Lícias, enquanto o doce armento mugindo recebe o sol e espraia ao longe, abrasa em sede, qual desmaia por Febe, o que é sede também, sede maior.* Se se cria a ambiguidade (v.), tem-se a SÍNQUISE; ex.: *"Bato, que em dura pedra converteu / Mercúrio pelos fatos que revela"* (cf. Carneiro, 1915, 836) (foi Mercúrio quem converteu Bato em pedra).

Também depende essencialmente da colocação estilística a próclise (v.) ou a ênclise (v.) do pronome átono adverbial em relação ao verbo, pois a próclise dá mais relevo ao pronome, tratando-o como sílaba inicial do vocábulo (v. atonicidade) e a ênclise concorre para o ritmo grave (v.). Entretanto, a disciplina gramatical (v.) tem procurado regulamentar essa colocação, partindo do uso mais geral, na tradição da língua literária, em determinados padrões oracionais (verbo inicial de período, oração negativa, oração subordinada etc.). O termo COLOCAÇÃO, para a escola (v.) lingüística de Londres, substitui o termo usual emprego (v.).

A linguística norte-americana adota o termo TÁTICA. Daí, FONOTÁTICA para a colocação dos fonemas na sílaba e no vocábulo. Assim, a fonotática portuguesa admite os grupos pré-vocálicos *pr-*, *pl-* etc., não admite no interior do vocábulo vogal nasal em hiato, e assim por diante.

COMBINAÇÃO – v. em contrações.

COMPARAÇÃO – Termo que em gramática descritiva define uma construção sintática de dois membros, em que um é posto em cotejo com o outro, definindo-se em função do que se sabe desse outro. Estabelece-se assim um sintagma comparativo (v.), em que ao determinado corresponde o comparado e ao determinante, o comparante. A comparação pode ser assimilativa ou símile (v.), ou introduzir a categoria de grau (v.) explícito. Esta comparação gradativa é que tem em sentido estrito o nome de *"comparação"* em gramática descritiva.

Em gramática histórica, chama-se comparação a técnica de pesquisa diacrônica que consiste na aplicação do comparatismo (v.).

COMPARATISMO – Comparatismo, ou COMPARATIVISMO, é a técnica de pesquisa na gramática histórica (v.), que consiste em estabelecer a comparação dos vocábulos e elementos gramaticais de línguas que têm uma origem comum. Assim se organiza a gramática comparada, comparativa, dessas línguas. O estudo histórico da língua portuguesa se enquadra na gramática comparativa das línguas românicas, feita pela primeira vez pelo filólogo alemão Diez e renovada por Meyer-Lübke (cf. Meyer-Lübke, 1890). Assim se consignam divergências de língua a língua, decorrentes: a) do tratamento diverso de um fato latino uno (ex.: port. *haver*, fr. *avoir* < lat. *habere*); b) de uma divergência nos fatos iniciais latinos (ex.: port. *ser* < lat. *sedere* "sentar", em vez de *esse*, por evolução semântica; fr. *être* < lat. **essere*, em vez de *esse*, por analogia dos verbos em *ere* (com acento no radical porque o *e* primeiro do sufixo flexional é breve) ditos da 3ª conjugação.

O método comparativo permite-nos depreender fonema, forma gramatical ou étimo (v.), não documentados na língua originária; em outros termos, permite a RECONSTRUÇÃO das formas desaparecidas. O indo-europeu (v.), por exemplo, foi esquematicamente reconstruído pela gramática comparativa das línguas indo-européias antigas, documentadas; também, em relação às línguas românicas, a reconstrução nos leva a um PROTO-ROMANÇO (v. romanço).

COMPLEMENTOS – Vocábulos ou expressões que podem acompanhar o verbo de uma oração (v.), completando ou ampliando a comunicação lingüística feita no predicado (v.).

Em português, como em muitas outras línguas, há essencialmente quatro tipos de complemento:

1) Complementos objetivos, ou objetos (v.), que exprimem o objeto ou alvo do processo verbal; acompanham os verbos ditos de predicação incompleta (v. transitividade), que sem eles fazem uma comunicação truncada. Do ponto de vista formal, em português, caracterizam-se por poderem figurar como pronomes pessoais adverbiais átonos, em próclise ou ênclise com o verbo (exs.: *Viste teu amigo? Vi-o – Falaste a teu amigo? Falei-lhe* etc.).

2) Complementos circunstanciais, que ampliam a comunicação feita pelo verbo, indicando variadas circunstâncias (lugar, tempo, modo) de ocorrência. Do ponto de vista formal, em português, caracterizam-se por poderem figurar como advérbio (v.); assim uma oração como – *Vou à praia todos os dias*, pode sofrer transformação (v.) para oração equivalente, com advérbios como complementos circunstanciais – *Vou lá cotidianamente*, e, quando a transformação não é exeqüível numa dada oração, pode ser indiretamente obtida por meio de outra – com o mesmo verbo e complementos na mesma função (cf. a substituição por – *Vou à praia todos as dias*, da oração – *Vou ao Presidente às 3 horas*). Daí o nome de ADJUNTOS ADVERBIAIS, que se dá aos complementos circunstanciais e onde o termo adjunto (v.) é adotado para insistir no caráter acessório que se lhes atribui na comunicação, mas nem sempre exato (cf. o verbo *ir*, que pressupõe necessariamente a expressão de um ponto de chegada como complemento circunstancial de lugar).

3) Complementos predicativos, que completam a comunicação – a) estabelecendo, como predicado, um nexo (v.) com o sujeito (PREDICATIVO DO SUJEITO) (ex.: *Pedro é bom*) ou – b) esclarecendo a verdadeira significação do verbo em relação ao seu objeto (PREDICATIVO DO OBJETO) (ex.: *Considero-o justo*). Em português, ao contrário dos complementos objetivos e dos circunstanciais, se exprimem por um adjetivo (v.), na função predicativa, em vez da função de adjunto, ou por um substantivo passível de transformação em adjetivo (cf. *Pedro é um anjo*, *Pedro é bom* ou – *Considero-o um homem de bem*, em face de – *Considero-o justo*). O predicativo do su-

jeito é a essência das orações ditas nominais, que se definem por constituírem um nexo entre um sujeito e o seu predicativo, ligados em regra pelo verbo *ser* como verbo substantivo (v.) ou por alguns outros verbos (*estar, ficar, tornar-se* etc.), que não exprimem um processo e, sim, a existência de uma situação.

4) Complemento de agente, ou de causa eficiente, com que na voz passiva (v.) se indica o agente da ação expressa no verbo (ex.: *Os móveis já foram retirados pelos carregadores*). São em português nomes ou pronomes substantivos regidos pela preposição *por* ou, em certas condições, *de*; e são sempre acessórios na oração passiva, construção que se destina antes de tudo a pôr em destaque o processo verbal, em detrimento dos seres nele interessados.

A esses complementos verbais, propriamente ditos, há quem acrescente os adjetivos que acompanham nomes substantivos de ação (v. abstratos), como transformação de um complemento objetivo ou circunstancial do verbo respectivo, que ficam então chamados complementos nominais; ex.: *amor aos pais – compaixão para com os humildes – entusiasmo pelos heróis*.

COMPLEXO – v. em simples.

COMPOSIÇÃO – Formação de uma palavra pela reunião de outras, cujas significações se complementam para formar uma significação nova, ex.: *guarda-chuva* "objeto que nos guarda da chuva"; *planalto* "plano situado no alto", porque terreno plano em montanha; *infelicidade* "falta de felicidade". Os vocábulos que entram na composição podem apresentar-se numa forma variante daquela que figura como forma livre, por morfonêmica (v.) (cf. *fruti-*, em vez de *fruto*, em *fruticultura*), ou podem só aparecer na língua como formas presas em compostos (cf. *-fero* em *frutífero*, *agr-* e *-cola* em *agrícola*, etc.). Deste último tipo são os prefixos (v.), quando não coincidem com preposições da língua (cf. preposição *de* e prefixo *de-*, etc.) nem são variantes morfonêmicas de preposições (cf. prep. *sob* e prefixo *sub-*, etc.); ex.: *ab-* (*abstrair*), *ex-* (*expor*) e assim por diante.

Do ponto de vista fonológico, o composto pode ser – a) por justaposição (v.) (ex.: *guarda-chuva, pré-histórico*), ou – b) por aglutinação (v.) (ex.: *planalto, infelicidade*). Do ponto de vista morfológico, pode ser um sintagma (v.), em que há subordinação (v.) de um elemento, como determinante ao outro como determinado (ex.: *guarda-chuva*), ou uma sequência de coordenação (v.) (ex.: *luso-brasileiro*).

Como a derivação (v.), a composição é um conceito sincrônico, de gramática descritiva, independente da dedução dos elementos lexicais que historicamente figuram nas palavras, feita na análise etimológica (v.).

COMPOSTO – v. em composição; simples.

COMUM – v. substantivo.

COMUNICAÇÃO – Intercâmbio mental entre os homens feito por meio da linguagem (v.) ou da mímica (v.). A TEORIA DA COMUNICAÇÃO a estuda em todos os seus aspectos, que são muito complexos no mundo moderno (cf. telefone, telégrafo, rádio, fala ao microfone etc.). Essa teoria, que é um ramo da Engenharia, desenvolveu certos conceitos, que são aproveitados em linguística, como – mensagem, código (v. discurso), redundância (v.), encodização (v.), decodização, ruído (v.).

COMUM DE DOIS – v. gênero.

COMUTAÇÃO – v. fonema.

CONCORDÂNCIA – Princípio, vigente em muitas línguas, segundo o qual, num sintagma (v.), o vocábulo determinante se adapta a certas categorias gramaticais do determinado; assim, em português, há concordância, em gênero e número, do adjetivo com o seu substantivo (ex.: *belo rapaz*, *belos rapazes*, *bela rapariga*, *belas raparigas*). Daí pode resultar redundância (v.) da categoria, ou a sua expressão formal quando esta não existe no determinado (ex.: *belos pires*).

Na gramática portuguesa é tradicional considerar que há concordância com um sujeito (v.), claro ou oculto, nas desinências número-pessoais que a forma verbal recebe (ex.: *falamos*, *as crianças falam*), e distinguem-se assim dois tipos de concordância: a) nominal, entre adjetivo e substantivo; b) verbal, entre verbo e sujeito. Outra interpretação mais exata é, porém, considerar a desinência número-pessoal como a expressão do sujeito, e o pronome pessoal sujeito, quando expressa, como uma redundância verbal com a correspondência entre a desinência número-pessoal do verbo e o número do substantivo ou da seqüência de substantivos que representa na oração o ser ou seres aí tratados como sujeito (exs.: *as crianças falam*, *a criança e o cãozinho brincam*). A concordância, que se dá assim em português para o gênero (concordância nominal) e para o número (concordância nominal e verbal), está sujeita à silepse (v.), na chamada concordância AD SENSUM, e à atração (v.). Por outro lado, há variação livre na concordância de um determinante com o seu determinado, quando este é uma sequência de substantivos coordenados, podendo dar-se a concordância apenas com o membro da sequência junto ao determinante; exs.: *ilimitado entusiasmo e admiração, entusiasmo e admiração ilimitada – Ouviu-o o Douro e a terra transtagana*" (cf. Camara, 1961, 150-151).

A concordância verbal é só o que assinala em português um substantivo como sujeito; a sua falta nas orações impessoais com o verbo *haver* (ex.: *há homens*) ou, por vulgarismo (v.), com um verbo médio-passivo (ex. *aluga-se pianos*) é uma conseqüência da impessoalidade da frase (v.).

CONCRETOS – Diz-se dos nomes substantivos que, ao contrário dos abstratos (v.), se referem a seres materiais ou espirituais, reais ou fictícios (exs.: *cão, alma, fada*). Estende-se a denominação aos nomes substantivos que designam um conjunto de fenômenos concretamente concebidos à maneira de um ser (exs.: *dia, noite, luz*), bem como as organizações sociais que por convenção se consideram como um ser (exs.: *sociedade, escola*). A distinção entre concretos e abstratos é mais filosófica do que linguística e dentro da filosofia é muito fugidia; mas é útil em gramática para destacar, como abstratos, os nomes – a) de qualidade, b) de ação, que se relacionam, respectivamente, com – a) os adjetivos; b) as verbos.

CONDICIONADA – v. condicional.

CONDICIONAL – Consiste num modo (v.) de apresentar o processo verbal – condicionado, para realizar-se, a outro anterior. Constitui-se assim uma frase de duas orações, em que uma é a CONDICIONANTE, ou PRÓTASE, e a outra a CONDICIONADA, ou APÓDOSE (v. correlação). Em regra, não há formas verbais privativas do condicional. Na língua portuguesa, usam-se na oração condicionada: a) o presente do indicativo; b) o futuro do presente; c) o futuro do pretérito, correlacionando-se, respectivamente, na oração condicionante com: a) o presente do indicativo; b) o futuro do subjuntivo; c) o pretérito imperfeito do subjuntivo. Exs.: a) "*Pouco serve ter a botica em casa, se não nos valemos dela*" (Epifânio, 1918, 283); b) "*se valor tiverdes, / igual ao Rei que agora alevantastes, / desbaratareis tudo o que quiserdes*" (Lusíadas, IV, 18); c) "*Se combatesse pelos mosselemanos, crê-lo-iam o demônio da assolação*" (Herculano, Eurico, 116). Esses três padrões de correlação condicional correspondem a três distinções temporais: a) correlação condicional permanente, incluindo o momento em que se fala; b) correlação condicional futura em referência no momento em que se fala; c) correlação condicional pretérita em referência ao momento em que se fala. Dessas três distinções temporais decorrem três distinções modais: a) mera indicação de ocorrência (em qualquer época); b) possibilidade de ocorrência (no futuro); c) não ocorrência no passado (como no exemplo de Herculano) e, por extensão, convicção de não ocorrência para a correlação permanente ou futura (donde a oposição entre: a) *Se eu tiver dinheiro, comprarei uma casa* – condicionante referida a fato realizável"; b) *Se eu tivesse dinheiro, compraria uma casa* – "condicionante referida a fato irrealizável) (cf. Ali, s.d. A., 188). O emprego da correlação condicional, com pretérito do subjuntivo e futuro do pretérito para o irrealizável permanentemente ou no futuro, provocou a freqüente substituição desses tempos verbais simples pelas correspondentes formas compostas de auxiliar *ter* e particípio passado (v. conjugações perifrásticas) para a correlação condicional pretérita, quando não há outra indicação de que a referência é ao pretérito; ex.: *Se eu tivesse dinheiro, teria comprado uma casa*. O padrão oracional básico da relação condicional é uma oração subordinada condicionante com a conjunção condicional *se* e uma oração condicionada principal; mas há construções outras, como as de oração condicionante: a) temporal (ex.: *Pouco serve ter a botica em casa, quando não nos valemos dela*); b) pronominal integrante (ex.: *Quem tiver valor, desbaratará tudo o que quiser*).

É preciso não esquecer, por outro lado, o uso do presente para o futuro (v. presente) e do pretérito imperfeito do indicativo para futuro do pretérito (v. futuro), que determinam, na oração condicionada, respectivamente, o uso do presente para a correlação condicional futura (ex.: *Se eu tiver dinheiro, compro uma casa*) e o do pretérito imperfeito para a correlação condicional pretérita (ex.: *Se eu tivesse dinheiro, comprava uma casa*).

CONDICIONAMENTO – v. condicional.

CONECTIVOS – Vocábulos gramaticais, que, como morfemas relacionais, estabelecem conexões entre palavras ou partes de uma frase. São subordinativos, quando a conexão é de subordinação (v.), e são coordenativos, quando a conexão é de coordenação (v.).

Em português há três espécies de conectivos: 1) preposições (v.) para a subordinação de palavras ou expressões lexicais; 2) pronome relativo (v.), que além do seu valor pronominal é um conectivo de subordinação de orações; 3) conjunções (v.), que, conforme servem – a) à subordinação de orações, ou – b) à coordenação de palavras, expressões léxicas ou orações, são – a) subordinativas, ou – b) coordenativas.

V. classes de vocábulos.

CONGRUENTE – v. transposição.

CONJUGAÇÕES – Conjuntos de formas correspondentes às flexões de modo (v.), tempo (v.) e pessoa (v.) dos verbos. Em português os verbos se distribuem em 3 grupos, nitidamente, de acordo com a identidade de tema (v.) e a gramática os denomina tradicionalmente – 1ª, 2ª e 3ª conjugação, segundo a vogal temática, respectivamente, em -*a*-, em -*e*- e em -*i*-, como assinala, por exemplo, o infinitivo (ex.: *cantar, temer, partir*), sendo que -*a*- sofre variação morfofonêmica (v.), no indicativo pretérito perfeito, quanto à 1ª pessoa singular passando para -*e*- (ex.: *cantei*, com a desinência de pessoa -*i*) e quanto à 3ª pessoa singular para -*o*- (ex.: *cantou*, com a desinência de pessoa *u* /w/; cf. paralelamente *parti* (i.e. – *part + i*) e *partiu* (i.e. – *part + i + u*), *temeu* (i.e. – *tem + e + u*). Nessas nossas 3 conjugações há uma associação entre a 2ª e 3ª em oposição nítida à 1ª: a) pela vogal temática -*i*- em comum no indicativo pretérito, onde sofre crase com o sufixo modo-temporal -*ia* (ex.: *temia, partia*), na 1ª pessoa singular do indicativo pretérito perfeito, onde sofre crase com a desinência de pessoa -*i* (ex.: *temi, parti*) e no particípio passado (ex.: *temido, partido*); b) pela neutralização da oposição vocálica /e/-/i/ em posição átona final nas formas rizotônicas (v.) do indicativo presente e imperativo (ex.: *temes* etc., *partes* etc.); c) pelo sufixo modo-temporal em comum e em contraste com o respectivo da 1ª conjugação no indicativo pretérito imperfeito (ex.: *temia* etc., *partia* etc., mas – *cantava* etc.) e no subjuntivo presente (ex.: *tema* etc., *parta* etc., mas – *cante* etc.). A vogal temática falta na 1ª pessoa singular do indicativo presente (ex.: *canto, temo, parto*) e no subjuntivo presente (v. forma primitiva), é átona nas pessoas do singular e 3ª pessoa plural do indicativo presente (que são formas rizotônicas) e ainda no indicativo futuro (do presente e do pretérito), onde o acento incide no sufixo modo-temporal (v. futuro); nas demais formas verbais, de qualquer das três conjugações, a vogal temática é tônica e a ela se seguem o sufixo modo-temporal e a desinência de pessoa (ex.: *cant + a + va + s*). Para cada conjugação há um paradigma (v.), ou modelo, por que se rege a flexão dos demais verbos, mas há alguns que têm irregularidade (v.) na sua flexão. Irregularidade digna de nota é do verbo *pôr*, e seus compostos, sem a vogal temática no infinitivo (i.e. – *pô + r*), em contraste com a presença da vogal temática -*e*- em formas como – *pusera, pusesse* etc.), o que levou alguns gramáticos a considerarem uma 4ª conjugação mediante uma análise falsa do infinitivo (a saber: *p* + *ôr*). As três conjugações portuguesas correspondem às que os gramáticos romanos consideravam, respectivamente, como a 1ª (ex.: *cantare*), a 2ª (ex.: *timere*, com o penúltimo *e* longo) e a 4ª (ex.: *partire*); a que eles consideravam como a 3ª, com flexão atemática (ex.: *capere, fugere*, com o penúltimo *e* breve, o qual é uma vogal de ligação entre a consoante final do radical e o sufixo flexional -*re*), desapareceu no romanço ibérico, das formas por analogia (v.), donde os verbos ficarem na 2ª ou na 4ª conjugação: *capere > *capere* com o penúltimo *e* longo, *fugere* > *fugire*.

CONJUGAÇÕES PERIFRÁSTICAS – Conjuntos de formas verbais para um dado verbo, também ditas FORMAS COMPOSTAS, em que esse verbo aparece numa de suas formas verbo-nominais e a parte flexional de modo, tempo e pessoa cabe a um verbo que sofreu gramaticalização (v.) e passa a auxiliar (v.). Há assim uma "articulação mórfica" (cf. Glinz, 1952, 352) de duas palavras autônomas, em que a forma nominal fornece a significação verbal e o auxiliar assinala apenas modo, tempo e pessoa; "as formas simples e compostas do verbo figuram lado a lado, como dois meios de expressão, de idade e construção distintas, e constituem no uso atual dois ramos de um sistema significativo" (Glinz, 1952, 374).

Em português, como em muitas outras línguas, as conjugações perifrásticas servem para a expressão de categorias verbais, que a conjugação simples não leva em conta, e se estabelece assim na língua um plano secundário de categorias verbais, ao lado do plano básico representado na conjugação simples. Do ponto de vista diacrônico nota-se a tendência à aglutinação (v.) com a passagem da forma perifrástica a forma simples, remodelando-se o sistema flexional do verbo; foi o que aconteceu, por exemplo, com o futuro românico (v.), proveniente da forma perifrástica de um infinitivo com o auxiliar *habere*.

No português moderno, há formas perifrásticas: a) para indicação de aspecto (v.); b) para o modo (v.) obrigatório e o volitivo; c) para a voz passiva (v. passiva, voz).

É má técnica de descrição gramatical considerar formas perifrásticas a combinação de dois verbos numa única oração em que ambos guardam a sua significação verbal e a significação total é uma das duas significações (ex.: *quero sair – vamos conversando até a casa – já tenho uma carta escrita* – etc.) e não houve a gramaticalização do primeiro verbo.

CONJUNÇÕES – Vocábulos gramaticais que, como conectivos (v.), estabelecem – a) uma coordenação entre duas palavras, dois membros de oração ou duas orações (conjunções coordenativas), b) uma subordinação entre duas orações, que constituem um sintagma oracional (v.), em que uma, como determinante, fica subordinada à outra, principal, como determinado. As conjugações vêm a ser, portanto, dois grupos de conectivos de natureza e função diversa; há gramáticos que os classificam separadamente e consideram conjunções propriamente ditas apenas as coordenativas, opondo os conectivos coordenativos, ou conjunções, aos subordinativos, em que se incluem as preposições (v.) (cf. Alonso-Ureña, 1945, II, 177).

Na língua portuguesa, a coordenação (v.) é indicada, fundamentalmente, pela copulativa *e*, quando não se faz assíndeto (v.). Complementarmente as idéias gramaticais de – a) contraste, b) alternativa, c) conclusão, d) explicação – são indicadas, respectivamente, por conjunções ditas – a) adversativas (exs.: *mas, porém*), b) alternativas (ex.: *ou*), c) conclusivas (exs.: *ora, portanto*), d) explicativas (ex.: *pois*). Essas conjunções filiam-se em regra, remota ou recentemente, num advérbio ou locução adverbial, visto que as idéias que assim introduzem são a rigor modalidades que acompanham a coordenação (v. advérbio). Provêm assim: 1) de conjunções coordenativas latinas (exs.: *e* < *et, ou* < *aut*); 2) de advérbios latinos ou nomes adverbializados (exs.: *pois* < *post, mas* < *magis, ora* < *hora*); 3) de aglutinações românicas antigas (exs.: *porém* < *por ende* < *per inde*) ou portuguesas, modernas (ex.: *portanto*); 4) de palavras portuguesas, feitas conjunções coordenativas por derivação imprópria (v.), como os pares alternativos – *quer... quer..., já... já...* A subordinação absoluta, ou INTEGRAÇÃO, que torna subordinada uma oração – sujeito, objeto, predicativo ou adjunto da principal, é indicada pela integrante (*que*). Paralelamente há a que torna uma subordinada um complemento circunstancial da principal; é tradição gramatical classificar essas conjunções pela natureza da circunstância; donde as temporais (ex.: *quando*), modais (ex.: *como*), finais (ex.: *para que*), causais (ex.: *porque*).

Há ainda a subordinação que consiste numa correlação subordinativa (v.) consecutiva ou de conseqüência (*que*), condicional ou de condição (*se*), comparativa ou de comparação de grau (v. comparação) (*que, do que*), concessiva ou de concessão (*embora*). Entre as conjunções subordinativas portuguesas predomina a partícula *que*; pode ser, conforme o contexto, integrante, temporal, final, causal, consecutiva, concessiva, comparativa; e além disso é base de locuções e conjunções compostas por aglutinação (consecutiva: *de sorte que*; final: *para que*; concessiva: *ainda que*; comparativa: *do que*; causal: *porque*, etc.). Provém do pronome interrogativo latino, no acusativo neutro, *quid*; mas houve convergência em referência à comparativa (lat. *quam*) e à causal (lat. *quod*). A polissemia (v.) é um fenômeno geral das conjunções subordinativas, cuja ideia subordinativa depende essencialmente do contexto, como vimos no caso da partícula *que*; assim, por exemplo, *como* pode ser modal (ex.: "*Cada um diz da feira como lhe vai nela*", Epifânio, 1918, 307), causal (ex.: "*como eu estava cansado, fechei os olhos três ou quatro vezes*", Assis, Casmurro, 1), comparativo numa comparação de igualdade (ex.: *tão simples este como aquele*).

CONJUNTIVO – v. modo; subjuntivo.

CONOTAÇÃO – Parte do sentido de uma palavra que não corresponde à significação *stricto sensu* (v.), ou seja, ao valor representativo como símbolo de um elemento do mundo biossocial, mas corresponde à capacidade da palavra de funcionar para uma manifestação psíquica ou um apelo (v. linguagem); assim, a conotação se situa na área da estilística (v.) e se distingue da denotação (v.). A conotação das palavras depende de múltiplos fatores: 1) do seu corpo fonológico, que pode impressionar pela harmonia (v.) ou ao contrário pela cacofonia (v.); 2) da associação com outras palavras num dado campo semântico (v. semântica) ou em frases usuais e frequentes; 3) da própria denotação, que evoca sensações agradáveis ou desagradáveis; 4) de pertencer peculiarmente a uma dada língua especial como uma língua profissional, a língua literária, a gíria (v.); 5) de se situar entre os arcaísmos (v.), ou regionalismos (v.) ou estrangeirismos (v.); 6) de impressões emocionais coletivas ou mesmo individuais caracterizando o estilo individual (v.), como as coletivas caracterizam o estilo coletivo de uma dada época.

Há palavras de conotação intensa ou "carregadas" (Hayakawa, 1941, 46). "A função informativa as evita ou procura empregá-las de maneira a reduzi-las ao seu significado neutro. A expressividade, ao contrário, faz delas instintivamente cabos elétricos da mais alta tensão" (Camara, 1953, 75).

Do ponto de vista diacrônico, a conotação pode interferir na denotação e determinar mudanças de natureza semântica (v.).

CONSOANTE – Tipo de fonema (v.) em que a corrente de ar, emitida para a sua produção, teve de forçar passagem na boca, onde determinado movimento articulatório lhe criou um embaraço.

Conforme a natureza desse embaraço, há quatro categorias ou ordens de consoantes: oclusiva (v.), constritiva (v.), nasal (v.), líquida (v.).

Conforme a natureza desse embaraço, há quatro classes ou séries, conforme o ponto bucal em que se dá o embaraço, mediante a junção ou aproximação entre um órgão fonador ativo, que entra em movimento, e um órgão fonador inerte ou passivo, para o qual o órgão ativo se dirige. As classes fundamentais das consoantes são três: 1) labiais, em que a articulação se dá nos lábios, sem interferência da língua como órgão ativo; 2) anteriores, em que a articulação é entre um ponto da parte anterior da língua e um ponto da parte anterior do céu da boca (arcada dentária, zona alveolar, parte anterior do palato duro, dita pré-palato); 3) posteriores, em que a articulação é entre um ponto da parte posterior da língua e um ponto da parte posterior do céu da boca (parte média e parte final do palato duro, ditas, respectivamente, médio-palato e pós-palato; véu palatino; úvula; zona gutural). Secundariamente, conforme o sistema de fonemas da língua, essas classes se dividem de acordo com uma zona de articulação mais restrita.

Há ainda uma terceira divisão em gêneros, conforme vem da glote uma corrente de ar surdo (v.) ou sonoro (v.).

Em português, a consoante é sempre um fonema assilábico, que se adjunge na sílaba (v.) à respectiva vogal ou silábico. Quando precede a vogal é pré-vocálica e tem caráter crescente; quando se lhe segue, é pós-vocálica e tem caráter decrescente. Todas as consoantes portuguesas podem ser pré-vocálicas; as pós-vocálicas só podem ser a rigor as constritivas ditas sibilantes (/s/ - /z/ ou /s'/ - /z'/) e as líquidas (/l/ - /r/), além da nasal que, como um resíduo consonântico, trava a sílaba de vogal dita nasal. Em posição pré-vocálica, especialmente, são possíveis grupos consonânticos (v.).

CONSONANTISMO – Em linguística descritiva, o conjunto das consoantes de uma língua e o conjunto dos seus traços fonológicos essenciais (como a oposição surda: sonora, a existência de consoantes palatalizadas, a inexistência de oclusivas pós-vocálicas. Em linguística histórica o conjunto das mudanças fonéticas (v.) referentes às consoantes; por isso, na gramática histórica portuguesa, estuda-se no consonantismo histórico a evolução das consoantes latinas na sua marcha para o português.

Os mesmos tipos de estudo referentes às vogais têm o nome de VOCALISMO.

CONSONANTIZAÇÃO – Dá-se esse nome à mutação (v.) de uma vogal alta, cuja emissão passa a ser feita com um estreitamento excessivo do canal bucal; ela adquire assim um caráter fricativo, já consonântico, tornando-se uma SEMICONSOANTE, anterior ou IODE, ou posterior ou UAU (VAU) conforme o caso. Foi o que sucedeu com *i-* e *u-*, pré-vocálicos, latinos, que eram semivogais, ou vogais de caráter assilábico. Essa consonantização foi a primeira fase da evolução final, respectivamente, para /z'/, (cf. *iactus-* < *jeito*) e para /v/ (cf. *uinu-* < *vinho*).

CONSTITUINTES – Nome que se dá na linguística descritiva moderna aos elementos formais que constituem uma forma linguística complexa. São depreendidos pela análise (v.), e esta só cessa quando se chega aos constituintes imediatos, isto é, que se articulam sem intermédio de outros; assim, em – *lobas, -a* é constituinte imediato da raiz *lob-*, mas *-s* se acrescenta à forma complexa *loba*. Às vezes, dois ou mais adjetivos não são uma seqüência de coordenação (v.) junto ao substantivo, mas constituintes em ordem sucessiva; isto se assinala pela falta de pausa entre eles (e na escrita falta de vírgula) ou pela anteposição de um em face da posposição do outro (ex.: a) *olhos femininos encantadores*, b) *encantadores olhos femininos*). Daí resulta um valor gramatical para a anteposição do adjetivo ao substantivo em certos casos (v. colocação).

CONSTRITIVA – Nome dado à consoante (v.) em que a corrente de ar, que a produz, sofre uma constrição ao forçar passagem entre o órgão fonador ativo e o órgão fonador passivo, que quase se tocam. Outro nome é FRICATIVA.

Na língua portuguesa, a ordem das consoantes constritivas compreende seis consoantes, distribuídas em três classes, duas a duas: 1) labiais (do ponto de vista fonético estrito – labiodentais), onde a construção é entre a arcada dentária superior e o lábio inferior: /f/ – /v/; 2) anteriores (do ponto de vista fonético estrito – dentais, ou, antes, alveolares), onde a constrição é entre o bordo anterior da língua e a zona alveolar dos dentes, produzindo-se um efeito acústico de sibilo, que lhes justifica o nome complementar de SIBILANTES: /s/ – /z/; 3) posteriores (do ponto de vista fonético estrito – palatais, ou, mais precisamente, alveopalatais), caracterizadas pela ampliação da zona articulatória à região média da língua e do palato, produzindo-se um efeito acústico de chiado, que lhes justifica o nome complementar de CHIANTES /s'/ – /z'/. Em cada um desses pares há uma oposição entre consoante surda (/f/ – /s/ – /s'/) e consoante sonora (/v/ – /z/ – /z'/).

As chiantes, que não existiam no sistema de fonemas latino, também se chamam sibilantes palatalizadas, porque de fato correspondem a uma palatalização (v.) das sibilantes.

Na ortografia portuguesa, só as labiais, entre as constritivas, têm uma representação una e exclusiva, com as letras *f* e *v* para a surda e a sonora, respectivamente. Já a sibilante surda é indicada, segundo o vocábulo, por *s* (ex.: *selo*) ou *e* (ex.: *cedo*) (cedilhado – *ç*, diante de /a/ – /ó/ – /ô/ – /u/ como em – *aço*) e num ou noutro vocábulo, até, por *x* (ex.: *próximo*) (v. alfabeto; letras). Além disso, entre vogais, *s* indica a sibilante sonora (cuja letra privativa é *z*) e para indicar-se a sibilante surda dobra-se a letra (ex.: *isso, passo*), salvo depois de vogal nasal, porque nesse caso o efeito nasal (v.) equivale a um fechamento consonântico da sílaba (ex.: *manso, cansar*). Essa variedade de representação da sibilante surda e da sonora, na ortografia portuguesa, prende-se à história da nossa ortografia (v.). Analogamente, e pelo mesmo motivo, a chiante surda é indicada ora por *x* (ex.: *eixo*), ora por *ch* (ex.: *achar*) (v. dígrafo); e a chiante sonora, antes de vogal anterior, é indicada ora por *g* (ex.: *gesto*) (v. oclusiva), ora por *j* (ex.: *jeito*), que é a letra exclusiva diante de outra vogal (ex.: *janela, jovem, julho*).

Não se deve confundir o conceito de consoante constritiva com o de contínua (v.).

CONSTRUÇÃO – Nome geral para a reunião dos elementos formais linguísticos no vocábulo, na locução, na oração e assim por diante. A distinção fundamental é – entre a construção vocabular (reunião em vocábulo) e a construção sintática (reunião em oração, em membro de oração, em grupo de orações).

CONTAMINAÇÃO – Nome também dado ao CRUZAMENTO por analogia (v.) ou atração (v.).

CONTEÚDO – A significação (v.) de uma forma linguística. Na escola linguística de Hjelmslev (Hjelmslev, 1953) equivale a SIGNIFICADO e se opõe a expressão (v.).

CONTEXTO – O conjunto de uma enunciação linguística posta em cotejo com os elementos que a compõem. A significação exata das palavras só se realiza em função do contexto. "Há uma significação básica e inerente ao segmento fônico, independentemente dos contextos em que pode aparecer; mas é uma significação fluida e cambiante, que assume vários 'modos' de ser. Pode-se compará-la a um pano furta-cor, do qual cada tonalidade precisa depende da posição em que nos colocamos em relação a ele, assim como para o semantema cada significação precisa depende do contexto em que se acha" (Camara, 1959, 139).

CONTÍNUA – Diz-se de uma consoante que não é oclusiva (v.), e assim a denominação aplica-se, no sistema de fonemas português, à consoante constritiva (v.), e à líquida (v.), na base do conceito de que a corrente de ar, emitida dos pulmões, não é interrompida na boca e não sofre solução de continuidade em sua emissão. Em relação à nasal (v.), há oclusão na boca, mas, como a corrente se desvia concomitantemente para as fossas nasais, também se pode considerá-la contínua.

Em algumas obras de fonética há uma confusão entre consoante contínua e consoante constritiva, mas esta na realidade é um caso especial de continuidade de emissão.

CONTRAÇÕES – Nome dado à aglutinação (v.) de dois vocábulos gramaticais numa nova partícula que se torna um morfema composto. Também se usa o termo COMBINAÇÃO, que é menos expressivo.

Pode haver fatos de morfofonêmica (v.), como: a) crase (v.); b) ditongação; c) elisão (v.) de fonema ou assimilação de fonemas.

Há dois grandes tipos de contrações em português:

1) De algumas das preposições essenciais (v.) com o artigo (v.). Assim temos: a) preposição *a*: masc. *ao* /aw/, ditongação; fem. *à*, crase; b) preposição *de*: *do*, *da*, elisão da vogal; c) preposição *por*: *pelo*, *pela*, variante *per* (cf. a locução *de per si* e o prefixo *per*) (v. prefixos) e variante *lo* do artigo com a elisão do -*r* (diacronicamente precedida de uma assimilação r > l: *pello*, com *i* geminado); d) preposição *em*: *no*, *na*. O fato d) tem uma explicação diacrônica diversa da interpretação sincrônica (v. sincronia); diacronicamente, houve a contração de *em* /e(n)/ com *lo*, *la*, seguida de nasalação do /l/, de nasalação do /(n)/ e aférese do /e/ (*enlo* > *enno* > *eno* > *no*); sincronicamente *n-* é variante posicional da preposição *em*, usado com o artigo obrigatoriamente, com os demonstrativos, preferentemente (*neste*, *nesse*, *naquele*, *nisto*, *nisso*, *naquilo*), com indefinidos começando por vogal, facultativamente (*num*, *nalgum*, *noutro*).

2) Do pronome pessoal adverbial átono *o* (*a*, *os*, *as*) com um dos outros da mesma série, constituindo-se uma partícula que engloba objeto direto e indireto com os

verbos bitransitivos (ex.: *dê-mo*). As regras morfofonêmicas são então as seguintes: A) *me, te*, precedem *o, a, os, as*, com elisão da vogal *e* (*mo, to*); B) *lhe*, equivalente a singular e plural, como acontecia sempre no quadro antigo dos pronomes pessoais (v.), precede *o, a, os, as*, com elisão da vogal *e* (*lho*); C) *nos, vos*, precedem a variante *lo, la, los, las*, com elisão do -*s* (*no-lo, vo-lo*).

CONTRASTE – v. antítese; oposição.

CONVERGENTES – Vocábulos que, provindos de étimos diversos, sofreram convergência fonológica, apresentando uma mesma estrutura fonêmica como HOMÔNIMOS (v. homonímia). Exs.: 1) *são*, adj., "sadio" (lat. *sanu-*); 2) *são*, adj., de *santo* por próclise (v.); 3) *são*, verbo (lat. *sunt*).

Existem formas convergentes por três principais causas: – 1) coincidência de evolução fonética em dois ou mais vocábulos a princípio diversos de forma; assim, *fiar* "tecer" (lat. *filare*) e *fiar* "ter confiança" (lat. *fidare* por *fidere*) porque a distinção entre os dois vocábulos desapareceu com a síncope (v.) da consoante sonora intervocálica; 2) coincidência entre um derivado de um vocábulo e outro vocábulo já existente; assim o derivado deverbal de *render* – *renda* é forma convergente de *renda* "tecidos", de origem obscura (germ. *randa?* cf. Nascentes, 1932, 684); 3) empréstimos a línguas estrangeiras (v.) ao lado de uma forma homônima vernácula; assim, ao lado de *manga* "peça de vestuário para cobrir o braço" (lat. *manica*), temos *manga* "espécie de fruta", que é empréstimo ao malaio. Às vezes, no caso de mais de dois convergentes, concorre mais de uma dessas causas; ex.: *cabo* (lat. *caput*) "extremidade", "acidente geográfico", "posto militar"; *cabo* (lat. *capulu-*) "peça de um utensílio pelo qual se lhe pega"; *cabo* (ar, *kab*) "espécie de medida".

COORDENAÇÃO – Coordenação, ou PARATAXE, é a construção em que os termos se ordenam numa SEQUÊNCIA e não ficam conjugados num sintagma (v.). Na coordenação, cada termo vale por si e a sua soma dá a significação global em que as significações dos termos constituintes entram ordenadamente lado a lado; ex.: *auriverde* "parte cor de ouro, parte verde"; *belo e justo* com a qualidade de beleza ao lado da qualidade da justiça"; *saiu e entrou* "uma ação de saída e depois uma ação de entrada", etc.

Há uma composição lexical (v.) por coordenação (ex. *auriverde, luso-brasileiro* etc.) e a coordenação como construção sintática – a) de palavras, b) de grupos lexicais, c) de orações, subordinadas a uma principal ou inteiramente independentes. Na coordenação sintática diz-se que há assíndeto (v.), ou coordenação assindética, quando os termos se seguem apenas separados por uma pausa, a que na escrita corresponde a vírgula ou o ponto e vírgula; mas pode dar-se a ligação, ou SÍNDETO, entre os termos coordenados por meio da conjunção (v.) copulativa *e*, tendo-se então a coordenação sindética.

Também há coordenação sindética quando por meio de outras conjunções coordenativas se introduzem as noções de contraste, de alternativa, de conclusão, de explicação.

V. subordinação.

COORDENATIVA – v. em classes de vocábulos; conjunções; conectivos.

CORDAS VOCAIS – v. em surdo; sonoro; voz.

CORREÇÃO – Conceito que se estabelece espontaneamente no uso da língua em qualquer comunidade falante, em face da variabilidade linguística que se verifica de um lugar para outro, de um meio social para outro e até de um indivíduo para outro. São essencialmente 4 os fatores que criam na comunidade linguística esse conceito: 1) o predomínio social de um lugar ou de uma classe, que leva a se dar preferência às suas variantes linguísticas, cujo conjunto constitui a norma (v.); 2) o esforço para a plena eficiência no uso da língua como processo de comunicação e ação social; 3) o sentimento estético, que inspira uma seleção dentro da variabilidade linguística; 4) o impulso para a uniformização, que reage contra a variabilidade linguística. Como esses 4 fatores existem em qualquer sociedade, independentemente do seu tipo e do seu grau de cultura, a correção é uma constante universal na linguagem como força latente. Em princípio é uma força conservadora; mas dos fatores 2 e 3 decorrem também movimentos de inovação.

Nas sociedades mais evoluídas a correção se torna força patente no que se chama disciplina gramatical (v.).

V. registro.

CORRELAÇÃO – Construção sintática de duas partes relacionadas entre si, de tal sorte que a enunciação de uma, dita PRÓTASE, prepara a enunciação de outra, dita APÓDOSE. A correlação se estabelece: a) por coordenação (v.), ou b) por subordinação (v.), conforme o conectivo utilizado e a noção de sequência ou de sintagma, respectivamente, que daí decorre; exs.: a) *é não só bravo mas hábil*; b) *é tão bravo que chega a ser temerário*.

A construção condicional (v.), em português, é uma correlação de subordinação; da mesma sorte o é a comparação (v.) de grau (v.) e o símile (v.).

Na estruturação das formas linguísticas, dentro da língua (v. paradigma), considera-se como correlação a associação das formas por semelhança ao lado da oposição (v.) por seus contrastes.

CORRESPONDÊNCIA – v. sinonímia.

CRASE – Enunciação numa única vogal de duas vogais iguais em juntura (v.) fechada. Na gramática grega, focalizava-se como *krásis* "fusão" essa contração em juntura externa (vogal final de um vocábulo com a inicial do seguinte). A crase é assim, do ponto de vista sincrônico, uma variação morfofonêmica (v.), de que decorre, por exemplo, em português, a partícula *à* ou *às*, que reúne em si a preposição *a* e o artigo feminino (ex.: *vou à praia, vou às margens do rio*).

Do ponto de vista diacrônico, também se estende o nome à reunião, numa sílaba de vogal una, de duas vogais iguais em hiato, ou seja, geminadas. É uma das mudanças fonéticas (v.) que caracterizam a passagem do português arcaico (v.) para a fase moderna, pois naquele permaneciam as vogais geminadas pela síncope (v.) de uma consoante sonora intervocálica (exs.: *mala > maa, colore- > coor, pede- > pee*). Essa crase entre vogais baixas (*-aa-*) ou médias (*-ee-, -oo-*) átonas determinou uma vogal átona de timbre aberto, que persiste no português europeu e foi em tempos indicada na grafia pelo sinal de acento grave (v.) (exs.: *càveira < caaveira < calavaira; corar < colorare; pègada < pedicata*), mas hoje só é indicada na partícula *a*, onde serve, além disso, como grafema (v.), a distingui-la da preposição simples e da forma feminina do artigo (ex.: *vou à praia*; mas – *vejo a praia, vou a Petrópolis*). No Brasil, o timbre aberto dessas vogais átonas desapareceu; mas escreve-se a partícula *à* com sinal grave como mero grafema: o que sucede comumente é a incidência de um acento secundário na partícula, por ênfase, o que faz dela um /a/ aberto, no quadro das vogais tônicas (v. vogal).

CRIAÇÃO ANALÓGICA – v. analogia.

CRUZAMENTO – v. analogia; atração.

CULTURA – Conjunto das criações do homem que constituem um universo humano, ou SUPERORGÂNICO, acima do universo físico, ou inorgânico, e do universo biológico, ou orgânico (cf. Camara, 1959, 19-21). As línguas são produtos da cultura para permitir a comunicação social. As mudanças na cultura determinam mudanças linguísticas (v.), principalmente no que se refere às categorias gramaticais (v.) e ao léxico (v.), donde uma relação estreita entre o estudo histórico da semântica (v.) e o da história da cultura.

Pode-se dizer que em cada estado linguístico se resume a cultura vigente, de cujos elementos são símbolos linguísticos os semantemas e os morfemas categóricos.

Toma-se também o termo cultura no sentido estrito de "instrução" e, assim, numa sociedade, fala-se em classes providas de cultura e numa língua culta própria dessas classes.

D

DALMÁTICO – v. românicas, línguas.

DATIVO ÉTICO – v. realce; objetos.

DEBORDAMENTO – Termo com que se pode traduzir em português o termo inglês OVERLAPPING, que se refere à substituição de um fonema de uma forma linguística pelo outro fonema que constitui com ele um par opositivo (v. oposição). Do debordamento resulta, portanto, uma NEUTRALIZAÇÃO da oposição referida. Na fonologia portuguesa convém classificar como debordamento o emprego de /ê/, /ô/ por /é/, /ó/, respectivamente, ou vice-versa, bem como no Brasil a mudança de timbre de uma vogal pretônica por harmonização (v.). Dentro desse ponto de vista, há uma diferença de conceito entre a neutralização e o debordamento: naquela elimina-se a oposição dos fonemas; neste cria-se uma FLUTUAÇÃO na escolha de um ou outro fonema da oposição.

Noutro sentido, pode-se usar o termo debordamento para traduzir na técnica do verso (v.) o que em francês se chama ENJAMBEMENT.

DECALQUE – v. empréstimos.

DECLINAÇÕES – Grupos mórficos em que se dividiam os nomes em latim, de acordo com um dado tema (v.) e um paradigma de desinências para os seis casos (v.).

A gramática latina distribuía os nomes em 5 declinações. Mas a quarta e a quinta eram secundárias em virtude de conterem poucos nomes e apresentarem várias coincidências de desinências com a segunda e terceira respectivamente. Além disso, para muitos nomes da quinta, havia uma variante mórfica pertencente à primeira (ex.: *rabia*, ao lado de *rabies*; *matéria*, ao lado de *materies*), e o latim vulgar fez o mesmo, por analogia (v.), com outros nomes ainda, como *dia* em vez de *dies*. Por isso, para a evolução românica dos nomes latinos, só contam as 3 primeiras declinações, caracterizadas no acusativo pelas vogais finais – -*a* (1ª declinação), -*o* (2ª declinação), -*e* (3ª declinação). Essas vogais continuam em português; ex.: *rosa*, *lã*, *raiva*, *dia* (lat. *rosa*, *lana*, *rabia*, *dia* em vez de *dies*); *lobo*, *som*, *fruto* (lat. *lupu-*, *sonu-*, *fructu-*); *ave*, *imagem* (lat. *ave-*, *imagine-*). Quando -*e* final era precedido de consoante sibilante ou líquida, houve apócope (v.) e o nome se tornou atemático no singular; ex.: *sol, mar, mês, paz* (lat. *sole-, mare, mense-, pace-* onde /k/ diante de /e/ passou a sibilante (v. assibilação). Os nomes em *-ão*, no singular, revelam o seu tema genuíno no plural; cf. *mãos, ações, pães* (v. número).

A desinência *-a* de feminino em português (v. gênero) decorre da vogal temática da 1ª declinação latina.

DECODIZAÇÃO – v. em encodização.

DEFECTIVOS – Diz-se dos vocábulos variáveis que não apresentam uma flexão completa em face do respectivo paradigma (v.). Em português isso se verifica em muitos verbos, cuja conjugação é incompleta. Em regra faltam as formas correspondentes às pessoas do singular e à terceira pessoa do plural do indicativo presente que são rizotônicas (v.) faltando consequentemente o subjuntivo presente e a 2ª pessoa singular do imperativo (v. forma primitiva). É na 3ª conjugação que há um número bastante apreciável de verbos defectivos. A inexistência da flexão é uma questão de desuso, o que faz essa flexão ser abolida da norma linguística (v.) e ser considerada contrária à eufonia (v.). Mas, como a flexão está prevista na estrutura das oposições flexionais, pode aparecer esporadicamente quer na língua corrente, quer na língua literária. As formas inexistentes de um verbo defectivo são supridas: a) pelas de um verbo sinônimo (*nós nos precavemos,* mas – *eu me acautelo*); b) pelas de um verbo que constitui com o defectivo um par de vocábulos divergentes (v.) (*vós remis,* mas – *tu redimes*); c) pelas de um verbo derivado (*vós floris,* mas – *tu floresces*).

Convém não confundir com os verbos defectivos os impessoais (v. impessoalidade) e os unipessoais (v.), que, em virtude de sua significação e aplicação, só têm 3ª pessoa.

DEGLUTINAÇÃO – Fenômeno que consiste em separar de um vocábulo um segmento fonético, considerado a ele aglutinado por metanálise (v.). V. também aférese.

DÊIXIS – Faculdade que tem a linguagem de designar mostrando, em vez de conceituar. A designação dêitica, ou mostrativa, figura assim ao lado da designação simbólica ou conceptual em qualquer sistema linguístico. Podemos dizer que o SIGNO linguístico apresenta-se em dois tipos – o SÍMBOLO, em que um conjunto sônico representa ou simboliza, e o SINAL, em que o conjunto sônico indica ou mostra (v. símbolo). O pronome (v.) é justamente o vocábulo que se refere aos seres por dêixis em vez de o fazer por simbolização como os nomes (v.). Essa dêixis se baseia no esquema linguístico das 3 pessoas gramaticais que norteia o discurso: a que fala, a que ouve e todos os mais seres situados fora do eixo falante-ouvinte. **DEMONSTRATIVOS** – Pronomes que expressam referência a uma posição no espaço, dividido linguisticamente nos dois campos polares do eixo falante-ouvinte e num terceiro campo à parte desse eixo. Transposta a indicação geral no espaço (dêitica) para a indicação particular no próprio contexto lingüístico (anafórica), tem-se o campo do que vai ser dito no contexto, o do que já foi dito, e um terceiro campo abrangendo outros contextos. Há assim em português 3 espécies de demonstrativos: 1) indicação no âmbito do falante (uso dêitico) ou no do que vai ser dito no contexto (uso anafórico) – *este*; 2) indicação no âmbito do ouvinte (uso dêitico) ou no do que já foi dito no contexto (uso anafórico) – *esse*; 3) indicação de um âmbito exterior ao falante e ao ouvinte (uso dêitico) ou exterior ao contexto em que o pronome se acha (uso anafórico) – *aquele*. No uso anafórico, porém, a estilística (v.) interfere frequentemente nessa distribuição puramente gramatical das formas, dando-se a substituição de *esse* por *este* e o emprego de *aquele* para uma indicação dentro do contexto distanciada do ponto atual da enunciação. O esquema indicativo dos demonstrativos varia muito de língua para língua, podendo ser mais simples ou mais complexo que em português, e na língua popular do Brasil há uma tendência à redução dos demonstrativos a dois tipos apenas (*este* e *esse*, gramaticalmente equivalente e estilisticamente diversos como mais enfático e menos enfático, de um lado, e, de outro lado, *aquele*, na base da distinção entre o campo do falante e tudo mais). Os 3 demonstrativos portugueses, que são susceptíveis de emprego substantivo (ex.: *"Este que socorrer-lhe não queria"*, Lusíadas VI, 48) ou adjetivo (ex.: *Este livro*), tem as flexões de gênero e número, com a desinência -*a* conjugada com uma alternância submorfêmica da vogal tônica da raiz (/ê/ para /é/), para o feminino, e, para o plural, a desinência -*s* 1) – *este*, esta, *estes*, *estas*; 2) – *esse*, *essa*, *esses*, *essas*; 3) – *aquele*, *aquela*, *aqueles*, *aquelas*). Apresentam, além disso, uma forma do gênero neutro (v.) com tema em -*o*, em vez de -*e*, correspondendo rigorosamente à nossa concepção moderna de seres inanimados, invariável em número e só de emprego substantivo (1 – *isto*, 2 – *isso*, 3 – *aquilo*); flexionalmente se caracterizam, não fundamentalmente pelo tema particular que apresentam, submorfemicamente, mas por uma alternância da vogal tônica de média para alta (/e/ – /i/), que se pode considerar o verdadeiro morfema do neutro e aparece sem mudança de tema, para os indefinidos (v.) em *tudo*, oposto a *todo*.

Os demonstrativos latinos que originaram os portugueses por simplificação de um complexo sistema de 5 tipos (*hic, iste, ille, is ipse*) foram na forma de nominativo (v. casos): a) masc. *iste*, fem. *ista* (port. *este, esta*), masc. *ipse*, fem. *ipsa* (*esse, essa*), masc. *ille*, fem. *illa*, reforçados pela partícula **accu-* (*aquele, aquela*), formas que desenvolveram um plural em *-s* pela analogia (v.) dos nomes (*estes, estas; esses, essas; aqueles, aquelas*); b) neutros *istud, ipsum, illud* reforçados por **accu-* (port. arcaico – *esto, esso, aquelo*, port. mod. *isto, isso, aquilo*, com uma mudança de vogal tônica talvez decorrente de metafonia (v.) diante de pausa. O reforço com **accu-* se verificou a princípio com os 3 tipos de demonstrativos e não apenas com o tipo *ille*. "Nos primeiros tempos devia haver provavelmente alguma distinção entre *este* e *aqueste, esse* e *aquesse*. Talvez consistisse essa distinção em se empregarem as formas compostas para exprimir ênfase. No século XV, porém, já nenhuma diferença semântica existe entre elas. Tornando-se sinônimas, as segundas se arcaizaram. Com *aquele* não se verificou o mesmo, porque a forma simples *ele* se tornou cedo pronome pessoal da 3ª pessoa" (Coutinho, 1962, 302).

Há ainda em português um demonstrativo vago, saído do acusativo – *illum*, e suas variantes de gênero e número – *o, a, os, as* e um neutro *o* (correspondente a – *aquilo*) homônimo do masc. sing.; um e outro se devem interpretar, sincronicamente, como uma raiz √o em crase com a vogal temática *-o* /u/ e no feminino suprimida, por morfofonêmica, com a adjunção da desinência *-a*. Esses demonstrativos vagos aparecem funcionando como antecedente do pronome relativo (v.) *que*, a que se opõem *aquele* e suas variantes flexionais como formas mais enfáticas (ex. *ouve os que te aconselham – ouve sempre com atenção aqueles que te aconselham*). É esse demonstrativo vago que se classifica como artigo (v.), quando em função adjetiva.

DENOTAÇÃO – A parte da significação lingüística (v.) que diz respeito na linguagem (v.), à REPRESENTAÇÃO compreensiva em face do mundo exterior objetivo e do mundo subjetivo interior. Assim, numa forma lingüística, a denotação se distingue da conotação (v.) e com ela se combina para dar a significação integral da forma. A denotação corresponde a um contínuo significativo e não a uma significação pontual (cf. Camara, 1959, 139); pressupõe a polissemia (v.) e só se precisa no contexto (v.) "pela oposição em que se acha com outras significações também ali presentes; a oposição funcional corrige o que há de fluido na oposição estrutural".

DEPOENTES – Verbos latinos que tinham uma forma especial distinta da forma fundamental ativa. A forma depoente era idêntica à da voz passiva, mas com outra significação.

Em latim clássico o sentido dos verbos depoentes era o de voz ativa (v. voz); mas de início eles indicavam uma voz reflexiva ou medial. Na evolução românica os verbos depoentes perderam a sua forma típica e adquiriram as desinências da voz ativa. Ex.: *deprecabat*, em vez de *deprecabatur*, donde port. *deprecava*; *morassent*, em vez de – *morati essent*, donde port. *morassem* (cf. Muller-Taylor, 1932, 59).

Muitos gramáticos veem em português um resíduo da forma depoente no emprego de particípios passados, como em *homem lido, pessoa viajada*, porque consideram o particípio passado uma forma basicamente passiva, que aí está com valor ativo; mas, na realidade, trata-se do aspecto permansivo, que é próprio das formas verbais latinas do *perfectum* (v. aspecto), com que se expressa um estado adquirido: *homem que tem o espírito enriquecido pelas leituras, pelas viagens feitas*.

DERIVA – v. evolução; gênio da língua.

DERIVAÇÃO – Estruturação de um vocábulo, na base de outro, por meio de um morfema (v.) que não corresponde a um vocábulo e introduz no semantema uma ideia acessória que não muda a significação fundamental. Em português, os morfemas segmentais nestas condições são os que se pospõem ao semantema e entram pois na classe de sufixo (v.). Os que se antepõem ao semantema, na classe de prefixo (v.), salvo nos derivados parassintéticos (v.), correspondem a preposições, portuguesas ou latinas, e alteram fundamentalmente a significação do semantema; são por isso incluídos de preferência no processo da composição (v.), embora muitos gramáticos incluam sufixos e prefixos na derivação, que passa a ser sufixal e prefixal (cf. Ali, s.d. A.).

Entre o vocábulo assim estruturado, dito DERIVADO, e o que lhe serve de base, dito PRIMITIVO, há uma relação de ordem sincrônica, que pode não corresponder à sua origem diacrônica, na história interna da língua (FORMAÇÃO VERNÁCULA E FORMAÇÃO LATINA, respectivamente); assim, *bon-*

dade é sincronicamente um derivado de *bom*, com o sufixo *-dade* mas provém diacronicamente do lat. *bonitate-*, que era por sua vez um derivado análogo (sufixo *-tate-*). Por outro lado, um vocábulo criado por derivação pode na descrição atual da língua ser primitivo, se se obliterou a sua estrutura inicial para a análise sincrônica; assim, lat. *cantare*, derivado de *canere*, perdeu a sua estrutura de derivado em port. *cantar*.

A derivação introduz – a) uma idéia acessória na significação fundamental do vocábulo, como nos diminutivos (v.); b) uma aplicação diferente na frase, como adjetivo em vez de substantivo (ex.: *formoso*, de *forma*), um substantivo em vez de verbo (ex.: *julgamento*, de – *julgar*), substantivo de agente em vez de substantivo de objeto (ex.: *livreiro*, de – *livro*) e assim por diante. No caso b) pode haver a chamada derivação imprópria – ou melhor, derivação por sufixo zero – em que a nova aplicação decorre da construção frasal e não de uma mudança de forma por estruturação com sufixo; *vender caro*, em que *caro* é advérbio em vez de adjetivo; *guerra relâmpago*, em que *relâmpago* é adjetivo em vez de substantivo (v. concordância); a derivação imprópria aparece em todos os casos de substantivação como – *o belo horrível, o comer e o coçar*; e nas preposições (v.) derivadas.

Nos deverbais (v.) temos o caso de sufixo lexical zero, da mesma sorte que em muitos verbos derivados de nomes em que a natureza verbal é apenas indicada pelo tipo de flexão; ex.: *capinar*, de – *capim*).

DERIVADO – v. em derivação.

DESCRIÇÃO – v. gramática.

DESINÊNCIA – Segmento fônico com que termina um vocábulo flexional para se caracterizarem as diversas formas do seu paradigma (v.). É um outro nome para SUFIXO FLEXIONAL, ou seja, um sufixo (v.) referente à flexão (v.) em vez de referente à derivação (v.), que é sufixo derivacional ou lexical.

Em português há desinências – a) nominais, para gênero (v.) e número (v.) que se estende aos pronomes; b) verbais, para número e pessoa (desinências número-pessoais) (v. pessoa gramatical) e para tempo e modo (desinências modo-temporais) (v. presente; pretérito; futuro). A categoria de caso (v.), nos pronomes pessoais portugueses, não se expressa por desinências, mas por heteronímia (v.), com vocábulos supletivos (v.).

Às vezes se diz TERMINAÇÃO para o conjunto das desinências com o índice temático.

DESNASALAÇÃO – Perda da qualidade nasal de um fonema, que assim se torna puramente oral (v. nasalação).

Na evolução da língua portuguesa tem particular importância a desnasalação das vogais /e/, /o/, /u/, em hiato; exs.: *bõa* /bo(n)a/ (do lat. *bona*) > *boa*; *lua* (com til no *u*) /lu(n)a/ do lat. *luna*) > *lua*; *vea* (com til no *e*) /ve(n)a/ do lat. *uena*) > *vea*, donde – *veia* (v. ditongação). No feminino do artigo indefinido e nome numeral *um* /u(n)/, a desnasalação determinou a forma *ua* (*una* > *ua* (com til no *u*) /u(n)a/ > *ua*), que foi esporádica e está obsoleta, porque a qualidade nasal mantida pela analogia com o masculino deu em resultado a forma *uma* por epêntese (v.).

Também há casos de desnasalação de consoante; assim – *an'ma* (lat. *anima*) > *alma*, por diferenciação (v.), ou dissimilação (v.) de duas nasais contíguas.

DETERMINADO – v. sintagma.

DETERMINANTE – v. sintagma.

DETERMINATIVOS – Designação que vários gramáticos dão aos vocábulos de natureza pronominal quando adjetivos, distinguindo assim os ADJETIVOS DETERMINATIVOS e os de natureza nominal, ditos ADJETIVOS QUALIFICATIVOS; a atual nomenclatura vigente no Brasil baniu esse critério classificatório (v. adjetivo). João Ribeiro opunha uma classe de determinativos, separados dos pronomes e abrangendo o artigo, os demonstrativos, os possessivos e os indefinidos, em contraste com os pronomes, restringidos aos pessoais (Ribeiro, 1930, 19s).

DEVERBAIS – Nomes de ação, isto é, substantivos verbais abstratos (v.), que correspondem a verbos cognatos sem deles se derivarem por meio de um sufixo, ou, em outros termos, derivados por um sufixo zero ($\emptyset$) (v. derivação). Do ponto de vista diacrônico, há 3 espécies de deverbais: 1) derivados regressivos do verbo respectivo (ex.: *paga* de *pagar*, *ataque*, de *atacar*) onde se tem apenas o tema (v.); 2) derivados latinos em que na evolução fonética se obliterou o sufixo (ex.: *perda*); 3) deverbais já existentes em latim (ex.: *fábrica* > *fabrica*, de *fabricare*), havendo neste último caso a possibilidade em português de uma alternância prosódica em face de formas verbais (v.).

DIACRÍTICOS – Sinais gráficos que conferem às letras ou grupos de letras um valor fonológico especial. Em português são tradicionalmente usados como diacríticos:

a) os acentos agudo (v.), grave (v.), circunflexo (v.) para assinalar a tonicidade ou o timbre das vogais; b) o TREMA, para indicar que o -*u*- não é letra muda (v.) depois de *q*- ou *g*- seguidos de vogal anterior; c) o TIL, para o valor nasal do -*a* final ou de um ditongo; d) o apóstrofo (v.) para impor a elisão (v.); e) o HÍFEN, para a justaposição (v.), de acordo com certas regras ortográficas. Exs.: a) *até*, *sapê*; b) *argüi*, *freqüente*; c) *lá*, *mão*; d) *c'roa*; e) *couve-flor*, *pré-histórico*.

DIACRONIA – Termo adotado por Saussure (Saussure, 1922, 117) para designar a transmissão de uma língua, de geração em geração, através do tempo, sofrendo ela nesse transcurso mudanças em todos os níveis (v.), cujo conjunto constitui a evolução lingüística (v.).

O estudo diacrônico é assim a história interna (v.) da língua. Compreende a gramática histórica (v.), a semântica histórica (v.) e a história do léxico (v.).

A diacronia da língua portuguesa parte do latim vulgar até nossos dias. Divide-se convencionalmente em cinco grandes períodos, ou FASES, que se distinguem entre si por um conjunto de mudanças essenciais: 1ª fase: latim vulgar imperial (até séc. IV); 2ª fase: romanço lusitânico (v.) (séc. IV – séc. IX); 3ª fase: protoportuguês (séc. X – séc. XI); 4ª fase: português arcaico (v.) (séc. XII – séc. XV); 5ª fase: português moderno (v.) (séc. XVI em diante). Não se deve confundir essas divisões convencionais com o que em sincronia se chama um estado lingüístico (v.).

DIALETOLOGIA – Estudo do arrolamento, sistematização e interpretação dos traços lingüísticos dos dialetos (v.).

A técnica mais moderna de pesquisa e exposição em dialetologia é a chamada GEOGRAFIA LINGÜÍSTICA, que consiste em levantar mapas da distribuição geográfica de cada traço lingüístico dialetal; o conjunto desses mapas constitui o ATLAS LINGÜÍSTICO do território estudado. Os pontos do território em que se verifica a existência de um determinado traço lingüístico são reunidos no mapa por uma linha convencional chamada linha isoglóssica (v.).

Outra técnica de dialetologia é a descrição dos falares (v.) por meio de monografias dedicadas a uma dada região. Compõem-se assim gramáticas e glossários regionais (v.).

A pesquisa deve ser conduzida por meio de um inquérito *in loco*, em que o pesquisador escolhe um ou mais falantes da região para INFORMANTE, de acordo com um questionário preestabelecido, de maneira a cobrir os aspectos fundamentais da língua.

(Cf. Pop., 1959).

DIALETOS – Do ponto de vista puramente lingüístico, os dialetos são falares regionais que apresentam entre si coincidência de traços lingüísticos fundamentais. Cada dialeto não oferece, por sua vez, uma unidade absoluta em todo o território por que se estende, e pode

dialetos (cont.)

dividir-se em SUBDIALETOS, quando há divergência apreciável de traços lingüísticos secundários entre zonas desse território. A classificação dos dialetos e subdialetos de uma língua é, até certo ponto, convencional, pois depende dos traços lingüísticos escolhidos para base de classificação; são sempre preferidos traços fonológicos e morfológicos porque a fonologia e a morfologia são aspectos de uma língua mais estáveis, mais sistemáticos e mais característicos de sua fisionomia.

Entretanto, ao conceito linguístico se acrescenta em regra um conceito extralinguístico de ordem psíquica, social ou política, isto é: a) a existência de um sentimento linguístico comum, como na Grécia Antiga, onde o eólico, o dórico, o jônio e o ático eram sentidos como variantes de uma língua grega ideal; b) a existência de uma língua culta, superposta aos dialetos, que assim ficam limitados ao uso cotidiano, sem maior expressão cultural e literária; c) a subordinação política das respectivas regiões como partes de um estado político nacional. Quando se verificam essas condições extralinguísticas, mas não a coincidência dos traços linguísticos essenciais, já não se tem dialetos, mas línguas distintas.

Em vista da coincidência de traços linguísticos essenciais e da inegável existência de um sentimento linguístico comum (condição *a*), podemos dividir a língua portuguesa em dois grandes dialetos, correspondentes a nações distintas: o lusitano (v. lusitano), ou português europeu, em Portugal; o brasileiro, ou português americano, no Brasil. Para cada uma dessas nações, há, por sua vez, uma divisão em dialetos menores e subdialetos, que leva em conta as condições extralingüísticas *b* e *c*. Em Portugal temos, segundo Leite de Vasconcelos: 1) interamnense (Entre-Douro-e-Minho); 2) transmontano (Trás-os-Montes); 3) beirão (Beira); 4) meridional (províncias do sul) com os subdialetos – a) estremenho (Estremadura), b) alentejano (Alentejo), c) algarvio (Algarve), d) insulano (Açores e Madeira). Já o MIRANDÊS (Terra de Miranda), na zona nordeste de Trás-os-Montes, é uma língua distinta, pois, embora circunscrita ao uso cotidiano, sem expressão literária e falada numa região que é parte do território português, se caracteriza por traços fonológicos e morfológicos fundamentais próprios, como evolução de um enclave do romanço leonês em Portugal.

No Brasil, temos, segundo Antenor Nascentes, uma divisão dialetal entre o Norte e o Sul, incluindo a primeira os subdialetos – a) amazônico, b) nordestino, e a segunda – a) baiano, b) fluminense,

c) mineiro, d) sulista (cf. Nascentes, 1953, 25-26).

V. linha isoglóssica; dialetologia; falares.

DIÁLOGO – v. solilóquio.

DIÁSTOLE – v. hiperbibasmo.

DIÁTESE – v. voz.

DICIONÁRIO – *Lato sensu* é qualquer registro metódico de formas linguísticas ou DIÇÕES, devidamente explicadas. Há, portanto, dicionários gerais e dicionários especiais. Os primeiros, como em português o de Aulete (Aulete, 1925), o de Cândido de Figueiredo (Figueiredo, 1904-1906), o de Laudelino Freire (Freire, 1943), propõem-se a conter e explicar todos os vocábulos da língua. Outras vezes põem em correspondência esses vocábulos com os equivalentes de outra língua, como o francês, o latim (dicionários bilíngues); e até os dicionários poliglóticos. Assim o dicionário geral registra o léxico da língua (v.). Os segundos apenas consignam os regionalismos lexicais (v.), como no Brasil o de Rodolfo Garcia (Garcia, 1913) (dicionários regionais), ou dados tipos de vocábulo, como os termos gramaticais, os verbos da língua, os helenismos em português, etc. Outras vezes, só se propõem a dar étimo (v.) dos vocábulos da língua (dicionário etimológico), como para as línguas românicas, em geral o de Meyer-Lübke (REW), e para o português, em especial o de Antenor Nascentes (Nascentes, 1932).

Ao lado dos dicionários comuns, em que os vocábulos são dispostos em ordem alfabética, há dicionários analógicos, que obedecem a uma orientação semântica (v.), agrupando as palavras pela analogia das suas significações.

V. glossário; vocabulário.

DIÇÕES – v. dicionário.

DIÉRESE – Modalidade de enunciação de um grupo vocálico (v.), por que se separam em duas sílabas as vogais contíguas que também poderiam ser pronunciadas numa só sílaba dinâmica (v. sinérese). A diérese e a sinérese constituem assim variações sincrônicas, de que não resulta oposição distintiva (v.) na língua, embora haja uma pronúncia normal num ou noutro sentido.

No português do Brasil, é normal a diérese nos grupos vocálicos em que uma vogal tônica é precedida de uma vogal alta diversa (ex.: *fiel, cruel, muar, suor,* etc.) ou de uma vogal média, que nessa posição tende a passar a alta (ex.: *real, voar*). Mas a intenção estilística ou a métrica, no verso (v.), podem aí criar a sinérese. Pelo mesmo motivo, por outro lado, pode criar-se a diérese em dois casos em que a sinérese é normal: a) nos grupos vocálicos átonos não-finais, de segunda vogal, alta, correspondente em vocábulo derivado ou composto à vogal tônica do primitivo (ex.: *traidor*, de *trair*) ou à vogal inicial de uma das formas mínimas componentes (ex.: *vaidade*, com rad. *va-*, suf. *idade*); b) nos grupos vocálicos átonos não-finais, de primeira vogal alta (ex.: *piedade, suavidade*). No caso *a* indicava-se na escrita a diérese por um trema sobre a vogal alta (ex.: *vaidade*); também já se indicou pelo acento grave (v.).

DIFERENCIAÇÃO – Nome dado por Grammont (Grammont, 1939, 229) à dissimilação (v.) entre dois fonemas em seqüência imediata num vocábulo ou num grupo de força; é "um movimento articulatório, a princípio homogêneo, que fisiologicamente se rompe na sua continuidade. Isso determina o aparecimento de dois fonemas distintos" (Camara, 1959, 277). Na nomenclatura de Grammont, a diferenciação opõe-se à assimilação (v.), enquanto a dissimilação se opõe à dilação (v.).

DIGLOTISMO – v. bilinguismo.

DÍGRAFO – Duas letras (v.) que numa ortografia dada servem para indicar um único fonema.

Na ortografia portuguesa há os dígrafos: *ch* para a consoante constritiva chiante surda (v. constritiva); *nh* para a consoante nasal palatalizada (v. nasal); *lh* para a consoante líquida palatalizada (v. líquida); ex.: *chá, anho, alho*. A letra *h* provém, nesses dígrafos, de uma convenção da ortografia medieval provençal, em que se inspirou a ortografia arcaica portuguesa (cf. Williams, 1938, 22); por confusão com a letra *y* abreviada se indicava assim a palatalização (decorrente de consoante mais iode para *c, l* e *n*. V. palatalização; africada. Outras espécies de dígrafos são: a) *s* e *r* dobrados (*-ss-, -rr-*), em que a primeira letra é muda (v.), para indicar /s/ e /r/ forte, respectivamente, entre vogais b) *qu-, gu-*, em que *u* é letra muda, para indicar /k/ ou /g/ respectivamente, diante de /e/ ou /i/.

DILAÇÃO – Nome dado por Grammont à assimilação à distância (v.) : "é a propagação de certas qualidades de um fonema a outros, precedentes ou seguintes, em virtude de antecipar-se ou persistir a nossa atenção, fixada nas articulações daquele fonema" (Camara, 1959, 278). O fenômeno aposto é a dissimilação (v.) em sentido estrito.

DIMINUTIVOS – Nomes substantivos derivados, que, com grau implícito (v.), denotam por meio de um sufixo lexical específico "diminuição de dimensão" em relação aos primitivos correspondentes: ex.: *sala – salinha*.

Os dois sufixos diminutivos fundamentais em português são *-inho* e -*ito* (este muito pouco usado no Brasil) e suas variantes -*zinho* e -*zito*, que os substituem obrigatoriamente depois de vogal tônica e facultativamente em todos os outros casos, ficando em justaposição (v.); exs.: *salinha, salazinha; salita, salazita; pezinho, pezito*. A denotação diminutiva acresce em regra uma conotação de hipocorísticos (v.), que às vezes exclui aquela (ex.: *paizinho*). O grau de diminuição, puro e simples, é melhor indicado por um adjetivo adequado como *pequeno* (*sala pequena, pequeno pé*). Sufixos diminutivos, de emprego um tanto esporádico, são -*ote, ucho*, que se acompanham de uma conotação menos ou mais depreciativa (exs.: *rapazote, papelucho*). Há ainda o sufixo átono -*ulo* e sua variante -*culo*, que aparece em palavras provindas do latim por via erudita (exs.: *glóbulo, de globo; corpúsculo*, de – *corpo*, lat. *corpus*). Nas palavras com esse sufixo provindas do latim por via popular houve a síncope da vogal postônica (v.) e uma palatalização (v.) subseqüente, que integrou o sufixo no radical e criou em português uma palavra primitiva (ex.: *apicula*, de – *apis* > *apecla > *abelha*, cuja raiz (v.) em português *é abelh*-).

Nos verbos derivados por sufixo de denotação iterativa (v. aspecto) há complementarmente o grau implícito de diminuição; ex.: *voejar* "dar pequenos vôos repetidos", *saltitar* "dar pequenos saltos repetidos".

V. *aumentativos; sufixo*.

DINÂMICA – Propriedade que tem a língua, como todos os fenômenos sociais e antropológicos, de estar em contínuo movimento. Na diacronia linguística (v.), a dinâmica cria as mudanças (v.), quer como evolução (v.), quer como empréstimos (v.). Na sincronia (v.), também há dinâmica e por isso a expressão "linguística estática" é imprópria como equivalente de linguística sincrônica; no chamado ESTADO LINGUÍSTICO, a dinâmica se manifesta no jogo incessante das variantes (v.), que abarca todos os planos da língua; também a elaboração estilística (v.) é um aspecto da dinâmica da linguagem humana.

Em gramática classifica-se verbo (v.), que é expressão de um processo, como palavra dinâmica, em contraste com o nome, que simboliza seres, e é dito uma palavra estática.

DISCIPLINA GRAMATICAL – Conjunto de prescrições que se estabelecem para impor uma norma linguística (v.) no uso falado e escrito. Veiculam-na o ensino escolar e a atividade dos gramáticos. A disciplina gramatical procura fixar a língua em suas formas, tipos de frase, vocabulário, pronúncia e ortografia. Como toda língua está em constante e inelutável evolução (v.), a vigência de uma dada disciplina gramatical é precária e sujeita a incessantes reajustamentos. É, por outro lado, muito mais efetiva na língua escrita do que na oral. O aparecimento dos primeiros tratados de gramática assinala o estabelecimento da disciplina gramatical numa língua dada. Na língua portuguesa isso se verificou no séc. XVI com as gramáticas de Fernão de Oliveira, João de Barros, Duarte Nunes Leão e outros.

A disciplina gramatical, na língua escrita, tende a se basear no uso literário, isto é, no uso dos grandes escritores de determinada época (v. literatura). Em português serviram de modelo os dos séc. XVI e XVII, que correspondem ao surto renascentista em Portugal ou período clássico (v.). Mas a partir do séc. XIX também se apelou para os grandes escritores desse século, o qual assinala uma nova fase na evolução da língua portuguesa. Como, porém, o uso dos grandes escritores nem na época clássica, nem na moderna é muito coerente e firme, a disciplina gramatical em português tomou-se lábil e controvertida. Com o desenvolvimento da gramática histórica procurou-se traçar as linhas evolutivas que colocam cada fato linguístico como elo de uma cadeia de mudanças sistemáticas para estear uma disciplina gramatical em bases históricas. Outro critério é o das considerações de ordem lógica (v.), pondo-se em plano secundário o uso linguístico, quer na língua de um lugar ou uma classe de elite, quer na língua literária.

A disciplina gramatical, para ser satisfatória, deve partir essencialmente da norma espontânea sem fixar rigidamente a escolha de variantes alternativas; assim, em português: pl. *guarda-marinhas*, *guardas-marinha* e *guardas-marinhas*, locuções como *tenho de ir e tenho que ir*, casos especiais de concordância (v.) e de colocação dos pronomes adverbiais átonos (v.). Quando se trata de uma língua, como a portuguesa, vigente em dois países independentes e com literaturas distintas, como Portugal e o Brasil, não é possível uma unidade absoluta de disciplina gramatical entre um e outro, visto que a norma espontânea nos dois países é algo diferente. Por outro lado, a disciplina gramatical deve ser bastante maleável para deixar atuar os fatores inovadores da correção (v.) que decorrem do empenho de eficiência no uso da língua e do impulso estético.

DISCURSO – Em sentido lato, é o termo que melhor corresponde em português ao termo francês PAROLE, estabelecido por Saussure (Saussure, 1922, 30s). É "a atividade linguística nas múltiplas e infindáveis ocorrências da vida do indivíduo" (Camara, 1959, 20). É, portanto, a língua (v.) atualizada num momento dado, por um dado indivíduo, quer como FALA (discurso oral), quer como ESCRITA (discurso escrito). Pode-se dizer assim que é a MENSAGEM, na base de um CÓDIGO, que é a língua. A língua, sistemática, superindividual e unificadora ou centrípeta, nos dá a compreensão dos discursos, que se desenrolam apoiados nela com seus aspectos assistemáticos, individuais e dispersivos ou centrífugos (cf. Jakobson, 1962, 285). A unidade do discurso é a frase (v.), onde a língua entra com seus semantemas, morfemas, vocábulos estabelecidos e construções sintáticas de colocação (v.), regência (v.) e concordância (v.); há assim uma frase da língua, ou PADRÃO FRASAL, sotoposto à frase do discurso. O discurso está para a língua como a execução para o modelo formal a que se cinge a execução; nele, o esforço para a expressividade (v. expressão) leva a um modo especial de utilizar as elementos da língua, chamado estilo (v.).

Em sentido estrito, o discurso é a "reprodução que se faz de um enunciado atribuído a outra pessoa" (Nascentes, 1946, 37). Pode ser: 1) discurso direto, também dito ESTILO DIRETO, quando o narrador repete esse enunciado nos termos exatos em que foi feito; 2) discurso indireto, também dito ESTILO INDIRETO, quando o narrador transmite o conteúdo do enunciado com palavras suas, quer – a) atribuindo-o claramente a outra pessoa em oração subordinada integrante (v.) (discurso indireto estrito) (ex.: *"José Dias recusou, dizendo que era justo levar a saúde à casa de sapê do pobre"*), quer – b) dizendo-o por sua conta em oração independente (discurso indireto livre) (ex.: *"José Dias recusou. Era justo levar a saúde à casa de sapê do pobre"*) (cf. Camara, 1962, 28s). A transformação (v.) do discurso direto em indireto importa na mudança da 1ª pessoa gramatical para a 3ª e, se se trata de um enunciado anteriormente feito, na mudança dos tempos verbais: a) presente para pretérito imperfeito; b) futuro do presente para futuro do pretérito; c) pretérito perfeito para pretérito mais-que-perfeito; exs.: *Ele disse que ia já* (discurso direto: *Vou já*); *...que iria depressa* (discurso direto: *Irei depressa*); *...que fora logo* (discurso direto: *Fui logo*). Em composição literária, chama-se discurso aquela que se destina a ser pronunciada diante de um auditório; é uma composição oral, ou uma composição escrita, destinada a ser repetida oralmente. Nela a linguagem oral adquire certas condições de funcionamento da linguagem escrita (v.). V. retórica.

DISSIMILAÇÃO – "Diversificação ou queda de um fonema por já existir fonema igual ou semelhante" (Coutinho, 1962, 155) no mesmo vocábulo ou no mesmo grupo de força. Quando os dois fonemas estão em contacto, tem-se uma diferenciação (v.); quando estão apenas próximos, uma dissimilação à distância, ou dissimilação em sentido estrito. Como no fenômeno oposto da assimilação (v.), há um fonema forte, que se mantém e determina a mudança do outro. Conforme o fonema forte – a) antecede o dissimilado, ou – b) a ele se segue, a dissimilação é – a) progressiva, ou b) regressiva.

Na língua portuguesa, os fatos de assimilação são menos frequentes e sistemáticos que os de assimilação. Em referência às vogais, temos principalmente: 1) diferenciação entre vogais – em hiato (ex.: *genesta* > *geesta* > *giesta*); b) em ditongos (ex.: *fouce*, lat. *falce-*, > *foice*); 2) dissimilação regressiva de um /o/ pretônico por causa de um /ô/ tônico (exs.: *rotundu-* > *rodondo* > *redondo*; *temoroso* > *temeroso*). Em referência às consoantes, temos: 1) a desnasalação (v.) (ex.: *anima* > *an'ma* > *alma*); 2) a dissimilação de /r/, que a) desaparece (ex.: *aratru* > *arado*), ou – b) passa a /l/ (ex.: *flore-* > *fror* > *frol*) (*flor* é vocábulo erudito posterior), por causa de um /r/ precedente.

DISTENSÃO – v. articulação.

DISTRIBUIÇÃO – Freqüência de uma forma linguística aparecer em determinados contextos com exclusão de outros. A distribuição é um fenômeno linguístico geral para todos os planos da linguagem. Assim: a) na fonação (v.), os fonemas /l'/ e /n'/, em português, têm a sua distribuição quase exclusivamente limitada A posição intervocálica (ex.: *alho*, *anho*), só aparecendo esporadicamente em posição inicial (ex.: *lhano*, *nhato*) e nunca em posição final ou pós-vocálica geral; b) na MORFOLOGIA, as variantes posicionais dos morfemas têm uma distribuição definida (cf., para a desinência modo-temporal do pretérito imperfeito, *-va*, para os verbos de tema em *-a-*, e *-ia-* para os verbos de tema em *-e-* ou *-i-*); c) na SINTAXE, o emprego das formas na frase, cf. a distribuição do artigo definido, que não figura em certos topônimos (v.) (ex.: *Portugal, Paris*); d) na semântica (v.), a distribuição é condicionada pela incompatibilidade das significações com a significação geral do contexto e é a distribuição o mecanismo regulador da polissemia (v.) (ex.: *tomar sopa*, mas não – *tomar carne*, no sentido de "comer").

Algumas escolas linguísticas (v. escola) procuram assentar toda a descrição linguística no critério da distribuição, pondo de lado, como base classificatória, – a) na tonação, os traços articulatórios e acústicos; b) na morfologia, o valor gramatical das formas; c) na sintaxe, a congruência entre esse valor e o contexto; d) na semântica, a significação em si, para só fixar a área de distribuição de cada forma. Independentemente dessa atitude teórica exagerada e que não leva em conta o caráter essencial da linguagem, que é a sua significação imanente, a técnica descritiva é muito auxiliada pelo critério da distribuição lingüística.

DITOLOGIA – Circunstância de haver na língua duas ou mais formas divergentes (v.). A ditologia é, porém, um conceito mais amplo que a divergência, pois leva em conta formas provenientes de casos latinos diversos, de formas divergentes latinas, da composição com prefixos equivalentes (cf. Cardoso, 1950).

DITONGAÇÃO – Mudança fonética que consiste na formação de um ditongo (v.) sistemático a partir de uma vogal simples.

No período do romance lusitânico deu-se a ditongação das vogais distintas contíguas no vocábulo, aparecendo ditongos crescentes (ex.: *palea* > /pálya/, *pariete*-/paríete/ > /paryète/, *battuere* /battúere/ > /batwére/) e ditongos decrescentes: a) das vogais contíguas já existentes em latim (ex.: *meu* /méu/ > *meu* /mêw/); b) das vogais contíguas em romanço consequentes de metátese (ex.: *coriu*- > *coiro*), ou síncope (ex.: *malu*- > *mau*), ou vocalização de consoante (ex.: *lectu*- > *leito*). Os ditongos crescentes depois desapareceram: a) por absorção da semivogal na consoante precedente (ex.: *palha*, de *palea*, *razom*, hoje *razão*, de *ratione*-); b) por esvaimento da semivogal (ex.: *parede*, de *pariete*-, *bater*, de *battuere*). Os ditongos decrescentes se mantiveram e entram no sistema de ditongos do português.

No português moderno, deu-se a ditongação em mais dois casos: 1) vogal tônica em hiato, quando: a) média anterior, com o desenvolvimento de um ditongo /éy/ ou /êy/, indicado na grafia moderna (ex.: *idéia, veia*); b) média posterior fechada com o desenvolvimento de um ditongo /ôw/, não indicado na grafia e inexistente nas zonas dialetais em que houve a monotongação (v.) do ditongo /ôw/ (ex.: *boa*, pronunciado /bôwa/); 2) dialetalmente, para vogal tônica final travada por /s/ pós-vocálico, com o desenvolvimento dos ditongos de pospositiva /y/ (ex.: *pás, és, fez, sós, flux, cãs*, pronunciados então – /pays/, /fêys/, /sóys/, /flúys/, /kay(n)s/). Dá-se então a neutralização da oposição (v.) entre ditongo e vogal simples, desaparecendo a distinção, no caso 2, por exemplo, de – *pás* e *pais*, *sós* e *sóis*, *flux* e *fluis*, *cãs* e *cães*.

Não se deve confundir a ditongação com a sinérese (v.), que não é uma mudança fonética na língua, mas uma variação sincrônica.

DITONGO – Grupo de dois fonemas vocálicos pronunciados na mesma sílaba sonora (v.). É constituído da BASE, ou vogal silábica, tônica ou átona, conforme a sílaba é tônica ou átona, e de uma vogal auxiliar assilábica, necessariamente átona, que precede a base, como PREPOSITIVA, na parte crescente da sílaba (ditongo crescente) ou se segue à base, como POSPOSITIVA ou SUBJUNTIVA, na parte decrescente da sílaba (ditongo decrescente). O conceito de ditongo está essencialmente ligado ao de sílaba sonora ou estrutural, com um ápice, o silábico, entre uma parte crescente e outra decrescente, possíveis. Depende igualmente de uma oposição distinta com vogal simples, como em – *pai* ou *pau* em face de *pá*, *qual* em face de *cal*; quando falta essa oposição, como em português os vocábulos de final *ém*, [êy(n)], a pronúncia ditongada da vogal equivale a vogal simples ou ditongo monofonêmico (v.). Por outro lado, duas vogais silábicas contíguas, isto é – em hiato (v.), podem ser pronunciadas numa só sílaba dinâmica por sinérese (v.), apresentando-se como ditongo adventício, ao contrário do ditongo propriamente dito ou sistemático.

Em português, temos onze ditongos decrescentes com pospositivas /y/ ou /w/ e um caso restrito de ditongo crescente, porque a prepositiva /w/ só aparece depois de consoante oclusiva velar (/k/, /g/), que é então grafada com a letra *q* quando surda (ex.: *qual, igual*). Os ditongos decrescentes são: /ay/ (*pai*), /aw/ (*pau*, paulada), /éy/ (*méis*), /éw/ (*céu*), /êy/ (*lei, leitura*), /êw/ (*leu, leucócito*), /óy/ (*dói*) /ôy/ (*boi, coitado*), /ôw/ (*sou, doutor*), que em muitas zonas dialetais sofre monotongação (v.) e se reduz a /ô/, /uy/ (*fui, cuidado*), /iw/ (*riu*). Deve-se-lhes acrescentar os ditongos de base e pospositiva nasal (v.), que são em número de três; /ay(n)/ (*mãe*; cf. /a(n)/ como em *irmã*), /oy(n)/ (*põe*; cf. /o(n)/ como em *pompom*), /aw(n)/ (*são, órfão*; cf. /a(n)/ em *sã, órfã*, femininos). Muito menos usual, é lícito ainda considerar um ditongo nasal /úy(n)/, que aparece em *muito*, sem indicação gráfica da nasalidade, e na pronúncia vulgar brasileira /rúy(n)/, em vez de /ruí(n) / para *ruim*, entra em oposição, por exemplo, com *rum* /rú(n)/.

Os ditongos decrescentes, orais e nasais, não são herança em regra, em português, da fonologia latina. São criações românicas (v.), constituídas evolutivamente por ditongação (v.), de vogais silábicas, já contíguas em latim (ex.: *meu-* > *meu*), ou feitas contíguas, por metátese (v.) (ex.: *coriu-* > *coiro* (depois também – *couro*), ou por síncope (v.) (ex.: *malu-* > *mau*), ou vocalização (v.) de uma consoante (ex.: *lectu-* > *leito*). Só os ditongos /aw/ e /ow/ provêm, em parte, do ditongo decrescente latino /aw/, que nos vocábulos eruditos (v.) se manteve e nos populares sofreu mudança para /ow/, donde às vezes – /ôy/, por dissimilação (ex.: *causa* > *causa*; *causa* > *cousa*, dando ainda – *coisa*).

DIVERGENTES – Assim se chamam em gramática histórica dois ou mais vocábulos de uma língua, que têm o mesmo étimo (v.). A divergência é em regra não apenas fonológica mas também de significação ou semântica (v.); ex.: lat. *apotheca* > port. *adega*, *bodega*, *botica*, com significações muito diversas entre si.

Assim, para um só vocábulo latino pode haver em português dois ou mais vocábulos. A existência de vocábulos divergentes não entra em conflito com o princípio da lei fonética (v.), porque eles se explicam pela condição cronotópica da lei fonética. Com efeito, os divergentes são: 1) uma forma popular ao lado de outra erudita ou semi-erudita (ex.: *atriu-* > *adro*, *átrio*); 2) duas formas populares provenientes de zonas dialetais diversas (ex.: *macula-* > *malha*, *mancha*); uma forma genuinamente portuguesa e outra, ou outras, de proveniência de outra língua românica, que passou para o português como um ou mais empréstimos (v.) (ex.: *fratre-* > *frade*, port., *freire*, do prov.). Não raro as 3 causas confluem e assim temos: a) lat. *macula* > pop. *malha* e *mancha*, semi-erud. *mágoa*, erud. *mácula*; b) lat. *planu-* > pop. *chão*, pop. moçarábico ou semi-erudita *prão* (donde *porão*), *plano* erud., *lhano*, do esp., *piano*, do ital.; c) lat. *apotheca* > *adega* pop., *bodega*, do esp., *botica*, do fr. V. ditologia.

DUAL – Divisão da categoria de número (v.), existente em indo-europeu ao lado do singular e do plural, para indicar um par de seres. O dual indo-europeu caracterizava-se pelas desinências *-o* ou *-i*, longos, que ainda aparecem residualmente em latim *duo*, *ambo*, *viginti* "duas dezenas". Mais tarde fez-se um acusativo plural *duos*, *ambos*, de que provêm as formas portuguesas *dois*, *ambos*. Em *viginti*, a forma dual sem a noção desse número, temos o étimo do port. *vinte* e a explicação da parte final de *vinte*, em contraste com *trinta* e as demais dezenas.

E

ECO – Efeito acústico proveniente da repetição, sucessiva de terminações vocabulares iguais.

Pode ser um vício de linguagem, ou, ao contrário, um recurso estilístico, quando houve uma intenção de maior expressividade: Ex.: *"Nest'alma tantas vezes ferida e transpassada tantas vezes, nem de agressões, nem de infamações, nem de preterições, nem de ingratidões, nem de perseguições, nem de traições, nem de expatriações perdura o menor rasto, a menor ideia de revindita"* (Barbosa, Oração, 23).

V. rima.

ECTLIPSE – É o metaplasmo (v.) que consiste na supressão da ressonância nasal (v.) de um vocábulo, a fim de fazer-lhe a sinérese (v.) ou a crase (v.) com uma vogal imediatamente seguinte (Nascentes, 1946, 39). Sem isso, a sinérese, ou a crase, é anômala, porque a ressonância nasal corresponde a um travamento da sílaba (v.), e só as sílabas terminadas por vogal oral são propriamente livres e se prestam à crase ou sinérese.

A possibilidade da ectlipse resulta da tendência a desnasalar as sílabas átonas finais; esta tendência é especialmente forte nos finais em /e(n)/ átono, escrito *-em*, e na preposição átona *com*. Utilizam-na frequentemente os poetas tanto portugueses como brasileiros, indicando na escrita a ectlipse por um apóstrofo (v.) que a ortografia oficial o mais das vezes suprimiu. Ex.: *"Enoveladas vagas se arrojaram / ao céu co'a branca espuma"* (Dias, Obras, II, 198).

O termo grego *ékthlipsis* (lat. *ecthlipsis*) significa "compressão", "esmagamento", e também "supressão, e por isso pode aplicar-se de maneira geral a uma elisão (v.) em sentido lato.

ELIPSE – Omissão, numa enunciação linguística, do termo presente em nosso espírito, porque se depreende do contexto geral ou da situação.

Modernamente, a tendência gramatical, dentro dessa definição, é reduzir a importância da elipse como recurso de análise frasal. Nega-se assim que haja elipse: 1) na braquilogia (v.), onde as omissões decorrem da própria formulação mental da frase; ex.: *"À bomba, que nos imos alagando!"* (Lusíadas, IV, 72); 2) no emprego substantivo de um nome (v.) ou pronome (v.) cuja função pode ser tanto substantiva como adjetiva; ex.: *"Aquele que nos campos Maratônios / o grão poder de Dário estrui e rende"* (Lusíadas, X, 21); 3) na ausência de pronome-sujeito junto a um verbo, pois em português a referência ao sujeito está na desinência verbal; ex.: *"Aqui toda a Africana costa acabo / neste meu nunca visto promontório"* (Lusíadas, V, 50); 4) numa construção sintática de duas ou mais partes na qual um só termo se reporta a todo o conjunto (ZEUGMA); ex.: *"o grão arquitetor c'o filho, dando / um, nome ao mar, e o outro, fama ao rio"* (Lusíadas, IV, 104). Há, ao contrário, elipse: 1) quando a omissão decorre da enunciação em frase anterior (como na resposta a uma pergunta) ou da presença na situação; ex.: *É belo?* (Diante de um "quadro") – É (com a omissão de *belo*); 2) numa construção sintática em que um vocábulo omitido se deduz de outro vocábulo; ex.: *"E, enquanto eu estes canto e a vós não posso, / sublime Rei, pois não me atrevo a tanto"* (Lusíadas, 1, 15), com a omissão de "cantar".

Do ponto de vista diacrônico, a elipse, tomando-se um idiotismo (v.), determina uma evolução semântica (v.), porque a significação do termo omitido se transpõe para o termo expresso, dando-se a especialização significativa deste último; ex.: *pêssego* (lat. *persicu* "da Pérsia", referindo-se a um "fruto", nome que ficou em elipse).

ELISÃO – Elisão, ou SINALEFA, é em sentido estrito a supressão oral e gráfica da vogal átona final de um vocábulo, quando o segundo, no mesmo grupo de força, começa por vogal. É, pois, um caso de sândi (v.) por juntura (v.) externa fechada (v.). Ao contrário do que sucede em Portugal, a língua portuguesa, no Brasil, não é propícia à elisão, fazendo ditongação (v.), quando as vogais são diversas (ou, com vogais iguais, deixando o hiato com juntura externa aberta, embora as duas vogais no verso (v.) entrem na mesma sílaba dinâmica; há apenas alguns casos tradicionais de elisão, como em *d'água* (*de água*). É um hábito gráfico antigo indicar a elisão pelo apóstrofo (v.), mas a atual ortografia procurou limitar esse emprego a "certas palavras compostas ligadas pela preposição *de*" (Academia, 1943, 19). Em versos de poetas brasileiros românticos encontra-se a elisão para evitar a sinérese e o efeito acústico de tensão, daí resultante; ex.: *"Vem um'onda bonançosa, / qu'impiedosa / a flor consigo retrai"* (Dias, Obras, I, 238).

Em sentido lato, usa-se o termo elisão para qualquer supressão de fonema no vocábulo; ex.: *pra* (*para*...), *'tá* (*está*). Assim, até a ectlipse (v.) pode ser considerada uma elisão.

EMPREGO – O uso de uma palavra associada a outra ou outras na frase. Há empregos – a) usuais, b) inusuais, c) inadequados. Os empregos usuais podem chegar a ser um LUGAR-COMUM (v. chavão). Os empregos inusuais têm efeito estilístico (v. estilística); constituem uma escala em que se pode chegar às raias do tipo c). Muitos empregos inusuais decorrem de uma metáfora (v.); ex.: *versos rubros*. Os poetas simbolistas e modernistas primam em empregos inadequados que são, não obstante, sugestivos e de efeito estilístico. Todas as figuras de linguagem (v.) são empregos inusuais e mesmo inadequados.

EMPRÉSTIMOS – "Ação de traços linguísticos diversos dos do sistema tradicional" (Bloomfield, 1933, 444). O condicionamento social para os empréstimos é o contacto entre povos de línguas diferentes, o qual pode ser por coincidência ou contiguidade geográfica, ou, à distância, por intercâmbio cultural em sentido lato. A coincidência ou contigüidade geográfica determina os empréstimos "íntimos" (Bloomfield) e a língua a que é feito o empréstimo constitui um substrato (v.), um superstrato (v.) ou um adstrato (v.). Os empréstimos à distância são "culturais" (Bloomfield).

Os empréstimos podem ser, em princípio, de – fonemas, de afixos flexionais, de afixos derivacionais, de vocábulos e de tipos frasais. Mas o de fonemas é esporádico, porque o que se dá em regra é uma substituição dos fonemas estranhos pelos fonemas nativos a que são assimilados (por exemplo, a laringeal árabe /x/ feita *f*, como em – *al-xajjât* > *alfaiate*, ou a labiovelar germânica /w/ feita /g/, como em – *werra* > *guerra*, em português). O empréstimo de afixos flexionais ainda é mais raro e também não se encontra em português. O empréstimo de afixos derivacionais é, ao contrário, encontradiço, como germ. *-ardo* (*felizardo*), *-engo* (*solarengo*); fr. *-agem*, *-erie*, feito *-eria* ou *-aria*; e os afixos gregos, primeiro em latim e depois em português, como nas demais línguas da Europa moderna (v. helenismos). O empréstimo de tipos frasais é também encontradiço, especialmente de uma língua escrita literária para outra; tem o nome particular de DECALQUE.

Os empréstimos abundantes e francos são os de vocábulos ou "lexicais", onde um radical estrangeiro se adapta à fonologia e à estruturação morfológica da língua importadora. Os empréstimos lexicais íntimos se distinguem dos culturais por cobrirem campos semânticos determinados (v. léxico), de maneira coerente; no português europeu são, ainda no período do romanço lusitânico, de origem ibérica (pré-romana), germânica e árabe; e, no português do Brasil, além dos de origem indígena e africana, os das mais variadas línguas dos colonos imigrantes. Os empréstimos culturais em português são, de maneira geral, de línguas do Oriente (em virtude da expansão ultramarina de Portugal) e de línguas da Europa, especialmente o francês (v. galicismos) e o inglês (v. anglicismos) e os da língua culta feitos ao latim clássico literário (v. eruditos) e ao grego antigo.

O empréstimo cria um tipo de mudanças linguísticas (v.) inteiramente diverso do que resulta da evolução (v.).

O fato de um vocábulo português ser um empréstimo antigo a outra língua românica explica o tratamento excepcional dos fonemas em face dos fonemas latinos do étimo remoto (v.); ex.: *caput:* port. *chefe* (> fr. *chef*, cf. port. *cabo*); lat. *fratre-:* port. *freire*, donde por próclise – *rei* (< prov. *fraire*, cf. port. *frade*). Esses empréstimos são uma das causas das chamadas formas divergentes (v.). Ao lado dos empréstimos, de língua a língua, ou "externos", há que levar em conta os empréstimos internos, quando traços peculiares de um falar ou um dialeto (v. falares; dialetos) passam a outro falar ou dialeto ou se integram na língua comum (v.). Muitas aparentes divergências de uma lei fonética (v.) e muitas formas divergentes (v.), na língua comum, se explicam por empréstimo interno.

ENÁLAGE – v. transposição.

ÊNCLISE – Opõe-se a próclise (v.) para indicar a incorporação de um vocábulo átono (CLÍTICO) no vocábulo anterior. O gênio da língua (v.), para o português (do Brasil) não favorece a ênclise; e a próclise é geral, em princípio.

Verifica-se a ênclise principalmente em dois casos: 1) da preposição *de* com as formas verbais rizotônicas do indicativo presente de *haver* na conjugação perifrástica de futuro volitivo (v. con'jugações peri'frásticas), donde construções como – *Há de imediatamente sair* – "*Resistir quem'há de?*" (Guimarães, Sonetos, 19); 2) do pronome pessoal oblíquo átono com a forma verbal de que é complemento e à qual na língua escrita se liga então por um hífen; ex.: *vi-o – Digo-lhe... – Procurou-me* – etc.

Como o pronome pessoal oblíquo átono também pode ficar em próclise, a disciplina gramatical tem procurado estabelecer a sua colocação (v.) junto ao respectivo verbo. Quando se trata de um futuro do indicativo há a mesóclise (v.); só no português arcaico há exemplos de ênclise neste caso; ex.: "*E diram-me que parecer / viron aqui donas muy ben, / e direy-vos-his eu por en / quanto m'ora vistes dizer"* (Nobiling, 1907, 22).

A ênclise do pronome pessoal oblíquo *o* (com as formas de plural e feminino) ocasiona uma variação morfofonêmica quando o verbo termina – a) em sibilante ou líquida, ou – b) em nasal; aparecendo: a) a variante *lo* do pronome com a supressão da líquida ou da sibilante (ex.: *vê-lo*, *vimo*-lo); b) a variante *no* do pronome (ex.: *viram-no*), por assimilação (v.) da antiga forma *lo* do pronome à nasal final do verbo.

ENCODIZAÇÃO – Termo da teoria da comunicação (v. comunicação) para o processo de formular uma mensagem de acordo com um código convencional de sinais. A DECODIZAÇÃO é o processo inverso de interpretar a mensagem assim formulada. Por extensão, usa-se o termo para as formulações linguísticas; a língua é o código e o discurso é a mensagem (v. língua e discurso).

ÊNFASE – Qualquer processo de linguagem destinado a dar especial relevo a uma enunciação. A ênfase pode ser: 1) léxica, quando resulta da escolha de uma palavra particularmente forte e impressionante; 2) sintática, quando decorre da disposição dos vocábulos na frase (v. colocação); 3) fonética, quando é determinada por um fato fonético, como – a) intensidade especial de uma sílaba, vocábulo ou expressão, b) altura excepcional dos mesmos elementos, c) alongamento da prolação de um fonema (v. quantidade), d) pausa excepcional, com a criação de um grupo de força (v.) inesperado. Na escrita, a ênfase na intensidade ou altura é assinalada por um traço sublinhado, ou, na imprensa, por um tipo especial de letra, chamada "grifo" ou "itálico". A ênfase fonética, sob qualquer dos seus aspectos, tira o caráter de partícula átona a preposições e conjunções como – *e, mas, para, pelo, que*, anulando-lhes a próclise (v.).

ENFRAQUECIMENTO – v. apofonia.

ENJAMBEMENT – v. debordamento; verso.

ENSURDECIMENTO – Mudança de uma consoante sonora para a surda homorgânica. A língua portuguesa é infensa ao ensurdecimento. Cita-se o caso esporádico de *vehementia* > *femença* (arc.), que pode ter sido empréstimo do espanhol (cf. Huber, 1933, 91).

ENTOAÇÃO – Escala de elevação e abaixamento da voz com que se enuncia uma frase. Constitui-se uma LINHA MELÓDICA em que a voz vai subindo até um segmento que recebe o acento frasal (v.), ou vai descendo a partir desse segmento. Na frase declarativa normal, a voz eleva-se numa primeira parte ascendente e em seguida decresce numa segunda parte descendente. A frase interrogativa e a exclamativa só têm a parte ascendente. É a entoação que na linguagem oral indica que a frase foi interrompida, pois neste caso a linha melódica, de acordo com o tipo de frase, não se completa. Do ponto de vista fonológico, a entoação é um dado essencial para a definição da frase (v.). Ex.: *"Dize-me com quem andas* ↗ *e te direi quem és* ↘ *"* (Alonso-Urena, 1945, II, 189) – *"Haverá paz no túmulo?* ↗ *"* (Herculano, Eurico, 24).

ENUMERAÇÃO – v. irregularidade.

EPÊNTESE – Entre as mudanças fonéticas (v.), a que resulta do desenvolvimento de um fonema no interior do vocábulo.

Na evolução da língua portuguesa, merecem particular atenção três tipos de epêntese: 1) Da semivogal anterior /y/ (v. vogal) depois de /e/ tônico em hiato (v.); ex.: *véa* (de *vena*) > *veia*, *creo* (de – *credo*) > *creio*, *idea* > *idéia*; trata-se de uma ditongação (v.), que desmancha o hiato e que distingue o português moderno do português arcaico (v.); – 2) De uma consoante nasal depois de vogal nasal em hiato, porque o elemento nasal pós-vocálico, que caracteriza a vogal nasal (v.), se desenvolve em consoante pré-vocálica na sílaba seguinte. Os exemplos sistemáticos são com /i(n)/, quando se desenvolveu a nasal palatal /n'/; ex.: *vio*, em que *i* era escrito com til (de – *vinu*-) > *vinho*, *nio*, nas mesmas condições (por nasalação de *nio*, saído de – *nidu*-) > *ninho*. As outras vogais nasais em hiato sofreram em regra desnasalação (v.) e por isso não houve a epêntese; apenas o fem. *ua*, em que *u* era escrito com til (de – *una*), conservou a vogal nasal por analogia (v.) com o masc. *um* /u(n)/ e passou a *uma* com a labialização do elemento nasal, pois o tipo de consoante nasal depende da natureza fonética do elemento nasal pós-vocálico, que por sua vez está assimilado à natureza da vogal precedente, sendo palatal para *i* nasal, e labial para /u/ nasal; – 3) Da consoante /b/ no grupo /mr/ resultante da síncope (v.) de uma vogal postônica ou pretônica; ex.: *umeru* > *um'ru*- > *ombro*; *memorare* > *men'rare* > *membrar* (donde, por dissimilação (v.) *membrar* > *lembrar*).

EPICENOS – v. em gêneros.

EPÍTESE – Epítese, ou PARAGOGE, é o acréscimo de um fonema no final de um vocábulo.

Na língua portuguesa, verifica-se a epítese de um -*e* [e$_o$] neutro, em Portugal; [i] átono na pronúncia padrão do Brasil (ou francamente [e] dialetalmente) como vogal de apoio (v.) em vocábulos terminados em consoante que não forma sílaba com a vogal precedente, i.e., oclusiva ou constritiva labial. Vocábulos desse tipo são apenas alguns eruditos (v.) ou estrangeirismos (além de onomatopeias), pois os populares (v.) sofrem apócope das consoantes finais em tal caso. A princípio, comumente, a ortografia não representava o /e/ paragógico; mas a ortografia atual o registra (ex.: *Judite*, *clube*, *chique*), desde que o vocábulo não seja mais considerado estrangeiro. Do contrário, como em antropônimos (v.) e topônimos (v.) a vogal existe, embora não grafada; por isso, Raul de Leoni, por exemplo, rima *Liliput* e *lute* (Leoni, Luz, 70). Também houve a epítese de -*s* nos advérbios pela analogia (v.) de outros assim terminados; ex.: *ante* > *antes* (cf. port. arc. *pos.* < lat. *post*).

EQUIVALÊNCIA – v. sinonímia.

ERRO – v. norma; vulgarismo; idioleto.

ERUDITOS – Vocábulos de proveniência latina introduzidos tardiamente na língua portuguesa por via erudita, isto é, através dos meios sociais cultos que sabiam latim. Contrastam com os populares (v.), porque: a) foram tirados do latim clássico (v. latim); b) não apresentam mudanças fonéticas (v.) em confronto com a forma originária. Houve apenas a adaptação da parte final aos modelos mórficos portugueses e uma ou outra alteração para evitar grupos anômalos de fonemas, em português. Exs.: *recuperare* > *recuperar*, *animu-* > *ânimo*, *palatiu-* > *palácio*, *aedile-* > *edil*, *stilu-* > *estilo*. Notam-se no léxico português: a) muitos vocábulos eruditos ao lado de vocábulos populares da mesma origem; ex.: *recuperar*: *recobrar* (v. divergentes); b) muitos adjetivos eruditos, correspondendo a substantivos populares; ex.: *ouro*: *áureo*, *neve*: *níveo*, *olho ocular*; c) superlativos eruditos, derivados de adjetivos populares; ex. *paupérrimo*: *pobre* (lat. *paupere-*); d) alguns particípios presentes (v.), eruditos, para verbos populares; ex.: *proveniente provir* (lat. *provenire*).

V. semieruditos.

ESCOLA – Há dois principais sentidos para este termo: 1) estabelecimento de instrução; 2) grupo de pessoas com afinidade espiritual, que exercem uma atividade mental dentro de um objetivo comum. Em ambos os sentidos o termo tem importância para a língua (v.) e seu estudo. A escola, no sentido 1, propaga e consolida a chamada língua culta, reduzindo e até eliminando as diferenças dialetais e os contrastes entre falares (v.). No sentido 2, há as escolas linguísticas constituídas de estudiosos da língua que procuram interpretá-la de uma dada maneira, insistindo em determinados aspectos e expondo determinadas teorias a respeito dela. Assim, no séc. XIX a escola neogramática pôs ênfase nas leis fonéticas (v. lei) para explicar a evolução (v.). A escola de Praga desenvolveu o conceito de fonema (v.). Atualmente, a escola de Londres, baseada nas idéias de J.R. Firth, e em U.S.A., a escola de Yale, que seguiu a orientação de L. Bloomfield, e outras desenvolveram técnicas e métodos para descrever a língua dentro da sincronia (v.). A escola do M.I.T. (Massachusetts Institute of Technology), sob a chefia de Noam Chomsky, criou uma gramática chamada gerativa ou TRANSFORMACIONAL, porque estabelece regras para "gerar" enunciações corretas e transformar enunciações mais simples em outras mais complexas (v. transformação). Foi a escola de Genebra, sob o impulso de Charles Bally, discípulo de F. de Saussure, que criou a estilística (v.) como disciplina linguística.

ESCRITA – "Representação visível e durável da linguagem" (Cohen, 1953, 7), que, de falada e ouvida, passa a ser escrita e lida. O processo predominante para isso foi o desenho de sinais convencionalmente correspondentes aos sons emitidos; desde os fenícios esses sinais se reportam aos fonemas (v.) e são letras (v.), constituindo um sistema de grafia (v.). A letra, que assim em princípio vale como representação de um fonema, tem uma função específica na língua escrita, adquirindo o caráter do grafema (v.). O mesmo acontece com os sinais de pontuação (v.), que em princípio correspondem às pausas de comunicação oral.

Assim se estabelece numa língua dada a escrita ao lado da fala. "Consiste numa transposição do discurso falado de que resultam novas condições de funcionamento da linguagem" (Camara, 1959, 179). A LINGUAGEM ESCRITA depende, para clareza e expressividade, do contexto (v.), enquanto a LINGUAGEM ORAL é valorizada pela entoação (v.) e pela mímica (v.) e facilitada em sua compreensão pela situação concreta em que nos achamos. Daí a necessidade: a) de frases mais adstritas à possibilidade de uma análise lógica (v.); b) de um desenvolvimento mais amplo e gradual dessas frases, sem mudanças bruscas de pensamento; c) de maior atenção à disciplina gramatical (v.), d) de maior eficiência do estilo (v.).

Tudo isso justifica o estudo específico da língua escrita ao lado da língua oral, embora esta seja a realidade última do que se lê ou escreve (cf. Gleason, 1955, 318). A língua escrita se apresenta em vários níveis, de acordo com a finalidade social para que opera. A sua manifestação mais alta é a LÍNGUA LITERÁRIA, isto é, uma língua escrita que se destina à expressão da literatura (v.) e cujo estudo constitui a rigor a filologia (v.).

A escrita só aparece em certo grau de cultura social. "Ela se produziu, várias vezes, em agrupamentos humanos compactos e estáveis, com uma indústria relativamente desenvolvida, um comércio ativo e um Estado organizado, em resposta às necessidades da civilização urbana (Cohen, 1953). Vai se substituindo então à fala e a relegando à conversação cotidiana.

Para os povos românicos, o que se usou como língua escrita foi a princípio o latim na modalidade conhecida como baixo-latim (v.). Pouco a pouco se firmaram em substituição a ele as línguas escritas nacionais. Em Portugal isto se deu a partir do séc. XII: criou-se então em português a prosa (documentos judiciários e administrativos, narrativas históricas, didático-religiosas e finalmente de ficção) e uma poesia lírica, relacionada com a do resto do sul da Europa (especialmente em língua provençal) pelos assuntos, pela técnica e pelos ideais. Hoje a língua literária se apresenta nos dois países da língua portuguesa (Portugal e Brasil) com uma estruturação fundamental una, embora com diferenças normativas em certos aspectos secundários. Essas diferenças se aprofundam na medida em que a língua literária, num e noutro país, se apóia diretamente em dialetos da língua oral (v.) procurando criar o regionalismo literário em vez da literatura nacional (no Brasil, por exemplo, o regionalismo caipira, nordestino, gaúcho).

ESPANHOL – v. em português; românicas; línguas.

ESPECTRÓGRAFO – Aparelho da fonética experimental acústica (v.), no qual a pressão sobre o ar exercida pela emissão da voz é capaz de impressionar um papel fotográfico pela variação de brilho de uma lâmpada especial; obtêm-se assim um ESPECTROGRAMA, que registra como manchas específicas os componentes acústicos, ou FORMANTES, do som vocal. "Para a pesquisa fonética o espectrógrafo é superior a qualquer outro registro de laboratório, porque só apresenta o que o ouvido pode captar e o apresenta de forma estritamente análoga à maneira por que se ouve" (Joos, 1948, 66).

ESPECTROGRAMA – v. espectrógrafo.
ESTADO LINGUÍSTICO – v. sincronia.
ESTILÍSTICA – Disciplina linguística que estuda a expressão (v.) em seu sentido estrito de EXPRESSIVIDADE da linguagem, isto é, a sua capacidade de emocionar e

sugestionar (v. afetividade). Distingue-se, portanto, da gramática (v.), que estuda as formas linguísticas na sua função de estabelecerem a compreensão na comunicação linguística. A distinção entre a estilística e a gramática está assim em que a primeira considera a linguagem afetiva, ao passo que a segunda analisa a linguagem intelectiva.

A emoção e a sugestão podem ser transmitidas por – a) processos fônicos, b) associações significativas, c) construções sintáticas. Temos, pois: a) a estilística fônica, que ressalta a expressividade do material fônico dos vocábulos, tanto isolados como agrupados em frase (v. semântica); b) a estilística semântica, que estuda a conotação (v.), referente ao valor afetivo ou socialmente convencional que adere à significação das palavras; c) a estilística sintática, que trata das variantes de colocação (v.), suscetíveis de causar emoção ou sugestionar o próximo. Assim, no verso de Raimundo Correia – *"Bramem leões de fulva juba"* (Correia, Poesias, 189) há: a) uma expressividade fônica, determinada pelo acúmulo de sons nasais e labiais abafados, que sugerem um ambiente soturno e ameaçador; b) uma expressividade semântica, decorrente da escolha de palavras, na base de sua conotação, em face de sinônimos, como *bramem, fulva*; c) uma expressividade sintática, provocada pela posposição do sujeito ao verbo.

A estilística literária estuda esses processos na linguagem literária, procurando, pelos recursos estilísticos usados, depreender: a) a linguagem pessoal, ou estilo (v.) de um escritor; b) a sua personalidade e a sua maneira de compreender e sentir a vida.

Faz parte da estilística o estudo das figuras de linguagem (v.).

ESTILO – *Lato sensu*, a maneira típica por que nos exprimimos lingüisticamente, individualizando-nos em função da nossa linguagem. Para isso, fazemos uma "aplicação metódica dos elementos que a língua ministra" (Leo Spitzer), procedendo a uma "escolha entre as possibilidades de expressão que se apresentam na língua" (Marouzeau, 1943, 160). *Stricto sensu*, porém, essa caracterização decorre, antes de tudo, do nosso impulso emotivo e do propósito claro ou subconsciente de sugestionar o próximo: "por um lado é uma concentração de emoção peculiar e pessoal; por outro lado, uma projeção cabal dessa emoção na coisa criada" (Murry, 1951, 39). Assim, o estudo do estilo é essencialmente matéria da estilística (v.). Quando um indivíduo se caracteriza permanentemente por traços gramaticais excepcionais, que não carreiam um intento de expressividade, isto é, não visam a manifestar ou transmitir emoção, não se têm fatos de estilo mas idioleto (v.).

O estilo é, principalmente, importante na linguagem literária, porque aí "os processos estilísticos se acham a serviço de uma psique mais rica e especialmente educada para o objetivo de exteriorizar-se" (Camara, 1953, 40). Às vezes, o impulso expressivo leva ao desrespeito da norma linguística (v.) e então a obra literária se caracteriza por uma língua que diverge da normal em vários aspectos: mais frequente é a desobediência à disciplina gramatical vigente (v.). Os dois campos mais propícios à caracterização linguística pelo estilo são o do vocabulário e o da sintaxe. Naquele, a expressividade recorre a arcaísmos (v.) e neologismos (v.); dá preferência a uma entre palavras mais ou menos sinônimas, guiando-se pela estilística fônica e por conotações usuais ou mesmo um tanto subjetivas; lança mão da metonímia (v.) e da metáfora (v.). Neste, procede a uma escolha entre as construções sintáticas que a norma linguística admite.

Note-se que o estilo em grande parte depende da intenção da obra, e um escritor pode variar de estilo de uma obra para outra. Por outro lado, escritores com as mesmas tendências estéticas apresentam muitos traços estilísticos comuns, e assim se tem o estilo de uma escola literária ou de uma época. V. registro.

ESTILO DIRETO – v. discurso.

ESTILO INDIRETO – v. discurso.

ESTRANGEIRISMOS – São os empréstimos vocabulares (v.) não integrados na língua nacional, revelando-se estrangeiros nos fonemas, na flexão e até na grafia, ou os vocábulos nacionais empregados com a significação dos vocábulos estrangeiros de forma semelhante. Na língua portuguesa os estrangeirismos mais frequentes são hoje galicismos (v.) e anglicismos (v.). O vocábulo estrangeiro, quando é sentido como necessário, ou pelo menos útil, tende a adaptar-se à fonologia e à morfologia da língua nacional, o que para a nossa língua vem a ser o aportuguesamento (v.).

Em referência às construções sintáticas, a diferença entre estrangeirismos e empréstimos é imprecisa e está, apenas, em maior ou menor sensação de naturalidade.

ESTRUTURA – v. estruturalismo.

ESTRUTURALISMO – Propriedade que têm os fatos de uma língua de se concatenarem por meio de correlações e oposições (v. oposição), constituindo em nosso espírito uma rede de associações ou ESTRUTURA. É por isso que se diz ser a língua um SISTEMA. Trata-se, entretanto, de uma estrutura dinâmica (v.), para servir às mais variadas e inesperadas necessidades da comunicação, e que nunca é cabal mas sempre está em elaboração. O caráter dinâmico e o caráter incompleto da estrutura linguística é que explicam não só a irregularidade (v.) e a exceção (v.), no plano da sincronia (v.), mas também as mudanças linguísticas (v.). A analogia (v.) resulta, por sua vez, do esforço para chegar à regularidade e a melhor estruturação.

Uma gramática compreensiva tem de levar em conta a propriedade do estruturalismo da língua que ela descreve. No âmbito dos sons vocais, o estruturalismo se revela no conceito de fonema (v.), e a fonêmica (v.) é o estudo estrutural desses sons.

ÉTIMO – Nome dado ao vocábulo latino, ou de outra origem, do qual proveio um certo vocábulo português primitivo (v. derivação).

O étimo próximo é aquele de que proveio imediatamente o vocábulo português; o étimo remoto é, por sua vez, a forma que originou esse étimo próximo. Assim: a) o étimo próximo pode ser de uma língua românica e o remoto latino (ex.: port. *chapéu* < fr. a. *chapel* < lat. *cappellu-*); b) o étimo próximo pode ser latino e o étimo remoto grego (ex.: port. *astro* < lat. *astru-* < gr. *ástron*); c) e o étimo próximo pode ser árabe e o remoto grego (ex. port. *giz* < ar. *gibç* < gr. *gypsos*).

A disciplina linguística, que nos fornece os métodos para descobrir os étimos no vocabulário de uma língua, chama-se etimologia (v.). Às vezes, chega-se assim a um étimo de cuja existência não se tem nenhum testemunho ou documentação; diz-se então que é um étimo teórico ou FORMA HIPOTÉTICA, e em gramática histórica ele é citado com um asterisco; ex.: **coratione-* > *coração*.

ETIMOLOGIA – Disciplina linguística que nos dá os métodos para descobrir os étimos dos vocábulos primitivos de uma língua (v. derivação; étimo). Essa pesquisa apoia-se: a) no conhecimento das mudanças fonéticas sistemáticas (v.); b) na possível ação da analogia (v.); c) no exame das formas anteriores documentadas; d) nas relações de significado entre o vocábulo dado e o da língua originária; e) nas informações históricas. Assim, chegou-se a *pessicu-* para étimo do port. *pêssego* na base – a) das mudanças fonéticas, que são bem conhecidas (/i/ breve para /ê/, /rs/ para /ss/ e depois /s/ escrito *ss*, /k/ intervocálico para /g/); b) nas informações históricas, pois sabemos que o pêssego veio da Pérsia para Roma e aí se chamava *malon persicum*, ou por elipse (v.) – *persicum*. Também concluímos que lat. *stella-* é o étimo de port. *estrela*, porque – a) as mudanças fonéticas ocorridas são usuais, salvo a epêntese do *-r-*, mas – b) essa epêntese se explica pela analogia (v.). Ainda podemos dar *amygdala* como étimo do port. *amêndoa* – c) pela forma anterior, documentada, *amiddula* (*Appendix Probi*; cf. Grandgent, 1928, 292), que serve de transição entre o étimo grego e o português, com mudanças fonéticas usuais.

ETIMOLOGIA POPULAR – Termo criado por Ernst Förstemann num artigo com este nome em 1852 ("Sobre a etimologia popular alemã" – *Ueber deutsche Volksetymologie*) (cf. Pisani, 1960, 633). Förstemann aí distinguia 3 tipos de etimologia: a popular, a erudita e a científica, entendendo por esta última a que faz a aplicação metódica e rigorosa dos princípios linguísticos, como as chamadas leis fonéticas (v. lei). A etimologia erudita era, para ele, a que praticavam os eruditos sem formação linguística, com "notável saber", mas também "notável falta de senso crítico". Finalmente por etimologia popular ele entendia o esforço ingênuo do povo para compreender a formação das palavras que usa. Via assim na etimologia popular "um passo pré-científico da atividade etimológica", apenas; mas hoje, partindo-se do conceito e do nome que ele estabeleceu, vê-se aí um dos "fatores mais interessantes e seguramente fundamentais da criação linguística" (Pisani, 1960, 635). A etimologia popular se enquadra assim no processo da analogia (v.), que explica as mudanças de forma dos vocábulos pela interferência dos seus valores mórficos e semânticos na evolução fonética. Do ponto de vista da sincronia (v.) da língua, a etimologia popular, historicamente falsa, tem uma realidade atual, porque evidencia a maneira por que os falantes entendem as relações mórficas e semânticas dos vocábulos que usam (cf. Vendryes, 1933, 176).

EUFEMISMO – Enunciação atenuada do que é desagradável, grosseiro ou indecoroso. Por eufemismo, substituem-se as palavras exatas por sinônimos de significação mais vaga ou apenas aproximada (v. sinonímia) ou por uma perífrase (v.); ex.: *falecer*, *ir-se*, *entregar a alma a Deus*, *dormir o último sono* – por *morrer*. Trata-se, portanto, de uma atenuação (v.) no uso das palavras.

O eufemismo é uma causa de evolução semântica (v.), porque a palavra, assim empregada sistematicamente, acaba adquirindo a significação exata daquela a que se substituiu.

EUFONIA – Qualidade de uma enunciação agradável ao ouvido, em virtude da natureza dos seus fonemas e da fluidez com que se coarticulam. Em grande parte, a nossa impressão de eufonia depende dos efeitos acústicos a que estamos habituados na língua materna, além de se complicar com certas associações de ideias que lhe tiram, em cada um de nós, o caráter de um puro julgamento do sentido da audição; mas não se pode negar um conceito geral de eufonia para os sons vocais e o seu encadeamento. Assim, é lícito considerar a língua portuguesa menos ou mais eufônica em comparação com outra língua dada, como o italiano ou o inglês, respectivamente. Dentro da língua portuguesa, por sua vez, há vocábulos menos ou mais eufônicos e uma sequência frasal pode apresentar eufonia ou cacofonia (v.).

Deve-se distinguir da eufonia a EXPRESSIVIDADE, dos fonemas ou das séries fônicas, em virtude da qual eles têm a capacidade de nos emocionar e sugestionar. A expressividade fônica depende de uma relação mental que se estabelece entre os sons e a significação da palavra ou da frase em que eles participam como fonemas (v. estilística; semântica; onomatopéia).

EVOLUÇÃO – Conjunto de mudanças (v.) que sofre uma língua em sua história interna (v.). O nome foi adotado nos meados do séc. XIX, a exemplo das ciências naturais, onde "evolução" significa o crescimento gradual e paulatino de um organismo até atingir a plenitude. Muitos linguistas rejeitam ou pelo menos evitam o termo, porque na língua não há a rigor um crescimento, mas apenas mudanças e, muito menos, a marcha para a plenitude. A ilusória impressão em contrário resulta de uma confusão entre o crescimento em certos aspectos da cultura (técnicas, pensamento científico, atividade literária) com a língua que serve de veículo a essa cultura (v.). Apesar de tudo, o caráter paulatino e gradual das mudanças, num encadeamento estreito, é inegável para muitas mudanças na língua e por isso o uso do termo se justifica, despojada em linguística a sua significação da noção de crescimento ou progresso.

Neste sentido linguístico, particular, a evolução se opõe ao empréstimo, que é uma mudança proveniente da adoção de elementos provenientes de outra língua distinta (v. empréstimos). Assim, em português, *abutre* é uma evolução do latim *vulture-*, mas *condor* é um empréstimo a uma língua indígena americana, e de *vulture-* para *abutre* há uma série de mudanças graduais e encadeadas (*vultre, bultre, buitre, a* (art. fem.) *buitre, abuitre, abutre*); em *condor* a mudança em português foi a adoção do termo. A evolução, assim entendida, é logo apreensível nas mudanças fonéticas, mas se estende a todo o sistema na língua (cf. Camara, 1959, 33). Em lugar do termo, Sapir lançou outro – DERIVA (ing. *drift*), que assinala apenas o encadeamento das mudanças numa direção nítida (Sapir, 1954, 165).

EXCEÇÃO – Diz-se de uma forma linguística que corresponde a uma irregularidade (v.). Assim, a forma *pôr*, do infinitivo, é uma exceção à regra geral em português, de que a vogal temática figura no infinitivo (v. conjugações). V. ainda anomalia.

EXPLETIVOS – v. realce.

EXPLOSÃO – v. articulação.

EXPRESSÃO – Em sentido lato, toda enunciação linguística, pois assim se exterioriza, isto é, se expressa, um estado mental. Em sentido estrito, a expressão – que convêm substituir pelo termo EXPRESSIVIDADE – é a capacidade de fixar e atrair a atenção alheia em referência ao que se fala ou escreve, constituindo o objetivo essencial do esforço estilístico (v. estilo; estilística).

Também aparece em terminologia gramatical como equivalente de locução (v.), que é um caso particular da expressão em sentido lato. Na escola linguística de Hjelmslev o termo é usado, em contraste com conteúdo (v.), para indicar o SIGNIFICANTE (v. significação) (Hjelmslev, 1953).

EXPRESSIVIDADE – v. estilística; afetividade; eufonia; expressão.

EXPRESSIVOS, VOCÁBULOS – v. onomatopeia.

F

FACTITIVOS – v. causativos.

FALA – Atividade linguística no discurso oral (v.). É a fonação (v.), enriquecida de uma significação imanente (v.).

FALANTE – v. frase; linguagem.

FALARES – Línguas de pequenas regiões, através de um território linguístico dado, que se distinguem umas das outras por oposições superficiais dentro do sistema geral de oposições fundamentais que reúne todas numa língua comum (v.). Os dialetos (v.) são a rigor conjuntos de falares que concordam entre si por certos traços essenciais. Os falares caracterizam-se ainda, em face da língua comum, pela circunstância de pertencerem à língua cotidiana oral, de sorte que a língua escrita, na pequena região em que cada um deles vigora, se cria na base da língua comum, embora possa se apresentar às vezes menos ou mais contaminada pelos traços do falar local. É em princípio dentro de um falar que tem pleno cabimento o conceito de lei (v.) nas mudanças linguísticas; muitas discrepâncias evolutivas, dentro da língua comum, se explicam como fatos regionais, de dados falares, difundidos na língua comum como empréstimos internos (v. empréstimos).

Aos falares em estado de desagregação, sob o impacto da língua literária, dá-se o nome de PATUÁS (fr. *patois*). A centralização política e a rede administrativa e escolar tendem a fazer dos falares apenas patuás, nos países de civilização ocidental.

FALARES CRIOULOS – Os falares (v.) que resultam da deturpação de uma língua ocidental (português, espanhol, francês, inglês, por exemplo) na boca de populações inicialmente aloglotas mantidas em situação social inferior. Às vezes se trata de verdadeira língua, como conjunto de falares, mas a que por motivos extralinguísticos (situação social e cultural inferior da massa falante) se aplica a denominação de dialeto crioulo. Há um português crioulo em certas zonas da África (ex.: ilhas de Cabo Verde) e da Ásia (ex.: Goa, Damão). No Brasil, tem havido português crioulo em certas zonas de população predominantemente negra, unificada em torno de uma atividade de trabalho como zonas de garimpo (cf. Machado, 1944), ou em agrupamentos de índios aculturados. Segundo uma controvertida teoria linguística hoje praticamente abandonada, o latim, ao se estabelecer numa província como a Península Ibérica, teria tido uma fase inicial de falar crioulo ao ser adotado pelas populações nativas (cf. Meyer-Lübke, 1920, 16).

FAMÍLIA LÉXICA – Chama-se família léxica, ou família de palavras, um agrupamento classificatório de determinadas palavras de uma língua consideradas COGNATAS em sua forma radical e significação, como conseqüência de possuírem uma raiz comum (v.). Em sentido estrito, assim se consideram apenas, em português, as palavras que constituem um grupo de derivação (v.), nele incluindo-se a composição prefixal (v.). São portanto cognatas as palavras portuguesas com uma raiz, de forma fixa ou um tanto variante, que é realmente pela sua significação um semantema em português; exs.: *falar* (e seus derivados, como *falador*, *falatório*), *fábula* (e *confabular*), *infando*, etc. Em sentido lato, porém, do ponto de vista da diacronia (v.), amplia-se cada família com palavras compreendidas como independentes dentro da língua portuguesa, porque se ascen-

de à língua latina ou, até, à raiz indo-europeia. Assim, partindo-se de uma raiz indo-europeia $\sqrt{bha}$, com a ideia de "falar", e levando-se em conta as suas formas em grego e latim, já se incluem, ao lado de *falar*, *fábula*, *infando*, também – *infância*, *fama*, *fada*, *fatal*, *confissão*, *eufemismo*, *fonética*; ora: a) em *infância*, *fama*, o semantema comum com *falar* só é muito indiretamente percebido; b) em *fada* já não há esse semantema; c) em *confissão*, *eufemismo*, *fonética* os elementos radicais *fa: fe: fi*; gr. *phe*, *pho* são muito diversos de forma para serem apreendidos como variantes de uma raiz única em português; é um exemplo dos casos em que tem havido tal evolução de forma e sentido, que "surge um conflito entre o sentimento geral do vulgo e o fato encarado à luz da pesquisa científica" (Ali, s.d., II, 3), entendida como tal a pesquisa diacrônica, pois na sincronia (v.) "o sentimento geral do vulgo" corresponde à realidade linguística.

FAMÍLIA LINGUÍSTICA – Entende-se como família linguística, ou BLOCO LINGUÍSTICO, um agrupamento classificatório de determinadas línguas COGNATAS, por serem todas provenientes de outra anterior, documentada ou não, dita em relação a elas LÍNGUA PRIMITIVA ou PROTOLÍNGUA. Assim o português faz parte da família especial das línguas românicas, provenientes do latim, e, como tal, se inclui na família geral das línguas indo-europeias, provenientes de um pré-histórico e não-documentado indo-europeu (v.). A depressão de uma família destas é obtida, principalmente, com o método de pesquisa chamado comparatismo (v.).

FASE – v. diacronia.

FIGURAS DE LINGUAGEM – Aspectos que assume a linguagem para fim expressivo (v. expressão) afastando-se do valor linguístico normalmente aceito. Podem ser: 1) de palavras, ou TROPOS, como a metáfora (v.), a metonímia (v.), a hipérbole (v.); 2) de sintaxe, ou de construção frasal, como o anacoluto (v.), a elipse (v.); 3) de pensamento como a ironia (v.), a litote (v.), a prosopopeia (v.). As figuras de palavras referem-se à significação dos semantemas, desviando-o da significação normal. As figuras de sintaxe alteram a estrutura normal da enunciação oracional (v. frase; oração). As figuras de pensamento resultam de uma discrepância entre o verdadeiro propósito da enunciação e a sua expressão formal.

O conceito das figuras de linguagem veio da retórica greco-latina (v.).

FILOLOGIA – Helenismo que significa literalmente "amor à ciência", usado a princípio com o sentido de erudição, especialmente quando interessada na exegese dos textos literários. Hoje designa, estritamente, o estudo da língua (v.) na literatura (v.), distinto portanto da linguística (v.). Há, porém, um sentido mais lato para filologia, muito generalizado em português; assim Leite de Vasconcelos entende por filologia portuguesa "o estudo da nossa língua em toda a sua plenitude, e o dos textos em prosa e verso, que servem para a documentar" (Vasconcelos, 1926, 9), o que vem a ser o estudo linguístico, especialmente diacrônico, focalizado no exame dos textos escritos em vez da pesquisa na língua oral por inquérito com informantes.

FINITO – Diz-se do verbo (v.) em uma das suas formas verbais propriamente ditas, que nos apresenta o processo em condições concretas de realização, ao contrário do INFINITO, ou infinitivo (v.), que só significa a natureza do processo; cf.: *sai, entrávamos: sair, entrar*.

FLEXÃO – Processo de "flectir", isto é, fazer variar um vocábulo para nele expressar dadas categorias gramaticais (v.). A flexão consiste, portanto, em aplicar ao vocábulo um morfema (v.) – a) aditivo (Flexão Externa), b) subtrativo, alternativo, reduplicativo (Flexão Interna), ficando a variação, respectivamente – a) fora ou – b) dentro do radical.

Em português, o mecanismo gramatical da flexão assenta fundamentalmente no morfema aditivo em seguida ao radical, ou seja, nos sufixos flexionais, ou desinências (v.), da mesma sorte que a derivação (v.) assenta no sufixo lexical ou derivacional. Complementarmente há a flexão interna da alternância (v.). Os vocábulos sujeitos a flexão são VARIÁVEIS ou FLEXIONAIS, compreendendo os nomes (com os pronomes) e os verbos. As desinências nominais são para as categorias de gênero (v.) e número (v.). As desinências verbais são modo-temporais, correspondendo às categorias de modo (v.), tempo (v.) e complementarmente aspecto (v.), e número-pessoais (categoria de pessoa (v.) no singular e no plural).

A adjunção da desinência ao radical, desenvolvido ou não em tema, determina não raro adaptações fonológicas, com mudanças de fonemas, que são estudadas na morfofonêmica (v.).

Ao lado de "flexão", há a variante INFLEXÃO, que muitos, entretanto, especializaram como equivalente de apofonia *lato sensu* (v.).

FLEXIONAIS – v. flexão; sufixos.

FLUÊNCIA – v. pausa.

FLUTUAÇÃO – v. debordamento.

FOLCLORE – Aportuguesamento do termo inglês *folklore* (*lore*, antigo substantivo verbal de *learn* "aprender", e *folk* "povo, vulgo"), referente aos costumes e tradições populares que persistem nas camadas inferiores de uma sociedade evoluída como resto de uma cultura (v.) abandonada nas classes superiores. Abrange crenças ingênuas ou superstições (mitologia, religião, danças, música, jogos) e uma literatura oral (v.) de contos, lendas, poesia épica e lírica, teatro, adágios.

No folclore subsistem elementos culturais, decorrentes de substrato (v.), como, em Portugal, da cultura céltica e da Árabe, e, no Brasil, das culturas indígenas e africanas. Não vingou o helenismo "demologia" (gr. *dêmos* "povo"), proposto em português para substituir o anglicismo *folklore*.

FONAÇÃO – O ato humano de emitir sons vocais. Daí também a emissão feita, quando considerada apenas sob o seu aspecto articulatório e acústico, sem se levar em conta o seu valor de forma linguística (v.), que reúne um significante e um significado. A fonação considerada em seu intento significativo, a serviço da comunicação, passa a ser a fala (v.).

FONEMA – Conjunto de articulações dos órgãos fonadores cujo efeito acústico estrutura as formas linguísticas e constitui numa enunciação o mínimo segmento distinto (v. articulação). Os fonemas de uma língua não correspondem necessariamente às letras da grafia usual (v.) e só em TRANSCRIÇÃO FONÉTICA (v. grafia) ficam a nossos olhos rigorosa e sistematicamente indicados. Como segmento mínimo da fonação, o fonema é uma subdivisão da sílaba (v.). A individualidade significativa de uma forma mínima (v.) depende dos fonemas que a constituem e que nos permitem distinguir uma forma mínima de outra (ex.: *cal + ar: fal + ar: ral + ar, faz: fez: fiz*). Daí o método da COMUTAÇÃO para depreender os fonemas de uma língua: imprimir mudança fonética a uma forma mínima ou um vocábulo para ver se com isso se obtêm outra forma mínima ou outro vocábulo, o que, acontecendo, revela que com a mudança se chegou a outro fonema (nos exemplos acima, *cal + ar; fal + ar; ral + ar* nos dão os fonemas /k/, /f/, /r/ indicados pelas letras *c, f, r*, ex.: *faz : fez : fiz* os fonemas /a/, /e:/, /i/). Nem todas as articulações que se executam, por ocasião da emissão de um fonema, servem para defini-lo; em sua totalidade elas constituem não um fonema, mas um SOM DA FALA, que tem interesse para a fonética (v.), mas não para a fonêmica (v.). O fonema se individualiza apenas por algumas dessas articulações, que são os seus TRAÇOS DISTINTIVOS, pois por meio delas se distingue dos demais fonemas da língua, como evidencia a comutação. Assim, o fonema /t/ em português se define por 3 traços distintivos: 1) uma articulação da ponta da língua com a parte interna da arcada dentária superior (fonema dental), que o distingue por exemplo do /p/, cuja articulação é nos lábios; 2) uma interrupção momentânea da corrente de ar, determinada pela oclusão da cavidade bucal nesse ponto (consoante oclusiva), que o distingue por exemplo do /s/, onde não há essa oclusão; 3) um abrimento da glote (v. aparelho fonador), que impede a vibração das cordas vocais e que o distingue por exemplo do /d/, onde há essa vibração; daí, por comutação, *tia : pia : sia : dia*.

Esses traços distintivos são suscetíveis de alteração em função de certas circunstâncias da enunciação, criando-se assim, dentro do conceito de fonema, o de suas variantes (v.) ou ALOFONES. Elas são: livres, quando dependem dos hábitos articulatórios um tanto diversos dos falantes da língua (ex.: /t/ nitidamente dental, ou alveolar com a ponta da língua tocando os alvéolos); posicionais quando dependem da posição do fonema na enunciação, onde a contiguidade de certos outros fonemas ou a sua posição na sílaba altere a articulação (ex.: /t/ com uma articulação africada (v.) em *tia* pelo contacto com /i/ tônico em hiato); estilísticas, quando por intenção estilística (v.) a articulação se enriquece de traços excepcionais (ex.: *tia* com um /i/ prolongado para indicar carinho, surpresa, etc.).

Quando a alteração anula a distinção entre dois ou mais fonemas, diz-se que houve uma neutralização entre eles (v. oposição) e o resultado articulatório é o ARQUIFONEMA; pode acusticamente corresponder a um dos fonemas ou ser um como que denominador comum de todos eles, contendo apenas os traços distintivos em comum. A neutralização é o resultado extremo da variação posicional, como em português a da distinção entre /s/: /z/: /s'/: /z'/ em posição final diante de pausa (ex.: *pus*, *luz*, *flux* têm uma mesma consoante final, que na pronúncia mais geral luso-brasileira é um [s'] atenuado em seu chiamento). A neutralização deve ser distinguida cuidadosamente do debordamento (v.), que é o emprego facultativo de um fonema em lugar de outro em determinada forma da língua, como em português, em muitas formas a substituição de /e:/ por /i/ ou de /o:/ por /u/ quando pretônicos (ex.: /mínimo/ ou /meninu/, /kurúz'a/ ou /korúz'a/ para *menino, coruja*).

Em toda língua os fonemas são em número limitado e fixo e se dispõem espontaneamente num paradigma (v.) de grupos opositivos (ex.: em português, /p/:/b/, oposição por ausência ou presença de sonoridade) e associativos (ex.: em português /p/-/b/ pela coincidência da articulação labial); esse paradigma é o SISTEMA FONÊMICO da língua (v. sistema fonético). A oposição primária e praticamente universal entre os fonemas é a de vogal e consoante (v.).

FONEMÁTICA – Termo proposto para substituir fonêmica (v.), como derivado mais regular do grego *phonema, -atos* "voz" (cf. Alonso, 1951, 10). Tem tido uso esporádico.

FONÊMICA – Termo criado na escola linguística norte-americana para o estudo que, ao lado da fonética (v.) e ao contrário dela, focaliza apenas o fonema (v.), sem se preocupar com a realidade física integral do som da fala. A este mesmo estudo a escola linguística de Praga chamou fonologia (v.). "É na fonética, como estudo natural do que exatamente se pronuncia e se ouve, que tem de apelar-se a fonêmica para depreender daí o contingente do que linguisticamente funciona" (Camara, 1959, 58). Podemos dizer que a fonêmica é o estudo do som vocal como valor linguístico. Esse valor varia através dos tempos: aparecem novos fonemas, desaparecem outros, substitui-se um fonema por outro em determinados vocábulos no fenômeno das mudanças fonéticas (v.), que só têm importância linguística quando na realidade de caráter fonêmico, alterando o sistema de fonemas. Há assim uma fonêmica descritiva e uma fonêmica histórica.

FONÉTICA – Estudo da fonação (v.). A fonética dita descritiva nos dá os efeitos acústicos elementares que a nossa audição apreende como unidades sônicas, ou SONS DA FALA, produzidos pela articulação dos órgãos fonadores. É de cada som da fala que se depreende o fonema (v.).

A fonética, para obter a realidade física integral do som da fala e da sua concatenação num vocábulo ou frase, apoiou-se a princípio, exclusivamente, numa especial educação auditiva, por parte do foneticista, e no exame introspectivo do seu próprio jogo articulatório ao falar. Depois surgiu complementarmente o emprego de aparelhos especiais na chamada fonética experimental ou de laboratório. Esses aparelhos ora estudam a articulação dos órgãos fonadores, como acontece com o quimógrafo (v.), ora estudam as vibrações do ar que resultam da emissão dos sons vocais, como acontece com o aparelho registrador chamado espectrógrafo (v.). Em relação à fonética portuguesa, há, para o português europeu, um laboratório na Universidade de Coimbra, e, para o português do Brasil, um na Universidade da Bahia, ambos de acordo com a orientação técnica do foneticista português Armando de Lacerda.

A chamada fonética histórica estuda na história interna da língua (v.) as mudanças fonéticas (v.), estabelecendo as chamadas leis fonéticas (v. lei); como se trata de mudanças do sistema de fonemas, seria preferível a denominação de fonêmica histórica ou diacrônica (v.).

FONÉTICA SINTÁTICA – v. pessoais, pronomes; sândi.

FONOLOGIA – Termo usado, conforme o tratadista, em sentidos diversos e até contraditórios: 1) como a descrição dos sons de determinada língua, o que foi o critério de Sievers (cf. Hempl, 1897, 61), enquanto a fonética passa a ser a ciência geral da fonação; 2) como essa ciência geral sob o seu aspecto descritivo, o que foi o critério de Saussure (cf. Saussure, 1922, 55), denominando-se fonética apenas a fonética histórica (v.); 3) como a ciência do valor dos sons da fala, o que foi o critério da escola lingüística de Praga (cf. Trubetzkoy, 1949), focalizando o estudo do fonema, em equivalência do que a escola linguística norte-americana chamou fonêmica (v.).

Hoje há uma nítida tendência universal para considerar: a) a fonêmica, o estudo da depreensão e levantamento dos fonemas; b) a fonologia, o estudo dos fonemas em suas variantes posicionais, combinações e condições prosódicas.

FONOTÁTICA – v. colocação.

FORMA – Designação geral para um fonema ou sequência fonêmica providos de significação (v.); é assim a relação que se estabelece numa língua dada entre uma parte fônica, ou SIGNIFICANTE, e a representação que a ela corresponde na linguagem (v.), ou SIGNIFICADO. A forma linguística vai em ordem decrescente desde o texto de comunicação oral ou escrita até a parte fônica mínima a que corresponde uma significação, ou FORMA MÍNIMA que, segundo a natureza da significação, pode ser um semantema (v.) ou um morfema (v.); em virtude da sua indivisibilidade, do ponto de vista formal, isto é, como conjunto de significante e significado, a forma mínima é também chamada MONEMA (cf. Martinet, 1960, 117s), ou ainda morfema em sentido lato. Entre a forma mínima e o texto têm-se a frase (v.), o grupo frasal, a locução e o vocábulo formal ou mórfico (v.). Este pode resumir-se numa forma mínima ou ser constituído de formas mínimas, que vêm a ser raiz (v.) e os afixos (v.). Do ponto de vista do seu emprego na comunicação linguística, a forma é livre, quando é capaz de constituir por si uma frase, e presa quando só aparece ligada a outra ou outras num vocábulo (Bloomfield, 1953, 160); intermediariamente há a forma dependente, que "é autônoma embora nunca apareça isolada", podendo separar-se livremente daquela a que se associa na enunciação ou mudar de posição em relação a ela (cf. Camara, 1959, 104).

Quanto à significação interna ou externa, têm-se respectivamente – as formas gramaticais e as formas lexicais ou palavras (v.).

V. categorias gramaticais; função; gênio da língua.

FORMA HIPOTÉTICA – v. étimo.

FORMA MÍNIMA – v. forma.

FORMA PRIMITIVA – Designação de uma forma que, dentro da sincronia da língua (v.), é o ponto de partida para um conjunto de formas flexionais ou derivadas ditas SECUNDÁRIAS.

Assim nas famílias léxicas (v. léxico), a forma primitiva é o vocábulo de que partem os processos de derivação (v.) e composição (v.) em seu mecanismo sincrônico (ex.: *casa*, donde – *caseiro*, *casal*, *casar*, *acasalar*, etc.). Na conjugação verbal, em português, quando há variação de radical, há certas formas primitivas cujo radical se repete num determinado grupo de outras: 1) 1ª pessoa singular do indicativo presente, cujo radical se repete no subjuntivo presente (ex.: *firo*, donde – *fira*, etc.: *vejo*, donde – *veja*, etc.; *digo*, donde – *diga*, etc.); 2) 2ª pessoa singular do indicativo pretérito perfeito, cujo radical se repete no pretérito mais-que-perfeito, subjuntivo pretérito e subjuntivo futuro (ex.: *trouxeste*, donde – *trouxera*, etc., *trouxesse*, etc., *trouxer*, etc.) *vieste*, donde – *viera*, etc., *viesse*, etc., *vier*, etc.; 3) infinitivo, cujo radical se repete nos futuros do indicativo. O mecanismo da alternância vocálica (v.) no subjuntivo presente depende da 1ª pessoa singular do indicativo presente como forma primitiva. Na irregularidade verbal (v.) podem não se verificar essas correspondências (cf.: *sei*, mas – *saiba*, etc.).

O conceito de "forma primitiva" é sincrônico, de sorte que a forma primitiva não é a gênese diacrônica das formas que dela se tiram, necessariamente.

FORMAÇÃO LATINA – v. em derivação.

FORMAÇÃO VERNÁCULA – v. em derivação.

FORMANTES – v. em espectrógrafo.

FORTES – Nome que por imitação da gramaticologia alemã se dá às formas que variam exclusivamente por flexão interna (v.), sem desinência. Assim, para o feminino em português – *avó*, em alternância vocálica com o masculino *avô*. Em português, entretanto, o conceito de formas fortes se aplica essencialmente às 1ª e 3ª pes. sing. do ind. pret. perf. que são rizotônicas (v.) e atemáticas (v. conjugações), podendo distinguir-se entre si, ou não, por uma alternância vocálica (v. alternância). São verbos irregulares da 2ª conjugação, e na base da vogal tônica da raiz se dividem em três grupos: 1) Sem alternância vocálica distinta: *dizer* – *disse* (*eu*, *ele*); *querer* – *quis* (*eu*, *ele*); *haver* – *houve* (*eu*, *ele*); *saber* –*soube* (*eu*, *ele*); *caber* – *coube* (*eu*, *ele*); 2) Com alternância *i/e*: *ter* – *tive*, *teve*; *fazer* – *fiz*, *fez*; 3) Com alternância *u/o*: *pôr* – *pus*, *pôs*; *poder* – *pude*, *pôde*; *ser*, *ir* – *fui*, *foi*.

Quando há alternância, foi em regra a vogal da 1ª pess. que sofreu mudança por metafonia (v.) em virtude da ação assimilatória da desinência latina -*i* longo (*feci*, **posi*, em vez de *posui*, **poti*, em vez de *potui*); entretanto a alternância *fui-foi* deve ter resultado de uma seleção de formas existentes (v.).

Também são fortes os particípios passados (v.) rizotônicos, sem a vogal temática combinada com o sufixo -*ado*; ex.: *aceito*, *dito*, etc.

FOSSILIZAÇÃO – Processo linguístico, na diacronia (v.), que consiste na fixação sistemática de uso do que era, de início, uma construção fortuita do discurso individual (v.) ou um recurso de estilo (v.). Temos, como exemplos de fossilização, entre outros, as FRASES FEITAS (v. fraseologia) e a integração na língua do emprego figurado de uma palavra, como a metonímia (v.) ou a metáfora (v.), de que decorre uma polissemia (v.) (ex.: *tela* – a) "pano", b) "pintura").

FRACIONÁRIOS – v. em numeral.

FRANCÊS – v. românicas, línguas.

FRASE – Unidade de comunicação linguística, caracterizada, como tal, do ponto de vista comunicativo – por ter um propósito definido e ser suficiente para defini-lo, e do ponto de vista fonético – por uma entoação (v.), que lhe assinala nitidamente o começo e o fim. É assim a divisão elementar do discurso (v.), mas pertence à estrutura lingüística por obedecer a padrões sintáticos vigentes na língua, no seu sentido de sistema por que se pauta o discurso.

Na linguagem oral da comunicação cotidiana, a frase é complementada pela mímica do falante (v.) e pelos dados da situação em que é enunciada, pois "desenvolve-se então um pequeno drama, em que um FALANTE se dirige a pelo menos um OUVINTE sobre um ASSUNTO em determinada SITUAÇÃO concreta" (Camara, 1959, 193), e pode consistir numa única palavra ou até numa interjeição.

Quando, ao contrário, a frase contém linguisticamente em si todos os dados para a comunicação do seu assunto, sem necessidade da mímica e da situação para completá-los, tem-se a frase integralmente linguística, em padrão de oração (v.).

FRASE DECLARATIVA – v. frase; afetividade.

FRASE EXCLAMATIVA – v. afetividade.

FRASE QUEBRADA – v. anacoluto.

FRASEOLOGIA – Estudo das FRASES FEITAS, isto é, fossilizadas em sua forma e seu sentido e usadas no discurso (v.) à maneira de uma locução (v.).

FRASES FEITAS – v. fossilização; fraseologia.

FRICATIVA – v. em constritiva.

FUNÇÃO – Aplicação que tem na língua uma forma (v.) em vista do seu valor gramatical. Exemplos: a função de plural de *lobos*; a função de advérbio de *caro* em – *vender caro*; a função de sujeito do pronome *eu*; e assim por diante. É a função que caracteriza uma forma homônima de outra, tornando-as distintas (v. homonímia).

FUTURO – É o tempo verbal (v.) que situa um processo no futuro em relação a um dado momento. Tomando-se para ponto de referência o momento em que se fala, tem-se em português, como em outras línguas românicas: 1) futuro do presente, em que o processo é indicado como futuro em relação ao momento em que se fala (ex.: *cantará amanhã*); 2) futuro do pretérito, em que o processo é indicado em relação a um momento que é passado, do ponto de vista do momento em que se fala (ex.: *cantaria no dia seguinte*). Na sincronia da língua, o sufixo modo-temporal do indicativo futuro do presente é *-ra-* ou *-re-* (conforme a pessoa), com a incidência do acento, ao contrário do sufixo modo-temporal *-ra-* do pretérito mais-que-perfeito (v.) – *cantarei, cantarás*; a ele se acrescenta a desinência de pessoa (v.), que na 3ª pessoa singular é zero. Do ponto de vista diacrônico, tem-se no futuro do presente uma composição do infinitivo com as formas contractas do presente do verbo latino *habere*, port. *haver* (*cantar* + *ei*, + *ás*, + *emos*, + *eis*, + *ão*), que dentro da sincronia se mantém no caso da chamada mesóclise (v.). O sufixo modo-temporal do indicativo futuro do pretérito é, por sua vez, *-ria* /rial/ (*-rie*, por sândi interno (v.) na 2ª pessoa plural, ao se ditongar com a desinência de pessoa *-is* – *cantaríeis*), tendo-se também diacronicamente uma composição do infinitivo com formas contractas do pretérito imperfeito do verbo latino *habere*, port. *haver* (*cantar* + *ia*, etc.), que, igualmente, dentro da sincronia, se mantém na mesóclise. Trata-se, portanto, de criações românicas (v.), ao se desintegrar o sistema de futuro latino na base de uma oposição do aspecto (v.) de *infectum* com o de *perfectum*.

A neutralização entre futuro e presente, com o uso do presente (v.) para os fatos futuros, acarreta o uso do pretérito imperfeito em vez do futuro do pretérito; ex.: presente por futuro do presente – *ele canta amanhã*; pretérito imperfeito por futuro do pretérito – *ele cantava no dia seguinte*. E a correspondência entre futuro do pretérito e pretérito imperfeito se estende ao emprego atemporal dos tempos verbais para assinalar modo (v.). Por outro lado, a oposição entre ponto de partida no presente e ponto de partida no pretérito, para situar o futuro, explica o futuro do pretérito para indicar dúvida no pretérito, em oposição ao futuro do presente para indicar dúvida no presente; ex.: *"O lugar não era próprio para remanso de burros, donde conclui que não estaria deitado mas caído"* (Assis, Se-

futuro (cont.)

mana, 131); cf.: *O lugar não é própria para remanso de burros, donde concluo que não estará deitado mas caído.*

Há ainda para registrar formas perifrásticas, com um infinitivo e o auxiliar *ir* no presente (para o futuro do presente) ou no pretérito imperfeito (para o futuro do pretérito), o preferido na língua coloquial (ex.: *vou sair amanhã – ia sair no dia seguinte*), que a rigor são parte de uma conjugação geral perifrástica para exprimir o aspecto (v.) inceptivo.

No subjuntivo (v.), o português também apresenta um futuro, que resulta da convergência no romanço entre o futuro perfeito do indicativo e o pretérito perfeito do subjuntivo, aquele concorrendo com a noção temporal e este com a noção modal. Tem para sufixo temporal -*re*-, diante de -*s* (2ª pessoa singular) ou com nasalidade (3ª pessoa plural) e -*r* nas outras condições; é assim flexionalmente igual ao infinitivo, mas, como provém de formas do *perfectum* latino, distingue-se do infinitivo pelo radical quando o verbo tem como irregularidade raízes variantes (v.); cf.: *trazer – trouxer, poder – puder, pôr – puser.*

G

GALAICO-PORTUGUÊS – v. co-dialeto.

GALEGO – v. co-dialeto; galego-português.

GALEGO-PORTUGUÊS – v. lusitano; português arcaico.

GALICISMOS – De maneira geral, tudo que aparece em português por influência da língua francesa. Entre os estrangeirismos (v.) são eles os mais importantes no âmbito da língua literária (v. literatura); a língua comum os recebe daí e também diretamente em virtude da influência da cultura francesa em Portugal e no Brasil. Os principais tipos de galicismos são – 1) vocabulares; 2) sintáticos, os vocabulares são: a) palavras francesas; exs.: *toilette*, *chauffeur*, *menu*; b) palavras portuguesas com uma raiz francesa; ex.: *feérico* (cf. fr. *fée* "fada"); c) palavras portuguesas com a significação correspondente a palavras francesas paralelas; exs.: *aperceber* no sentido de "avistar", *esquisito* no sentido de "superfino". Desde que se fez notar com intensidade o afluxo dos galicismos, a partir do séc. XVIII, tem havido um movimento de resistência, especialmente dentro da língua literária, inspirada no purismo (v.). A disciplina gramatical, atualmente, desistiu de um combate violento contra os galicismos mas procura apressar e sistematizar a tendência para o aportuguesamento (v.) na pronúncia e na grafia (exs.: *chofer*, *mantô*, *marrom*). Os galicismos sintáticos são também frequentes. Alguns estão radicados como construções frasais do português moderno em contraste com as construções do português clássico (cf. Ribeiro, 1938, 99). Assim, temos os empregos: 1) *sobre* no sentido de "acerca de" (*ensaio sobre a escravidão*); 2) *a* em adjuntos preposicionados para indicar o princípio ativo de uma máquina (*fogão a gás*) e *por* para o objeto de um sentimento (*entusiasmo por Napoleão*); 3) *de que* como adjunto de um nome seguinte mas dele distante, em vez de *cujo* em contato e concordância, como adjetivo, com esse nome (*matéria de que tenho conhecimento*).

É às vezes convencional a delimitação entre o que é genuinamente português e o que decorre da influência francesa, porque ambas as línguas trazem fatos e tendências de um fundo românico comum. Tal é o caso de: a) *fortuna* no sentido de riqueza, que já transparece em latim; b) *ter* a..., em vez de *ter de*..., como uma das conjugações perifrásticas (v.), como no exemplo – *"Tinha el-rei a escolher entre dois arbítrios"* (Herculano, Inquisição, II, 106), para indicar não propriamente o modo obrigatório (v.), mas uma ou mais situações que se defrontam ao sujeito.

GEMINADA – Diz-se da consoante que apresenta uma parte pós-vocálica, decrescente, numa sílaba, e uma parte pré-vocálica, crescente, na sílaba seguinte (v. sílaba). Na escrita indica-se a geminação pela letra dobrada; ex.: lat. *bucca*, i.e., – *buc-ca*.

As consoantes geminadas eram comuns em latim. Na evolução para a língua portuguesa passaram a consoante simples pelo esvaimento da parte pós-vocálica decrescente; ex.: *bucca > boca*. O fato de ser geminada a consoante em latim impediu, na evolução para o português, a síncope (v.) das sonoras e a sonorização (v.) das surdas, o que foi normal para as consoantes originariamente simples intervocálicas. Confrontem-se – *picare* > port. *pegar*, *peccare* > port. *pecar*. Na língua portuguesa não há, portanto, vocábulos com consoantes geminadas, pois até os eruditos (v.) foram de início pronunciados em português com consoantes simples, embora mantendo na antiga ortografia as letras dobradas. Para o valor das letras dobradas *ss* e *rr* v. dígrafo.

GÊNERO – Categoria gramatical por que nas línguas indo-européias se distribuem os nomes (v.) em 3 ou 2 classes: 1) masculino, feminino, neutro; 2) masculino, feminino. A primeira divisão, tripartida, é a das antigas línguas clássicas, entre as quais o latim. A segunda, bipartida, é a das línguas românicas, derivadas do latim, entre as quais o português. O critério da primeira divisão parece ter decorrido de uma divisão anterior entre gênero ANIMADO (depois desdobrado em masculino e feminino) e INANIMADO (neutro). Era uma concepção mística, cujo sentido já no latim clássico tinha em grande parte desaparecido. A divisão bipartida das línguas românicas abrange todos os substantivos e os adjetivos que entram em concordância (v.) com eles. O significado da categoria é variável e até lábil; a distinção dos sexos é um significado da categoria para os nomes de seres do reino animal, mas mesmo aí há nomes que só têm um gênero, independentemente do sexo (ex.: *cônjuge*, masculino; *testemunha*, feminino; *jacaré*, masculino; *cobra*, feminino), podendo o sexo ser indicado subsidiariamente pelos termos *macho* e *fêmea* apostos ao nome e sem concordância de gênero com ele, no caso de animais irracionais – um *jacaré fêmea*, *uma cobra macho* (nomes EPICENOS).

Morficamente, o feminino se indica pela desinência -*a* em oposição a zero (0) para o masculino; ex.: *loba*, *bela*, com a supressão morfofonêmica da vogal temática de – *lobo*, *belo*, respectivamente (v. tema). Complementarmente, pode haver uma alternância submorfêmica (v.) ou até a alternância vocálica sem a desinência (ex.: *avô* – *avó*). Mas também falta a indicação do gênero no vocábulo para todos os adjetivos e muitos substantivos de tema -*e* (ex.: *intérprete*, *triste*) e para os nomes atemáticos. Expressa-se o gênero, implícito no semantema do substantivo, então, pela concordância (v.) do artigo (v.) ou de um adjetivo de tema em -*o*, onde há a desinência a para o feminino e zero para o masculino (ex.: O *sabiá*, *a tribo*; ou, com os dois gêneros possíveis no substantivo, dito então COMUM DE DOIS – *o intérprete*, *a intérprete*).

Para substantivos referentes a seres do reino animal encontram-se não raro vocábulos diferentes para o masculino e feminino, como formas supletivas (v.): a) formados de semantemas distintos (ex.: *homem* – *mulher*; *bode* – *cabra*); b) diferenciados por um sufixo lexical, na base de um mesmo semantema, podendo ter ou não o feminino a desinência -*a* (*conde* – *condessa*, com o masculino sem sufixo lexical e o feminino com o sufixo -*essa* provido da desinência -*a*; *imperador* – *imperatriz*, com os sufixos lexicais -*dor* e -*triz* para o masculino e o feminino, respectivamente, e sem a desinência -*a* no feminino).

Os pronomes demonstrativos (v.) e alguns indefinidos (v.), em português, apresentam um novo tipo de neutro (v.) como substantivos invariáveis, designando, privativamente, "coisas" (*isto*, *isso*, *aquilo*, *tudo*, *nada*).

Diacronicamente, a desinência -*a* do feminino corresponde à vogal temática -*a* breve de uma declinação dos nomes latinos (v.), denominada pelos gramáticos romanos como a primeira; a grande maioria dos nomes dessa declinação eram femininos e se opunham à grande maioria dos nomes de tema em *u* (*o*) breves, ou segunda declinação, que eram masculinos; e não raro um mesmo semantema já dava um nome masculino na segunda declinação e feminino na primeira (ex.: *lupus* – *lupa*).

GÊNERO VERBAL – v. voz.

GÊNIO DA LÍNGUA – Maneira tradicional (cf. Leoni, 1858) de designar os caracteres gerais da gramática (v.) de uma língua nas suas oposições formais e funcionais (v. função). Do ponto de vista diacrônico, refere-se a um sentido geral da evolução (v.), a que Sapir denominou DERIVA (Sapir, 1954). Assim: 1) Não é do gênio da língua portuguesa a ocorrência de grupos consonânticos irrestritos (v.), o recurso à ampla composição vocabular (v.), a anteposição de um substantivo a outro para lhe dar a função de adjunto (v. anglicismos); e é do gênio da língua portuguesa a predominância da categoria de tempo (v.) sobre a de aspecto (v.), a preferência pela flexão externa (v.), etc.; 2) Na evolução, tem-se a ausência da mudança fonética chamada ensurdecimento (v.), a palatização ampla (v.), a enfraquecimento articulatório nas consoantes (perda das geminadas, sonorização, queda de consoantes sonoras intervocálicas), o aparecimento da emissão nasal nas vogais, etc.

GENTÍLICOS – Nomes referentes a homens ou coisas de uma dada região. Os gentílicos, ou PÁTRIOS, podem ser: a) vocábulos primitivos (exs.: *russo*, *berbere*, *mongol*); b) vocábulos derivados, havendo para isso sufixos preferenciais, como -*ês* ou -*ense*, -*ão* ou -*ano*, que são pares divergentes (v.), popular a primeira forma e a segunda erudita, e ainda *enho* ou -*eno*, -*ino*, -*eu* (exs.: *português*, *parisiense*, *catalão*, *romano*, *estremenho*, *nazareno*, *florentino*, *europeu*). Não há necessariamente na língua gentílicos para todos os topônimos, mas há sempre a possibilidade de criá-los, com fácil aceitação geral; assim, no Brasil, radicaram-se – *petropolitano* (Petrópolis), *campista* (Campos), *fluminense* (do lat. *"flumen"*, i.e., Rio de Janeiro). Por outro lado, há gentílicos de especial importância em contraste com a insignificância geográfica e política do lugar a que se referem, em virtude de uma aplicação científica ou literária; exs.: *ermiano* (Perm., região da Rússia), na geologia (*terreno permiano*); *manchego* (Mancha, na Espanha), na literatura espanhola (*herói manchego*, i.e., "D. Quixote").

GEOGRAFIA LINGÜÍSTICA – v. dialetologia; linha isoglóssica.

GERATIVA, GRAMÁTICA – v. escola.

GERMANISMOS – v. superstrato.

GERÚNDIO – Uma das formas verbo-nominais na língua portuguesa. Em latim era um substantivo verbal, que entrava na conjugação do verbo, ao lado do infinitivo e do supino, com três formas flexionais, pelo modelo da 2ª declinação dos substantivos, correspondendo aos casos no singular – genitivo (*amandi*), acusativo (*amandum*), dativo-ablativo (*amando*). A forma portuguesa, com sufixo -*ndo* /(n) du/ precedida da vogal temática (exs.: -*ando* para *amando*, -*endo* para *temendo*, -*indo* para *partindo*), provém do ablativo latino, que figurava em orações reduzidas circunstanciais com sujeito próprio, distinto do da oração principal na construção a que a gramática latina chamava "ablativo absoluto" (cf. em português – *Rompendo o sol, levantamo-nos*). Desde o latim imperial, porém, invadiu a área do particípio presente numa oração reduzida referente ao sujeito da oração principal (cf. *"assurgens et populando"*, Grandgent, 1928, 89; donde em português – *Acorriam crianças sacudindo os braços no ar*). Daí, como os particípios (v.), ser empregado como adjunto de um substantivo antecedente, para expressar, em contraste com o nome adjetivo, uma qualificação dinâmica do substantivo, isto é, ligada a uma atividade e pois de caráter verbal (exs.: *Vi crianças brincando – Traga uma chaleira de água fervendo*). Como é lábil a distinção entre qualificação dinâmica (verbal) e estética (nominal) e depende não raro de um impressionismo (v.) ocorrente, há a tendência a estender esse uso do gerúndio como adjunto (exs.: *dicionário compreendendo muitos termos novos – uma caixa contendo vários objetos*).

GERUNDIVO – Modalidade do gerúndio em latim (v.), quando em função de adjetivo, concordando com o substantivo a que se refere: é um particípio de valor futuro e passivo para indicar o que vai ou deve ser feito.

Do gerundivo provieram em português: a) adjetivos (ex.: *venerando*); b) substantivos, em regra sob a forma do neutro (v.) plural feito feminino singular (ex.: *lenda*, de *legenda*, cf. *legere* "ler"). Modernamente, pelo modelo dos adjetivos antigos, mas eruditos (v.), e dos substantivos populares (v.), apareceram na língua culta derivados de verbos portugueses como: a) adjetivos, aplicados àquele que vai capacitar-se para determinada profissão (exs.: *bacharelando, doutorando, engenheirando*); b) substantivos, de caráter coletivo, para um conjunto do que deve ser feito (exs.: *agenda*, de "agir", lat. *agere*; *corrigenda*, de "corrigir", lat. *corrigere*).

GÍRIA – Em sentido estrito, uma linguagem fundamentada num "vocabulário parasita que empregam os membros de um grupo ou categoria social com a preocupação de se distinguirem da massa dos sujeitos falantes" (Marouzeau, 1943, 36), o que corresponde ao que também se chama JARGÃO. Os vocábulos da gíria ou jargão coexistem ao lado dos vocábulos comuns da língua: "a gíria só se toma tal porque se projeta num fundo de tela que não é gíria" (Krapp, 1927, 64); ela abrange o vocabulário propriamente dito e a fraseologia. A origem pode estar em: a) derivações anômalas (ex.: *bestialógico*, da gíria dos estudantes); b) deformação de vocábulos usuais (ex.: *brilharetur*, idem); c) metáforas ou metonímias (ex.: *burro*, idem, para um texto grego ou latino com tradução literal); d) especialmente digna de nota a gíria dos malfeitores, designada como calão (v.). Há gírias em classes e profissões não só populares, mas também cultas, sem qualquer intenção de chiste e petulância, que comumente caracteriza as primeiras; mas em todas há uma atitude estilística. Quando se trata de mero vocabulário tônico, sem essa atitude, tem-se a LÍNGUA ESPECIAL, como a dos médicos baseada em helenismos tônicos (v.).

Em sentido lato, a gíria é o conjunto de termos que, provenientes das diversas gírias em sentido estrito, se generalizam e assinalam o estilo (v.) na linguagem coloquial popular, correspondendo aí ao papel da língua literária na linguagem poética (v.). Amplia-se com o uso de termos obscenos ou pelo menos grosseiros para a expressão de uma violenta linguagem afetiva (v. linguagem).

GLOSSÁRIO – É um dicionário especial (v.), em que se arrolam "vocábulos de menos vulgar inteligência por serem antigos, estrangeiros, técnicos, etc." (Nascentes, 1946, 48). Na Idade Média os textos em latim clássico traziam muitas vezes glossários, com a explicação dos termos clássicos em romanço, ficando assim documentadas para nós muitas formas românicas. Na moderna edição de uma obra arcaica, é comum acrescentar-se-lhe um glossário como parte do aparato crítico (v.).

GLOTE – v. surdo.

GLÓTICA – v. lingüística.

GLOTOLOGIA – v. lingüística.

GRAFEMA – Termo criado, na lingüística norte-americana, pelo modelo de fonema (v.). Designa os símbolos gráficos unos, constituídos por traços gráficos distintivos, que nos permitem entender visualmente as palavras na língua escrita, da mesma sorte que os fonemas nos permitem entendê-las, auditivamente na língua oral. É uma designação, a um tempo, mais rigoroso e mais ampla que "letra" (v. letras), pois frisa o caráter opositivo dos símbolos gráficos, de um lado, e, de outro lado, abanca os diacríticos (v.), os ideogramas (v.) como os números, e os sinais de pontuação (v.).

Na ortografia portuguesa, há letras que em certos contextos representam um mesmo fonema, mas como grafemas podem distinguir na língua escrita os homônimos da língua oral (ex.: *cela – sela*).

A CALIGRAFIA (ou "bom talhe de letra") consiste a rigor em respeitar em cada grafema, escrito a mão, o aspecto que o distingue nitidamente dos demais grafemas, mantendo nele um mínimo de diferença em face dos outros; a mera beleza de talhe, de que decorre o termo (gr. *kalós* "belo"), é secundária.

GRAFIA – Técnica para usar a linguagem como comunicação escrita (v.). Um desenho convencional reporta-se às formas da língua, constituindo a grafia por ideogramas (v.), ou a elementos da fonação (v.), constituindo a grafia fônica (v. letras, sílabas).

Em português, como nas demais línguas ocidentais, desde o grego antigo, a grafia é fônica na base de letras, complementadas pelos diacríticos (v.) e pelos sinais de pontuação (v.).

Em toda língua provida de escrita a tendência é para se fixar um sistema estrito de grafia, que passa a ser a ORTOGRAFIA (grego *ortho* "correto"); mas a fixação pode ser mais ou menos frouxa, admitindo variações e incoerências, ou rigorosa, dentro de normas rígidas.

Em português, a ortografia tem variado conforme as épocas, embora sempre utilizando as letras do alfabeto latino (v.). Na língua arcaica, as escritas apresentam muitas inconsistências, especialmente para fonemas novos que não existiam em latim; ex.: *g* com valor de /g/ diante de /e/ ou /i/ (*gisa* em vez de *guisa*) e de /z'/ diante de /a/, /o/, /u/ (*fugo* em vez de *fujo*); *qu-*, por *c-* diante de /a/, /o/, e *gu-*, por *g-* nas mesmas condições (*cinquo*, *amigua*), *i-* ou *y-* para /z'/ e *u-* para /v/ (*iulgar*, *oye*, *auer*); *j-* por *i-* (*ljuro*, isto é, *livro*); *x* em vez de *-is* (*rex* para se ler *reis*); confusão entre *m*, *n*, e "til" (assim, em vez de *caminho*, a supressão de *n* e um til no *i*; *menesmo* para a pronúncia arcaica *meesmo* com *ee* nasal; *grâde*). No português clássico, adotou-se uma grafia dita "etimológica", que consistia em manter no vocábulo português as letras do vocábulo latino correspondente, ou suposto tal, ainda quando essas letras já não indicavam fonemas, que desapareceram na evolução fonética (*fructo* para /frutu/, ao contrário do latim /fruktum/). Esse método se manteve até o século XX. Só a partir de 1911, em Portugal, e de 1931, no Brasil, adotou-se uma ortografia simplificada, na base das propostas de Gonçalves Viana em seu livro *Ortografia nacional* (cf. Viana, 1904), e é ela que tem vigorado nos dois países com modificações de detalhe. Os princípios fundamentais da ortografia simplificada em português são: 1) supressão das letras e dígrafos (v.) que em latim se usavam para correspondência com certas letras gregas (*ch* para o fonema /k/, *ph* para o fonema /f/, *th* para o fonema /t/, *y* para a vogal /i/; 2) redução das letras consoantes dobradas, que em latim indicavam geminação de consoante (v.) (*ano*, em vez de *anno* por causa do latim *annum*, *ele* em vez de *elle* por causa do latim *ille*, etc.); 3) supressão da letra w, que aparecia nos empréstimos a línguas germânicas (*Válter* em vez de *Walter*); 4) emprego rigoroso de sinais de acento (v.) para indicar a sílaba tônica.

Ao lado da grafia, que é a base da língua escrita, existe nos estudos linguísticos a chamada TRANSCRIÇÃO FONÉTICA, que é um recurso para fixar visualmente as realidades da língua oral. Aí, a letra corresponde rigorosamente a um fonema (v.) ou a uma variante de fonema, ao passo que na grafia usual, mesmo a que mais se cinge ao sistema de fonemas, a letra é antes um grafema (v.). Para conseguir o seu objetivo, a transcrição fonética aumenta o alfabeto latino com letras especiais ou multiplica a aplicação de cada letra latina por meio de diacríticos; há vários métodos de transcrição, cada qual com o seu ALFABETO FONÉTICO, mais ou menos complexo, conforme a transcrição é lata, ou melhor, fonêmica (ing. *broad*), reportando-se exclusivamente aos fonemas, ou estrita (ing. *narrow*), reportando-se às variantes de fonemas (apenas as posicionais, ou também as livres, ou até as estilísticas). A transcrição fonética se assinala como tal, em face da grafia corrente, como se coloca entre barras, se é lata, e entre colchetes, se é estrita (ex.: *bom* /bo(n)/ [bo: w(n)].
V. mudanças.

GRAMÁTICA – Estudo de uma língua examinada como sistema de meios de expressão (Saussure, 1922, 185).

Mais estritamente é o estudo dos morfemas (v. morfema), ou MORFOLOGIA, e dos processos de estruturação do sintagma (v.). Pode-se acrescentar o estudo dos traços fônicos, e da grafia correspondente, que permitem a apreensão linguística pela distinção acústica dos elementos enunciados, na língua oral (v. fonologia e fonêmica), e, na língua escrita, a leitura do texto (v.). Trata, portanto, a gramática: a) dos fonemas e sua combinação; b) dos morfemas e sua estruturação no vocábulo (sintagma lexical); c) dos sintagmas de vocábulos. Daí as suas três partes gerais, respectivamente: a) Fonologia; b) Morfologia; c) SINTAXE (v. frase).

Ao lado desta gramática propriamente dita, chamada descritiva, porque se propõe a fazer a DESCRIÇÃO da língua, há a tradicional gramática normativa, apresentação do que estabelece numa língua dada a sua disciplina gramatical (v.); é neste sentido que se diz de alguém que – fala ou escreve sem gramática.

Finalmente, nos estudos de diacronia linguística (v.) chama-se gramática histórica à apresentação metódica da história interna (v.) de uma língua; isto foi feito, pela primeira vez para o português, pelo professor suíço Jules Cornu (Cornu, 1888). Ainda no estudo diacrônico há a gramática comparativa, quando se aplica metodicamente o comparatismo (v.) a uma família linguística (v.), restrita ou lata. A língua portuguesa entra na gramática comparativa das línguas românicas (família restrita) e na gramática comparativa das línguas indo-europeias (família lata).

GRAMATICALIZAÇÃO – Processo que consiste em transformar vocábulos lexicais, ou palavras (v.), providos de semantema, em vocábulos gramaticais (v. vocábulos).

É em princípio a origem diacrônica de todos estes últimos vocábulos. Quando num estado linguístico coexistem a palavra e o vocábulo gramatical, decorrente da gramaticalização, tem-se um caso de derivação imprópria (v.); ex.: *salvo* – particípio ou preposição (*O menino está salvo – Entraram todos, salvo ele*). Às vezes a gramaticalização é esporádica, como a de *caso* em conjunção condicional: *"Esta aí! sim, responderia / caso pudesse falar"* (Correia, Poesias, I, 147).

GRAU – Categoria linguística que aparece explícita ou fica implícita em qualquer significação que importe na noção de quantidade, estabelecendo uma relação quantitativa entre duas ou mais significações nominais ou duas ou mais significações verbais. "A primeira coisa que precisa ficar bem clara em referência ao grau, como processo psicológico, é que ele é anterior à medida e à contagem. Em outras palavras, avaliações de quantidade em termos de unidades de medida, ou em termos numéricos, pressupõem, explícita ou implicitamente, juízos de grau preliminares" (Sapir, 1961, 161). O grau implícito figura: 1) nos adjetivos que denotam tamanho ou quantidade (ex.: *muito, pouco, grande, pequeno*), onde há uma relação implícita com um tamanho ou uma quantidade normal; 2) nos nomes diminutivos (v.) (ex.: *cabecinha, meninote, passarinho*); 3) nos verbos ITERATIVOS (v. aspectos) (ex.: *saltitar, voejar*); 4) nos adjetivos superlativos, ditos absolutos (v.) (ex.: *belíssimo, facílimo*); 5) nos nomes aumentativos (v.) (ex.: *facão*).

Nos diminutivos, iterativos, superlativos e aumentativos, a relação implícita é com a palavra primitiva (*ex.*: *cabeça, menino, pássaro; saltar, voar; belo, fácil; faca*).

O grau explícito, em português, se expressa por uma construção sintática, na base dos quantitativos indefinidos *mais, menos*, funcionando como adjetivos junto a um substantivo (ex.: *mais casas, menos casas*) ou como advérbios junto a um adjetivo (ex.: *mais belo, menos belo*), havendo não obstante alguns adjetivos que já contêm em si a categoria de grau – a) em oposição com outro adjetivo em que a categoria não existe ou está apenas implícita, como *maior* (oposto a *grande*, que nunca se usa com *mais*), *menor* (oposto a *pequeno*), *melhor* aposto a *bom* (que nunca se usa com *mais*), ou – b) sem outro adjetivo para as ideias de *acima: abaixo, antes: depois*, como – *superior, inferior, anterior, posterior*. Esses adjetivos de grau por sufixo contêm, do ponto de vista diacrônico, um sufixo de grau *-or* (no grupo *a* /ór/, no grupo *b* /ôr/), e da série do grupo *b* os que correspondem às ideias de dentro-fora, só possuem na língua moderna grau implícito (*exterior, interior*).

O grau explícito importa sempre numa comparação (v.) entre quantidades indefinidas e o vocábulo ou a locução em que ele se expressa, se diz no grau COMPARATIVO. Faz-se a comparação: 1) Entre dois elementos, em que se apresenta um deles com a ideia de *mais* (comparativo de superioridade parcial), ou um deles com a ideia de *menos* (comparativo de inferioridade parcial) ou os dois igualados com a idéia de *tanto* (adjetivo) ou *tão* (advérbio) (comparativo de igualdade parcial), estabelecendo-se um sintagma, em que a segunda parte se relaciona à primeira com as partículas *que* ou *do que* (no comparativo de superioridade e no de inferioridade) e *como* ou *quanto* (no comparativo de igualdade); exs.: *mais rosas do que cravos, mais feliz A do que B*; *menos cravos, tão feliz A quanto B*. 2) Entre um elemento e as demais de um grupo, com a ideia de *mais* (comparativo de superioridade total) ou a de *menos* (comparativo de inferioridade total) para o adjetivo que qualifica esse elemento, estabelecendo-se um sintagma em que a primeira parte é destacada pelo emprego do artigo (definido) e subordinado à segunda parte por meio da preposição *de* (exs.: *o mais feliz dos pais, o menos florido dos jardins*) ou de outro modo (ex.: *entre todos, ele é o mais feliz*).

Os comparativos de superioridade e inferioridade total são chamados impropriamente SUPERLATIVOS RELATIVOS, porque em latim tinham o mesmo sufixo que os superlativos propriamente ditos chamados por isso "absolutos", ex.: *"felicissima matrum"* "a mais feliz das mães".

GRAVE – Termo equivalente a PAROXÍTONO, para o vocábulo com acento (v.) na penúltima sílaba. Na grafia também designa o sinal diacrítico que consiste numa pequena barra inclinada da esquerda para a direita sobre a vogal (ex.: à). Este sinal foi usado na ortografia do grego antigo, a partir do séc. II a.C., em contraste com o agudo (v.) e o circunflexo (v.), para indicar um vocábulo de tom agudo em que o tom ficou atenuado dentro do grupo melódico, que nas línguas de acento de altura corresponde ao grupo de força (v.) das línguas de acento de intensidade; ex.: *metà tèn máchen* "depois da batalha", onde *máchen* "batalha" subordina no grupo melódico a preposição *metà* "depois de" e o artigo *tèn*, port. "a".

Na língua portuguesa, o sinal diacrítico grave tem sido usado para: 1) Indicar vogal átona de timbre aberto, resultante de uma crase (v.); com este propósito só se usa hoje no Brasil na partícula *à*, que é crase da preposição *a* e do artigo feminino homônimo e na vogal inicial de *aquele* e suas variações flexionais, quando há crase dessa vogal inicial com a preposição *a* (ex.: *vou à cidade, vou àquele bairro*). 2) Indicar vogal tônica de intensidade atenuada, num vocábulo derivado por justaposição (v.) em que não há hífen de separação, quando essa vogal, no vocábulo isolado, recebe o sinal diacrítico de agudo; ex.: *amàvelmente, pàzinha* (cf. *amável, pá*). A lei 5765 de 18-12-1971 aboliu este emprego de acento grave.

GRUPO DE FORÇA — Consiste num sintagma (v.) de dois ou mais vocábulos que constituem numa frase um conjunto fonético significativo, enunciado sem pausa (v.) intercorrente e subordinado a um acento tônico predominante (v.), que é o do vocábulo mais importante do grupo. Há normalmente grupo de força: a) de um substantivo com seus adjuntos; b) de um verbo com seu pronome-sujeito; c) de um verbo com seu complemento essencial; d) das formas verbais que se combinam para funcionar numa dada oração. De um grupo de força a outro ocorre uma pausa mínima para a respiração, que é também aproveitada para a formulação mental do novo grupo de força enunciado, por parte do falante, e para a apreensão do grupo de força enunciado, por parte do ouvinte. Quando se escreve, em vez de se falar, também se dá, em regra, a formulação mental do escritor e a apreensão do leitor na passagem de um grupo de força a outro. Eis indicados por uma barra os grupos de força que naturalmente se estabelecem num longo período: *"Um célebre poeta polaco, / descrevendo em magníficos versos / uma floresta encantada do seu país, / imaginou que as aves / e os animais ali nascidos, / se por acaso longe se achavam / quando sentiam aproximar-se a hora de sua morte, / voavam ou corriam / e vinham todos expirar / à sombra das árvores do bosque imenso / onde tinham nascido"* (cf. Nascentes, 1937, 78). Nem sempre, na pontuação (v.), se usa assinalar a pausa entre grupos de força.

A alternância de grupos de força mais longos e mais curtos cria, em qualquer enunciação linguística, um ritmo silábico e acentual, determinado pela proporcionalidade entre os números de sílabas e a distribuição dos acentos em cada grupo. É esse ritmo que está na base do tipo de enunciação chamado verso (v.).

GRUPO CONSONÂNTICO – Duas ou mais consoantes num vocábulo pronunciadas em seguimento imediato. Podem pertencer a sílabas distintas (lat. *actu*-, port. *este*) ou pertencer todas à parte pré-vocálica crescente de uma sílaba ou à parte pós-vocálica decrescente (v. sílaba).

Na língua portuguesa, o grupo consonântico distribuído em sílabas distintas tem como primeira consoante uma sibilante (*este*), uma líquida (*alto*, *arte*) ou uma nasal (v.) (*anta*), e não há a rigor grupos consonânticos pós-vocálicos, excluído o caso das vogais nasais, salvo em condições especiais de juntura (v.). Os grupos consonânticos pré-vocálicos são de duas espécies: 1) oclusiva ou constritiva labial seguida de uma líquida; ex.: *plaga*, *praia*, *flama*, *livre*; 2) oclusiva ou constritiva labial surda seguida de uma oclusiva, uma constritiva ou uma nasal, havendo então uma descontinuidade fonética, de uma consoante a outra, por uma emissão vocálica mínima, como transição articulatória, que, na língua popular do Brasil, se desenvolve numa vogal e dissocia o grupo consonântico; ex.: *icto*, *afta*. *ritmo*, *absoluto*, *advogado*, *fixo* (com o grupo /ks/ indicado pela letra *x*), ou em posição inicial no vocábulo, *ptose*, *psicologia*, *tmese*, *ctônio*. Em latim esses segundos grupos eram de sílaba a sílaba, sendo a primeira consoante pós-vocálica e a segunda pré-vocálica; mas eles se desfizeram no romanço lusitânico com a vocalização (v.) da primeira consoante. Reintroduzidos na língua nos vocábulos eruditos (v.), ficaram articulados como grupos pré-vocálicos, crescentes, com a transição vocálica, e muitas vezes se eliminaram pela queda da primeira consoante (ex.: *excepto* > *exceto*, *Egipto* > *Egito*, *acto* > *ato*). Para os outros grupos latinos e sua evolução, v. palatalização, dígrafo, africada.

GRUPO VOCÁLICO – Diz-se das vogais em seqüência numa enunciação, constituindo ditongo (v.), tritongo (v.) ou hiato (v.). Os grupos vocálicos podem ser classificados de acordo com a sua maneira de ocorrência: a) ocorrência sistemática, dentro de um vocábulo; b) ocorrência eventual, de um vocábulo para outro, dentro da frase.

Do primeiro caso se pode ainda destacar a juntura (v.) entre vogais átonas resultante de derivação ou composição vocabular (ex.: *anuidade*, rad. *anu-*, suf. *-idade*). Desse encontro, como do grupo vocálico eventual, entre vocábulos, nunca se constitui ditongo ou tritongo, propriamente ditos, embora possa haver a emissão numa só sílaba dinâmica, por sinérese (v.).

Os grupos consonânticos pré-vocálicos, propriamente ditos, são os de qualquer oclusiva ou constritiva labial com uma líquida seguinte (*praia*, *plaga*, *flama*, *livre*, etc.). O grupo, na grafia, em que o segundo elemento é oclusiva, constritiva ou nasal, apresenta descontinuidade silábica com a intercalação de uma vogal não representada na escrita. Trata-se na realidade de duas sílabas, e, no Brasil, na pronúncia usual a vogal (/i/) não grafada soa tão plenamente como qualquer /i/ átono. Em Portugal tem-se um /e/ de timbre neutro (com a língua em posição central).

H

HAPLOLOGIA – Processo morfofonêmico (v. morfofonêmica), ocorrente entre duas sílabas iguais contíguas, na composição ou derivação. Consiste na supressão de uma delas; ex.: *semínima*, em vez de *semimínima*; *idolatra* hoje *idólatra* por hiperbibasmo (v.), em vez de *idololatra*; *tragicomédia* em vez de *tragicocomédia*; *explendíssima*, em vez de *esplendidíssima*; *Candinha* em vez de *Candidinha* (Silveira, 1937, 72). Na derivação de adjetivos em *-oso* de substantivos em *-dade*, onde não se repetem as sílabas com /d/ (*saudoso*, *caridoso*, *bondoso*, etc.), deve ter havido, não haplologia, mas sim metanálise (v.) do sufixo, interpretado como *-ade*, em vez de *dade*, e suprimido no derivado (cf. Grammont, 1933, 336).

HARMONIA – Termo mais amplo que eufonia (v.), porque abrange não só a sequência agradável dos sons, mas também a agradável distribuição de acentos e pausas. Chama-se harmonia imitativa a correspondência dos efeitos fônicos com as ideias expressas. Para consegui-la, de acordo com a estilística fônica (v.), escolhem-se os vocábulos pela natureza onomatopaica de suas vogais e consoantes (v. onomatopeia), bem como pelo seu tipo de acentuação, praticam-se sinéreses e diéreses, adotam-se vocábulos e grupos de força longos ou curtos. Assim, *bramir* pelos fonemas do radical lembra um som forte e abafado; em *trêmulo* "funciona estilisticamente a articulação frouxa e pouco firme das duas sílabas postônicas"; em *ondear*, com sinérese, "o impulso respiratório para a emissão de uma das duas vogais sugere o movimento de fluxo", e em *imensamente* há "a utilização estética do polissilabismo" (cf. Camara, 1953, 64-69).

HARMONIZAÇÃO – Mudança do timbre de uma vogal pretônica para harmonizar-se com o da vogal tônica ou vocábulo, donde um debordamento (v.).

Na língua portuguesa do Brasil há uma forte tendência para a harmonização na escala dos abrimentos, determinando a passagem de uma vogal média para alta ou de uma vogal alta para média, de acordo com o timbre da vogal tônica, independentemente da correspondência ou divergência entre elas na posição articulatória anterior ou posterior arredondada. O fenômeno tem uma configuração diversa para Portugal, porque aí: a) a ele escapa o [e$_o$] (Átono neutro), peculiar da fonética lusitana; b) o /o/ átono não existe, substituído que é por /u/.

A harmonização explica a pronúncia brasileira /mininu/ para *menino*, /pirú/ para *peru*, da mesma sorte que pode explicar, de acordo com a grafia (v.), /mel'ór/, em vez de /mil'ór/, para *melhor*, e /kol'ér/, em vez de /kul'ér/ para *colher*. Também explica a anaptixe diversa de /e/ ou /i/, respectivamente, em /penêw/, para *pneu*, /abisulútu/, para *absoluto* (v. grupos consonânticos).

HELENISMOS – Em sentido lato, são os vocábulos e as construções frasais que se estabeleceram em latim e nas línguas ocidentais modernas por inspiração do que há no grego antigo.

Em sentido estrito, consideram-se helenismos, na língua portuguesa, as palavras constituídas de elementos gregos não-latinizados. Assim, a composição por prefixação apresenta em português, ao lado do prefixo (v.) de origem latina, o prefixo grego; ex.: *anti-* (contra), como em – *antítese*, "posição contrária"; *pro-* (em frente), como em *prólogo* "palavra prévia"; *eu-* (bem), como em *Eugênio* "bem gerados" (v. antropônimos). Há também sufixos, como para substantivos abstratos *-ia* (com /i/ tônico) e *-ismo*; exs.: *eufonia* "qualidade de ter bom som"; *hedonismo* "doutrina filosófica que considera o gozo como a finalidade da vida" (v. sufixo). Outros helenismos são compostos de elementos léxicos aglutinados (semantemas), para o que muito se presta o gênio da língua grega, ao contrário do gênio da língua portuguesa (v.). Há assim em português uma série de radicais gregos usados para esse tipo de composição lexical; exs.: *log-* (de *lógos* "palavra, estudo"), *auto-* (de *autós* "por si mesmo"), *fon-* (de *phoné* "voz"), *antrop-* (de *ánthropos* "homem"), *morf-* (de *morphé* "forma"). Daí helenismos como *antropologia* "estudo do homem", *fonógrafo* (aparelho) que registra a "voz", *morfologia* "estudo da forma", *autóctone* "criado na própria terra em que existe".

Quanto à sua proveniência, os helenismos se dividem em dois grupos: a) os compostos que já existiam em grego antigo (*autóctone, antítese, eufonia*), daí passando para o latim como empréstimos (v.) e pelo latim para as línguas modernas ou como empréstimos diretos do grego às línguas modernas; b) os compostos criados nas línguas modernas com elementos gregos (*antropologia, telefone, autismo*), porque as ciências físicas, as ciências sociais e a filosofia, modernas, desenvolveram a sua nomenclatura técnica por esse processo (v. neologismos). Às vezes, os elementos aglutinados não são todos de origem grega e tem-se um hibridismo (v.).

HENDÍADE – Figura de linguagem em que, para maior relevo de um atributo, se estabelece em dois termos coordenados, por transposição (v.), o que deveria ser um sintagma e não uma sequência (v. sintagma); ex.: *"Vestem-se elas de cores e de sedas"* (Lusíadas, VI, 58) (entenda-se – *sedas multicores*).

HETERONÍMIA – Circunstância de serem lexicalmente distintos os termos de um conjugado gramatical, de sorte que as categorias gramaticais ou as relações, em vez de expressas por morfemas flexionais, o ficam sendo pela própria diferença de semantemas. Pode-se dizer então que o semantema tem a sua distribuição (v.) limitada a determinada aplicação gramatical e é complementado por outro semantema para outras aplicações gramaticais.

Em português, a heteronímia, assim entendida, se verifica: 1) na categoria de gênero (v.) para muitos nomes substantivos; ex.: *homem-mulher*, *bode-cabra*; 2) na categoria de caso para os pronomes pessoais (v. casos); ex.: *eu-me-mim*; 3) na categoria de número para os pronomes pessoais (v. pessoais, pronomes); ex.: *eu* (1ª pes. sing.) – *nós* (1ª pes. pl.); nas categorias modo-temporais e número-pessoais de vários verbos; ex.: *vai-ia-foi*; *és-sois* (v. anomalia).

Também há heteronímia, quando um sufixo lexical, com que se forma uma palavra derivada, tem igualmente a distribuição limitada a determinada aplicação gramatical, daí resultando a limitação de distribuição da palavra derivada por meio dele. É o que sucede em português para o gênero com o sufixo -*triz* privativo do feminino em face de -*dor* privativo do masculino (ex.: *imperador-imperatriz*); o mais usual, porém, é trazer o sufixo lexical à desinência de feminino (ex.: *príncipe*, fem. *princesa*, semantema – *princ*-, alomorfe de *princip*-, + sufixo lexical *esa*, que é -*ês* com a desinência de feminino; *conde*, fem. *condessa*, semantema *cond*-, forma comum aos dois gêneros, + sufixo lexical -*essa*, que é -*és*, sob a forma /ês/ e não /êz/, com a desinência de feminino -*a*).

É um problema delicado, às vezes, distinguir da heteronímia a ALOMORFIA, ou variação de uma forma única. A distinção deve assentar em dois critérios para caracterizar a alomorfia: 1) a diferença de forma se enquadra num processo de flexão interna (v.), sistemática, como é em português a alternância vocálica (v.) em nomes e verbos (ex.: *avô-avó*; *faz-*

fiz-fez); 2) a diferença de formas não se enquadra num processo de flexão interna, sistemática, mas se restringe a uma diferença de um único traço fonológico da forma mínima considerada, além de uma possível flexão interna (ex.: *peço-pedes*; suf. /êz/- /ês/, como em *duquesa – condessa*; *caráter*, sílaba tônica *-ra-*, mas *caracteres*, sílaba átona *-rac-*).

HIATO – Efeito acústico, produzido pela enunciação imediatamente seguida de duas vogais silábicas (v. sílaba). Assim, o hiato resulta do contato de duas vogais de sílabas distintas, cabendo distinguir: 1) hiato de duas vogais átonas (iguais como – port. arc, *peegada*; diferentes, como – *coação*); 2) hiato de uma vogal tônica com outra átona. Neste segundo caso, a língua portuguesa (v. gênio da língua) refuga o hiato de vogal média anterior tônica com vogal átona baixa ou posterior, criando-se uma ditongação (v.) da primeira vogal pelo desenvolvimento da semivogal /y/; ex.: *tela* > *tea* > *teia*; *foedu-* > *feo* > *feio*; a manutenção do hiato assinala delimitação vocabular, com juntura externa aberta (v.) (ex.: *lê-a* /lêa/ em face de *leia* /lêya/); *lê-o* /lêu/ em face de *leio* /lêyu/). O hiato, nas mesmas condições, com vogal posterior média tônica, é mais tolerável em português e é conforme a zona dialetal que há, ou não, uma ditongação análoga (ex.: *boa* /bôa/ ou /bôwa/).

Na diacronia da língua portuguesa, os hiatos latinos ou românicos desapareceram: a) por formação de ditongo decrescente (ex.: *Deus* /deus/ > /dêws/); b) por epêntese de uma consoante nasal depois de vogal nasal (ex.: *pinu-* > *piu-*/pi(*n*)n/ (o *i* recebia um til na escrita) > *pinho*; *una-* > *ua* /u(n)a/ (o *u* recebia um til na escrita) > *uma*); c) pela absorção da primeira vogal anterior, feita iode, na consoante precedente por palatalização (v.) (ex.: *palea* > /palya/ > *palha*); d) pela crase (v.) das vogais iguais (ex.: *peegado* > *pegada*, *veer* > *ver*).

Na variação sincrônica do português moderno, os hiatos de vogal média átona seguida de vogal média tônica, diversa, ou de vogal baixa tônica, podem desaparecer por sinérese (v.) depois da vogal média passar a vogal alta; ex.: *voar* > [vuár] > [vwár], *crear* > [criar] > [cryár], *moer* > [muêr] > [mwêr] *teor* > [tiôr] > [tyôr]. O mesmo sucede se a vogal já é alta; ex.: *fiel* > [fyél], *miolo* > *[myôlu]*. Outras possibilidades são: a manutenção do hiato (/voar/, /fiel/, etc.) ou uma ditongação por meio de um iode ou uau de transição ([vowár] [fiyél]. Para marcar uma oposição significativa entre duas formas com contrastes /i/-/ê/ ou /u/-/ô/ é usual no português padrão do Brasil a manutenção de /ê/ ou /ô/ com hiato ou iode de transição; ex.: *piar – pear* [peár] ou [peyár], *suar – soar* [soár] ou [sowár]. Quando a primeira vogal é baixa, a pronúncia usual é com sinérese; ex.: *caos* [cáws].

HIBRIDISMO – Nome que se dá a um vocábulo composto, cujos elementos provêm de línguas diversas. São particularmente importantes os compostos de elemento grego com elemento latino; exs.: *autoclave* (gr. *autós*, lat. *clavis*), *endovenoso* (gr. *endo-*, lat. *vena*), *decímetro* (gr. *métron*, lat. *decem*). O nome de hibridismo provém da associação de ideias que um tanto artificialmente se fez entre esses compostos e os seres gerados pela conjunção de reprodutores de espécies diferentes (planta híbrida, animal híbrido, na botânica e zoologia, respectivamente) e tem uma conotação condenatória; mas esses compostos decorrem, em princípio, da circunstância dos elementos se terem integrado no mecanismo da língua que faz a composição, e a sua origem diversa só ter um sentido diacrônico, que não é levado em conta na sincronia (v.). Por isso, recorre-se especialmente aos hibridismos quando com os elementos exclusivamente gregos já existem vocábulos com significação distinta; assim, *decímetro* (lat. *decem*) distingue-se de *decâmetro* (gr. *deka*), *automóvel* (*móvel*)

do lat. *mobile-*) de *autômato* (adjetivo grego com a raiz de **máo* "agir"), *televisão* (*visão*, do lat. *visione-*) de *telescópio* (gr. *scopéo* "ver"). A integração nas línguas modernas ainda é mais evidente para os sufixos (-*ia*, -*ismo*) e para os prefixos (*a-* "negação", *endo-*, etc.); donde em português – *egoísmo* (*ego*, lat. "eu"), *anormal* ou *amoral* (distinto de *imoral* com o prefixo de negação latino *in-*).

HÍFEN – v. diacríticos.

HIPÁLAGE – Figura de linguagem em que se dá realce a um determinante, associando-o a um termo que não é, logicamente, o seu correspondente determinado, assim se criando um sintagma inesperado (v.); ex.: *"o mistério hebreu das vozes dos profetas"* (Guimarães, Poesias, 316), em vez de – *o mistério das vozes dos profetas hebreus*.

HIPÉRBATO – v. ambiguidade; colocação.

HIPERBIBASMO – Designa a transposição do acento tônico para a sílaba precedente (SÍSTOLE) ou para a sílaba seguinte (DIÁSTOLE); exs.: lat. *eramus*, paroxítono – port. *éramos*, proparoxítono, lat. *oceanu-*, proparoxítono – port. *oceano*, paroxítono. De um modo geral os vocábulos portugueses conservam a sílaba tônica do latim vulgar, mantendo-se as discordâncias que havia entre este e o latim clássico, de sorte que o hiperbibasmo se verificou em latim vulgar; exs.: *muliere-* com acento no *i* > lat. vulg. /muliére/ > port. *mulher*; *integru-* proparoxítono > lat. vul. /intégru/ > port. *inteiro*. Esse hiperbibasmo latino se deu quando: a vogal tônica era /i/ ou /u/ em hiato com vogal breve (*muliere-, pariete-, battuere*; port. *mulher, parede, bater*), passando /i/ a /y/ com a palatalização (v.) da consoante precedente ou passando /i/ e /u/, respectivamente, a /y/ e /w/ para em seguida desaparecer (cf. *parede, bater*). Ainda, por analogia (v.), se deu hiperbibasmo com as formas verbais proparoxítonas, que passaram a paroxítonas (ex.: *retinet* > *retenet* /reténet/ > port. *retém* por causa da forma simples *tenet*, ou em casos esporádicos com nomes (ex.: *iudice-* com *i* breve > *judice-* com *i* longo por analogia com *radice-*, etc. > port. *juiz*).

Os vocábulos gregos que se introduziram no latim por empréstimos populares ou eruditos mantêm em português a acentuação com que ficaram pelo gênio da língua latina (v.); ex.: gr. *philánthropos* > lat. *philanthropu-*, paroxítono por causa da penúltima sílaba longa, port. *filantropo*, também paroxítono. Alguns, porém, conservam a acentuação grega; ex.: *acónito* (gr. *aconiton*, lat. *aconitu-*, paroxítono por causa do *-i-* longo), *filosofia* (gr. *philosophía*, lat. *philosophia*, proparoxítono por causa do *-i-* breve). V. helenismos.

Na poesia clássica portuguesa ocorrem exemplos frequentes de hiperbibasmo: a) pela lembrança da acentuação latina ou grega (exs.: *océano*, por *oceano*; *Naiades*, por *Náiades*, lat. *Naiades*, proparoxítono por causa do *-a-* breve, mas gr. *naiás*, *naiádes*); b) por analogia, geralmente sugerida pela rima (ex.: *Centimano*, rimando com *Vulcano*, em vez de *Centímano*, lat. *Centimanus*, proparoxítono); c) por metanálise (v.), em virtude de um final átono ser sentido como sufixo tônico (ex.: *Eolo*, paroxítono, em vez de *Êolo*, lat. *Aeolus*, proparoxítono por causa do *-o-* breve). Tais alterações não obedecem ao puro arbítrio do poeta e se enquadram num mecanismo geral da língua literária da época; "são de harmonia com o uso e a história da língua; as exceções são muito raras e ainda assim, ordinariamente, por analogia com outras alterações reais" (Leite de Vasconcelos, cf. Barreto, 1921, 21).

Note-se que a discordância que se encontra várias vezes entre a acentuação do vocábulo português e a do vocábulo originário não resulta de hiperbibasmo, mas se explica pela acentuação do étimo (v.) próximo (ex.: *regime, limite*, pelo francês *regime, limite*, em face do latim *regimen*, *limite*, proparoxítonos por causa do -*i*- breve).

HIPÉRBOLE – Exagero da significação linguística para fim de expressividade; ex.: *estar morrendo de sede*; *o mais belo do mundo*; *um sono de pedra*. Na linguagem poética (v.) é digna de nota a hipérbole na metáfora (v.); ex.: *"Alva! Natal da luz, primavera do dia"* (Bilac, Poesias, 283).

HIPERURBANISMO – Nome especial que se dá à ultracorreção (v.) no âmbito fonológico. Resulta de um esforço excessivo para a correção (v.) na pronúncia. O nome hiperurbanismo (que é um hibridismo consagrado – gr. *hipér* – para a ideia de excessivo, lat. *urbanu*- "relativo à cidade", suf. -*ismo*, de origem grega) provém de ser comum esse erro entre a gente do campo ao procurar cingir-se à pronúncia urbana. No português atual notam-se principalmente os seguintes tipos de hiperurbanismo no uso, que quer ser elegante, da língua: a) esforço para articular o -*s*- mudo em verbos como – *crescer*, *nascer*; b) supressão de uma vogal, considerada erroneamente como anaptítica (ex.: pronunciar e escrever *adivinhar* com o grupo -*dv*- à maneira de *advogado*); c) troca de acentuação, como *sutil* feito paroxítono, *rubrica*, feito proparoxítono, por causa dos sufixos -*il* e -*ico* átonos de *fácil*, *fatídico*, etc. A este último grupo pode-se ligar os casos de hiperbibasmo (v.) da poesia clássica portuguesa que são hiperurbanismos prestigiados pela moda literária.

HIPOCORÍSTICOS – Em sentido lato, qualquer palavra criada por afetividade (v.) com intenção de carinho. Assim, são hipocorísticos certos diminutivos (v.) (ex.: *maninha*, *benzinho*) e palavras oriundas da linguagem infantil, em regra com reduplicação (v.) (ex.: *papai* ou *papá*, *teteia*).

Em sentido estrito, o hipocorístico é uma alteração do PRENOME (v. antropônimos) para designar carinhosamente o indivíduo no meio familiar. A alteração é essencialmente de quatro tipos: a) uso de um sufixo diminutivo (ex.: *Joãozinho*); b) abreviação do prenome (ex.: *Mila*, por *Emília*); c) reduplicação da sílaba inicial ou da sílaba tônica medial do prenome (ex.: *Lula*, por *Luís*; *Lalá*, por *Eulália*); d) abreviação ou reduplicação com acréscimo do sufixo diminutivo (ex.: *Miloca*, *Luluzinho*). Um hipocorístico em sentido lato também pode ser usado em vez de prenome (ex.: *Benzinho*, *Maninha*, *Teteia*); e no português do Brasil foi comum o emprego para esse fim de africanismos (v.) saídos de *senhor*, *senhora* (*Nhonhô*, *Ioiô*, *Sinhá*, *Iaiá*, etc.).

HIPOTAXE – v. subordinação.

HISTÓRIA – Aplicado a uma língua, o conceito de história tem dois sentidos: 1) história externa, dessa língua, na sua expansão territorial, no seu contato com outras línguas, na repercussão que sobre ela tem os sucessos sociais; 2) história interna, na diacronia (v.), das mudanças fonéticas, mórficas, sintáticas, semânticas e léxicas.

A história externa da língua portuguesa compreende, por exemplo, a conquista romana da Península Ibérica (consolidada no séc. I a.C.), a invasão dos bárbaros germanos e a constituição de impérios bárbaros, como o visigótico (séc. V – séc. VIII), o domínio árabe na Península e a luta da reconquista cristã (a partir do séc. VIII), a formação do reino de Portugal (séc. XII), a sua expansão ultramarina (a partir do séc. XV), bem como o advento da cultura renascentista (séc. XVI), a maior influência cultural e o domínio político por parte da Espanha (primeira metade do séc. XVII), a maior influência cultural francesa (a partir do séc. XVIII); no Brasil, a importação de populações negras, o contato dos portugueses com os índios, a imigração intensa, etc.

HOMÓGRAFOS – v. homonímia.

HOMONÍMIA – Propriedade de duas ou mais formas, inteiramente distintas pela significação ou função, terem a mesma estrutura fonológica: os mesmos fonemas, dispostos na mesma ordem e subordinados ao mesmo tipo de acentuação; ex.: a) *um homem são*; b) *São Jorge*; c) *são várias as circunstâncias*. A homonímia é assim nas línguas uma deficiência do princípio geral da distinção fonológica como base da distinção formal. Ela é possível sem prejuízo da comunicação linguística em virtude do papel do contexto (v.) na significação (v.) de uma forma, como sucede com *são* nos exemplos dados.

Como a significação linguística envolve sempre a polissemia (v.), a *descrição* linguística tem de saber distinguir entre a polissemia de uma forma e a homonímia e duas ou mais formas. Há para isso dois critérios: 1) diacrônico, que considera homônimas apenas as formas convergentes (v.) da gramática histórica; ex.: *são* > lat. *sunt*, *sanu-*, port. *santo* em próclise (v.); 2) sincrônico, que considera homônimas as formas fonologicamente iguais, cujas significações não se consegue associar num CAMPO SEMÂNTICO definido (v. semântica); o que nem sempre é consequência de se tratar de formas convergentes (ex.: *cabo* "acidente geográfico" – *cabo* "posto militar" < lat. *caput*). São, por outro lado, necessariamente homônimas as formas fonologicamente iguais que representam diferentes classes de vocábulos (v.); ex.: *alimento*, subst. – *alimento*, forma verbal.

Nem sempre a significação contextual é suficiente para afastar a ambiguidade resultante da homonímia. Assim, os homônimos que figuram em frases onde a sua significação privativa não ressalta espontaneamente tendem a se simplificar por eliminação, ficando na língua uma só das formas homônimas; ex.: o adjetivo português *cão* "branco" (lat. *canu*-), que também era usado como apelido (cf. *Diogo Cão*), foi eliminado por causa de *cão* "uma espécie de quadrúpede" (lat. *cane*-); só subsistiu a forma feminina plural, substantivada, *cãs* "cabelos brancos", porque a homonímia só existia no masculino.

Na língua escrita tem-se homônimos que se distinguem por ter cada qual um grafema (v.) diferente dentro do sistema ortográfico da língua; são os chamados HOMÓFONOS; ex.: *coser* "costurar", *cozer* "cozinhar"; *expiar* "sofrer"; *espiar* "olhar sorrateiramente"; *sessão* "ato de assistir", *cessão* "ato de ceder"; *cela* "pequeno quarto para enclausuramento", *sela* "peça de arreio".

Note-se que é artificial o conceito de HOMÓGRAFOS, formas que se escrevem com as mesmas letras mas correspondendo elas a fonemas distintos, pois já não se trata evidentemente de homônimos (v.) da língua, cuja essência são as formas orais; aliás, a moderna ortografia portuguesa fez praticamente desaparecer os chamados homógrafos (cf.: *saia* e *saía*, onde o /i/ tônico é assinalado pelo sinal de acento agudo); cf. *consolo* (ô) s.m. e *consolo* (v. e s.m.); *selo* (ê) s.m. e *selo* (v.) que se escrevem, atualmente, sem acento diferencial.

HOMÔNIMOS – v. homonímia; convergentes.

ICTO – V. acento.

IDEOGRAMAS – Elementos gráficos que não se reportam à fonação (v.), como as letras (v.), ou às figuras que na grafia de certas línguas indicam sílaba (v.), mas sim diretamente aos semantemas da língua, cuja "ideia" representam convencionalmente (v. significação). Numa grafia por ideogramas o elemento gráfico é o mesmo para vários conjuntos fônicos que designam a mesma ideia; mas não é necessariamente um PICTOGRAMA, isto é, uma imagem fiel ou aproximada daquilo que a forma indicada significa (como na antiga grafia egípcia um disco para "sol", por metonímia "luz", por metáfora "poder"). Sempre, porém, numa grafia por ideogramas há a interferência da fonação e as formas homônimas tendem a ser indicadas pelo mesmo ideograma, embora as significações sejam muito diversas. Por outro lado, não existe nenhum sistema de grafia com ausência absoluta de ideogramas. Os algarismos, por exemplo, são ideogramas e correspondem, conforme a língua, a conjuntos fônicos muito diferentes (cf. 1, que em português é /u(n)/, em francês /ö(n)/, em inglês /we$_o$n/ e assim por diante). Também são ideogramas sinais gráficos como = "igual a", > "maior que", etc. Da mesma sorte, na abreviatura (v.) a letra não vale pelo seu caráter fonético, mas como ideograma de uma palavra maior, que assim se evoca (assim, *ex.* se lê não /eks/ mas "exemplo"); já na acrografia (v.) há a interferência da fonação e cria-se uma palavra pela leitura literal das grafias abreviadas (assim MEC lido /méki/ e não "Ministério de Educação e Cultura").

IDIOLETO – Nome dado pelos linguistas norte-americanos à língua (v.) tal como é observada no uso de um indivíduo. Podem, pois, aparecer num idioleto traços linguísticos que divergem da norma (v.) e são sistemáticos e centrípetos dentro do discurso individual (v.). Do ponto de vista da correção (v.) e da disciplina gramatical (v.) esses traços idioletais constituem os erros individuais. Nem sempre eles são exclusivamente individuais, pois as tendências que os criam podem atuar em maior ou menor número de indivíduos.

Na língua literária é preciso atentar para o que é idioletal num escritor, em virtude de uma intuição individual ou de um raciocínio gramatical próprio (como em José de Alencar a acentuação gráfica da partícula *a* como preposição simples em oposição ao artigo definido) (cf. Alencar, Iracema, 158); são fenômenos distintos do estilo (v.).

IDIOMA – Termo com que se insiste na unidade linguística, inconfundível, de uma nação em face das demais. Enquanto o conceito de língua (v.) é relativo e se aplica a uma língua comum, a um dialeto, a um falar, a uma gíria e até a um idioleto, o idioma só se refere à língua nacional, propriamente dita, e pressupõe a existência de um estado político, do qual seja a expressão linguística; o mirandês, por exemplo, é uma língua, mas não um idioma (v. dialetos). Às vezes usa-se idioma no sentido de idiotismo (v.).

IDIOMATISMO – v. idiotismo.

IDIOTISMO – Em sentido lato, os traços linguísticos de uma língua, que melhor a caracterizam em face das outras que lhe são cognatas, como, por exemplo, em português o infinitivo com desinências de pessoa. Em sentido estrito, as construções vocabulares e frasais que não se prestam a uma análise (v.), satisfatória na base dos valores atuais da língua, porque resultaram de fenômenos de analogia (v.) e atração (v.), e só se explicam à luz da história da língua; são especialmente dignos de nota os idiotismos locucionais, cuja significação não decorre das dos vocábulos componentes e da sua articulação sintática; exs.: *dar* as *da Vila-Diogo*, *chorar pitanga*.

O termo provém de *idiota*, no sentido inicial do seu étimo (gr. *idiotes* "particular, individual"). Também se diz IDIOMATISMO, derivado de idioma (v.), que é da mesma família léxica.

IMPERATIVO – Nome de um modo verbal (v.), mórfica e significativamente distinto dos demais. Expressa exclusivamente a vontade do falante em relação ao comportamento do ouvinte. Pela sua própria definição, não se compadece com o tempo pretérito, e em português só tem formas de presente, que também se aplicam ao futuro. As formas verbais de imperativo, rigorosamente ditas, são apenas as de 2ª pessoa gramatical; mas, como em português temos o tratamento indireto (v.), com o verbo na 3ª pessoa, há formas imperativas correspondentes, no singular e no plural. Por outro lado, o falante pode associar-se à atitude que impõe a outrem, surgindo daí uma forma imperativa de 1ª pessoa plural. Morficamente, entretanto, o imperativo se restringe às formas da 2ª pessoa, singular e plural. Para a sincronia (v.), correspondem às do indicativo presente com a supressão do -*s* final; mas do ponto de vista histórico provêm das desinências do imperativo latino: cf. lat. *ama, amate* > port. *ama, amai* (indicativo presente português – *amas, amais*). As demais formas do imperativo são supridas pelo subjuntivo presente (v. subjuntivo); ex.: *ame, amemos, amem*. O imperativo negativo (modificado por partícula negativa), correspondente a PROIBIÇÕES, também é morficamente suprido pelo subjuntivo presente (ex.: *não ames, não ame, não amemos, não ameis, não amem*) e constitui um vulgarismo usar neste caso para a 2ª pessoa as formas específicas do imperativo (v. vulgarismos).

Ao lado de suas formas específicas e das supletivas do subjuntivo presente, o imperativo pode ser expresso: a) pelo indicativo futuro do presente (ex.: "*Honrarás pai e mãe*"); b) pelo infinitivo (ex.: "*Não furtar*"), mas com o infinitivo trata-se de um preceito para ser cumprido genericamente fora do esquema estrito falante-ouvinte. Na língua popular do Brasil, aparece no imperativo, por vulgarismo, a forma de 2ª pessoa no tratamento indireto de *você* (ex.: *apanha seus livros, meu filho!-*; ou melhor, a interferência da forma indicativa, que mostra a ordem disfarçada em pedido; ex.: *Você me dá isso?!*).

IMPERFEITO – Um dos aspectos verbais (v.), para indicar o processo inconcluso e também durativo. As línguas românicas opõem no pretérito (v.) o imperfeito ao perfeito (que dá o processo como concluso) por meio de um tempo pretérito dito imperfeito com desinências próprias. O seu uso em português abrange essencialmente os três seguintes casos: 1) para caracterizar um processo durante o qual um segundo processo ocorreu; ex.: "*Parei na varanda; ia tonto, atordoado*" (Assis, Casmurro, 33); 2) para exprimir aspecto iterativo, ou continuado, no pretérito; ex.: "*Já não tinha voz; mas teimava em dizer que a tinha*" (*id.* 24); 3) para se acompanhar em seu desenvolvimento um fato narrado; ex.: "*Que vergonha! murmurava o lojista, abanando melancolicamente a cabeça*" (Almeida, Medeiros, 275).

IMPESSOALIDADE – Propriedade de uma forma verbal, que, núcleo de um predicado (v.), não se refere a qualquer sujeito (v.), explícito ou implícito. A forma verbal diz-se então IMPESSOAL.

A impessoalidade tem sido um dos temas mais debatidos na teoria da linguagem. Não a admitem os que sustentam que toda oração (v.) se compõe, inelutavelmente, de duas partes essenciais – sujeito e predicado. Deste ponto de vista, há na oração dita impessoal um SUJEITO PSICOLÓGICO e o que falta é o SUJEITO GRAMATICAL. A doutrina contrária, hoje dominante, é a possibilidade da ausência de um sujeito como tema, ou ponto de partida, do que se comunica no predicado: Pensamos por meio do predicado e o processo pode ser concebido em si mesmo (cf. Regula, 1951, 51).

Na língua portuguesa, há três principais padrões sintáticos de oração impessoal, com o verbo invariável na 3ª pessoa do singular para indicar sujeito zero: 1) nas orações existenciais com o verbo *haver* em que um nome complemento figura no predicado, como objeto direto, posposto ao verbo, sem a concordância (v.) deste, e substituível pelo pronome adverbial átono – *o, a, os, as*; ex.: "*Onde há homens, há cobiça*" (cf. *Onde os há...*); 2) nas orações que exprimem fenômenos atmosféricos; ex.: *Chove torrencialmente*; 3) nas orações de verbo intransitivo na forma médio-passiva (v. medial, voz); ex.: *Vive-se bem no Rio – Não se fale mal do próximo – Não se trata disso.*

A impessoalidade dos verbos para fenômenos atmosféricos é herdada do latim (ex.: *Pluit*). A impessoalidade do verbo existencial *haver* resultou de ter passado a complemento de lugar o nome que era inicialmente sujeito da oração, enquanto *habere* "ter, possuir" sofria uma evolução semântica para "existir": numa frase do tipo – *A carniça havia ossos* (cf. Silveira, 1937), o sujeito (*a carniça*) passou a complemento de lugar com a preposição *em* (port. mod.: *Na carniça havia ossos*). A impessoalidade na voz médio-passiva proveio da extensão do emprego dessa construção aos verbos que não têm objeto direto na voz ativa, que pudesse figurar como sujeito na transformação (v.) para a voz médio-passiva.

Há uma tendência, no português do Brasil, a estabelecer com o verbo *ter a* mesma construção existencial impessoal (v. vulgarismos), e, tanto no Brasil como em Portugal, a estabelecer a impessoalidade na construção médio-passiva mesmo quando se trata de verbo com objeto direto, o que transparece na própria língua literária; ex.: "*E como nas terras novamente descobertas primeiro se nota pelos mareantes que as descobrem os perigos do mar*" (cf. Ribeiro, 1915, 695).

Alguns gramáticos consideram um sujeito indeterminado na voz médio-passiva de verbo intransitivo. Não confundir a impessoalidade com o caso dos verbos unipessoais (v.).

IMPLOSÃO – v. articulação.

IMPRESSIONISMO – Qualidade que apresenta a linguagem, de nos deixar transmitir uma impressão, contrária à realidade objetiva; ex.: *"Para os vales, poderosamente cavados, desciam bandos de arvoredos"* (Queirós, Cidade, 186). Muitas vezes, o impressionismo toma um aspecto antropomórfico, isto é, nos leva a descrever como seres humanos meras coisas inanimadas; ex.: *"algum casebre que para lá galgara, todo machucado e torto, espreitava pelos postigos negros, sob as desgrenhadas farripas de verdura..."* (Queirós, Cidade, 187).

O impressionismo linguístico explica muitos casos de emprego: a) de verbos ativos (ex.: a *estrada avança para o norte*); b) de verbos reflexivos (ex.: *as árvores se agitam*). Foi o emprego impressionístico da voz reflexiva que preparou o caminho, em português e em outras línguas românicas, para a voz passiva de forma pronominal com o pronome apassivador *se* (v.).

INANIMADO – v. gênero; interrogativos; neutro.

INCOATIVO – v. aspecto.

INCONGRUENTE – v. transposição.

INDEFINIDOS – Grupo de pronomes que: a) não indicam, definidamente, qual o ser a que se referem; b) abarcam, também indefinidamente, os seres em seu conjunto. Exs.: a) *alguém*, *algum*, *qualquer*, b) *tudo*, *todo*, *nada*.

Os indefinidos contrastam assim com os demonstrativos pela ausência de uma dêixis propriamente dita (v). Notam-se entre eles: 1) formas de caráter neutro (v.), paralelas aos demonstrativos neutros *isto*, *isso*, *aquilo* (substantivos e invariáveis em número); 2) formas de função substantiva, invariáveis, só referentes a pessoas, opostas a outras cognatas, variáveis e gerais, de função substantiva ou adjetiva; 3) formas de valor negativo, opostas a outras de valor afirmativo. O grupo 1 se caracteriza: a) por uma alternância vocálica (*tudo*, neutro, oposto a *todo*, geral); b) por morfema zero (*algo*, neutro, oposto a *alguém* e *algum*); c) por um radical específico (*nada*). O grupo 2 se caracteriza por um sufixo *-ém*, tônico, ou *-em*, átono (*alguém*, *ninguém*, *outrem*, opostas respectivamente aos indefinidos gerais – *algum*, *nenhum*, *outro*). O grupo 3 se caracteriza por um radical específico com o traço geral da nasalidade, em face do indefinido afirmativo (*ninguém*, *nenhum*, *nada*, opostos respectivamente a – *alguém*, *algum*, *tudo*). Ao lado de *algum*, há – *um* (*uns*, *uma*, *umas*), que, em vez da simples ausência do artigo (v.), assinala a noção de indefinido do nome substantivo a que precede, e também se associa com *outro* numa sequência enumerativa (ex.: *uns seguiram, outros voltaram*), o que no português clássico também se praticava com *qual* repetido, fora da sua função específica de interrogativo (ex.: *"Qual do cavalo voa que não desce, qual, com cavalo em terra dando, geme; qual vermelhas as armas faz de brancas..."* (Lusíadas, VI, 64). Há ainda para citar: *qualquer* (a rigor uma locução com um plural interno); *quaisquer* (que assinala a indiferença do falante em face da indefinição expressa) e *cada* (invariável, que é um distributivo, ambos de função adjetiva, cabendo a função substantiva às locuções *qualquer um* e *cada um*, respectivamente, *qualquer uma, quaisquer umas*; *cada uma*).

Deve-se distinguir do pronome indefinido o INDETERMINADO – port. arcaico *homem*, fr. *on*, que se refere, como sujeito (v.) de um verbo, a massa humana indiferenciada; ao passo que o indefinido destaca o indivíduo, embora sem identificá-lo: "Se meu vizinho me informa que comprou *uma casa*, eu nada sei a respeito dela, mas meu espírito está pronto a concebê-la como real, isto é, diferente de todas as outras" (Bally, 1950, 87). V. indiferenciado.

São um grupo particular de indefinidos os interrogativos (v.).

INDEPENDENTE – Uma palavra, uma locução ou uma oração, quando figura como frase autônoma, sem subordinar outra, sem estar subordinada a outra ou sem coordenar-se com outra.

INDETERMINADO – v. indefinido; sujeito.

INDICAÇÕES – v. braquilogia.

INDICATIVO – Nome do modo verbal (v.), que é o mais geral e básico na língua portuguesa, como nas demais indo-europeias modernas. Em princípio, é aquele em que indicamos ou asseguramos um fato; e, como "designa o que existe ou se passa tal como é percebido por um nosso sentido externo ou interno", é chamado por Gröber "modo da percepção" (cf. Camara, 1959, 146). Contrasta, por isso, em princípio, com outro modo do indo-europeu – o subjuntivo (v.), em que procuramos ressalvar que o processo é apenas admitido em nosso espírito. Em português, porém, como alhures, o indicativo invadiu a área do subjuntivo, passando-se a expressar a modalidade subjuntiva por: a) advérbios de dúvida; b) aplicação modal dos tempos verbais (v.); c) subordinação da enunciação a um verbo que significa um estado mental, como *pensar, crer*, etc. O subjuntivo, com a sua significação básica embora, só é usado em certos tipos frasais por uma servidão gramatical (v.).

O modo indicativo compreende 6 tempos verbais – 1 presente, 3 pretéritos (imperfeito, perfeito, mais que perfeito), 2 futuros (do presente, do pretérito). V. presente, pretérito, futuro.

ÍNDICES TEMÁTICOS – v. morfema; tema.

INDIFERENCIADO – Nome proposto em substituição de INDETERMINADO (v. sujeito) (Carreter, 1963). Tem a vantagem de assinalar mais nitidamente no sujeito, assim designado, o caráter de indiferenciação, ou falta de individualização, do que se toma como tema da predicação verbal e de evitar qualquer confusão desse tipo de sujeito com o que é expresso por um pronome indefinido (v. pronome; indefinidos).

INDO-EUROPEU – Língua pré-histórica, falada há uns três mil anos antes de Cristo (3000 a.C.) numa região incerta da Europa Oriental. Daí se espalhou, mercê principalmente de movimentos migratórios, por uma parte da Ásia e uma grande parte da Europa, constituindo amplos grupos dialetais: indo-irânico (na Ásia); armênio, tocário e hitita (também na Ásia); báltico, eslavo, helênico ou grego, itálico, celta, germânico (na Europa); além de outros grupos muito vagamente entrevistos (ilírico, vêneto, etc.). Desses grupos, depreendidos principalmente pelo método comparativo (v. comparatismo), temos documentadas algumas antigas línguas hoje mortas, como o sânscrito, na Índia, o velho búlgaro ou eslavo eclesiástico, nos Bálcãs, o gótico (do ramo oriental do germânico), também nos Bálcãs, o grego antigo, na Grécia. Dessas antigas línguas, uma é o latim (v.) do grupo itálico. A essas antigas línguas prendem-se, por filiação direta, ou indireta (isto é, por filiação noutra língua cognata não documentada), as principais línguas modernas da Europa, como – do grupo eslavo: o russo, o tcheque, o búlgaro, o ingo-eslavo (i.e., eslavo do sul), e do grupo germânico: o sueco, o alemão, o holandês, o inglês. Do grupo itálico, temos, diretamente filiadas no latim, as línguas românicas (v. românicas, línguas), em que se inclui a portuguesa (v. português).

INFINITIVO – Forma verbo-nominal que corresponde à apresentação do processo em si mesmo em vez de sê-lo em função de um dado momento da sua realização, como nas formas verbais propriamente ditas. Criou-se nas antigas línguas indo-europeias pela intensificação do caráter verbal, tanto do ponto de vista morfológico como semântico, dos nomes abstratos de ação (v.), derivados de raízes verbais. Na língua portuguesa, corresponde ao infinitivo latino imperfeito em -*re* (anteriormente -*se*, como residualmente em *esse*, com a sonorização para -*r*- em posição intervocálica); essa desinência –*re* >

-r combina-se com a vogal temática em -*ar*, -*er*, -*ir* para as 3 conjugações portuguesas (v.).

O infinitivo é a base de várias conjugações perifrásticas (v.) (ex.: *vou sair*) e de locuções verbais (ex.: *quero sair, faço tenção de sair*, etc.). Também constitui oração reduzida, dita substantiva, que entra com subordinação integrante (v.) de outra oração (ex.: *Dizê-lo é fácil – Não estou certo de te visitar amanhã*), etc. Como oração independente, tem valor de imperativo (v.) ou de optativo (v. subjuntivo), evocando substantivamente o processo que se quer ver realizado (exs.: *Não furtar* – "*Ser palmeira! existir num pincaro azulado, / vendo as nuvens mais perto e as estrelas em bando!*") (Oliveira, Poesias, 1, 263). Por derivação imprópria (v.) torna-se substantivo abstrato de ação.

O infinitivo se apresenta: a) impessoal ou sem sujeito (ex.: "*Ser palmeira! Viver...*"); b) pessoal, tendo um sujeito (próprio ou o mesmo sujeito que o do verbo com que se articula). Neste segundo caso, a língua portuguesa possui um infinitivo flexionado, isto é, com flexão número-pessoal, que se emprega em condições de contexto mal regulamentadas pela disciplina gramatical, mas sempre em que há o intento de destacar o processo verbal expresso no infinitivo, como oração reduzida, em face do processo verbal expresso no verbo principal. A origem desse infinitivo flexionado, um idiotismo da língua portuguesa, é controvertida; terá provindo do pretérito imperfeito do subjuntivo latino, que na sua função específica foi substituído pelo pretérito mais que perfeito do mesmo modo (v. pretérito), ou ter-se-á desenvolvido em português pela adjunção das desinências número-pessoais ao infinitivo herdado do latim (cf. Coutinho, 1962, 291).

Ao lado do infinitivo simples, há as formas compostas correspondentes às diversas conjugações perifrásticas, e em especial a de auxiliar *ter* ou *haver* com o particípio passado (v. aspecto), que se reporta a um processo concluído no passado (ex.: *é indispensável ter brincado na infância*).

Em vez de infinitivo, também se usa a denominação INFINITO.

INFINITO – v. infinitivo; finito.

INFIXO – Assim se chama o afixo (v.) que é intercalado na raiz (v.). Na língua portuguesa não há infixos como mecanismo gramatical. Tem-se apenas o reflexo de um infixo nasal dos verbos indo-europeus, esporadicamente mantidos em latim para opor o infectum ao perfectum (ex.: *rumpo*, pres.: *rupi*, pret. perf.), que explica diacronicamente as variantes radicais de formas cognatas portuguesas (ex.: *romper*, em face de *roto*; cf. lat. *rumpere, ruptu*).

Não é boa técnica descritiva considerar infixo um sufixo intermediário entre a raiz e outro sufixo (ex.: *-bil-* em *amabilidade* e muito menos a consoante *-z-* que aparece nas variantes *-zal, -zinho*, etc., dos sufixos *-al, -inho*, etc. (ex.: *cafezal, pezinho*).

INFLEXÃO – v. apofonia; flexão.

INFORMANTE – v. em dialetologia.

INSTRUMENTAL – v. casos.

INTEGRAÇÃO – v. conjunções, integrante.

INTEGRANTE – Em sentido lato qualquer termo que completa numa enunciação a significação de outro, integrando-se nele numa subordinação absoluta (v.). Em sentido estrito, a oração subordinada (v.) que é sujeito, objeto ou predicativo da oração principal ou adjunto de um sujeito, objeto ou predicativo. A oração integrante pode ser uma reduzida de infinitivo (v.) ou ter como conectivo a partícula *que*, substituída por *se* para a intenção dubitativa; exs.: *vejo-o vir – creio que ele vem – não sei se ele vem*.

INTELIGIBILIDADE – v. língua; sotaque.

INTENSÃO – v. articulação.

INTENSIDADE – v. acento.

INTERJEIÇÃO – Palavra que traduz, de um modo vivo, os estados d'alma. É uma verdadeira palavra-frase, pela qual o falante, impregnado de emoção, procura exprimir seu estado psíquico num momento súbito, em vez de se exprimir por uma frase logicamente organizada. As interjeições são palavras especiais e se distinguem das EXCLAMAÇÕES, vocábulos soltos, emitidos no tom de voz exclamativo, ou frases mais ou menos longas que em regra começam pelas partículas *que, como, quanto, quão*, e constituem orações de um tipo especial, ou fragmentos de oração, ou monorrema (v.). Exs.: *Ad- mirável! – Que quadro de amarguras!*

As interjeições são de três tipos: a) certos sons vocálicos, que na escrita se representam de uma maneira convencional fixa; ex.: *ah! – oh!* (onde a letra *h* em posição final marca uma aspiração pós-vocálica, que só aparece em português nesse caso); b) verdadeiros vocábulos, já no domínio da língua; ex.: *arre! – olá!*; c) uma locução interjetiva; ex.: *ora bolas! – valha-me Deus!*

INTERROGAÇÃO – Estrutura que tem a frase chamada PERGUNTA ou QUESTÃO, para pedir um informe, que a completa como RESPOSTA. Caracteriza-se por uma entoação ascendente (v.) e na escrita por um sinal de pontuação típico (v.).

A interrogação pode ser – a) total ou – b) parcial, segundo se refere

– a) ao conjunto da enunciação, ou – b) a um dos seus constituintes, que é então expresso por um dos indefinidos interrogativos (v.). A resposta pode resumir-se, para a interrogação total, num monorrema (v.): uma das partículas (v.) – *sim* (afirmativa), *não* (negativa), conforme o caso. Na interrogação parcial a resposta pode resumir-se, por sua vez, num nome que substitui o interrogativo. Exs.: a) *Pedro saiu? Sim*; b) *Quem saiu? Pedro*. Essa resposta resumida de uma interrogação parcial é um caso típico de elipse (v.).

Diz-se interrogação retórica a que é formulada com intenção estilística (v.), em vez da frase declarativa; a resposta fica implícita ou é dada por nós mesmos; ex.: *"Houve, há hoje um democrata mais virulento do que Hildebrando? Não o creio"* (Herculano, Opúsculos, III, 52).

INTERROGATIVOS – Pronomes indefinidos em que se concentra uma interrogação parcial (v.); indicam no contexto linguístico o elemento do contexto extralinguístico, desconhecido, sobre a qual queremos informação e resposta. Em português, como nas demais línguas românicas, continua o indefinido interrogativo latino, de origem indo-europeia, apresentando uma oposição entre pessoa (ANIMADO) e coisa (INANIMADO) com a manutenção, respectivamente, do acusativo masculino-feminino *quem* > *quem* /ke(n)/ e neutro *quid* > *que* /ke/, que são regidos, ou não, de preposição, de acordo com a sua função sintática na oração interrogativa (ex.: *Quem fala? – De quem falas? Que disse ele? Por quem disse?* Dessa oposição é que resultou em geral a de outros indefinidos com o desenvolvimento de um sufixo flexional *-em*, para a animado, por metanálise (v.) de *quem* (*alguém, ninguém, outrem*). Pertencem ainda ao quadro dos interrogativos portugueses as partículas – para lugar (*onde...?*), para tempo (*quando...?*), para modo (*como...?*) que secundariamente pertencem à classe do advérbio (v.), fazendo parte do grupo de pronomes que só têm função de advérbio. O interrogativo de função adjetiva, invariável em gênero e número, é *que* (decorre de *quid* e do emprego proclítico de *quem*); exs.: *Que homem...? – Que livro...? – Em que lugar...? – Em que dia...? – De que modo...?* Temos ainda o interrogativo *qual*, variável em número (*quais*), correspondente ao lat. *qualis-e*, que pressupõe uma seleção dentro do que é conhecido; emprega-se como substantivo e como adjetivo (exs.: *Qual deles...? – Qual vizinho...? – Qual livro...?*). A oração de pronome interrogativo pode figurar, fora da interrogação direta, como oração integrante (v.) de outra principal (ex.: *Não sei quem chegou – Pergunto qual é – Dize onde estás*). Construção paralela, de outra estrutura, é a da oração com pronome relativo (v.).

INVARIÁVEL – Termo que se opõe a VARIÁVEL, APLICADO AO VOCÁBULO PROVIDO DE FLEXÃO (V.). Também se emprega em linguística descritiva o conceito de invariável para caracterizar os elementos padronizados e sistemáticos da língua, em contraste com o que é VARIÁVEL no discurso (v.). Assim os sons da fala são elementos variáveis em face do correspondente fonema (v.), que é o elemento sônico invariável como padrão linguístico.

INVERSÃO – v. colocação.

IODE – v. consonantização.

IORUBÁ – v. africanismos.

IOTIZAÇÃO – Mudança de uma vogal ou consoante para a vogal anterior alta /i/ ou para a semivogal correspondente ou iode. Nos falares crioulos portugueses há a iotização das consoantes molhadas /l'/ e /n'/; ex.: mulher > /muyé/, *Nhonhô* > *Ioiô* (v. africanismos).

Adolfo Coelho chamou por este nome a pronúncia brasileira do *-e* átono final como /i/ em contraste com /e_0/ neutro lusitano (cf. Mota, 249).

IRONIA – Figura de pensamento que nos leva a sugerir numa palavra ou numa frase coisa diversa do que essa palavra ou essa frase literalmente designa. A ironia ressalta do contexto (v.) e, na linguagem oral, também da entoação (v.) e da mímica (v.). Exs.: *"Tinha então a voz um pouco forte e que soava ao longe. Suspeito até que curei com ela uma ou outra surdez"* (Herculano, Cartas, I, 47). *"O arsênico até... – Engorda também, não é verdade? – perguntou tendeiro com amarga ironia na voz"* (Dinis, Pupilas, 158). Cf. Paiva, 1961.

IRREGULARIDADE – Conceito da gramática descritiva, referente às formas linguísticas que ficam fora do paradigma (v.) correspondente às demais da mesma estrutura. Assim, há uma irregularidade na formação do plural de *mal* (*males*), porque no paradigma dos nomes temáticos em *-le* final a regra morfonêmica é a supressão do *-l* e ditongação da vogal temática (ex.: *sal: sais*) (v. número). A depreensão das regras de morfonêmica (v.) põe em evidência paradigmas especiais e reduz muito os verdadeiros casos de irregularidade. Assim, a alternância vocálica /é, ó/ : /ê, ô/ da vogal radical nas formas verbais rizotônicas da 2ª conjugação obedece a uma regra morfonêmica nítida (cf. *corro, corra*, etc. /ô/: *corres, corre, correm* /ó/); o mesmo acontece com a ditongação (/ey/), nas formas rizotônicas, dos verbos da 1ª conjugação. (Ex.: *passeio, pas-*

seios, etc.); até formas como *tinha, vinha, punha*, de um lado, e, de outro lado, *tenho* (*e tenha*), *venho* (*e venha*), *ponho* (*e ponha*) se enquadram na morfofonêmica dos radicais verbais terminados em nasal (/te(n)/, /ve(n)/, /po(n)/), que: a) perdem a nasalidade em contato com -*r* (donde – *ter, pôr* e no caso de /ve(n)/ com a alternância /e/ : /i/ – *vir*); b) substituem a nasalidade vocálica por /n'/ diante de /o, a,/; c) apresentam uma alternância da vogal radical para a vogal alta correspondente e têm como desinência a variante -*a*, em vez de -*ia*, no indicativo pretérito imperfeito (donde *tinha, vinha, punha*). Os casos de irregularidade, na descrição gramatical, se limitam assim a formas que só se podem conhecer pela ENUMERAÇÃO, como – *males*, em face de *mal, tive*, em face de *ter*, e assim por diante. O mais alto grau da irregularidade é a heteronímia (v.), em que a diferença de raízes concorre com a flexão, ou a substitui, quebrando a simetria de um paradigma flexional (ex.: *ser : sou : és : fui*); pode-se considerá-la um caso de anomalia (v.).

Na perspectiva diacrônica, a irregularidade, na gramática portuguesa, tem três causas históricas: 1) já existia em latim e conservou-se em português (cf. lat. *sum : es : fui*); 2) criou-se em português, em virtude da evolução fonológica (cf. lat. *dico : dicere* com um radical /dik/, mas port. *digo*, com radical /dig/: *dizer*, com radical /diz/, em virtude do tratamento diferente de /k/ intervocálico diante de -*o* ou -*e*, respectivamente); 3) criou-se em português pelo abandono da forma regular latina e adoção de outra nova (cf. lat. *stare : sto*, como – *amare : amo*; mas port. *estar: estou*, forma analógica pelo modelo de *vou*).

ISOGLOSSA – v. linha isoglóssica.

ITALIANO – v. românicas, línguas.

INTERAÇÃO – v. pleonasmo.

ITERATIVO – v. aspecto.

J

JARGÃO – V. gíria.

JUNTURA – Nome geral para o contato entre duas formas mínimas – dentro do vocábulo (juntura interna) ou entre dois vocábulos num grupo de força (v.) (juntura externa). É da juntura que resulta a variação morfofonêmica de condicionamento fonológico (v.), ou sândi (v.). A juntura – a) aberta, ou b) fechada, conforme apresenta – a) solução de continuidade fonética, ou – b) nela se mantém a continuidade. Assim, nos vocábulos compostos ou derivados em que, pelo contato de formas mínimas constituintes, ficam contíguas duas vogais átonas, há juntura interna fechada com a sinérese (v.), e com a diérese (v.) há juntura interna aberta. Na juntura externa a crase (v.), a elisão (v.) e a ligação (v.) criam juntura fechada. Há, ao contrário, juntura aberta: a) em certas ocorrências de prefixação de *sub-*, por justaposição (v.), com radicais de consoante líquida inicial, quando se constitui um grupo /bl/ descontínuo – *sublocar, sublinhar* (cf. o grupo contínuo, normal, em *bloco, emblema,* etc.); b) em hiato, em vez de crase (ex.: *ela ama / éla áma/*) ou em vez de ditongação (ex.: *vê-a* /vêa/, cf.: *veia* /vêya/). Aliás, a juntura externa fechada não elimina a delimitação vocabular, que decorre essencialmente da distribuição do acento (v.) e dos graus de atonicidade (v.). Note-se que a juntura fechada pode criar grupos consonânticos (v.) que fora daí não existem na fonologia portuguesa; por exemplo, grupo de oclusiva ou líquida e /s/, como em – *substância* (/bs/ resultante de *sub* + *stância*), *abster* (/bs/ de *abs-*, que só aparece diante de radical iniciado por /t/), *solstício* (/ls/ resultante de *sol* + *stício*), *perspectiva* (/rs/ resultante de *per* + *spectiva*). Cf. Bloch-Trager, 1942.

JUSTAPOSIÇÃO – Diz-se da reunião de duas formas linguísticas num vocábulo mórfico (v.), quando, ao contrário da aglutinação (v.), cada forma se conserva como um vocábulo fonético distinto, em virtude da pauta acentual (v. acento, atonicidade); ex.: *pré-histórico, amavelmente, guarda-chuva*. Na escrita, em português, a justaposição é assinalada por um hífen entre as formas justapostas, mas não de maneira absoluta e coerente (cf.

cooperar, amavelmente e todos os advérbios desse tipo).

Em português, a justaposição é escassa na derivação por sufixo (v.), mas o prefixo (v.), em virtude da sua natureza lexical, conserva não raro individualidade fonética e fica em justaposição. O caso usual da justaposição em português é, entretanto, o de nomes substantivos, compostos: a) por dois nomes (*guarda-marinha*); b) por nome e verbo (*guarda-chuva*); c) por dois verbos (*perde-ganha*); d) por verbo e advérbio (*bota-fora*); e) por uma reduplicação onomatopaica (*tique-taque, fru-fru*). Também há nomes adjetivos, compostos por justaposição: a) como a associação de dois nomes gentílicos (*luso-brasileiro*); b) para designar matizes de cor (*verde-gaio*). Como vocábulo mórfico, o composto por justaposição tem flexão de plural na parte final, ou seja, da segunda de suas formas (*guarda-marinhas, guarda-chuvas*, etc.); mas 1) quando se trata de substantivo em que a primeira forma é um nome, é regular a flexão dessa forma o que faz do composto uma locução (v.) com dois vocábulos mórficos (*guardas-marinhas, capitães-mores*), prescrevendo até a disciplina gramatical a invariabilidade da segunda forma se é um substantivo (*escolas-modelo*), ao que a atração sintática (v.) leva frequentemente a desobedecer (*escolas-modelos*); 2) quando se trata de substantivo composto de dois verbos ou de adjetivo composto para matiz de cor, é comum ficar o composto invariável (*uns leva-e-traz, roupas verde-gaio*).

L

LADINO – v. românicas, línguas.

LATERAL – v. líquida.

LATIM – Língua do grupo indo-europeu (v.), cuja existência na região do Lácio, na Itália, está documentada desde o séc. VII a.C. O seu período de amplo florescimento, com literatura brilhante, uma norma definida (v.) e uma firme disciplina gramatical, vai do séc. III a.C. ao séc. I d.C., ou seja, do início das guerras púnicas aos primeiros tempos do Império (período clássico). Do séc. II ao séc. III d.C. tem-se um período de decadência no espírito e na língua literária e uma desagregação da norma e da disciplina gramatical, batidas pela intromissão da língua popular em franca evolução (latim imperial). A partir do séc. IV d.C. tem-se na língua literária o latim imperial tardio, com a antiga norma e a disciplina gramatical já essencialmente desfiguradas, e uma diferenciação dialetal, sensível, no conjunto das regiões do Império em que se falava latim (v. România); neste conjunto de diferenciações dialetais a que se dá hoje o nome de romanço (v.), consolidaram-se finalmente as línguas românicas (v. românicas, línguas), e o latim saiu do uso, passando a língua morta. Desde então só foi empregado como língua especial literária e científica até o séc. XVIII, e, até hoje, como língua litúrgica da Igreja Católica Romana.

No período clássico, estabeleceu-se uma distinção entre a língua usada na literatura e na fala das camadas cultas (a chamada classe social dos patrícios) – latim clássico, e a usada na fala das camadas populares (os chamados ("plebeus") e nos escritos sem pretensão literária – latim vulgar. O latim vulgar caracterizava-se: a) na flexão nominal e verbal, por certas desordens, hesitações e tendências à simplificação; b) no vocabulário, por termos populares e criações analógicas, que a literatura e os homens cultos evitavam; c) na sintaxe, pelo desrespeito a regras e convenções que a disciplina gramatical estabelecera e pela predominância de uma ordem "direta" (v. colocação); d) na fonética, por uma pronúncia relaxada, com contrações, assimilações, metáteses e contaminações. Exs.: *socra*, port. *sogra*, em vez de *socrus*; *amai*, port. *amei*, em vez de *amaui*, depois *amavi* na língua literária; b) *caballus*, port. *cavalo*, em vez de *equus*; c) *credo quod terra est rotunda*, port. *creio que a terra é redonda*, em vez de – *credo terram esse retundam*; d) *veclus*, port. *velho*, em vez de *vetulus*; e) *febrarius*, port. prim. *fevreiro*, em vez de *februarius*; *amidula*, port. *amendoa*, com o sufixo diminutivo *-ula*, em vez de *amygdala*.

O latim vulgar foi superando o clássico na própria literatura, a partir do séc. II d.C. Foi ele que serviu de base à diferenciação românica: a flexão nominal e verbal das línguas românicas, a construção da frase e as formas léxicas que deram os nossos vocábulos populares (v.) provém, em essência, do que vigorava de início no latim vulgar e do que nele foi aparecendo na sua evolução incessante e desenfreada. Ele está documentado: a) em inscrições e em dizeres ocasionais nas paredes (como, por exemplo, nas ruínas de Pompeia); b) em obras literárias de cunho popular: comédias de Plauto, o *Satiricon* atribuído a Petrônio (séc. I d.C.), o *Asno de Ouro* de Apuleio (séc. II d.C.); c) em obras profissionais de autores sem formação literária, como o tratado de arquitetura de Vitrúvio (séc. IV d.C.); d) em escritos de pessoas mais ou menos incultas, que não visavam a fazer literatura, como a *Peregrinatio ad loca sancta*, provavelmente de uma freira espanhola, chamada *Silvia ou Etéria*, lat. *Aetheria* (séc. IV ou V d.C.); e) nas correções dos gramáticos ante os erros populares, como o *Appendix Probi*, isto é, "Apêndice à gramática de Probo", feito por um gramático anônimo, talvez de origem africana, no séc. III ou IV d.C.

V. baixo-latim.

LATIM BÁRBARO – v. baixo-latim.

LATINISMOS – Formas e construções de origem latina que não se adaptaram ao gênio da língua portuguesa (v.). Os latinismos lexicais se distinguem dos vocábulos eruditos (v.) por se manterem dentro da estrutura mórfica latina inteiramente; ex.: *habitat, deficit, sic, ibidem, idem, habeas-corpus, fac-simile*.

Na língua escrita são usuais termos e frases feitas, latinos, como: a) indicações convencionais, em regra em abreviatura (v.) (ex.: *v. g., verbi gratia*; *etc., et cetera*; N.B., *Nota Bene*); b) citações tradicionais (ex.: *sui generis, sponte sua, lato sensu*).

Na língua literária tem-se latinismos – a) semânticos e – b) sintáticos, quando: a) se atribui a um termo português a significação da forma correspondente em latim clássico (ex.: *"ventos repugnantes"*, isto é, que se repelem, que sopram em sentidos opostos); b) se constrói uma frase portuguesa por um padrão frasal latino que não passou para o português (ex.: *"cidade Beja"*, como *urbs Roma*, em vez de – cidade de Beja) (cf. Silva, 1931, 151, 49).

LEI – Termo que se passou a usar no estudo linguístico, a partir do séc. XIX, pelo exemplo das ciências físicas. Aplicou-se, especialmente, à designação das mudanças fonéticas (v.), melhor ditas – fonológicas, que são apresentadas como resultado de LEIS FONÉTICAS, da mesma sorte que os fenômenos físicos são decorrência de leis da natureza. É, entretanto, impróprio o cotejo, porque uma mudança fonética só se verifica em determinada língua, ou, até, apenas em determinados falares de uma língua: e, ainda assim, em determinada época. Ao contrário das leis físicas, que são princípios gerais da natureza, as leis fonéticas são restritas no tempo e no espaço: são "cronotópicas" (Cournot) (cf. Camara, 1959, 305); decorrem de certas tendências preponderantes.

A causa das tendências articulatórias está, em última análise, na base da articulação (v.) da língua e das correlações e oposições dos seus fonemas (v. estruturalismo). A causa das mudanças fonéticas realizadas, e por isso apresentadas como leis, está em certas condições linguísticas e sociais que tornam as tendências articulatórias irresistíveis em dado momento e região; assim, certas tendências articulatórias do latim só se verificaram plenamente no latim imperial tardio, em virtude das condições linguísticas e sociais das diversas regiões da România. Por outro lado, uma mudança fonética, uma vez realizada, pode provocar novas tendências articulatórias, dando-se assim mudanças em cadeia; da ditongação do hiato final em vocábulos do tipo *palea*, por exemplo, resultou a tendência para a palatização (v.) do /l/, donde port. *palha*.

Uma mudança fonética, apresentada sob o aspecto de lei, pode oferecer certos tipos de exceção (v.), a rigor apenas aparente: 1) vocábulos refeitos ou criados por analogia (v.); ex.: port. *pelo*, do lat. *pilu-*, sem a síncope do /l/ intervocálico, em virtude da analogia de *cabelo*, do lat. *capillu-*; 2) vocábulos próprios de falares com outras leis fonéticas; exs.: *Mértola*, topônimo, do lat. *Myrtula*, sem a síncope da vogal postônica, por ser de um falar meridional moçárabe; 3) vocábulos que apareceram na língua depois da realização da mudança; ex.: port. *palácio*, do lat. *palatiu-*, pertencente ao acervo dos vocábulos eruditos (v.), introduzidos tardiamente na língua (cf.

ao contrário – *paço*, que tem o mesmo étimo e onde a lei se verificou) ; 4) empréstimos, em que há a lei fonética da língua de que provêm; ex. port. *velar*, do lat. *vigilare*, empréstimo ao espanhol *velar* (cf. Williams, 1938, 68); 5) vocábulos em que a grafia foneticamente infiel passou a influenciar a pronúncia; ex.: port. *digno* /*digna*/, em vez de *dino*, do lat. *dignu-*, por causa da grafia etimológica (v.) do período renascentista. Outras vezes, a exceção resulta da circunstância de que a lei fonética está formulada sem a devida precisão; daí, por exemplo, *chaga*, do lat. *plaga*, considerada exceção a síncope do /g/ intervocálico apenas porque essa síncope só se deu em condições que ainda não foi possível melhor definir (cf. Huber, 1933, 87).

Vários tratadistas, hoje, rejeitam a expressão "leis fonéticas", por imprópria e perturbadora, preferindo-lhe "correspondências fonéticas" (cf. Meillet, 1921, 45; Jespersen, 1928, 297). Outros as consideram todas consequências de uma lei fonética geral, que chamam "do menor esforço", referindo-se destarte a uma tendência à economia do esforço articulatório que se manifesta na evolução fonética das línguas em geral (cf. Coutinho, 1962, 137). Note-se, entretanto: a) que essa economia é variável em seu aspecto, conforme a base de articulação e as oposições e correlações de fonemas em cada língua, sendo portanto um princípio geral, de que decorrem as leis; b) que essa economia é muitas vezes compensada e contrariada pelo esforço para maior expressividade ou nitidez de expressão.

LEITURA – A interpretação da escrita (v.). Consiste, essencialmente, na transposição dos elementos da grafia (v.) em elementos da fonação (v.) mesmo (quando não se articulam estes últimos elementos no aparelho fonador mas há apenas uma evocação mental desses elementos (leitura silenciosa).

LEIS FONÉTICAS – v. lei.

LENIZAÇÃO – Mudança linguística que consiste na passagem de um fonema de articulação forte para outro de articulação fraca, dentro do sistema fonológico da língua. Assim, a passagem de uma oclusiva (v.) para constritiva (v.), como no romanço lusitânico /b/ intervocálico para /v/ (ex.: *faba* > *fava*) é uma lenização. A sonorização traz em si uma lenização, porque a consoante surda é mais forte articulatoriamente do que a sonora (v. sonorização). Também se usa o termo sinônimo ABRANDAMENTO.

LETRAS – Sinais gráficos elementares com que se constroem na língua escrita (v.) os vocábulos, da mesma sorte que os vocábulos da língua oral se constituem de fonemas (v. fonema); quando o sinal gráfico, já fora do plano da fonação (v.), se reporta aos semantemas (v. significação), não se tem a letra mas o ideograma (v.). Há assim uma relação entre a letra na língua escrita e o fonema na língua oral, mas que nunca é uma correspondência rigorosa e estritamente coerente, salvo no processo da transcrição fonética (v. grafia). Como a língua escrita tem funções próprias na comunicação social e opera em condições próprias, a letra vale, em grande parte, por si mesma, dentro da língua escrita, e não puramente como representação de tenemas da língua oral; daí a sua conceituação como grafema (v.) e a reconhecida imperfeição das letras como equivalentes dos fonemas da língua. Essa imperfeição se resume em 4 itens: 1) uma letra indicando ora um fonema, ora outro; 2) um fonema indicado ora por uma letra, ora por outra; 3) uma letra para uma sequência de fonemas; 4) uma sequência de letras para um só fonema (v. dígrafo). Para todos esses itens há exemplos na grafia portuguesa: 1) *s* para /s/ em *sala* e para /z/ em *asa*, *c* para /k/ em *casa* e para /s/ em *cedo*; 2) /s/ indicado por *s* em *sala* e por *c* em *cedo*, /k/ indicado por *c* em *casa* e por *q* em *quatro*; 3) *x* indicando /ks/ em *fixo*; 4) *ch* indicando /s'/ em *acho*, *lh* indicando /l'/ em *alho*.

Os gramáticos latinos focalizaram 3 aspectos distintos na letra: 1) a sua forma prática (*figura*); 2) seu nome convencional (ex.: "ele" para *l*) (*nomen*); 3) o seu valor fonético (*potestas*) (cf. Abercrombie, 1949, 54); a noção de *potestas* supria até certo ponto no estudo gramatical o desconhecimento da noção de fonema. Uma letra sem *potestas* é uma letra muda (v.) (ex.: *h* inicial em português – *hoje* (/o: z'i/).

O conjunto das letras para a escrita de uma língua é o alfabeto dessa língua (v.).

LEXEMA – Termo de criação recente na linguística contemporânea, onde aparece com 2 acepções distintas.

1. Na escola linguística norte-americana, que o cunhou pelo modelo de *fonema*, designa um segmento de enunciação que é forma livre (v.) e se opõe a outros para constituir a frase (v.). Com mais precisão e rigor tecnológico que palavra (v.), assinala o caráter de unidade significativa e mórfica do segmento fônico considerado mediante a combinação do radical do grego *lexis* "palavra" com o sufixo *-ema*, que indica naquela escola, sistematicamente, uma realidade linguística acima da realidade física (v. língua).

2. Na escola francesa de Martinet, designa, ao contrário, um dos tipos de forma mínima (v.), corres-

pondente ao que Vendryes chama semantema (v.) (Martinet, 1960, 117s).

LÉXICO – Como sinônimo de vocabulário (v.), o conjunto de vocábulos de que dispõe uma língua dada. Em sentido especializado, a parte do vocabulário correspondente às palavras (v.), ou vocábulos providos de semantema (v.), ou vocábulo que é lexema (v.). Neste segundo sentido, o léxico se opõe à gramática (v.), porque é a série dos semantemas da língua, vistos através da sua integração em palavras.

As palavras só distribuem no léxico: 1) por CAMPOS SEMÂNTICOS, isto é, associações de significação para um certo número de semantemas, como os termos para cor, para partes do corpo animal, para os fenômenos meteorológicos, etc.; 2) por famílias léxicas (v. família léxica), isto é, conjuntos de palavras que têm em comum o seu semantema, cuja função lexical se multiplica pelos processos de derivação (v.) e composição (v.). Num e noutro caso, têm-se sistemas em que as palavras só apresentam em correlação e oposição (v.); mas, ao contrário dos sistemas gramaticais, que consistem em grupos fechados de elementos, são sistemas abertos com um número de elementos indefinido. Por isto, é no léxico que se verifica amplamente a mudança por empréstimo (v. mudanças; empréstimos).

Muitas vezes emprega-se impropriamente o termo como equivalente do dicionário (v.).

LEXICOGRAFIA – É o estudo metódico – enumeração, cognação, significação – das palavras de uma língua, feito em dicionário (v.).

LEXICOLOGIA – Termo usado ora em voz de lexicografia (v.), ora em voz de lexiologia (v.).

LEXIOLOGIA – Termo usado por alguns gramáticos para designar o estudo dos vocábulos, tanto em sua flexão (v.) (MORFOLOGIA, *stricto sensu*) quanto nos processos para sua derivação (v.) e composição (v.). Abrange assim o estudo dos morfemas flexionais e dos morfemas lexicais, que servem para formar novas palavras na base de uma palavra primitiva (cf. Ali, s.d.). A MORFOLOGIA, *lato sensu*, equivale à lexiologia (v. gramática).

LIGAÇÃO – Espécie de juntura externa fechada (v.), que consiste na união de uma consoante final com a vogal inicial imediatamente seguinte, de sorte que a consoante pós-vocálica passa a pré-vocálica e há como fenômeno de sândi (v.) uma nova divisão silábica na sequência fônica. A ligação só se verifica, evidentemente, dentro de um grupo de força (v.).

A ligação é normal em português: a) para o /l/ pós-vocálico, que, generalizadamente velar em território da língua portuguesa, passa a dental (v. líquida); ex.: *sal amargo* /sa-la-már-gu/; b) para o /r/ pós-vocálico, que adquire a articulação lene do intervocálico; ex.: *mar alto* /mar-ral-tu/; c) para a sibilante pós-vocálica, que fica intervocálica e se realiza como /z/; ex.: *três amigos* /treza-mi-gus/; na língua coloquial há também ligação para as vogais nasais anteriores tônicas, cujo iode resultante da ditongação que as caracteriza (v. vogal) se consonantiza em /n'/ e se liga à vogal inicial seguinte; ex.: *tem ela* /te(n) -n'éla/, *vim aqui* /vi(n) -na-ki/.

O termo na gramática portuguesa proveio da tradução de correspondente termo gramatical – *liaison*, em francês, onde se trata do aparecimento de uma consoante que era letra muda (v.). Cf. *ils* /il/, mas *ils ont* /ilzó(n)/.

LÍNGUA – Em seu sentido primário é o nome do órgão mais importante do aparelho fonador (v.). Daí, por metonímia (v.), a fixação do outro sentido paralelo, para designar o sistema de sons vocais por que se processa numa comunidade humana o uso da linguagem (v.).

Como sistema de linguagem, a língua compreende uma organização de sons vocais específicos, ou fonemas (v. fonema), com que se constroem as formas linguísticas (v. forma), e uma língua se distingue de outra pelo sistema de fonemas e pelo sistema de formas, bem como pelos padrões frasais, em que essas formas se ordenam na comunicação linguística ou frase (v.). Da estrutura específica de cada língua resulta a falta de inteligibilidade entre homens de línguas diversas, quando cada qual não aprendeu previamente o sistema de linguagem de cada um dos outros. A INTELIGIBILIDADE não é, entretanto, a condição essencial para se considerar que os interlocutores falam a mesma língua, porque é consequência, em parte, do grau de inteligência dos interlocutores, valendo-se: a) do ASSUNTO ser até certo ponto conhecido; b) de certas coincidências de detalhe, dentro de sistemas diversos, o que pode permitir uma dedução mais ou menos satisfatória do que é dito. Por outro lado, pode faltar ou ficar prejudicada a inteligibilidade entre interlocutores da mesma língua por deficiência do discurso (v.). O que define uma língua, em face das demais, é a sua estrutura, que estabelece oposições específicas de fonemas e formas (v. oposição). De acordo com a estrutura se tem uma nova língua a partir de um momento da evolução (v.) de uma língua dada (ex.: o português em face do latim) ou se distinguem num território contínuo duas ou mais línguas que são evolução de uma única língua (ex.: na Península Ibérica, a língua portuguesa, em face da língua castelhana, ou espanhola, e da língua catalã, todas provenientes do latim).

Há, entretanto, uma hierarquia nas oposições linguísticas e são as fundamentais, ou primárias, que definem essencialmente uma língua em face das demais línguas. As oposições superficiais, ou secundárias, criam dentro de uma língua as divisões chamadas falares (v.), que por sua vez são agrupáveis em dialetos (v.). Daí, o conceito de língua regional, ou falar, e língua comum, que abrange todos os falares na base de um sistema de oposições linguísticas fundamentais. Na língua comum, ou língua nacional, isto é, comum a toda uma nação, tende a constituir-se, a partir de certo estágio de civilização, uma modalidade de seu uso, dita língua culta, que serve para as comunicações mais elaboradas da vida social e para as atividades superiores do espírito. Superpõe-se à língua cotidiana, e dela se distingue principalmente: a) pela maior nitidez e constância na fonação (v.); b) pela maior coerência e fixidez nas formas gramaticais; c) pela maior riqueza e sutileza do léxico. É na base da língua culta que se constitui a língua escrita (v. escrita), cuja mais alta expressão é a modalidade empregada na literatura (v.), e chamada LÍNGUA LITERÁRIA. A língua cotidiana, por sua vez, apresenta gradações, que vão até à língua popular, caracterizada pelos vulgarismos (v.) e até à gíria (v.).

A língua nacional nem sempre corresponde ao conceito estrito de nação, como Estado politicamente constituído e soberano. Num desses Estados pode vigorar mais de uma língua nacional (ex.: na Suíça), e uma língua comum pode vigorar em mais de um Estado (ex.: o português em Portugal e no Brasil). V. idioma.

LÍNGUA ESPECIAL – v. gíria.

LÍNGUA GERAL (DA COSTA DO BRASIL) v. adstrato; tupinismos.

LÍNGUA LITERÁRIA – v. escrita; língua.

LÍNGUA PRIMITIVA – v. família linguística.

LINGUAGEM – Faculdade que tem o homem de exprimir seus estados mentais por meio de um sistema de sons vocais chamado língua (v.), que os organiza numa REPRESENTAÇÃO compreensiva em face do mundo exterior objetivo e do mundo subjetivo interior. Pela atividade da linguagem, ou FALA: 1) faz-se a comunicação entre os homens – a) para transmissão de conhecimentos (função de informação), ou – b) numa atuação de influenciamento psíquico de uns sobre outros (função de apelo); ou –

2) dá-se a exteriorização das paixões humanas sem intento direto de comunicação (função de exteriorização ou manifestação psíquica) (cf. Camara, 1959, 13s). A função da informação cria a linguagem intelectiva pura, enquanto as do apelo e manifestação psíquica utilizam a representação linguística para a expressão do que se chama, em sentido lato, os "afetos" em contraste com a atividade de compreensão mental ou inteligência, criando a LINGUAGEM AFETIVA (cf. Bally, 1926).

A linguagem se realiza, em princípio, numa espécie de drama entre o FALANTE (a pessoa que a transmite) e o OUVINTE (a pessoa a quem ela se dirige) na base de um ASSUNTO (a parcela de representação mental que nela se consubstancia), mas na manifestação psíquica o ouvinte não é levado diretamente em conta. Por outro lado, falante e ouvinte coincidem na mesma pessoa na atividade de linguagem chamada solilóquio (v.).

A linguagem é uma faculdade imensamente antiga da espécie humana e deve ter precedido os elementos mais rudimentares da cultura material (Sapir, 1954, 23).

V. ainda cultura; estilística.

LINGUAGEM AFETIVA – v. afetividade; linguagem.

LINGUAGEM ESCRITA – v. escrita.

LINGUAGEM INTELECTIVA – v. afetividade; linguagem.

LINGUAGEM ORAL – v. escrita.

LINGUAGEM SILENCIOSA – v. solilóquio.

LINGUÍSTICA – O estudo da linguagem humana (v.), mas considerada na base da sua manifestação como língua (v.). Trata-se de uma ciência desinteressada, que observa e interpreta os fenômenos linguísticos: a) numa dada língua; b) numa família ou bloco de línguas; c) nas línguas em geral, para depreender os princípios fundamentais que regem a organização e o funcionamento da faculdade da linguagem entre os homens. Há assim, portanto: a) a linguística especial (portuguesa, francesa, etc.); b) a linguística comparativa (indo-europeia, camito-semítica etc.); c) a linguística geral. São pouco usuais os termos equivalentes de GLÓTICA e GLOTOLOGIA, cuja raiz é o termo grego para "língua". Por outro lado, não são termos equivalentes a gramática (v.) em qualquer de suas acepções, e a filologia (v.), que pressupõe uma língua culta e uma língua escrita.

A linguística é uma ciência recente, pois data do séc. XIX o estudo científico e desinteressado dos fenômenos linguísticos. A princípio concentrava-se nos fenômenos de mudança linguística através do tempo (v. diacronia) como linguística comparativa, especialmente indo-europeia, baseada na técnica do comparatismo (v.). Hoje alargou-se-lhe o âmbito, distinguindo-se, ao lado do estudo histórico (linguística diacrônica), o estudo descritivo (linguística sincrônica), porque "a fixidez aparente da língua, sendo uma realidade social, é que a permite funcionar nos grupos humanos como meio essencial de comunicação e esteio de toda a vida mental – individual e coletiva" (Camara, 1959, 42-3) (v. sincronia).

A linguística é uma ciência antropológica, referente ao homem e à sua cultura (v.), como a sociologia, a antropologia cultural e a psicologia coletiva; mas também assenta em dados das ciências biofísicas, ou da natureza, como a biologia, a física acústica, porque a língua decorre da enunciação vocal, biologicamente articulada pelo aparelho fonador e apreendida pelo aparelho auditivo.

A linguística sincrônica especial, referente à língua portuguesa, ou linguística portuguesa sincrônica, cabe estudar o sistema básico de fonemas de formas, de construções vocabulares e frasais, de que se servem os falantes em português, e a diversificação desse sistema de acordo com a extensão da língua no espaço (falares e dialetos) (v. dialetologia), com as camadas sociais (gíria, língua culta, língua literária), com as condições de funcionamento (língua falada, língua escrita). Também cabe-lhe estudar a linguagem afetiva, chamando-se então estilística (v.).

A linguística diacrônica especial, referente à língua portuguesa, ou linguística portuguesa diacrônica, focaliza a história (v.) externa e interna da língua.

A linguística comparativa especial, referente à língua portuguesa, situa-se no quadro mais geral das línguas românicas e constitui a linguística comparativa românica.

LINHA ISOGLÓSSICA – Dá-se este nome a uma linha convencional que se traça no mapa de um território linguístico para aí assinalar os pontos onde vigora um dado traço linguístico, que poderá ser, no português do Brasil, por exemplo: a) a conservação de /u(n)/ nasal em hiato (ex.: /lu(n)a/); b) o infinitivo /vi(n)/ em vez de *vir*; c) o termo *futicar*; d) o termo *arado* a significação de "esfomeado", e assim por diante. A coincidência aproximada das linhas isoglóssicas referentes a traços linguísticos fundamentais, dá objetivamente a área linguística correspondente a um dialeto, com precisão geográfica e independentemente das divisões políticas (v. dialeto). O uso das linhas isoglóssicas faz parte do método da dialetologia (v.) conhecido como GEOGRAFIA LINGUÍSTICA.

LINHA MELÓDICA – v. entoação.

LÍQUIDA – Ordem de consoantes que compreende /l/ e /r/ (v. consoante). O nome, que é tradicional, decorre da impressão de fluidez que apresenta a articulação e o efeito acústico do /l/: há uma oclusão bucal parcial, determinada pelo contato de um ponto da língua com um ponto da arcada dentária superior ou do céu da boca, mas anulada pela circunstância de que a corrente de ar se escapa pela parte em que não há contacto.

Na língua portuguesa /l/ é uma líquida lateral, de articulação dental, porque a ponta da língua toca a arcada dentária superior e a corrente de ar se escapa pelos lados. Mas, como consoante pós-vocálica, decrescente na sílaba (v.), a consoante se apresenta em quase todo o território de língua portuguesa numa variante posicional, que consiste numa elevação concomitante do dorso da língua até o véu palatino, produzindo-se uma articulação dental velarizada, ou inteiramente velar, pela supressão do movimento da ponta da língua; neste último caso, a omissão do contato entre o dorso da língua e o véu palatino e um ligeiro arredondamento dos lábios tendem a produzir a vocalização (v.) do /l/ em /w/, desaparecendo oposições como entre – *mau* e *mal*, *vil* e *via*, etc.

Outra articulação, que em português cria um fonema distinto do /l/, é /l'/ escrito *lh*, que se opõe a /l/, como em – *mola: molha, vela: velha, bula: bulha, fila: filha, vala: valha*. Consiste numa ampliação da zona articulatória com o desdobramento da parte média da língua no palato médio. É a líquida lateral posterior (do ponto de vista fonético estrito – palatal, ou mais rigorosamente dental palatalizada), também dita molhada (v.), exatamente como a nasal /n'/ (v.).

A outra consoante incluída tradicionalmente na ordem das líquidas é /r/, dita vibrante. Caracteriza-se pela vibração da língua junto à arcada dentária superior ou um ponto do céu da boca, inclusive a úvula, o que determina uma ampla possibilidade de diversificação fonética. Em português, há em posição intervocálica uma oposição entre /r/, dito "forte" e grafado com a letra *r* dobrada (ex.: *ferro*), e /r'/, *dito* "fraco" (ex.: *fero*), cuja articulação consiste numa vibração simples e frouxa da ponta da língua junto à arcada dentária superior. O primeiro tipo de /r/, que aparece exclusivamente nas demais posições (ex.: *rato, guelra, genro*), é de articulação muito variável: primitivamente distinguia-se do /r/ fraco por ter vibrações junto à arcada dentária superior fortes e múltiplas, o que ainda é considerado como a articulação padrão; em seu lugar é muito comum uma articulação do dorso da língua junto ao véu palatino (velar) ou à úvula (uvular) e em posição pós-vocálica (onde em certas zonas é /r'/) uma simples constrição velar, que em posição final se esvai em muitas zonas dialetais. Em latim tinha-se apenas o /r/ dental de vibrações fortes e múltiplas, que sofreu lenização (v.) em posição intervocálica; mas, quando geminada, se manteve com o esvaimento da parte pós-vocálica decrescente, isto é, –*fe*(*r*)*ru*–. Pode-se transpor essa explicação diacrônica para uma interpretação sincrônica, dizendo-se que o /r/ forte intervocálico apresenta uma geminação fonológica que não se realiza foneticamente e considerando-se /r'/ como a variante posicional verdadeiramente intervocálica de um fonema /r/ em português (cf. Camara, 1953A, 105s).

LITERATURA – Em sentido lato, as manifestações de língua escrita feitas para um público geral de leitores.

Em sentido rigoroso, a aplicação da linguagem com objetivo de arte, equivalente à atividade poética (v.). Neste sentido, transcendente do conceito de "letra" (lat. *littera*) e pode ser oral ou escrita, ou antes, cria-se como atividade estética oral, que se encontra sempre nas sociedades ágrafas (v.) sob o aspecto de hinos religiosos, cantos guerreiros, fábulas, mitos, cantigas de roda e acalanto, adágios, etc., e continua como parte do folclore (v.) nas sociedades que possuem língua escrita e uma literatura escrita inteiramente desenvolvida da literatura oral primitiva ou, em maior ou menor parte, inspirada na literatura escrita de outro povo. A distinção entre – a) literatura oral, e – b) literatura escrita, nos povos de cultura mais elaborada, ditos "civilizados", tem certa correspondência, mas não absoluta, entre – a) literatura popular, e – b) literatura culta, conforme se trata – a) de composições despretensiosas, às vezes anônimas, para entretenimento das camadas populares, ou – b) de obras complexas, com intenções cultas superiores. Assim, no Nordeste brasileiro, há uma literatura popular, que é em princípio oral, criada pelos chamados "cantadores" com uma tradição literária própria (cf. Mota, 1921).

A língua empregada na literatura tem o nome de língua literária, e diverge em seu conceito, segundo o sentido lato ou sentido rigoroso que se dá ao termo literatura. No primeiro sentido, é uma língua escrita (v.) submetida a uma norma (v.) estrita, que é estudada, explicada e interpretada na filologia (v.). No segundo sentido, é a língua poética, isto é, a língua a serviço da criação estética, utilizando sistematicamente recursos estilísticos e convenções próprias de objetivo artístico; esses recursos e convenções variam de época para época e caracterizam os grupos de literatos associados entre si por uma comunidade de ideais estéticos sob o nome de escolas literárias, muitas vezes abrangendo vários povos de línguas diferentes e superpondo-se às diferenças de língua nacional.

Quando dois ou mais povos têm a mesma língua nacional, a língua literária, num e noutro sentido, se diversifica um tanto de povo para povo, como acontece na língua literária entre Portugal e o Brasil. Uma das peculiaridades da língua literária, aplicada à atividade poética, é poder ser arcaizante, isto é, lançar mão, para os seus fins especiais, do arcaísmo (v.).

LITOTE – v. atenuação.

LOCATIVO – v. advérbio; caso.

LOCUÇÃO – Reunião de dois vocábulos que conservam individualidade fonética e mórfica, mas constituem uma unidade significativa para determinada função (v. vocábulo).

Em português, temos locuções: 1) preposicionais (ex.: *para com*, *em cima de*) (v. preposições) e conjuncionais (ex.: *de sorte que*) (v. conjunções); 2) nominais, em que, além de haver justaposição (v.), o primeiro vocábulo tem necessariamente flexão de plural (ex.: *via férrea: vias férreas*; *estrada de ferro: estradas de ferro*); 3) verbais, nas conjugações perifrásticas (v.).

A locução é um tipo de sintagma (v.), intermediário entre o sintagma lexical e o sintagma sintático.

LÓGICA – v. análise.

LUGAR-COMUM – v. chavão.

LUSITÂNIA – v. lusitano; português.

LUSITANISMO – O que é privativo da língua portuguesa em Portugal, como o brasileirismo (v.) é o que é privativo da língua portuguesa no Brasil. O contraste entre lusitanismo e brasileirismo repousa nas diferenças que a língua comum apresenta nos dois países (v. língua) e não nos regionalismos (v.) num e noutro país.

Há lusitanismos: 1) fonológicos; exs.: o ditongo monofonêmico (v.) [ây(n)] com que se realiza o/é(n)/ final (nasal tônico) em face de [ey(n)] no Brasil; 2) morfológicos; ex.: a forma verbal *quere* (no Brasil – *quer*) do verbo *querer*; 3) sintáticos; ex.: certas preferências de colocação (v.), como – *já lá vou*, no Brasil – *já vou lá*; 4) lexicais; ex.: *peúgas* "meias curtas", *murganho* em face do brasileirismo – *camundongo*, *póvoa*, "povoação"; 5) semânticos; ex.: *pátio* "habitação coletiva", *calçada* "ladeira pavimentada".

LUSITANO – Referente à LUSITÂNIA, que foi uma das grandes di-

lusitano (cont.)

visões administrativas da Península Ibérica, a noroeste, na zona atlântica, ao lado da PROVÍNCIA TARRACONENSE, ao centro e nordeste, e da BÉTICA, ao sul. Essas divisões correspondiam a distinções étnicas e lingüísticas da península, que o governo romano procurou mais ou menos respeitar para maior facilidade administrativa. A Lusitânia estendia-se *grosso modo* por um território que abrangia o que depois foi o território galego-português e onde o romano ibérico se desenvolveu numa língua portuguesa (também dita a princípio GALEGO-PORTUGUÊS), essencialmente distinta do castelhano e do catalão.

Na língua literária, o termo *lusitano* ficou por isso um sinônimo de *português*, e hoje é um termo cômodo para designar o que é privativo de Portugal e não se estende ao Brasil.

V. português; românicas, línguas.

M

MEDIAL, VOZ – A voz medial corresponde em português a uma construção em que à forma do verbo na voz ativa se adjunge um pronome adverbial átono, referente à pessoa do sujeito; ex.: *eu me feri, tu te feriste, ele se feriu*, etc. É, pois, uma construção verbal pronominal, mas completamente diversa daquela em que se tem um pronome ADVERBIAL átono não-referente ao sujeito (cf. *– eu te vi, ele o viu*, etc.). Daí ser pouco satisfatória a denominação de VOZ PRONOMINAL, que se usa às vezes em gramática.

A noção gramatical, que carreia a voz medial, é a de uma integração do sujeito na ação que dele parte; ou, em outros termos, a pessoa do sujeito, sob o aspecto de pronome adverbial átono incorporado no verbo, reaparece no predicado como: 1) o objeto de uma ação verbal transitiva, que parte dele (medial REFLEXIVA); 2) o centro de uma ação verbal transitiva, que parte dele mas não sai do seu âmbito, eliminando-se assim o objeto sobre que ela recairia (medial dinâmica); 3) o centro de uma ação verbal intransitiva, que dessa maneira fica mais intensamente relacionada ao sujeito de que parte (medial expletiva); ex.: 1) *eu me feri* (onde a construção não-pronominal, com objeto autônomo, mantém inalterada a significação verbal – *en o feri*); 2) *eu me levantei* (onde a construção não-pronominal, com objeto autônomo, altera a significação verbal – *eu o levantei*, i.e., "o suspendi"); 3) *eu me ri* (onde a construção não-pronominal não altera a significação verbal, mas não põe em realce a participação intensa do sujeito na ação que dele parte – *eu ri*). Na medial reflexiva pode haver uma reflexividade cruzada, ou uma medial *recíproca*, quando um sujeito plural, abarcando dois indivíduos A e B, se disjunge nocionalmente num agente A, que atua sobre B, e num agente B, que atua sobre A; ex.: *os antagonistas se feriram*.

A voz medial, especialmente quando dinâmica, pode figurar com sujeitos de 3ª pessoa que, embora na realidade seres inanimados, são na representação linguística tratados como sujeitos ativos; ex.: "*a árvore se agita, a estrada se desdobra, como ama imensa e rutilante co-*

bra" (Anjos, Eu, 152). É a contraparte, na voz medial, do que se encontra na voz ativa (v.) (ex.: *a árvore murmura, a estrada sobe pela encosta*). V. impressionismo.

Em antigas línguas indo-europeias, como o grego e o sânscrito, a noção gramatical de uma integração do sujeito na ação que dele parte se assinalava por flexões especiais, diversas das da voz ativa numa construção chamada medial, ou média, pelos gramáticos gregos (porque ficava distante do pólo da voz ativa e do pólo da voz passiva); ex.: gr. *luomai* "eu me solto", em contraste com *luo* "eu solto". Em latim, os verbos depoentes (v.) provêm em parte dessas flexões mediais mas sem a sua noção específica, o que propiciou a passagem desses verbos para a forma ativa nas línguas românicas e o desenvolvimento da atual construção pronominal para a noção que eles tinham perdido.

Há uma relação entre a voz medial, sob qualquer de suas formas, e a voz passiva, no sentido de que a voz passiva tende a se apresentar em construção medial, com a extensão dessa construção a ações verbais em que se integra um ser que, na representação linguística, não é um sujeito ativo (VOZ MÉDIO-PASSIVA). Em português, isso se verifica com o verbo medial, de forma pronominal, na 3ª pessoa, ficando o pronome adverbial átono *se* na função de pronome apassivador (v.).

MÉDIO-PASSIVA – v. passivador; medial, voz.

MENSAGEM – v. discurso.

MESÓCLISE – Incorporação do pronome pessoal oblíquo átono, por tmese (v.), nas formas de futuro do indicativo (v.), onde, em vez de ênclise ao conjunto do vocábulo verbal, se dá a ênclise ao infinitivo, de cuja aglutinação com a auxiliar *haver* resultou a forma de futuro românico; ex.: *falar-lhe-ei*. A mesóclise prolonga, assim, no português moderno os indicativos futuros como uma das conjugações perifrásticas (v.), ficando o infinitivo com o seu acento, feito apenas secundário no grupo de força (/falárl'yêy/, ao contrário da estrutura simples das formas de indicativo futuro no português moderno (cf. /falarêy/). Do ponto de vista mórfico muda a análise, e em vez de uma desinência modo-temporal -*rê*- ou -*rá*-, tem-se a desinência -*r*- do infinitivo e uma forma auxiliar designativa de futuro.

No Brasil só se encontra a mesóclise na língua escrita literária, estando banida da língua usual, onde com as formas de futuro só se pratica a próclise.

METAFONIA – Mudança de timbre da vogal de uma raiz ou de um sufixo lexical por assimilação (v.) à vogal do sufixo flexional. Corresponde nas línguas românicas ao termo alemão UMLAUT, como apofonia (v.) corresponde a *ablaut*. É pela sua própria definição uma mudança fonética associada à estrutura morfológica do vocábulo, o que explica que o elemento assimilador possa ser foneticamente mais fraco do que o elemento assimilado, quando o sufixo flexional é átono e a raiz ou o sufixo lexical tem o acento vocabular, como foi o caso das metafonias em romanço. Em português, em particular, "parece ter principalmente ocorrido onde se fez sentir a necessidade de discriminação ou maior diferenciação flexional" (Williams, 1938, 97); e as vogais átonas finais, assimiladoras, foram: 1) *-i* longo latino, átono final, que fechou o timbre do /ê/ e do /ô/ para /i/ e /u/, perspectivamente: exs.: /fêzi/ (de *feci* > *fizi* > *fiz*; /pôzi/ *posi* (por *possui*) > *pusi* > *pus*; 2) *-o* átono final português, muito cedo mudado em *-u*, que fechou o timbre da vogal tônica: /ê/ para /ê, ô/ /ê, ô/ para /i, u/; exs.: medo /médu/ (de *metu-*) > *medo*; *ovo* /óvu/ (de *ovu-*) > *ovo*, /êstu/ (de *totu-* neutro) > *tudo*, parecendo que "se fez sentir a necessidade de discriminação de *todo* /tôdu/ (de *totu-*, masculino); 3) *-a* átona final português, que abriu o timbre de /ê, ô/ para /é, ó/; exs.: *esta* /êsta/ (de *ista*) > *esta* /ésta/, sufixo lexical -osa /ôza/ (de *-oso* > *-osa* /óza/.

Na diacronia da língua, a metafonia interferiu com a regularidade da mutação (v.) das vogais longas e breves latinas para fechadas e abertas portuguesas. Na sincronia do português moderno, estabeleceu o processo morfêmico ou submorfêmico da alternância vocálica (v.) (*fiz-fez*, *pus-pos*; *ovo*, *este*, masc.: *ova*, *esta*, feminino).

METÁFORA – É figura de linguagem (v.) que consiste na transferência (gr. *metaphorá*) de um termo para um âmbito de significação que não é o seu; ao contrário da metonímia (v.) não se fundamenta numa relação objetiva entre a significação própria e a figurada, mas, sim, numa relação toda subjetiva, criada no trabalho mental de apreensão; ex.: "*o último ouro do sol morre na cerração*" (Bilac, Poesias, 340). A metáfora tem uma função expressiva, que é pôr em destaque aspectos que o termo próprio não é capaz de evocar por si mesmo; assim, a *última luz do sol* não ressaltaria a tonalidade especial da luz solar ao crepúsculo. A metáfora é, por isso, um recurso corrente na linguagem e essencial na poesia (cf. Murry, 1951, 81). A seu lado, há a comparação assimilativa (v.) ou símile (v.), em que se obtém esse destaque pelo cotejo de dois termos; ex.: a *luz do sol é como ouro na cerração*.

A metáfora é um fato de sincronia e só existe quando o termo tem a significação própria nitidamente distinta da do termo que é substituído. Quando figura sistematicamente numa expressão como idiotismo, perde a força evocativa, porque o termo, em princípio metafórico, está idiomaticamente imposto na expressão (ex.: *cabeça de alfinete*); tem-se então uma fossilização (v.), e a metáfora só se torna patente em formulações *ad hoc* (ex.: *são idéias de uma cabeça de alfinete*). Na diacronia, as metáforas entram na evolução semântica (v.) e o termo incorpora a significação, de início metafórica, na significação própria, cuja polissemia (v.) – a) aumenta, ou – b) não, conforme a antiga significação própria – a) se mantém, ou – b) se esvai – exs.: a) *serra* para "conjunto de montanhas" e para "ferramenta"; b) *flagelo* (cf. lat. *flagellum* "chicote").

V. catacrese, hipérbole.

METANÁLISE – Fenômeno que consiste em decompor mentalmente um vocábulo ou uma locução de maneira diversa do que determina a sua origem. Assim, em *pruna damascea* (i.e., "de Damasco") entendeu-se, por metanálise, *pruna d'amascea*, e pela deglutinação (v.) da suposta preposição *de* firmou-se a forma *amascea*, donde port. *ameixa*. A metanálise explica a aférese (v.) de um *o*- ou *a*- inicial, entendido como artigo (*obispo* > *bispo*, *abbatina* > *batina*) ou a aglutinação do artigo como vogal inicial (*a mora*, lat. *mora* > *amora*, *a leijão*, lat. *laesione-* > *aleijão*). Também explica formas variantes de sufixos com a adjunção de um fonema originariamente do radical; ex.: *-teira*, em *cafeteira*, por metanálise de *leiteira*. Resulta ainda de uma metanálise a variante *n*-, da preposição *em*, em formas pronominais que começam por vogal (*num, neste, noutro*), porque *no* (*enlo* > *enno* > *no*) foi decomposto em *n* + *o*, n- considerado equivalente de *em*.

METAPLASMOS – Designa literalmente "mudança de forma" (gr. *metá* + *plasmós*).

A gramática normativa usou este termo, desde a época greco-latina, quando na língua literária existe uma forma variante do vocábulo, em contraste com outra, considerada a normal; assim, em português: *perla*: *pérola*; *mármor*: *mármore*; *desvairo*: *desvário*; *imigo*: *inimigo*. O metaplasmo, neste sentido, indica uma forma que não é normal, mas é admissível, e os que a empregam, ou a encontram, logo a associam à forma normal. A variante e a forma normal constituem assim formas sincréticas dentro de um estado de língua; ou seja: dentro da língua literária, o metaplasmo estabelece uma variante em face de uma forma básica. A esse conceito, inteiramente sincrônico, do metaplasmo, substituiu-se um conceito diacrônico, quando em gramática histórica se passou a usar o termo como equivalente de mudanças fonéticas (v.). O ponto de partida, para isso, é a circunstância de que a variante e a forma básica são situadas na linha evolutiva da língua, como arcaísmos (v.), subsistentes na língua literária, e formas atuais, respectivamente. É assim comum aplicar às mudanças fonéticas os nomes criados para os diversos tipos de metaplasmo em seu antigo sentido: aférese, síncope, apócope (v.) (um fonema a menos na variante); prótese, epêntese, epítese (v.) (um fonema a mais na variante); metátese (v.) (ordem diversa de dois fonemas na variante). Como, entretanto, o espírito com que se criaram esses termos era totalmente distinto do espírito diacrônico atual, o seu emprego na diacronia linguística apresenta dois inconvenientes: a) o essencial na mudança fonética não é o aparecimento, o desaparecimento ou a troca de posição do fonema, mas as condições em que tal mudança se processou (exs.: síncope de vogal postônica nos proparoxítonos, ou de consoante sonora intervocálica, e assim por diante); b) o termo não distingue, em princípio, a mudança fonética e a que decorre de analogia (v.) (ex.: aférese de *e-* em *enojo* (de – *in odiu-*) e de *o-* em *obispo* por metanálise (v.).

METÁSTESE – v. articulação.

METÁTESE – Mudança fonética que consiste na transposição de um fonema dentro de um vocábulo. Na evolução da língua portuguesa, são principalmente importantes dois tipos de metátese: 1) transposição de um /i/ ou um /u/, feito prepositiva de um ditongo crescente, para a sílaba precedente tônica, onde passa a constituir um ditongo decrescente com a vogal silábica (v. ditongo); exs.: *primariu-* > *primairo* (donde – *primeiro*), *capio* > *caibo*, *habui* > *haube* (donde – *houve*); 2) transposição do /r/, como segundo membro de um grupo consonântico, de uma sílaba interna ou final para a sílaba inicial; exs.: *fenestra* > *fresta*, *pigritia* > *preguiça*, *tenebras* > *trevas*. Metáteses esporádicas aparecem em – *teneru-* > *terno* (ao lado de *tenro*, sem metátese), *merulu-* > *melro*.

METONÍMIA – Em sentido lato, é a figura de linguagem (v.) que consiste na ampliação do âmbito de significação de uma palavra ou expressão, partindo de uma relação objetiva entre a significação própria e a figurada. Com esta definição, a metonímia abrange a SINÉDOQUE (cf. Kayser, 1948, 113), que a retórica antiga considera ao lado da metonímia *stricto sensu*, na base de distinções sutis. Em outros termos, podemos dizer que a metonímia coloca uma palavra num campo semântico que não é o seu (v. semântica), na base de agrupamentos onomasiológicos das coisas extralinguísticas (v. onomasiologia) que não coincidem com os agrupamentos semânticos das formas linguísticas.

As relações objetivas, que conduzem ao emprego metonímico de uma palavra ou expressão, podem ser das mais variadas: a) relação entre a parte e o todo; ex.: *cabeça* em – *cem cabeças de gado*; b) entre um produto e sua matéria-prima; ex.: *ouro* como "dinheiro"; c) entre um ser e o seu princípio ativo; ex.: *alma* em *cidade de cem mil almas*; d) entre o agente e o resultado; ex.: *mão* como "escrita" em – *é sua mão!*; e) entre um ser e alguns de seus traços físicos; ex.: *respeitemos as cãs*, isto é, "os velhos"; etc. A metonímia é assim um processo sincrônico pelo qual se multiplicam as ocasiões de emprego de uma palavra, além do seu campo semântico específico. Tem uma função importante como recurso de estilo (v.), porque se presta a destacar o que no momento é essencial no conceito designado. "Para ver, exemplificadamente, as suas vantagens, basta atentar na famosa enumeração – 'suor, sangue e lágrimas' – com que Winston Churchill sintetizou a situação crítica do seu povo, na guerra de 1939, depois da queda da França. A frase decorre de três metonímias, em que três tipos de acontecimentos são expressos pelos nomes das manifestações físicas que eles, respectivamente, provocam no corpo humano" (Camara, 1961, 184), ganhando assim esses acontecimentos um efeito pictórico e impressivo.

A semântica histórica passou a aplicar o termo metonímia num sentido diacrônico, para indicar a mudança de significação que resulta do emprego sistemático de uma palavra em metonímia, de tal sorte que pouco a pouco se perde a relação entre esse emprego e a significação específica, resultando daí a mudança do campo semântico para a palavra; ex.: *moeda*, saído de *moneta*, de *monere* "aconselhar", por causa da locução *Juno Moneta* "Juno Conselheira", cuja efígie figurava em dinheiro romano. Muitas outras vezes, mantém-se a significação específica, mas a relação metonímica sofre fossilização (v.) e a palavra passa a ter mais uma significação própria, criando-se uma polissemia (v.); exs.: *vapor* "navio", *tela* pintura, *álcool* bebida alcoólica.

METRO – v. ritmo; versa.

MÍMICA – Jogo fisionômico, em regra acrescido de movimentos das mãos e dos braços, da cabeça, do busto e até de todo o corpo, durante a atividade da linguagem oral. Trata-se de uma "função precisadora da palavra" (cf. Camara, 1959, 18), em que há a integração do organismo naquilo que enunciamos. Falar imóvel e com a fisionomia inalterada é atitude inteiramente artificial e dificílima senão até praticamente impossível. Há na mímica certos gestos padronizados e coletivos, que complementam as frases e até as substituem; tais são: mover a cabeça – a) para a frente, ou – b) para os lados, a fim de – a) afirmar, ou – b) negar; virar as mãos espalmadas para manifestar desconhecimento de um fato; estender o dedo indicador com intenção dêitica (v. dêixis); etc.

MIRANDÊS – v. dialetos.

MOÇÁRABES – v. adstrato; aljamia; arabismos.

MODO – Propriedade que tem a forma verbal de designar a nossa atitude psíquica em face do fato que exprimimos: "a função lógica da modalidade é exprimir a reação do sujeito pensante à sua representação" (Bally, 1950, 216).

Na língua portuguesa há 3 modos essenciais, como herança tradicional indo-europeia: 1) indicativo, em que asseguramos o fato; subjuntivo, ou CONJUNTIVO, em que enunciamos um fato com dúvida; imperativo, em que queremos que um fato se dê (v. indicativo, subjuntivo, imperativo). Mas o modo indicativo ficou de tal sorte predominante, que interfere na área dos outros dois, cabendo a expressão da dúvida e da vontade a advérbios ou ao tipo e sentido de toda a construção frasal, ex.: dúvida – *ele partiu talvez ontem – não sei se ele partiu ontem – ele deve ter partido ontem*; vontade – *exijo a sua partida – proibo-lhe partir – você parte amanhã de acordo com as minhas instruções – você parte amanhã inelutavelmente*.

O subjuntivo, embora ligado à expressão da dúvida, é hoje em português uma servidão gramatical (v.), só se usando em tipos especiais de frase. O imperativo, por sua vez, no Brasil, tem em regra uma conotação agressiva, ou pelo menos de superioridade impositiva, dando-se preferência, fora daí, a uma expressão indireta de vontade, com o indicativo.

Por outro lado, os tempos verbais do indicativo são usados com valor modal e podem perder toda a expressão temporal em proveito desse valor. Neste caso, há: 1) uma oposição entre presente (para expressão da segurança) e futuro do presente (para expressão da dúvida); ex.: *só há um homem capaz disso – só haverá um homem capaz disso*; 2) uma oposição entre presente (para expressão da realidade) e pretérito imperfeito (para expressão da irrealidade); ex.: *"Infiel, grande era o preço que davas por uma filha da serva raça dos godos"* (Herculano, Eurico, 194), onde se expressa que o "preço" não é aceito ao contrário de uma frase como – *Infiel, grande é o preço que dás por uma filha da serva raça dos godos*, onde fica admitida a transação; 3) uma oposição entre futuro do presente (expressão da possibilidade) e o futuro do pretérito (expressão da impossibilidade); ex.: *"...opinião que seria muito difícil de sustentar à vista dos vários monumentos hispano-góticos"* (Herculano, Eurico, 299) onde se assinala que tal opinião é inadmissível, ao contrário de uma frase como: ...*opinião que será muito difícil de sustentar*, onde fica admitida a possibilidade da opinião (cf. Camara, 1956). Por outro lado, o futuro do presente pode ter valor modal de imperativo; ex.: *"Honrarás pai e mãe"*.

Por meio de conjugações perifrásticas (v.), desenvolveram-se em português dois novos modos: a) obrigatório, com o auxiliar *ter* em qualquer de seus tempos verbais relacionado a um infinitivo pela partícula *de* ou *que*, para expressar a obrigação que pesa sobre o sujeito (ex.: *tenho de ir, tinha de falar, tive que explicar, terei que ir*, etc.); b) volitivo, com o auxiliar *haver*, especialmente no indicativo presente, relacionado a um infinitivo pela partícula *de*, para expressar a vontade do falante que se exerce sobre o sujeito (ex.: *hei de ir, hás de falar*, etc.) (v. ênclise).

Alguns gramáticos incluem num modo infinitivo as formas verbo-nominais (v.).

MOLHADA – Nome que se dá tradicionalmente à consoante que resulta da palatalização (v.) de uma líquida (v.) ou uma nasal (v.) de articulação linguodental. O termo é tradução falsa do francês *"mouillèe"* de *"mouille"*, isto é, "amolecida", em virtude da língua se desdobrar no palato com a musculatura frouxa e o efeito acústico ser considerado suave.

MONEMA – v. forma.

MONOFONÊMICO – Diz-se da realização fonética ditongada, necessária, de uma vogal simples. Na fonética portuguesa, temos dois casos de ditongo monofonêmico: 1) das vogais nasais anteriores e posteriores em posição final, quando se esvai o resíduo consonântico pós-vocálico nasal (v. nasal) e se desenvolve uma semivogal homorgânica da vogal; esse fenômeno fonético é mais nítido para /e(n)/ tônico final (ex.: *bem*, pronunciado [bêy(n)] no português do Brasil; 2) dialetalmente, da vogal alta /i/ tônica final travada por /s/ pós-vocálico, quando para as demais vogais há uma ditongação (v.) (ex.: *vis*, pronunciado [viys]).

V. semiditongo.

MONÓLOGO – v. solilóquio.

MONORREMA – Frase constituída de um só vocábulo que engloba em si os elementos do sintagma oracional. A linguagem primitiva deve ter partido de monorremas, como são monorremas as primeiras frases infantis (cf. Sechehaye, 1926). Numa e noutras o vocábulo é inanalisável em partes e funciona em bloco. Tais são na linguagem normal as partículas frasais – *Sim, Não*. Outro tipo de monorrema é em qualquer língua a frase-vocábulo que apresenta em suas formas mínimas os elementos do sintagma oracional; nesse sentido, as formas verbais portuguesas podem figurar como monorremas, incluindo em si o sujeito e o predicado; ex.: *sal, partamos!, anda!*

MONOTONGAÇÃO – Mudança fonética que consiste na passagem de um ditongo (v.) a uma vogal simples, como a passagem em latim de ae para /è/ e em latim vulgar de *au* para *o* (*pauper* > **poper*; cf. port. *pobre*).

Para pôr em relevo o fenômeno da monotongação chama-se, muitas vezes, MONOTONGO à vogal simples resultante, principalmente quando a grafia continua a indicar o ditongo e ele ainda se realiza numa linguagem cuidadosa. Entre nós, há nesse sentido o monotongo *ou* /ô/, em qualquer caso, e *aí* /a/, *ei* /ê/ diante de uma consoante chiante; exs.: (*p*)*ouca* como (*b*)*oca*, (*c*)*aixa* como *acha*, (*d*)*eixa* como *fecha*.

MORFEMA – Dá-se esse nome ao elemento formal que se combina com o semantema (v.), constituindo um mecanismo gramatical por meio do qual o semantema passa a funcionar na comunicação linguística. Como forma (v.) lingüística o morfema tem um significante (o material fônico) e um significado, que é a noção gramatical que ele traz para o semantema. Do ponto de vista do significante, o morfema pode ser: 1) Aditivo: um segmento fônico (um fonema ou um grupo de fonemas); 2) Subtrativo: a supressão de uma parte do semantema; 3) Alternativo: a substituição de fonemas do semantema, que passa a ter duas ou mais formas ALTERNANTES, resultando dessa alternância (v.) o morfema; 4) Reduplicativo: a repetição – reduplicação (v.) – da parte inicial do semantema; 5) de Posição: a posição do semantema em relação a outro na enunciação; 6) Zero: a ausência de qualquer morfema aditivo (convencionalmente designada por Ø), criando-se uma oposição (v.) entre uma forma linguística só com o semantema e outra em que esse semantema é acompanhado de morfema aditivo. Em português o mecanismo gramatical assenta essencialmente em morfemas aditivos (ex.: *-s* em *livros*, para indicar o plural), que ficam em oposição entre si ou com um morfema zero (ex.: Ø em *livro*, para indicar o singular); mas uma ou outra vez há o morfema alternativo através de uma alternância de vogais (ex.: *avô*, com *-ô*, para indicar o masculino; *avó*, com *-ó*, para indicar o feminino), ou em condições específicas o morfema de posição (ex.: *Pedro ouve Paulo*, com *Pedro* sujeito; *Paulo ouve Pedro*, com *Pedro* objeto; *"eu não sou propriamente um autor defunto"*, isto é, um autor que morreu – *"mas um defunto autor"* –, isto é, um defunto que escreve (Assis, Cubas, 1).

Do ponto de vista do significado, o morfema pode indicar: 1) categorias gramaticais (v.) previstas na língua e onde se enquadra o semantema (ex.: *livro*, singular; *livros*, plural); 2) uma relação dentro da enunciação (ex.: *Pedro ouve Paulo*, em que *Pedro* é sujeito e *Paulo* é objeto); 3) palavras distintas formadas pelo mesmo semantema (ex.: com o semantema *livr-*, *livro, livreiro, livraria, livrinho*). Temos assim: 1) Morfemas Categóricos; 2) Morfemas Relacionais; 3) Morfemas Lexicais.

O processo de variar a forma de um vocábulo por meio de morfemas categóricos chama-se flexão (v.), e o de obter novos vocábulos por meio de morfemas lexicais derivação (v.). Da manipulação dos morfemas relacionais resulta a parte da gramática (v.) chamada SINTAXE.

O que caracteriza o morfema não é o significante, mas o significado a que se reporta. Por isso, significantes diversos, reportando-se a um dado significado (uma dada categoria gramatical, por exemplo), são variantes (v.) ou ALOMORFES de um único morfema, sendo o significante mais usual e sistemático na língua o representante do morfema, como seu alomorfe básico. Assim, em português o morfema de feminino é *-a* (*loba* oposto a *lobo*, *espanhola* oposto a *espanhol*), mas há como alomorfe a alternância ó/ô em *avó* oposto a *avô*.

Os linguistas divergem em considerar ou não como morfemas os ÍNDICES TEMÁTICOS (v. tema).

MORFOFONEMA – "Imagem complexa de dois ou vários fonemas suscetíveis de se substituírem mutuamente, no interior de um mesmo morfema" (Vachek, 1960, 50). Trata-se assim de elementos que, distintos no nível fonológico, constituindo fonemas ou elementos sônicos distintos, são no nível morfológico um elemento único; um bom exemplo em português é o morfema de plural, que, conforme o contexto, é /s'/, /z'/ ou /z/; ex.: *os cães* /us'kay(n)s'/, *os gatos* /uz'gatus'/, *os olhos* /uzòl'us'/. No sândi externo (v.) em português, o morfema é sempre representado na grafia por um único fonema, sem se levar em conta a substituição fonológica; assim, escreve-se sempre -*s* a desinência de plural, que é um morfofonema.

Por haplologia, também se diz MORFONEMA.

MORFOFONÊMICA – Parte da linguística descritiva que estuda a distribuição (v.) das variantes posicionais (v.) das formas linguísticas em juntura (v.), quer no interior do vocábulo, quer de vocábulo para vocábulo na frase. Dessa distribuição resultam regras morfofonêmicas, que a explicam, do ponto de vista sincrônico, e não se confundem necessariamente com as causas diacrônicas das variantes. Assim, as variantes de raiz em *decorar* (*cor*) e *recordar* (*cord*) decorrem, diacronicamente, de que *decorar* se derivou, dentro do português, de *cor* (cf. *saber de cor*), ao passo que *recordar* é de formação latina com a raiz *cord*, de *cor-cordis* "coração"; mas a regra morfofonêmica é que se usa *cor-* com o prefixo *de-* e *-cord-* com outros prefixos. A distribuição das variantes pode ser independente da fonologia da língua, como no caso de *decorar* e *recordar*, ou tem um condicionamento fonológico, correspondendo ao que a gramática hindu do sânscrito chamava sândi (v.); ex.: raiz /ley/ em -*leio* (ditongação do /e/ tônico em hiato dentro do vocábulo), /l/ em – *li* (elisão da vogal átona em contacto com vogal tônica diversa), /l/ em – *ler* (crase de vogais iguais – a da raiz e a do índice temático), /le/ em *ledes*, forma básica (*le+des*). Em português, a variação morfefonêmica de condicionamento fonológico dentro do vocábulo (sândi interno) é fundamental em relação às vogais na flexão por desinências (v.) e na derivação vocabular (v.); e levar em conta as regras morfofonêmicas importa em simplificar a descrição gramatical e eliminar pretensas irregularidades (como no caso do radical de *ler* acima citado); essas regras consistem em ditongação (v.), elisão (v.) e crase (v.). A haplologia (v.) é um processo morfofonêmico.

MORFOLOGIA – v. gramática; morfema; distribuição; pronome.

MORFONEMA – v. morfofonema.

MORFONÊMICA – O mesmo que morfofonêmica (v.) por haplologia.

MORTA, LÍNGUA – Em sentido lato, toda aquela que desapareceu do uso. Isto acontece por três principais motivos: 1) houve a extinção do povo que a falava; ex.: várias línguas indígenas do Brasil; 2) o povo que a falava, mestiçando-se muito ou pouco com outro povo – a) conquistador, b) conquistado, adotou a língua desse outro povo;

exs.: a) as línguas ibéricas, substituídas na Antiguidade pelo latim; b) a língua visigótica no Império Hispânico dos visigodos, também, por sua vez, substituída pelo latim; 3) deu-se uma evolução linguística tão profunda e cabal que a língua (v.) adquiriu uma feição inteiramente nova e passou a ser considerada outra língua; ex.: o latim, que se desenvolveu nas várias línguas românicas.

Em sentido restrito, chama-se língua morta a que só é usada: a) como língua escrita geral; b) língua escrita especial (literária, religiosa, política) num povo ou grupo de povos que fala outra língua; exs.: a) o latim na Idade Média, na Europa; b) o latim, atualmente, como língua da liturgia católica romana.

MUDA – Diz-se da letra (v.) que figura na grafia (v.), por uma questão de tradição da língua escrita, mas não corresponde a qualquer fonema da língua oral. Na antiga ortografia portuguesa eram comuns as letras mudas, mas as reformas ortográficas, a partir de 1911, as aboliram em princípio. O sistema ortográfico atual só as conserva em 4 casos: 1) *h* inicial nas palavras que o tinham em latim (exs.: *hábil*); 2) *u* depois de *q* e *g*, para /k/ e /g/, respectivamente, diante de /e/ ou /i/ (ex.: *que, quisto, guerra, guitarra*); 3) o primeiro *s* ou *r* dessas letras dobradas entre vogais para indicar, respectivamente, /s/ ou /r/ forte (ex.: *isso, erro*); 4) em Portugal (mas não no Brasil) -*c*- ou -*p*-, que indicavam de início nos vocábulos eruditos (v.) consoante pós-vocálica e servem, depois de esvaídas, para indicar timbre aberto de /e/ ou /a/ átono precedente (*rectidão, excepção, activo*) e, por uniformidade de grafia, nos mesmos radicais com a vogal tônica (*recto, excepto, acto*). V. dígrafo.

MUDANÇAS – As mudanças que com o correr do tempo se verificam numa língua e dela constituem a história (v.) interna, sob todos os aspectos possíveis. Também se dizem PERMUTAS ou CÂMBIOS.

Há, portanto: 1) mudança fonética, que não se deve confundir com o metaplasmo (v.); 2) mudança mórfica, de uma forma gramatical (v.); 3) mudança sintática, nas construções frasais; 4) mudança léxica, com substituição de vocábulo; 5) mudança semântica, na significação de um samantema, em dada palavra (v.). Exs.: 1) *fenestra- : fresta*; 2) *die- : dia*; 3) *credo esse... : credo quod est...*; 4) *domus : casa*; 5) *tenere* "segurar" : *tenere* "haver" (port. *ter*).

O conjunto das mudanças de uma língua, excluídas as que provêm, por empréstimos (v.), da adoção de elementos de outra língua, recebe o nome de evolução (v.), que é permanente e inevitável, mas acelera ou retarda de acordo com condições políticas e sociais, que se encontram na história externa da língua.

Na diacronia de uma língua (v.) certas mudanças fundamentais servem de referência para a divisão da história da língua em fases e para afinal se considerar uma fase, em cotejo com as anteriores, uma nova língua, como, por exemplo, o português, a partir do protoportuguês, em cotejo com o latim, até o romanço lusitânico. Por outro lado, mudanças divergentes de uma língua, de região para região, num território dado, servem de referência para se dividir a língua em dialetos (v.) ou até para considerar a língua como cindida em várias línguas; assim, o romanço lusitânico é uma divisão dialetal do romanço da Península Ibérica, e, em seguida, o protoportuguês é uma nova língua em face de outras como o castelhano e o catalão, na mesma península, e, igualmente, resultantes de conjuntos de mudanças no latim.

MULTIPLICATIVOS – v. numeral.

MURMÚRIO – v. cochicho.

MUTAÇÃO – Mudança fonética que se processa independentemente do ambiente fonético em que se acha o fonema (Grammont) (cf. Camara, 1959, 281s). A mutação é assim de natureza distinta da assimilação (v.). O resultado de uma mutação é o desaparecimento do fonema, no sistema de fonemas da língua, e a sua substituição sistemática por outro, de caracteres novos.

Na evolução do latim para a língua portuguesa, deu-se a mutação das vogais. Desapareceu o sistema de vogais latinas, baseado na oposição entre vogais longas e breves, e em seu lugar constituiu-se o sistema de vogais portuguesas. O princípio geral da mutação aí foi a substituição da quantidade (v.) pelo timbre (v.); a quantidade longa evoluiu para timbre fechado e a quantidade breve para timbre aberto.

N

NASAL – Diz-se do fonema em cuja produção a corrente de ar ressoa nas fossas nasais, em virtude de manter-se aberta, pelo abaixamento do véu palatino, a comunicação da cavidade nasal com a cavidade oral (v. aparelho fonador).

Na língua portuguesa há três consoantes nasais, que formam uma ordem distinta (v. consoante). Nelas a ressonância nasal se acrescenta, respectivamente, a uma articulação oral: 1) labial (do ponto de vista fonético estrito – bilabial) – /m/; 2) anterior (do ponto de vista fonético estrito – dental) – /n/; 3) posterior (do ponto de vista fonético estrito – palatal, ou a rigor – dental palatalizada) – /n'/, escrita *nh*. Exs.: *amo, ano, anho*. Em /m/ e /n/ há uma oclusão bucal, que só não determina a interrupção da corrente de ar por causa da comunicação entre a boca e as fossas nasais (v. oclusiva). Em /n'/ há a articulação dental acrescida de um desdobramento da região média da língua, com a musculatura frouxa ou mole, ou molhada (v.), no palato médio. Essa nasal /n'/ não existia entre os fonemas latinos. Resultou, na evolução para a língua portuguesa, de uma palatalização (v.) de /n/, ou de uma epêntese (v.) depois de vogal nasal anterior em hiato (v. nasalação).

Na língua portuguesa há ainda cinco vogais ditas nasais, em que a ressonância nasal se acrescenta à ressonância oral para /a/-/e//i/-/o/-/u/ sem distinção de timbre para as vogais médias. A nasalidade equivale a um efeito consonântico e há um resíduo de consoante nasal pós-vocálica; ela persiste diante de outra consoante e é representada na ortografia (*Campo, lento*, etc.) e explica a epêntese de uma consoante nasal plena depois de vogal em hiato, como em *nenhum*, por aglutinação de *nem* e *um* (Camara, 1953 A, 89s; Barbosa, 1962, 691s). Em posição final ou em ditongo decrescente (v. ditongo), o resíduo de consoante nasal pós-vocálica se esvai foneticamente, mas a nasalidade tem função fonológica de consoante, pois a sílaba (v.) terminada por vogal nasal é travada, como no caso de vogal mais consoante. Daí poder-se interpretar sempre a vogal nasal em português como vogal seguida de consoante nasal na mesma sílaba, donde resulta o timbre nasal da vogal (cf. Camara, 1953 A). Na ortografia portuguesa, a nasalidade da vogal fica implícita, salvo no caso /a(n)/ final e de ditongo decrescente, em que se sobrepõe à vogal da sílaba o diacrítico chamado "til" (ex.: *lã, mão, mãe, põe*) e que provém de uma abreviatura dos copistas medievais para *n*. Em posição não-final, diante de consoante, escreve-se a letra vogal seguida de *m* (se a consoante seguinte é uma oclusiva labial) e *n* nos demais casos (exs.: *campo, lento, linfa, sangue*), indicando-se assim apenas o resíduo nasal consonântico que se segue à vogal; e numa vogal final que não seja /a/, a nasalidade é indicada por um *m* em seguida à vogal (exs.: *bem, bom, um, sim*).

NASALAÇÃO – Espécie de assimilação (v.) que consiste na passagem de um fonema oral a nasal. Na evolução da língua portuguesa são particularmente importantes as nasalações de vogais por assimilação a uma consoante nasal /m/ ou /n/.

A consoante nasal latina, que se seguia à vogal na mesma sílaba, isto é, a consoante nasal pós-vocálica, se reduziu a um resíduo consonântico, no meio do vocábulo, e praticamente se esvaiu no fim do vocábulo, tornando num e noutro caso a vogal nasal (v.). Exemplos: *campu- > campo, lentu- > lento, cum > com; sermone- > sermon* /sermo(n)/, também escrito *sermom* (hoje *sermão*).

A consoante /n/ intervocálica caiu, tendo nasalado a vogal precedente no português arcaico: ex.: *rana > rãa, manu- > mão, luna > lua* (til sobre o *u*) /lu(n)a/, *vinu- > vio* (til sobre o *i*) /vi(n)o/. No português moderno tem-se, conforme o caso, um ditongo nasal (*mão*), uma vogal simples nasal, por crase (v.) (*rã*), uma desnasalação (v.) (*lua*) ou a epêntese (v.) de uma consoante nasal, que mantém foneticamente a nasalidade da vogal precedente (*vinho, uma*).

Às vezes, a nasalação da vogal foi determinada pela propagação da articulação nasal da consoante inicial da sílaba; ex.: *mi > mim; nidu- > nio* (til sobre o *i*) /ni(n)u/ (donde – *ninho,* como em *vio* /vi(n)o/ > *vinho*).

NEGAÇÃO – Em sentido lato, qualquer frase negativa, opondo-se à AFIRMAÇÃO; ex.: *Não quero – Quero*. Em sentido estrito, o vocábulo ou partícula (v.) que torna negativa uma frase que sem ela seria afirmativa.

Em português a PARTÍCULA NEGATIVA, por excelência, é *não* (lat. *non*). Aparece: a) isolada, como vocábulo autônomo, ou PARTÍCULA FRASAL, oposto a *sim*, constituindo uma e outra um monorrema (v.) (ex.: *Saíste? – Não*); b) proclítica a um verbo (v. próclise) (ex.: *Não saí*).

Além dessa partícula, há em português – a) pronomes, e – b) advérbios, negativos, como: a) *nenhum, ninguém, nada* (v. indefinidos); b) *nunca, jamais, nenhures*. Alguns desses vocábulos provem de um correspondente negativo, em latim (ex.: *nunquam > nunca*); outros formaram-se em português por aglutinação (ex.: *nenhum > nem* /ne(n)/ + *um* /u(n)/, com epêntese (v.) de /n'/). Um terceiro grupo é constituído de vocábulos primitivamente afirmativos, que se tornaram negativos pela associação com a partícula *não* em frases negativas frequentes; assim *nada* (lat. *natam*, part. pass. de *nasci* "nascer") provém da locução *rem natam* "coisa nascida" ou "coisa que exista", para reforçar a negação (ex.: *non habeo rem natam*), havendo no romanço português a elipse de *rem*. Também se verificou a elipse de *natam*, donde em francês *rien* (rem) e no português arcaico *rem* (ex.: *"Não dou por tal enfinta ren"*, cf. Nunes, 1926, II, 12).

NEOLOGISMOS – Inovações linguísticas que se firmam numa língua dada. Pode tratar-se – a) de vocábulos novos (neologismos vocabulares), ou – b) de novos tipos de construção frasal (neologismos sintáticos).

Entre os neologismos vocabulares, há alguns que resultam de associações de ideias ou de um impulso de harmonia imitativa (v.); assim, nas línguas ocidentais modernas, generalizou-se, de origem holandesa, o neologismo *gás*, sugerido pelo holandês *geest* "espírito" ou grego *cháos* "massa informe" (cf. Nascentes, 1932, 367), bem como *kodak*, criado em inglês e em seguida generalizado, sugerido pelo ruído da máquina na fotografia instantânea (cf. Vendryes, 1921, 270). Em regra, porém, são composições ou derivações novas, havendo nestas últimas acentuada preferência por certos sufixos; assim, *-ismo* (para nomes abstratos), *-ista* (para nomes concretos), *-izar* (para verbos). Acrescem os helenismos eruditos (v.) e as adoções de estrangeirismos (v.). São neologismos: *inverdade, radiodifusão, visualizar, radialismo, telefone, camelô*).

Os neologismos sintáticos resultam de uma criação estilística, que se padroniza na língua, ou de um estrangeirismo sintático.

NEUTRALIZAÇÃO – v. oposição; debordamento.

NEUTRO – Uma das 3 divisões da categoria de gênero (v.) nas antigas línguas indo-europeias, sendo as duas outras o masculino e o feminino. O neutro ainda subsiste em muitas línguas modernas indo-europeias, mas desapareceu das línguas românicas, e pois do português. Correspondia a uma interpretação de um ser como INANIMADO, em permanente passividade (v.), em virtude de considerações místicas que muitas vezes nos escapam.

Em latim, o neutro figurava na 2ª e 3ª das declinações (v.) básicas latinas com um tema (v.) que passou para as línguas românicas. Caracterizava-se por um nominativo igual ao acusativo, e no plural, para um e outro desses dois casos (v.), por uma desinência em -*a* (2ª declinação) e em -*a* ou -*ia* (3ª declinação); exs.: *castellum : castella, tempus : tempora, mare : maria*. Como a concepção mística, que fundamentara o gênero neutro, praticamente se esvaíra no próprio latim clássico, verificou-se no latim vulgar a tendência à supressão do neutro pelo abandono de suas desinências típicas de plural, substituídas pela de masculino, donde no acusativo – *castellu- castellos, tempu-* feito da 2ª declinação por metanálise do nominativo: *tempos, mare : mares*. Entretanto, em muitos neutros usados frequentemente no plural predominou essa forma, que foi interpretada como a de um coletivo terminado em -*a* (1ª declinação); ex.: *folia : folias* (em vez de – *folium, folia*) port. *folha : folhas*; e às vezes, como em *lenha*, de *ligna* (pl. de *lignum*), persistiu em português o valor coletivo.

Também nos empréstimos lexicais ao grego (v. helenismos) a forma neutra foi adaptada em português ao masculino, como nos nomes em -*ma*, gen. -*matos* (ex.: *problema, grama, drama*).

Entre os pronomes demonstrativos (v.) e indefinidos (v.) há, contudo, em português um novo conceito de neutro em formas substantivas invariáveis que só se referem a coisas (ex.: *isto, tudo*); diacronicamente prendem-se à forma do neutro latino (cf. *istud > esto > isto*).

Noutro sentido e âmbito gramatical, diz-se neutra a vogal central baixa, que resulta de uma quase inércia da língua como órgão fonador ativo (v. vogais).

NEXO – Termo aplicado por Jespersen (1928, 108) para a conexão sujeito (v.) e predicado (v.), o que caracteriza o sintagma oracional entre os demais sintagmas (v. sintagma). Há nexo, e portanto predicação (v.), quando há um propósito de informação nova, não prevista na enunciação do sujeito; não se trata de enriquecer a significação de uma palavra, como faz o adjunto (v.), mas de relacioná-la com outra significação nova e autônoma, assinalando-se formalmente tal relação pela entoação frasal (v.); assim, em latim, *homo bonus*, conforme tem ou não a entoação frasal, apresenta nexo e é um sintagma oracional ("o homem é bom"), ou não apresenta nexo e é sintagma de substantivo e adjetivo adjunto ("o homem bom").

NHEENGATU – v. adstrato.

NOME – Grupo de palavras que se opõe ao verbo (v.) pelo valor estático dos seus semantemas. "O nome indica as 'coisas', quer se trate de objetos concretos ou de noções abstratas, de seres reais ou de espécie": *Pedro, mesa, verde, verdor, bondade, cavalo*, são igualmente nomes. O verbo indica os "processos", quer se trate de ações, de estados ou de passagem de um estado a outro: *anda, brilha, azula*, são igualmente verbos (Meillet, 1921, 175). Na língua portuguesa, os nomes se assinalam morfologicamente pela possibilidade da categoria de gênero (v.) e pela indicação do número plural com a desinência -*s*; em latim possuíam também a categoria de casos (v.). Em virtude de sua função na frase ou conjugação num sintagma lexical, os nomes se dividem em substantivo (v.) e adjetivo (v.), mas muitas vezes há uma forma única, que pode ser no sintagma lexical – determinado (substantivo), ou determinante (adjetivo) em concordância (v.) de gênero e número como o determinado; cf.: "*O inglês, marinheiro frio...*" (Alves, Obras, II, 94) ao lado de *este marinheiro é inglês, um marinheiro inglês*. Os nomes gentílicos (v.) são comumente de forma única (*inglês*, etc.), embora para alguns haja um adjetivo, derivado, ao lado do substantivo primitivo (ex.: *persa*, subst.: *pérsico*, adj.; *árabe*, subst.: *arábico*, adj.; etc.), sem grande consistência, porém, na distribuição de emprego (cf. *Cartas persas*, etc.).

Os derivados em -*ês*, que podem funcionar como substantivo ou adjetivo, têm feminino em -*a*, ao contrário de *cortês*, *montês* e *pedrês* que são exclusivamente adjetivos.

As gramáticas que fazem do adjetivo uma classe independente de vocábulos reservam o termo "nome" para o substantivo. Na linguagem usual, por outro lado, encontra-se "nome" como equivalente de "denominação" ou, ainda, de nome próprio (v. antropônimos).

NOME DE FAMÍLIA – v. antropônimos.

NORMA – Conjunto de hábitos linguísticos vigentes no lugar ou na classe social mais prestigiosa no país. O esforço mesmo latente para manter a norma e estendê-la aos demais lugares e classes é um dos fatores do que se chama a correção (v.). A norma é contrariada pela variabilidade linguística intrínseca, que se verifica: a) de um lugar para outro; b) de uma classe social para outra; c) de um indivíduo para outro. Do ponto de vista da norma, a variabilidade que a contraria constitui o ERRO, e temos, portanto, três espécies de ERRO: a) regionalismos (v.); b) vulgarismos (v.); c) erros individuais, que correspondem ao idioleto (v.). Todos esses três tipos de erros atuam contra a norma e tendem a enfraquecê-la ou modificá-la, principalmente quando na estrutura social se debilita o prestígio do lugar e da classe que representa. Assim, no Império Romano, o latim clássico (v.), correspondendo à norma da aristocracia romana, cedeu lugar ao latim chamado "vulgar" com predominância dos vulgarismos e regionalmente diferenciado, além de favorecer a propagação dos erros individuais.

A norma é uma força conservadora na linguagem, mas não impede a evolução linguística (v.), que está na essência do dinamismo da língua, como de todos os fenômenos sociais (v. dinâmica). Em muitas sociedades altamente evoluídas a norma se torna operante e agressiva, em face dos três tipos de ERRO, por início do ensino escolar e da organização de uma disciplina gramatical (v.).

V. registro.

NUMERAL – Espécie do nome (v.) que indica o número de seres. Ao lado dos numerais propriamente ditos, chamados CARDINAIS (*um*, *dois*, etc.), que designam a quantidade em si mesma ou uma quantidade certa de seres, há os numerais que indicam o número de ordem ditos ORDINAIS (*primeiro*, *segundo*, etc.). A série de numerais cardinais em português decorre da série correspondente em latim clássico, mas houve também composições posteriores na base dos nomes de números fundamentais (exs. *vinte e um*, *duzentos e quarenta*, *mil e trezentos*, etc.); criou-se assim um quadro de numerais cardinais relacionados com a arte de contar. O mesmo se pode dizer dos numerais ordinais, onde também houve derivações novas (exs.: port. *primeiro*, *terceiro*, ao lado do lat. cl. *primus*, *tertius*, respectivamente).

Quanto à categoria de número, os cardinais, exceto *um*, são do plural, implicitamente. Para o gênero, são invariáveis, salvo *um* (fem. *uma*), *dois* (fem. *duas*) e as centenas acima de *cem* (*duzentos*, fem. *duzentas*; *trezentos*, fem. *trezentas*, etc.).

Já os ordinais variam em número e gênero como os nomes em geral (ex.: *primeiro, -a -os, -as*). O quadro dos numerais ordinais é muito complexo e apresenta compostos e locuções rebarbativas, para cuja utilização o saber e a habilidade do homem do povo depressa se esgotam; daí se usarem como ordinais os próprios cardinais. É o que geralmente fazemos para os dias do mês, as horas do dia, a idade, as casas de uma rua, a página ou o capítulo de um livro, "pelo menos de certo ponto em diante" (Ali, s.d., 89); ex.: *vinte e quatro de agosto*, *três horas*, *doze anos* (em – *faleceu aos doze anos*), *página sessenta e três*, *capítulo trinta e dois*.

Tal emprego dos cardinais se justifica logicamente, de um ponto de vista novo, segundo o qual o número passa a ser como que uma qualidade intrínseca daquela hora, daquela página, etc., desprendidas, em nosso espírito, das horas, das páginas anteriores e assim por diante.

A relação entre os nomes numerais da língua e a arte de contar condiciona, na língua escrita, o uso de números em vez das palavras correspondentes; ex.: 24 de agosto, 3 horas, 12 anos, rua X 23, capítulo 32. Assim os numerais passam a ser indicados na língua escrita por ideogramas (v.).

Além dos numerais cardinais e dos ordinais, há os que exprimem aumento ou diminuição proporcional, chamados numerais proporcionais. O aumento proporcional é indicado por múltiplos da quantidade, razão por que também se lhes chama MULTIPLICATIVOS; são muito usados em português – *duplo* ou *dobro*, *triplo*, *quádruplo*, *quíntuplo* e *sêxtuplo*, com um sufixo *-plo* de origem erudita, sendo a variante *-bro*, de *dobro*, a contraparte popular, ou pelo menos semierudita. A diminuição proporcional é indicada por frações da quantidade, o que lhe justifica a denominação de FRACIONÁRIOS (*meio*, *terço*, *quarto*, *quinto* etc.); do fracionário *oitavo*, para *oito*, tirou-se por metanálise (v.) um sufixo *-avo*, que passou a substantivo, suscetível de plural, para indicar o elemento fracionário em si mesmo; ex.: *cinco avos*, *um avo*, etc.

NÚMERO – Categoria gramatical que leva em consideração o número dos indivíduos designados nos nomes (v.), essencialmente os substantivos. Em português pela concordância (v.) se estende aos adjetivos e aos verbos, que entram em concordância de número com a pessoa (v.) do sujeito.

O número pode ser SINGULAR, quando o substantivo designa um só indivíduo ou vários indivíduos considerados num todo COLETIVO, e PLURAL, quando há um morfema indicando tratar-se de mais de um indivíduo. No indo-europeu primitivo havia também o número dual (v.).

Em português se indica o plural pela desinência constituída da consoante sibilante pós-vocálica, representada na escrita por -*s*. O singular se indica pela ausência dessa desinência, ou morfema zero. Por morfofonêmica (v.) a sibilante da desinência é surda diante de pausa ou da consoante surda (ex.: *livros pretos* /lívrus prêtus/) e sonora diante de vogal ou consoante sonora, sendo que diante de vogal passa a funcionar como pré-vocálica dessa vogal (ex.: *livros brancos* /lívruz brá(n)kus/, *livros alvos* /lívruzálvus/). Nos nomes de tema (v.) em *-e*, onde a vogal temática foi suprimida no singular depois de consoante líquida ou sibilante, há o reaparecimento da vogal com a desinência de plural, e nos radicais de final em /le/ a perda da consoante com a ditongação como consequência morfofonêmica: *mar – mares, sal – sais*; em contacto com /i/ tônico, porém, continua a faltar a vogal temática (*vil – vis*) e com /i/ átono esse /i/ passa a /e/ e há ditongação (*fácil – fáceis*). Por outro lado, os radicais terminados em /a(n)/ ou /o(n)/ do tema em *-e*, apresentam no singular uma forma variante em *-ão* /aw(n)/ e só tem o seu tema básico no plural (*leão – leões; cão – cães*) com exceção do singular *mãe*, que conserva no singular o seu tema (*mãe – mães*). Nos nomes não-oxítonos terminados em sibilante não se expressa a oposição singular-plural em virtude da ausência da desinência no plural, ficando apenas a oposição manifesta pela concordância do artigo ou de um adjetivo (*os alferes, pires brancos*).

O morfema do plural em português é *-s* por causa da origem mórfica dos nomes portugueses que provêm do acusativo latino (v. casos).

O

OBJETOS – Nome usual que se dá aos complementos objetivos (v.). Morfologicamente eles se caracterizam, em português, pela transformação (v.) num pronome pessoal adverbial átono de 3ª pessoa – *o, a, os, as*, para o objeto direto, e – *lhe, lhes* para o objeto indireto; exs.: *Vi meu irmão: Vi-o – Falei a meu irmão: Falei-lhe*. Nocionalmente se caracterizam por serem indispensáveis para uma comunicação satisfatória feita em certos verbos, apresentando o alvo do processo verbal, sobre o qual incide (objeto direto) (v. transitividade) ou para o qual o processo serve de termo de referência (objeto indireto). Na estrutura em que o objeto é um nome substantivo, o objeto direto se caracteriza como um complemento não regido de preposição e o objeto indireto pela regência da preposição *a*. Para o objeto que é nome substantivo, a oposição entre direto e indireto fica teoricamente perturbada por duas circunstâncias: 1) certos verbos exigem, por servidão gramatical (v.), uma preposição para reger o seu objeto, que é nocionalmente direto, mas já não admite a transformação no pronome adverbial átono – *o, a, os, as* (ex.: *tratar de alguma coisa, assistir a um espetáculo*); 2) o objeto direto, referente a pessoa, admite uma construção com a regência da preposição *a*, cuja função é assinalar o gênero ANIMADO (v.) do paciente, mas com a marca de objeto direto pela possibilidade da transformação no pronome adverbial átono – *o, a, os, as* (ex.: *amar aos pais: amá-los*). No primeiro caso, um grande número de gramáticos estendem a esses objetos o conceito de indireto, estabelecendo um conceito de objeto indireto *lato sensu*, ao lado do objeto indireto *stricto sensu* com a possibilidade da transformação em *lhe, lhes*. No segundo caso, tem-se o objeto direto PREPOSICIONADO, que fica em variação estilística (v.) com o objeto direto normal sem preposição regente.

O nome substantivo regido de preposição (objeto indireto *stricto sensu*, objeto indireto *lato sensu*, objeto direto preposicionado) é suscetível de transformação num pronome pessoal oblíquo tônico com a mesma preposição regente (exs.: *Falamos a ele – Preciso dele – Amamos a eles*), criando-se assim, em referência ao objeto indireto *stric-*

to sensu, uma variação estilística entre o uso do pronome adverbial átono e o do pronome oblíquo tônico (ex.: *Falamos-lhe – Falamos a ele*). Daí a construção enfática em Camões com objeto direto preposicionado: *"Nem ele entende a nós, nem nós a ele"* (Lusíadas, V, 28). Na voz medial (v. medial, voz) tem-se o objeto reflexivo, expresso pelo pronome adverbial átono da pessoa do sujeito (*me, te, nos, vos*, e, na 3ª pessoa, privativamente reflexivo, *se*). É um objeto direto; mas há um objeto reflexivo indireto nos verbos bitransitivos, em que figura um objeto direto ao lado do reflexivo; ex.: "*...mestre que se dá os parabéns de um bom discípulo*" (cf. Barreto, 1924, 92). Note-se que há uma espécie de objeto indireto (*stricto sensu*), em que não se trata de um objeto da ação, mas de um interesse todo particular na ação por parte de uma pessoa expressa pelos pronomes adverbiais átonos junto ao verbo – *me, te, nos, vos, lhe, lhes*; a sua inclusão entre os objetos indiretos decorre do pronome de 3ª pessoa (*lhe, lhes*) e da tradição da gramática latina, onde se tinha aí um dativo (v. casos) dito – DATIVO ÉTICO; ex.: "*Entre-me logo o touro em sua agreste lida, / a arar, fundo...*" (Castilho, Geórgicas, 12).

OBSOLETOS – Diz-se dos termos linguísticos que desapareceram do uso geral. O reemprego das formas obsoletas constitui os arcaísmos (v.).

OCLUSÃO – v. abrimento; oclusivas.

OCLUSIVA – Consoante em cuja produção a corrente de ar, emitida dos pulmões, é momentaneamente interrompida na boca, em virtude de uma oclusão determinada pela junção de um órgão fonador ativo com um órgão fonador passivo. Outro nome é (EX)PLOSIVA.

Na língua portuguesa, as oclusivas formam uma ordem de seis consoantes, distribuídas em três classes, duas a duas: 1) labiais (do ponto de vista fonético estrito – bilabiais), onde a oclusão é nos lábios: /p/-/b/; 2) anteriores (do ponto de vista fonético estrito – linguodentais), onde a oclusão é na parte interna da arcada dentária superior pela junção do bordo anterior da língua: /t/-/d/; 3) posteriores (do ponto de vista fonético estrito – linguovelopalatais), onde a oclusão é na parte posterior do palato duro ou no véu palatino (com 2 tipos de variantes posicionais, dependentes da natureza, anterior ou posterior, da vogal seguinte) pela junção do dorso da língua: /k/-/g/. Em cada um desses pares de consoantes há uma oposição entre consoante surda (/p/-/t/-/k/) e consoante sonora (/b/-/d/-/g/) (v. surdo, sonoro).

As oclusivas posteriores não têm na ortografia portuguesa representação una e exclusiva. A surda é representada de três maneiras: 1) pela letra *c* diante das vogais /a/-/ó/-/ô/-/u/ ou como primeiro elemento de grupo consonântico; exs.: *calo, cola, coro, cura, ctônio, classe, crise*; 2) pela letra *q* seguida de letra *u* muda diante das vogais /é/-/ê/-/i/; exs.: *quero, quedo, quisto*; 3) pela letra *q* diante de semivogal /w/ escrita *u* (v. ditongo); exs.: *quadro, frequente*. A sonora é representada de dois modos: 1) pela letra *g* diante de /a/-/ó/-/ô/-/u/-/w/ e como primeiro elemento de grupo consonântico: exs.: *galo, gola, gota, gula, guarda, gnose, glande, grito*; 2) pela letra *g* seguida da letra *u* muda, diante de /é/-/ê/-/i/; exs.: *guerra, guerreiro, guitarra*.

As letras *c* e *g* diante de /é/-/ê/-/i/ representam, respectivamente, as consoantes /s/ e /z'/ em vocábulos em que /k/ e /g/ latinos evoluíram para africadas e afinal constritivas diante de /é/-/ê/-/i/ (v. constritiva); ou em vocábulos não-latinos, em que houve de início uma africada em português; exs.: *cela, cedo, citar, cenoura; gesto, gelo, agir, giz*.

ONOMASIOLOGIA – Método de pesquisa que consiste "em reunir as expressões de que dispõe uma língua para traduzir determinada noção, p. ex.: a de *magreza, fome, embriaguez*, etc." (Boléo, 83). Parte-se assim dos significados (v. significação) capazes de ter expressão linguística para se chegar às formas linguísticas correspondentes, em vez de focalizar uma forma para em seguida examinar as suas diversas significações e empregos. Esse método tem sido muito usado ultimamente para o léxico referente à cultura material e às coisas da natureza; mas também se estende aos conceitos sociais e morais e até às categorias gramaticais. Assim, podem-se estudar as variadas maneiras por que se designam dados instrumentos da lavoura, os ventos, os graus de parentesco, a ideia de diabo, o conceito de futuro, etc.

ONOMÁSTICA – Conjunto dos antropônimos (v.) e topônimos (v.) de uma língua, e também o estudo linguístico desses vocábulos, o qual requer métodos de pesquisa especiais. Neste último sentido, também se usa o termo ONOMATOLOGIA.

ONOMATOLOGIA – v. onomástica.

ONOMATOPAICOS, VOCÁBULOS – v. onomatopeia.

ONOMATOPEIA – Vocábulo que procura reproduzir determinado ruído, constituindo-se com os fonemas da língua, que pelo efeito acústico dão melhor impressão desse ruído. Não se trata, portanto, de imitação fiel e direta do ruído, mas da sua interpretação aproximada com os meios que a língua fornece. São em regra monossílabos, frequentemente com reduplicação (v.) acompanhada, ou não, de alternância vocálica; ex.: *pum!*, *tique-taque*, *toque-toque*. A estrutura fonológica das onomatopeias apresenta muitas vezes traços especiais; assim, em português, a terminação por consoante oclusiva, que inclui a epítese (v.) da vogal anterior, átona final, de apoio. Das onomatopeias derivam-se os vocábulos ONOMATOPAICOS, em que a onomatopeia é a semantema combinado com morfemas nominais ou verbais (ex.: *zumbido*, cf. *zum-zum*; *tilintar*, cf. *tlin-tlin*).

Devem-se distinguir das onomatopeias e dos vocábulos onomatopaicos os VOCÁBULOS EXPRESSIVOS, onde a estrutura fonológica apresenta-se como apropriada ao significado; por exemplo, "em *clarim* temos um leve efeito imitativo, para o qual é responsável o /i/ agudo secundado pela sonoridade do /a/ e pelo grupo consonântico *cl-*, onde a plosiva lembra o som que irrompe e a líquida o seu prolongamento ecoante e fluido" (Camara, 1953, 59).

V. estilística; harmonia.

OPOSIÇÃO – Princípio fundamental da estrutura linguística (v.), de que resultam os fatos da língua. Cada elemento não existe senão como oposição a outro elemento, ou, em outros termos, só existe linguisticamente porque existe outro elemento com que ele entra em oposição. Assim, em português, temos um "feminino" por causa da oposição com o "masculino", ou a vogal /e/ de timbre aberto por causa da oposição com a vogal /e:/ de timbre fechado. A própria significação de um semantema depende da sua oposição com as de outros semantemas, como em português *saber* fica bem compreendido em sua significação porque se opõe a *ignorar*. Ao lado da oposição há a correlação (v. sincronia) em que os elementos se associam por um traço comum. Assim temos, por exemplo, as correlações dos ditongos (/ay/-/aw/-/ey/-/ew/, etc.) e das duas formas da voz passiva (v.). Mas a correlação se decompõe em dois níveis de oposição: 1) da série correlativa com outra – os ditongos se opõem às vogais simples (/a/ etc.), as formas da VOZ passiva se opõem à da VOZ ativa; 2) dos membros componentes da correlação entre si – ditongo /ay/ com /aw/, ou /ay/ com /ey/ e assim por diante; voz passiva sintética com voz passiva analítica; etc. Em certas condições, a oposição fica suprimida e uma única forma equivale às que se opunham; é a NEUTRALIZAÇÃO (Trubetzkoy, 1949; Martinet, 1960). Assim, em português, a frase – *os lobos infestam estes bosques* – apresenta a neutralização entre masculino *lobos* e o feminino *lobas*, da mesma sorte que em muitas zonas dialetais desaparece a oposição entre ditongo e vogal simples diante de /s/ final (cf. *pais* e *pás* pronunciado /pays/). Também se pode dar o debordamento (v.).

Há fundamentalmente três tipos de oposição linguística (Trubetzkoy, 1949): 1) Privativa, em que um elemento é formalmente marcado em oposição a outro não-marcado; ex.: port. sing. não-marcado (*lobo*, etc.) – pl. marcado pela desinência -*s* (*lobos* etc.); vogal simples não-marcada – ditongo marcado pela semivogal. 2) Equipolente, em que os elementos são todos formalmente marcados, cada qual a seu modo; ex.: ditongo /ay/ oposto a /aw/, cada qual com uma semivogal distinta – voz passiva sintética com o apassivador *se* oposta a voz passiva analítica, cuja marca é o emprego de *ser* combinado com um particípio. 3) Gradual, em que os elementos vão gradualmente aumentando um traço comum distintivo; ex.: port. as vogais anteriores, em que o avanço e a elevação da língua vão sempre aumentando (/e/e:/-/i/). É da oposição morfológica privativa que decorre o conceito de morfema zero (v.), teoricamente considerado no membro não-marcado (ex.: *lobo* + Ø, oposto a *lobo* + *s*). Por outro lado, a oposição privativa é binária, isto é, constituída de dois membros, e não mais o marcado e o não-marcado. As oposições equipolentes e graduais podem ter três ou mais membros (cf. lat. – masculino – feminino – neutro; port. as 3 vogais anteriores). Há, porém, uma teoria linguística, conhecida como binarismo (v.), que sustenta serem essencialmente as oposições de 3 ou mais membros redutíveis a planos hierárquicos de oposições binárias.

OPTATIVO – v. subjuntivo; imperativo.

ORAÇÃO – Frase elementar, livre ou dependente, em que um propósito definido de comunicação linguística se formula num esquema discursivo, prestando-se a uma análise (v.) dos constituintes, a um tempo formal e mental. O esquema discursivo, na língua portuguesa, tem como vocábulo nuclear o verbo (v.), que isolado ou acompanhado de complementos, em formas de nomes, pronomes ou advérbios, constitui o predicado da oração (v.). Mesmo a oração nominal de complemento predicativo (v. complementos) apresenta normalmente o verbo *ser* como verbo substantivo (v.). O predicado se refere a um sujeito (v.), estabelecendo-se assim o sintagma oracional (v.) de sujeito (determinado) e predicado (determinante), relacionados por um nexo (v.).

Quando a oração é uma frase elementar dependente, diz-se subordinada e formula-se articulada com outra, numa relação de subordinação (v.). A subordinação se faz em português de 3 maneiras: 1) pela forma verbo-nominal (infinitivo, gerúndio, particípio), que caracteriza a chamada ORAÇÃO REDUZIDA; exs.: a) de infinitivo: *"depois de subirem a encosta, o cavaleiro negro e os que o seguiam viram alongar-se diante deles uma chapada plana..."* (Silveira, 1937, 247); b) de gerúndio: *"Correndo a mão pela cabeça das crianças, ralhando com umas, afagando outras, informava-se de tudo..."* (*id.* 213); c) de particípio: *"Passada uma hora, o único que não dormia era o vigário"* (*id.* 216) – *Certo cavalheiro passante dos cinquenta anos..."* (*id.* 143); 2) por uma partícula conectiva de natureza pronominal – pronome relativo – que ao mesmo tempo funciona na oração subordinada, dita pronominal, como sujeito ou complemento ou adjunto; ex.: *Em volta do círculo alvacento que o luar esparge no céu, cintilam raras estrelas no azul do firmamento, que parece o leito recamado de safiras, em que se reclina a rainha da noite"* (*id.* 236); 3) por uma partícula conectiva – conjunção subordinativa (v.), que apenas incorpora a oração subordinada dita conjuncional, na principal; as orações subordinadas conjuncionais podem ser – integrantes (correspondendo a sujeito, complemento objetivo ou predicativo da oração principal) ou circunstanciais (correspondendo a complemento circunstancial da oração principal); exs.: a) integrante: *"Queres tu que Iracema te acompanhe às margens do Acaraú?"* (Alencar, Iracema, 103) – *"Então parece que da vida as fontes / mais fáceis correm..."* (Dias, Obras, 1, 314); b) circunstancial: *"Porém já cinco sóis eram passados, / que dali nos partíamos..."* (Lusíadas, V, 37) – *"como estava cansado, fechei os olhos três ou quatro vezes"* (Assis, Casmurro, 1) – *"Régulo, porque a pátria não perdesse, quis mais a liberdade ver perdida"* (Lusíadas, IV, 53). Finalmente podem estabelecer com a principal uma correlação de subordinação (v.). Noutro plano de classificação a oração subordinada tem na principal a função de um substantivo, de um adjetivo ou de um advérbio, classificando-se na técnica de análise sintática, usada entre nós, como – substantiva, adjetiva ou adverbial.

Como frase elementar livre, a oração é independente (v.) ou está ligada a outra ou outras por coordenação (v.), sendo então membro de uma sequência, como oração coordenada. Na coordenação há a mera sequência ou a mais as noções de – alternativa, contraste, explicação ou conclusão, donde a oração copulativa, alternativa, adversativa, explicativa ou conclusiva. Esses intentos podem estar implícitos na sucessão das orações assim coordenadas (orações assindéticas) ou se exprimirem por meio de uma conjunção coordenativa (orações sindéticas). V. assíndeto.

ORDINAIS – v. numeral.

ORTOÉPIA – Parte da gramática normativa (v.) que, tendo em vista o uso culto, a pronúncia tradicional e os traços fonológicos relevantes, determina e prescreve no âmbito da fonologia de uma língua: 1) a escolha entre as variantes livres dos fonemas; 2) a nitidez da articulação dos grupos vocálicos e consonânticos; 3) os tipos de ligação (v.) que se devem fazer ou evitar; 4) as modalidades condenáveis de metaplasmo (v.); 5) a sílaba que deve receber o acento nos vocábulos de acentuação duvidosa (v. prosódia). Exs.: 1) *fazer*, com um nítido /r/ pós-vocálico vibrante; 2) *inteiro*, *inteirar* com o ditongo /ey/ nítido; 3) *mal-estar* com ligação /malestár/; 4) *próprio*, sem síncope dissimilatória do segundo /r/; 5) *rubrica*, paroxítono. A ortoépia não se deve subordinar à grafia, pois assim provoca muitas vezes uma viciosa pronúncia alfabética em desacordo com a pronúncia tradicional e as correlações dos fonemas; ex.: *rico*, com /o:/ fechado, quando em posição átona final há a neutralização da oposição /o/-/u/ (v. vogal; hiperurbanismo).

A filologia grega dava à ortoépia um sentido muito mais lato (*orthós* "reto", *eipên* "falar"), abrangendo a correção (v.) em sentido geral. Por isso alguns gramáticos preferem ao termo, em sua significação fonológica estrita, o de ORTOFONIA.

ORTOFONIA – v. ortoépia.

ORTOGRAFIA – v. grafia.

OUVINTE – v. em frase, linguagem.

OVERLAPPING – v. debordamento.

OXÍTONO – v. acento.

P

PADRÃO – v. discurso; língua; variantes.

PADRÃO FRASAL – v. discurso; frase; colocação; concordância; variantes.

PALATALIZAÇÃO – Mudança fonética que consiste na ampliação da zona articulatória para a produção de uma consoante, em virtude do desdobramento da parte média da língua no palato médio. Na evolução da língua portuguesa, a palatalização criou quatro consoantes que não existiam no sistema de fonemas latino: na ordem constritiva (v.) uma chiante surda e uma chiante sonora; uma nasal palatizada (v.); uma líquida lateral palatalizada (v.). Resultaram de grupos consonânticos latinos ou de uma consoante em contato com /y/, isto é, com a semivogal anterior (ou palatal) crescente (v. sílaba; ditongo; vogal), que não existia no latim clássico, mas surgiu posteriormente por evolução de um fonema de outro tipo. Mesmo no caso de grupo consonântico houve uma fase intermediária em que apareceu esse /y/. Pode-se dizer, portanto, que a palatalização é uma assimilação determinada por um fonema palatal /y/, assimilador, em contato com a consoante assimilada (v. assimilação); ex.: *veclu-* (*-cl-* > *-yl-*) > *velho*, *pulsare* (*-is-* > *-ys-*) > *puxar*.

Na ortografia portuguesa, a nasal palatalizada e a líquida lateral palatalizada, também ditas molhadas (v.), se indicam por um dígrafo, invariável, exclusivo de cada uma: *nh* e *lh* respectivamente. A chiante sonora indica-se por *j*, mas conserva-se a letra *g* nos vocábulos de origem latina em que a chiante sonora provém da evolução da oclusiva velopalatal sonora /g/ diante de vogal anterior (também dita palatal); exs.: *justo*, *fujo*, *fugir*. A chiante surda indica-se ora por *x*, ora *ch*; essa distinção gráfica decorre de uma distinção de fonemas do português arcaico, correspondente à que em inglês há entre a chiante simples *sh* (*share*) e a africada *ch* (*chair*). (Sobre o uso do *h* na grafia das consoantes palatalizadas, v. dígrafo: africada).

PALATO ARTIFICIAL – v. palatograma.

PALATOGRAMA – Transposição gráfica, para o papel, da mancha que se obtém numa placa de parafina polvilhada, adaptada ao céu da boca e dita PALATO ARTIFICIAL, quando se articula um fonema ou um grupo de fonemas: da zona tocada pela língua desaparece a camada de polvilho. "Os palatogramas permitem ver: 1º, se a língua toca ou não no palato; 2º, quando toca, qual a região tocada e a sua extensão e a sua forma (Nogueira, 1938, 316). O palatograma é um dos recursos da fonética experimental (v.).

PALAVRAS – Vocábulos providos de significação externa (v.), concentrada no radical (v.); noutros termos, vocábulos providos de semantema (v.). Na língua portuguesa, como nas línguas em geral, as palavras são, essencialmente: a) os nomes, na sua tríplice função de substantivos, adjetivos e advérbios (v. nome); b) os verbos (v. verbo). A palavra é sempre uma forma livre, e pois um lexema (v.) na terminologia norte-americana.

Há teoristas que não restringem o termo palavra aos vocábulos providos de semantema, nominal ou verbal, mas o empregam em vez de vocábulo, em geral, reservando este último termo à forma livre ou dependente (v.) encarada apenas na fonação (v.), como CANTE.

PANCRONIA – Estudo dos princípios gerais segundo os quais se produzem os fatos linguísticos e independentes deles.

PARAGOGE – v. epítese.

PARALELISMO – v. sinonímia.

PARASSINTÉTICOS – Verbos derivados de um nome mediante o emprego da flexão verbal e a adjunção de um dos prefixos *a-* ou *em-*, sem significação própria (v. derivação); exs.: *aclarar*, de – *claro*; *embandeirar*, de – *bandeira*. Pode haver a mais a adjunção de um sufixo de valor iterativo ou incoativo (v. aspecto); exs.: *entardecer*, de *tarde*; *amanhecer*, de *manhã*.

PARATAXE – v. coordenação; subordinação.

PARONÍMIA – Dá-se este nome à circunstância de vocábulos diversos terem estrutura fonológica semelhante, apresentando-se como PARÔNIMOS entre si. A paronímia tende a enfraquecer a oposição significativa imanente nas formas vocabulares e, assim, a disciplina gramatical procura alertar-nos contra o perigo de empregar um parônimo por outro.

Os parônimos podem ser: a) de radicais diversos (ex.: *fluir* "correr" : *fruir* "gozar"; *matilha* "grupo de cães" : *mantilha* "pequena manta"; *ratificar* "confirmar" : *retificar* "corrigir"); b) da mesma família léxica, com a oposição na base de prefixos (ex.: *eminente* "saliente, notável" : *iminente* "prestes a acontecer, ameaçador"; *prescrever* "ordenar" : *proscrever* "suprimir, banir").

PARÔNIMOS – v. paronímia.

PAROXÍTONO – v. acento; grave.

PARTICÍPIOS – Formas verbais, comuns às línguas indo-europeias em geral, em que a natureza de adjetivo se complementa de uma significação dinâmica, que faz delas uma forma verbal (v. verbo). Exprimem um processo verbal, enquanto servem de adjunto (v.) a um substantivo.

Em latim havia três tipos de particípios correspondentes aos três tempo: verbais de presente, pretérito e futuro. Na morfologia portuguesa, dentro do paradigma verbal, só ficou o particípio pretérito, que por isso a nova Nomenclatura Gramatical apenas denomina "particípio". O que principalmente o caracteriza, como já sucedia em latim, é, porém, o aspecto perfeito (v.), concluso e até permansivo, de que resulta nos verbos transitivos uma passividade (v.), que o fez a base da locução de voz passiva com o verbo auxiliar *ser* (v. passiva, voz). Em conjugação perifrástica com o auxiliar *ter* ou *haver*, de aspecto perfectivo (v. conjugações perifrásticas), o particípio perde a sua flexão nominal (feminino em -*a*, plural em -*s*) e fica invariável, nisto se caracterizando o português moderno em face do português arcaico, onde o particípio concordava então com o objeto direto (cf. *"depois de ter pisada longamente / c'os delicados pés a areia ardente"* (Lusíadas, V, 47). O aspecto permansivo, mas ativo, aparece nos verbos intransitivos; daí expressões como – *homem viajado*, *homem lido* (v. depoentes).

Quanto à morfologia, o particípio português se caracteriza por uma desinência -*do* (lat. -*tu*-), precedida da vogal temática (ex.: *amado*, *temido*, *partido*) e nele não há distinção entre a 2ª e 3ª conjugação. Há, entretanto, particípios irregulares (que se explicam historicamente pela evolução fonética do particípio pretérito latino), que sincronicamente podemos dividir em dois tipos: 1) com um radical variante, em face do infinitivo, e a vogal temática nominal (ex.: *preso*, cf. *prender*, *dito*, cf. *dizer*, *feito*, cf. *fazer*); 2) com o radical do infinitivo e a vogal temática (ex.: *aceito*, *aceitar*; *ganho*, *ganhar*; *entregue*, *entregar*). Este segundo tipo, do ponto de vista diacrônico, compreende: a) particípios que foram associados a um verbo causativo latino da 1ª conjugação, historicamente derivado do próprio particípio (ex.: *acceptum*, *accipere: acceptum*, *acceptare*); b) particípios tirados por esse processo, analogicamente, de um verbo português da 1ª conjugação (ex.: *ganho*, *ganhar*, com a obsolescência de *ganhado*). Às vezes concorrem, para o mesmo verbo, o particípio regular e o irregular, ou forte (v. fortes), e a disciplina gramatical procura estabelecer rigorosamente o critério da sua distribuição, de acordo com a tendência geral de se preferir a forma irregular quando predomina a natureza adjetiva da palavra, caracterizada pelas flexões nominais (ex.: *foram aceitos, tinham aceitado*).

Esporadicamente, aparece em português, na língua literária, o particípio presente, com a desinência *-nte*, oriunda do correspondente particípio presente latino (ex.: "*um cavaleiro passante dos cinquenta anos...*", Silveira, 1937, 143) (v. oração). A língua usual, porém, serve-se do gerúndio (v.), em que, pela falta de flexões nominais de gênero e número, predomina a natureza verbal.

PARTÍCULA FRASAL – v. negação; monorrema.

PARTÍCULA NEGATIVA – v. negação; monorrema.

PARTÍCULAS – Vocábulos de pequeno volume fonológico e de função auxiliar num sintagma, como o artigo, os pronomes adverbiais átonos, certos advérbios e os conectivos. Muitos são clíticos e ficam em próclise (v.) ou ênclise (v.), sendo, pois, formas dependentes.

PASSIVA, VOZ – Em sentido estrito, a voz passiva é uma formulação dos verbos transitivos em que se inverte a formulação corrente dita VOZ ativa (v. voz). É assim uma transformação (v.) da voz ativa, em que se torna sujeito o que na voz ativa é complemento objetivo (v. complementos).

Em sentido lato, há duas construções passivas em português: a) passiva, propriamente dita, também chamada "analítica", constituída pelo verbo auxiliar *ser*, em qualquer dos seus tempos verbais, e um particípio passado (ex.: *foi perdido um relógio*); b) médio-passiva, também chamada "sintética", constituída do verbo na 3ª pessoa da forma ativa combinada com o pronome *se* na função de apassivador (v.) (ex.: *perdeu-se um relógio*).

Há, porém, duas diferenças básicas entre esses dois tipos.

1) A chamada voz passiva analítica pode formular-se em qualquer pessoa gramatical (sou *repreendido injustamente* – *é ouvido com atenção*, etc.), ao passo que a médio-passiva só se formula na 3ª pessoa gramatical que corresponde à pessoa do pronome oblíquo *se*, sendo interpretação inadequada considerar médio-passivas as formas – *batizei-me, chamo-me*..., etc. (v. medial, voz).

2) A VOZ médio-passiva não admite a explicitação do agente como complemento no predicado (ex.: *o discurso foi ouvido por todos com atenção*; mas na médio-passiva – *ouviu-se o discurso com atenção*), sendo artificial e esporádica essa ex-

plicitação no português clássico, como em Camões – *"...o mar remoto navegamos / que só dos feios focas se navega"* (Lusíadas, I, 52).

Além disso, a médio-passiva aplica-se aos verbos intransitivos, tal qual a VOZ passiva latina, quer nos tempos flexionais (ex.: *"sic itur ad astra"*, Virgílio, Eneida IX, 641; cf. port. – *"assim se vai aos astros"*), quer nos tempos analíticos de locução do auxiliar *esse* com um particípio passado (ex.: *"diu atque acriter pugnatum est"*, Cesar, Guerre, 1, 26; cf. port. – *"combateu-se muito tempo e encarniçadamente"*). Como então falta um paciente para ser sujeito, o verbo fica sem sujeito ou impessoal (v. sujeito), embora alguns gramáticos, dissociando da médio-passiva com verbos transitivos essa construção com verbos intransitivos, tenham preferido ver aí um caso de sujeito indeterminado – melhor, indiferenciado (v.) (Carreter, 1963) – interpretando o pronome *se* como esse sujeito ou o seu símbolo.

A construção da voz passiva por meio de uma locução do verbo auxiliar *ser* com um particípio passado provém da construção passiva latina nos tempos chamados perfeitos ou do *perfectum*, correspondentes de início a um aspecto permansivo (v.): o auxiliar *esse* ficava aí num tempo imperfeito ou de *infectum*, mas no latim vulgar se usou em substituição o tempo do *perfectum* correspondente ao de toda a locução (ex.: *amatus fui*, em vez de *amatus sum*, para o pretérito perfeito) e se estendeu a locução, com um tempo do *infectum*, aos tempos do imperfeito em que a voz passiva tinha expressão flexional (ex.: *amatus sum*, donde – port. *sou amado*, em vez de *amor*, para o indicativo presente).

PASSIVIDADE – Qualidade de paciente que um sujeito apresenta em relação ao processo verbal. Não raro, a passividade decorre da significação do semantema verbal e manifesta-se na própria VOZ ativa (v.); exs.: *O meliante apanhou uma surra – Este menino aprende com um bom professor – O funcionário recebeu uma censura.* Muitas vezes, porém, quando a semantema verbal pressupõe necessariamente um agente, obtém-se a passividade pela transformação (v.) da VOZ ativa em passiva (v.). Não há, portanto, coincidência absoluta entre passividade e construção passiva. Por outro lado, na voz médio-passiva de verbos intransitivos (v. apassivador), tem-se uma voz passiva impessoal, em que se considera o processo verbal em si mesmo, sem que haja um paciente para figurar como sujeito passivo. O particípio passado, ou perfeito, nos verbos transitivos condiciona uma passividade que decorre do seu aspecto permansivo (v.), e nos intransitivos apresenta esse aspecto dissociado da passividade (ex.: *homem viajado, homem lido*) (v. depoentes). Com efeito, no aspecto permansivo, "a idéia de um processo já realizado que ainda se faz sentir no sujeito, frisa espontaneamente dois caracteres próprios da voz passiva: 1) a inércia atual do sujeito diante do que o verbo exprime; 2) a repercussão do processo verbal no sujeito, que é, pois, na realidade um paciente atual" (Camara, 1959, 223).

PÁTRIOS – v. gentílicos.

PATUÁS – v. falares.

PATRONÍMICOS – Apelidos que consistem numa derivação do prenome paterno (v. antropônimos). No latim ibérico constituiu-se esse tipo de apelido com os sufixos *-icus* e *-acus*, átonos, e, tônicos, *-acus*, *-ocus*, *-icus*. É quase certo que se trata de um sufixo ibérico *-ko*, indicativo de descendência, com as desinências latinas da 2ª declinação (Schuchardt). Assim, por evolução fonética, temos no português medieval *-ez* (escrito *-es*, porque átono), *-iz*, *-az* (escrito *-as* quando átono), *-oz*; exs.: *Lopes* (de *Lopo*), *Moniz* (de *Mônio*), *Munhoz* (idem), *Dias* (de *Didaco*), *Forjaz* (de *Frógia*). Nos meados do séc. XV, esses sobrenomes perderam o valor indicativo de filiação e se transmitiam de pai a filho como nome de família. Daí, as formas comuns até hoje – *Pires* (de *Pero*, variante arcaica de *Pedro*), *Guedes* (de *Gueda*), *Gomes* (de *Goma*, cf. *guma* "homem), *Gervaz* (de *Gervásio*), *Soares* (de *Suer*, forma proclítica de *Sueiro*), além de muitos outros, de derivação transparente, como *Fernandes*, *Álvares*, *Martins*, *Mendes*, *Henriques*, *Rodrigues*.

Às vezes o patronímico decorre de uma forma flexional latina, pura, no genitivo; exs.: *Luz* (*Lucii*, de Sucius), Eanes (Iohannis, latinização do hebraico). Para *Guimarães* (*Vimananis*, latinização do germânico), v. topônimos.

Cf. Vasconcelos, 1928.

PAUSA – Qualquer momento de silêncio durante uma enunciação. De uma frase a outra, há uma pausa apreciável – conclusa. Dentro da frase, há pausas menores – inconclusas – entre membros de oração, ou orações intimamente relacionadas, sendo a pausa mínima a de um grupo de força a outro (v.). Esses dois tipos de pausa estão ligados à entoação (v.), que é descendente diante de pausa conclusa e ascendente diante de inconclusa. Quando se faz uma pausa com entoação ascendente fora dessas condições, tem-se a RETICÊNCIA, em que há um alongamento da sílaba imediatamente precedente à pausa; a reticência pode ser: a) intencional, para efeito de ênfase (v.) chegando até a aposiopese (v.); b) acidental, quando o falante é levado a fazer pausa pela necessidade de respirar ou de pensar no que vai dizer, por falta de FLUÊNCIA, isto é, da capacidade de sincronizar a respiração e a formulação mental com as pausas estruturais da frase.

Para a correspondência entre as pausas e os sinais que as indicam na escrita, v. pontuação.

PAUSA MÉTRICA – v. verso.

PEJORATIVO – Caráter da conotação (v.) de certas formas linguísticas, em que se envolve desprezo ou repugnância pelo que está significado.

O caráter pejorativo pode decorrer: 1) da própria denotação (v.) (ex.: *patife, tergiversar*); 2) do uso do termo na língua popular (ex.: *ventas*, ao lado de *narinas, fossas nasais*); 3) da presença constante em determinados contextos de intenção pejorativa (ex.: *mulher*, por *esposa*, pelo seu emprego por – *amásia*); 4) do uso de afixos lexicais pejorativos (v. diminutivos; aumentativos) (ex.: *poetastro, chefete*); 5) da pluralização (v.); 6) de uma figura de linguagem, como a metáfora (v.) e a ironia (v.).

PERGUNTA – v. interrogação.

PERÍFRASE – Conceito vocabular apresentado por meio de uma expressão sintática. A perífrase pode ser – a) morfológica, ou – b) lexical, conforme consiste – a) numa locução gramatical, b) numa locução que transmite a mesma significação externa que uma palavra da língua. Tem-se assim: a) a forma gramatical perifrástica, em que um vocábulo auxiliar (v.) toma a si a expressão das noções gramaticais, ou significação interna, deixando a significação externa para se expressar pelo outro vocábulo, dito PRINCIPAL (v., por exemplo, conjugações perifrásticas); b) a perífrase lexical, ou CIRCUNLÓQUIO, que substitui uma palavra por duas ou mais palavras. Usa-se a perífrase lexical por três principais motivos: 1) por eufemismo (v.) (ex.: *um amigo do alheio*); 2) por intuito de definição (ex.: *linhas que nunca se encontram*); 3) pelo desejo de aludir a uma circunstância que a palavra própria pode não evocar (ex.: *a Cidade Eterna*). Há, portanto, sempre uma intenção estilística (v.), e no terceiro caso põe-se em relevo o que é considerado especialmente expressivo e digno de atenção, decorrente até de uma metáfora; ex.: *"a soberana / dos sinistros impérios do além-túmulo* (Varela, Obras, II, 41). Na literatura clássica era um recurso usual a perífrase para personagens da mitologia; ex.: *"O claro inventor da Medicina"* (Lusíadas, III, I).

PERÍODO – Conjunto frasal, cuja enunciação termina por uma pausa conclusa (v.), assinalada na escrita pelo sinal de ponto (v. pontuação). Pode abarcar uma ou mais de uma oração (v.), contendo um sentido geral, nítido e autônomo, em confronto com as enunciações precedentes e seguintes.

A reunião maior ou menor de orações num período depende em grande parte do arbítrio do falante ou escritor e é um fato de discurso (v.); mas a construção do período é um fato da língua e obedece a padrões frasais definidos. Desse arbítrio resultam as técnicas divergentes de "períodos longos" e de "períodos curtos", conforme o escritor ou a época da língua literária.

PERISSOLOGIA – v. pleonasmo.

PERMUTAS – v. mudanças.

PESSOA GRAMATICAL – Indicação mórfica das pessoas – a) do falante, b) do ouvinte, c) de tudo que é distinto de ambas, feita numa enunciação lingüística. Há, portanto, três pessoas gramaticais, ditas – a) primeira (1ª), b) segunda (2ª), c) terceira (3ª), suscetíveis de um plural, quando o falante – a) se incorpora numa pluralidade, b) se dirige a uma pluralidade, c) se refere a uma pluralidade distinta de si próprio e do ouvinte.

As formas verbais em português expressam a pessoa gramatical do sujeito, mediante desinências chamadas pessoais (v.), de que resultam seis formas distintas para cada tempo verbal (v.) – 1ª, 2ª e 3ª do singular; 1ª, 2ª e 3ª do plural. Essas desinências para as formas verbais regulares (v. regularidade) são: 1ª pes. sing. -*o* (indicativo presente: *cant + o*), -*i* com ditongação, elisão, ou crase morfofonêmica (v.) (indicativo pretérito perfeito e indicativo futuro do presente: *cante + i > cantei, parti + i > parti, canta + re + i > cantarei*), Ø, *i.e.*, zero (*canta + va + Ø > cantava* etc.), 2ª pes. sing. -*s* (*canta + s > cantas*, etc.), *ste* (indicativo pretérito perfeito: *canta + ste > cantaste*), 3ª pes. sing. -*u com* ditongação morfofonêmica (indicativo) pretérito perfeito: *canto + u > cantou*), Ø (*canta + Ø > canta* etc.), 1ª pes. pl. -*mos* (*canta + mos*, etc.), 2ª pes. pl. -*is* com ditongação ou crase morfofonêmica (*canta + is > cantais, parti + is + partis* etc.), -*stes* (indicativo pretérito perfeito: *canto + stes > cantastes*, etc.) -*des* (subjuntivo futuro: *canta + r + des > cantardes*), 3ª pes. pl. nasalidade ou, depois de /a/, nasalidade e semivogal /w/ (*canta + /w(n)/ > cantam* /kantaw(n)/, *teme + /(n)/ > temem* /tême (n)/).

A significação dêitica dos pronomes (v.) se baseia na distinção das pessoas gramaticais, que são diretamente indicadas pelos pronomes pessoais (v.), a que se relacionam os pronomes possessivos (v.).

A correlação rígida entre a forma verbal ou pronominal e a pessoa gramatical respectiva é perturbada pelo tratamento indireto (v.), pelo qual em português um ou mais ouvintes são indicados por formas de 3ª pessoa, bem como por uma convenção, de ordem social, que consiste numa pluralização na indicação do falante ou do ouvinte (v.).

PESSOAIS, PRONOMES – Substantivos para indicarem as pessoas gramaticais (v. pessoa). Em muitas línguas, como o latim, só existem para o falante (1ª pessoa singular e plural) e o ouvinte (2ª pessoa singular e plural). Em outras, há uma 3ª pessoa, singular e plural, que substitui qualquer nome substantivo. O português, como as demais línguas românicas, possui formas de 3ª pessoa, decorrentes por evolução semântica de um demonstrativo latino (v. românicas, criações) e de estrutura diferente das outras duas pessoas, que continuam as formas latinas descendentes do indo-europeu. Para cada pessoa há uma categoria na 1ª e 2ª pes. sing.: a) caso reto, para sujeito (*eu*, *tu*); b) caso oblíquo, para objeto, como clítico junto ao verbo, ou ADVERBIAL (*me*, *te*), c) caso oblíquo, para os demais complementos, com regência de preposição (*mim*, *ti*, com as variantes *migo*, *tigo* que se aglutinam com a preposição *com* – *comigo*, *contigo*); na 1ª e 2ª pes. pl. – uma forma geral para todos os casos (*nós*, *vós*, que no emprego adverbial, como clítico, perde fonologicamente o timbre aberto da vogal – *nos*, *vos*); na 3ª pes. – uma forma *ele*, com flexão nominal de feminino e plural (*ela*, *eles*, *elas*), apenas no emprego adverbial, clítico, substituída, no acusativo direto, por *o*, com flexão nominal de feminino e plural (*a*, *os*, *as*) e no dativo, ou objeto indireto, por *lhe*, com flexão nominal de plural (*lhes*), havendo ainda formas reflexivas de caso oblíquo, paralelas às da 1ª e 2ª pes. sing. (*se*, adverbial; *si*, regida de preposição, com a variante *sigo* que se aglutina com a preposição *com* – *consigo*) (v. medial, voz).

Dentro da diacronia, as formas clíticas da 1ª e 2ª pes. sing. e 3ª reflexiva provêm do acusativo dos correspondentes pronomes latinos, enquanto as formas oblíquas tônicas provêm do dativo, que perdeu o seu valor casual (*mi*, evolução de *mihi*, *ti*, *si*, cunhados por analogia, no latim vulgar hispânico, em vez de *tibi*, *sibi*), e em *-migo*, *-tigo* essas formas se aglutinam com a partícula *cum*, posposta, que acabou perdendo a sua significação gramatical, donde a reiteração com *com*, anteposto. Na 3ª pes. os clíticos *o* e *lhe* continuam com a distinção de acusativo e dativo, respectivamente, das formas latinas de que provêm – *illum* > *elo* > *to* > *o*; *illi* > *li*, feito *lhe* por FONÉTICA SINTÁTICA (v. sândi) em combinação com *lo* (*lilo* > *lio* > /lyo/ > *lho*, entendido por metanálise como – *lhe* + *o*) (cf. Silveira, 1952). V. ainda possessivos.

Note-se que em português, como em outras línguas, a distinção significativa entre singular e plural, na 1ª e 2ª pessoa, e entre a 2ª pessoa como ouvinte e a 3ª pessoa, fora do eixo falante-ouvinte, fica obliterada em virtude das normas de tratamento (v.).

PICTOGRAMA – v. ideogramas.

PLEONASMO – Nome tradicional que se dá à redundância (v.) no âmbito da significação externa (v.), ou seja, no âmbito das palavras (v.). É essencialmente motivado por uma intenção estilística (v.) e pertence às figuras de linguagem (v.). Pode verificar-se: a) numa SEQUÊNCIA, entre elementos coordenados, mais ou menos sinônimos (ex.: *"Arranca o estatuário uma pedra dessas montanhas, tosca, dura, informe..."*, cf. Camara, 1961, 174); b) num sintagma (v.), em que o determinante repete o que já está contido na significação do determinado (ex.: *"senão o que se vê com os olhos"*, cf. Carneiro, 1915, 850).

Quando o pleonasmo dá a impressão de um desconhecimento preciso da significação dos termos usados, é um vício de linguagem e se chama TAUTOLOGIA.

Do pleonasmo se distingue a REPETIÇÃO, ou ITERAÇÃO, numa sequência, em que se repete o mesmo vocábulo por motivo de ênfase; ex.: *"Eram brancas, brancas, brancas, / como as do anjo que mas deu"* (Garrett, Flores, 184); se escapa a intenção estilística, é também um vício de linguagem e se chama PERISSOLOGIA.

PLURAL – v. número.

PLURALIZAÇÃO – Processo que consiste em usar no plural *um* nome, sem correspondência com a realidade representada. Obtém-se então um efeito estilístico – a) enaltecimento (plural majestático), ou ao contrário – b) pejorativo (v.). A pluralização, com um ou outro intento, se aplica frequentemente a nomes próprios de pessoas ou lugares; exs.: a) *"Portugal não primou nas invenções admiráveis da ciência: não teve Newtons, nem Platões..."* (Coelho, Elogio, 42); b) *"O bom caseiro sinceramente cria que, perdido nesses remotos Parises, o Senhor de Tormes, longe da fartura da Tormes, padecia fome e minguava"* (Queirós, Cidade, 199).

POESIA – v. afetividade; poética.

POÉTICA – Diz-se da atividade linguística que tem um objetivo de arte e procura criar com a linguagem um estado psíquico de emoção estética por meio da aplicação sistemática de processos de estilística (v.). A língua transcende então da sua função essencial de meio de comunicação, para se tornar ela própria o objeto essencial da atividade e servir de matéria-prima para uma obra de arte. Essa aplicação artística da língua é espontânea e se encontra em todas as sociedades, mesmo as mais rudimentares na sua vida material e espiritual. A expressão linguística tende a organizar-se em frases ritmadas, na base da entoação (v.), do número de sílabas, da distribuição mais ou menos regular das sílabas acentuadas, constituindo-se séries de verso (v.); mas a POESIA, ou atividade poética em sentido lato, se faz também em PROSA, isto é, sem essa organização rítmica das frases.

Na atividade poética exploram-se as possibilidades expressivas da linguagem em geral e da língua específica, em particular – a) no material sonoro, b) nas palavras, c) na associação de ideias, d) nas construções frasais, utilizando-se – a) o ritmo, a harmonia imitativa, a rima, a aliteração; b) as figuras de palavras; c) as figuras de pensamento; d) as figuras de sintaxe.

A poética, ou atividade poética, coincide com uma das significações que se dão ao termo literatura (v.).

POLIGLOTISMO – v. bilinguismo.

POLISSEMIA – Propriedade da significação linguística (v.) de abarcar toda uma gama de significações, que se definem e precisam dentro de um contexto (v.). Convém não confundi-la com a homonímia (v.), embora a distinção seja às vezes lábil (Ullmann, 1952, 180). Todas as formas da língua apresentam polissemia, que se refere tanto à significação gramatical ou interna (como nas preposições, nas conjunções, nas flexões, etc.), como à significação externa concentrada nos semantemas e caracterizadora das palavras (v.), mas há casos extremos que principalmente chamam a atenção na descrição linguística; cf. prep. *a* em – ir a *Lisboa*, *andar a pé*, *falar a Pedro*, ou *andar* em – *andar a largos passos*, *andar de automóvel*, *andar doente*. As correspondências de formas, de uma língua a outra, nunca se mantêm em todo o campo polissêmico que cada forma na sua língua abrange, o que complica a técnica de fatura do dicionário bilíngue (v.) e a tradução de língua a língua. A metáfora (v.) e a metonímia (v.) ainda tornam mais complexa a polissemia de cada forma linguística.

PONTUAÇÃO – Sistema de sinais gráficos, destinados a indicar na escrita pausa (v.) na linguagem oral. Este sistema desenvolveu-se de maneira cabal e coerente no uso literário das línguas ocidentais modernas.

Podemos dividir os sinais de pontuação em dois grandes grupos: 1) sinais para pausas conclusas; 2) sinais para pausas inconclusas. O primeiro grupo é essencialmente representado pelo ponto (.). A seu lado temos: a) o ponto e vírgula (;), quando as duas frases estão articuladas entre si; b) a interrogação (?), quando se trata de uma frase interrogativa; c) a exclamação (!), quando se trata de uma frase exclamativa. O segundo grupo é essencialmente representado pela vírgula (,) (diminutivo do lat. *virga*, "vara"), que separa orações ou membros oracionais. Temos ainda: a) os dois pontos (:), quando a frase, ou o membro oracional, seguinte explica ou desenvolve o que foi dito antes; b) os parênteses ( ), quando em meio de uma dada frase se intercala outra estruturalmente distinta; c) as aspas (" "), para abrir e fechar a transcrição de palavras alheias; d) o travessão (–), usado, simples, para substituir os dois pontos diante de um membro oracional, e, duplo, para substituir os parênteses, ou ainda, simples, combinado com as aspas, ou não, para as mudanças de interlocutor na transcrição de um diálogo. Há ainda o sinal para a pausa de reticência (...), o qual também se usa numa citação escrita para indicar parte suprimida.

O primeiro vocábulo que se segue a uma pausa conclusa se escreve com letra inicial maiúscula, seja a pausa indicada por ponto, interrogação, exclamação ou pelas reticências na aposiopese (v.). Se a frase seguinte inicia um conjunto de ideias novas, passa-se a escrevê-la numa nova linha, abaixo daquela em que terminou a frase anterior, e diz-se então que o ponto é parágrafo (literalmente – "escrita ao lado"); a mudança de interlocutor na transcrição de um diálogo também determina ponto parágrafo. Há um sinal próprio para indicar parágrafo (§), usado em casos especiais para acompanhar ou suprir a mudança de linha. Os sinais de pontuação constituem um tipo de grafemas (v. grafema).

POPULARES – Vocábulos provenientes do latim vulgar (v.) que constituíram o léxico fundamental da língua portuguesa, com as mudanças fonéticas sistemáticas, próprias da sua estrutura fonética (v. lei): mutação (v.) nas vogais, sonorização (v.) das consoantes surdas intervocálicas, palatalização (v.) sob seus diversos aspectos, síncope (v.) da vogal postônica dos paroxítonos, etc. Entretanto, se a estrutura fonética não propicia tais mudanças, a forma portuguesa do vocábulo popular mantém-se muito próxima da forma latina; ex.: *campu-* > port. *campo*, lat. *mare*, port. *mar*.

Noutro sentido, dentro da sincronia, chamam-se populares as palavras próprias da língua popular e evitadas no uso culto adstrito a uma norma linguística (v.).

PORTUGAL – v. português.

PORTUGUÊS – Língua românica (v. românicas, línguas) que se desenvolveu na zona atlântica da Península Ibérica, aproximadamente correspondente à província romana da Lusitânia. Ao lado do CASTELHANO (também dito ESPANHOL) e do CATALÃO, é uma das três grandes línguas românicas da península ibérica. A diferença entre elas ressalta à primeira vista na frase inicial do *Pai-Nosso:* a) port.: *"Pai nosso que estais no céu, santificado seja o vosso nome"*; b) cast.: *"Padre nuestro que estás en los cielos, santificado sea tu nombre"*; c) cat.: *"Pare nostre que estau em lo ciel, sia santificat to vostre sant nom"* (cf. Entwistle, 1936, 61).

Provavelmente o romanço lusitânico (v.) já estava constituído numa nova língua muito antes de a região passar a reino independente no séc. XII (PROTOPORTUGUÊS). Em virtude da conquista moura do séc. VIII, a parte sul da zona atlântica era então de domínio árabe, habitada principalmente por moçárabes (v. arabismos; bilinguismo; aljamia). O núcleo da nação e da língua foi, portanto, a zona norte da região do Porto – *Portu Cale*, que deu o topônimo PORTUGAL e o nome gentílico *portucalense*, donde *português*. O domínio da língua portuguesa acompanhou a expansão do pequeno reino para o sul até chegar ao Algarve no séc. XIII. O centro irradiador da norma linguística (v.) passou a ser bem cedo a cidade de Lisboa, ao centro, conquistada aos mouros pelo primeiro rei português Afonso Henriques, e mais tarde feita capital do país.

A história do português abrange um período arcaico (v. português arcaico), até o séc. XV, e um período moderno do séc. XVI em diante. Este, por sua vez, pode dividir-se num período clássico (séc. XVI-XVII) e num período pós-clássico (séc. XVIII em diante). No período clássico começa francamente a disciplina gramatical (v.) e a consolidação de uma língua literária fortemente influenciada pelo latim clássico. No período pós-clássico, a língua assume o aspecto que ainda hoje tem.

Naturalmente a norma do centro não evitou uma diferenciação, dialetal do norte (transmontano, interamnense, beirão), do centro (estremenho) e do sul (alentejano e algarvio) (v. dialetos).

No Brasil, a colonização incipiente implantou o português clássico, mas ainda com vários traços arcaicos, que se conservaram na língua popular da metrópole. A imigração incessante, no período colonial, trouxe em seguida um português francamente moderno. A distribuição imigratória e a de fatores econômicos e políticos em torno dos centros regionais, no vasto território brasileiro, determinaram a constituição de dialetos ainda muito mal estudados: "De um modo geral, se pode reconhecer uma grande divisão: norte e sul; norte até Bahia, e sul daí para baixo" (Nascentes, 1953, 19).

Além de Portugal e do Brasil, onde o português é língua nacional, fala-se português marginalmente e sob a forma de dialetos ou falares crioulos (v.) em alguns pontos da Ásia e da África, para onde foi levado pela expansão marítima de Portugal, iniciada no séc. XV.

PORTUGUÊS ARCAICO – Nome que se dá à antiga fase do português (v.) a partir dos primeiros documentos escritos (séc. XII ao séc. XV). Precedeu-a um período mal entrevisto a que se chama PROTO-PORTUGUÊS.

De início, a língua era comum ao extremo-norte da zona atlântica, e, por isso, também se chama ao português nessa antiga fase GALEGO-PORTUGUÊS. Mas não havia rigorosamente identidade linguística entre as duas regiões de Portugal e Galiza, senão antes um dialeto galego ao lado do português (v. dialetos). Os sucessos políticos concorreram, em seguida, para que os dois co-dialetos seguissem rumos distintos, acusando-se a diferenciação entre eles (v. codialeto). O desenvolvimento de Portugal, feito nação independente de Leão e Castela, a que continuou vinculada a Galiza, desviou-se dos maciços montanhosos do norte, e o Rio Minho, entre as duas regiões, passou "de linha mediana a fronteira" (Entwistle, 1936, 282).

O português arcaico caracteriza-se por vários traços linguísticos em confronto com o português moderno: 1) existência de vogais geminadas, hoje simplificadas por crase (v.) exs.: *veer*, hoje – *ver*; *caaveira*, hoje – *caveira*; *coobra*, hoje *cobra*; 2) existência de vogais nasais em hiato, onde depois houve a desnasalação (v.) ou a epêntese de uma consoante nasal (v.) (como no *u* de – *tua* e *ua*, hoje – *uma* ou no *i* de *pio*, hoje *pinho*); 3) existência da consoante africada (v.) /ts'/, escrita *ch*, distinta de /s'/, escrita *x*; 4) invariabilidade em gênero de todos os nomes decorrentes da 3ª declinação latina, mesmo em -*or* e -*ês* (v. gênero); exs.: "*ua pastor*", "*mia senhor*"; 5) distinção no singular entre nomes em -*ão* (lat. -*anu*-), -*om* (lat. -*one*-), -*am* (-*ane*-), hoje só mantida no plural; exs.: *irmão, perdom, pam* (v. número); 6) formas verbais, hoje desaparecidas; exs.: *estê*, hoje – *esteja*; *porrei*, hoje – porei; particípios passados em -*udo*, como – *teúdo, perdudo*; 7) formas pronominais e partículas, hoje desaparecidas, como – *medês* "mesmo", *ca* "pois", *mentre* "enquanto", *chus* "mais", *aqueste* "este"; 8) mobilidade de posição dos pronomes adverbiais átonos; ex.: "*o bom serviço que lhe outrem faz*" (Huber, 1933, 160), etc.

POSPOSITIVA – v. ditongo; semivogal.

POSSESSIVOS – Pronomes adjetivos, que, como adjunto ou predicativo, atribuem um nome substantivo a uma pessoa gramatical (v.), em português e nas demais línguas românicas, como já em latim. Há em português 5 possessivos, com feminino em -*a* e plural em -*s* para os dois gêneros, sendo que, salvo para a 1ª e 2ª pes. pl. (*nosso, vosso*), há uma variação morfofonêmica do radical no feminino (*meu – minh-*; *teu – tu-*; *seu – su-*), que se explica diacronicamente pelo fato de que no romanço lusitânico a forma da 1ª pes. sing. serviu de modelo para a criação por analogia (v.) do masculino da 2ª pes. sing. e da 3ª comum ao sing. e pl. (*teu-, seu-*, como *meu-*, em vez de *tuu-, suu-*) e o feminino da 1ª pes. sing. sofreu uma forte evolução fonética (*mea > mia >* (/mi(n)a/) *> minha*) (v. nasalação; palatalização). Do ponto de vista semântico, *seu* (por *suus*) deixou de ser reflexivo em relação com *se, si* (v. pessoais, pronomes), para se tornar o possessivo geral da 3ª pessoa em relação com *ele* e equivalente a *dele* (v. tratamento).

O possessivo tem essa denominação, por sua atribuição de posse, embora muitas vezes em sentido lato (ex.: "*aquele nosso livro, Telmo*" (Garrett, Teatro, 22, isto é – por que temos especial predileção); o seu uso ultrapassa, porém, esse âmbito e pode até equivaler a complementos (v.) junto de um nome abstrato de ação; ex.: "*Mova-te a piedade sua e minha, / pois te não move a culpa que não tinha*" (Lusíadas, III – 127). Note-se que o possessivo não tem necessariamente função de partícula definida e, especialmente em função predicativa, precisa do artigo (v.) para isso; cf. *este livro é meu – este livro é o meu*. Por outro lado, como adjunto, pode ter o nome substantivo que determina, oculto por zeugma (ex.: *o meu livro e o teu*).

PREDICAÇÃO – Resultado do nexo (v.) que se estabelece entre um predicado (v.) e seu sujeito (v.). Quando para esse nexo é suficiente o verbo (v.) este se diz de predicação completa. Quando o verbo não prescinde de um complemento (v. complementos), diz-se de predicação incompleta (v. transitividade).

PREDICADO – Conjunto enunciativo que numa oração (v.) dada contém a informação nova para o ouvinte. Em princípio apoia-se num tema já conhecido, que é o sujeito (v.), formando com ele um nexo (v.). Assim, em – *Pedro saiu de casa às 3 horas ontem* – o predicado é – *saiu de casa às 3 horas ontem*, que é a informação que se dá a propósito de *Pedro*. O tema, ou sujeito, em que se apoia o predicado, não é, entretanto, indispensável, podendo ficar indeterminado, i.e., indiferenciado (v.), ou ausente da enunciação (v. impessoalidade). Tem-se um predicado verbal, quando o seu núcleo é um processo expresso por uma forma verbal (oração verbal), e um predicado nominal, quando o seu núcleo é um complemento predicativo em nexo com o sujeito (oração nominal) (v. complementos); em português o nexo é então expresso pelo verbo *ser* (relação genérica) ou *estar, ficar* (que frisam a duração) ou *tornar-se* (que marca uma mudança) (v. aspecto); em *parecer* introduz-se o modo dubitativo; exs.: *Pedro é bom – Pedro está zangado – Pedro tornou-se estudioso – Pedro parece bom menino.* Com o predicativo de objeto combina-se na oração o caráter verbal, do nexo entre o verbo e o sujeito, e o caráter nominal do nexo entre o objeto e seu predicativo.

PREDICATIVO – v. complementos.

PREFIXO – Assim se chama o afixo (v.) que vem na parte inicial do vocábulo. Na língua portuguesa, salvo nos derivados parassintéticos (v.), o prefixo, que é a variante presa das formas dependentes chamadas preposições, cria uma nova significação externa para a palavra a que se adjunge, e por isso se deve considerar o processo da prefixação como uma modalidade da composição vocabular (v.). A depreensão dos prefixos é uma técnica de análise descritiva (v.) e se situa na sincronia linguística (v.). Para isso há a considerar três casos: 1) quando o radical a que se acrescenta constitui uma forma livre na língua (ex.: *predizer = pre + dizer*; *desconsolo = des + consolo*); 2) quando esse radical é forma livre numa estrutura variante (ex.: *permitir*, cf. *meter*); 3) quando esse radical só é forma presa, mas constitui a base de duas palavras, pelo menos, com prefixos distintos (ex.: *colisão, elisão*). Fora disso, a palavra é, do ponto de vista descritivo, de radical simples, embora historicamente se depreenda algum prefixo (cf.: *exemplo*, *início*, *achar*, em que há historicamente os prefixos *ex-*, *in-*, *ad-*, respectivamente).

O sistema de prefixos portugueses é de origem: a) latina, como – in, per, co-, bis- (induzir, percurso, colaborar, bisavô); 2) grega, como – anti-, pro-, pará- (antítese, *pródromo*, *paradoxo*). Note-se a significação pronominal ou nominal que caracteriza os prefixos e vai modificar a significação do semantema a que se adjunge: *in-* "dentro" *per-* "através", *co-* "companhia", *bis-* "duas vezes", *anti-* "contrário", *pro-* "antes", *pará-* "ao lado".

PRENOMES – v. antropônimos; hipocorísticos.

PREPOSICIONADO (OBJETO DIRETO) – v. objetos.

PREPOSIÇÕES – Vocábulos que servem de morfema de relação (v.) para subordinar um substantivo, como: a) adjunto (v.) a outro substantivo ou como b) complemento (v.) a um verbo. Esse processo de subordinação tem o nome de regência (v.). Ex.: a) *livro de Pedro*; b) *fugiu de mim*. As preposições acumulam essa função com noções categóricas – de posse, de posição, de direção, de proveniência, etc. Em latim já havia preposições, mas a sua função relacional era em redundância (v.) com os casos (v.) do acusativo ou do ablativo. Com o esvaimento das flexões casuais as preposições se tornaram o morfema de relação específico para o adjunto e o complemento; só não aparecem no complemento de objeto direto (ex.: *vi teu amigo*) e alguns complementos circunstanciais em certas condições (ex.: *falei duas horas*).

Do ponto de vista diacrônico, as preposições portuguesas provêm de: 1) preposições latinas (*a*, *de*, *por*, *com*, *em*, *sem*); 2) aglutinações processadas no romanço, de duas ou mais preposições latinas (*per* + *ad* > *para*, *ad* + *post* > *após*, *de* + *ex* + *de* > *desde*); 3) palavras portuguesas, nominais ou verbais, que sofreram gramaticalização (v.) (*segundo*, *conforme*, *exceto*, *salvo*); 4) locuções em que se concatenam com uma preposição de origem latina – a) um substantivo, gramaticalizado, entre duas preposições, das quais a segunda é sempre *de* (*em vez de*, *por força de*, *em lugar de*) – b) um advérbio seguido de *de* (*antes de*, *depois de*, *diante de*). Na descrição sincrônica, temos: A) preposições essenciais constituídas pelos grupos diacrônicos 1 e 2; B) preposições derivadas, correspondentes ao grupo 3, onde se depreende uma derivação imprópria (v.); C) locuções prepositivas, ou seja, o grupo 4 na divisão diacrônica.

Algumas preposições essenciais formam contrações (v.) com o artigo (definido).

PREPOSITIVA – v. ditongo; semivogal.

PRESENTE – Diz-se da forma verbal que em princípio situa o processo no momento em que se fala (v. tempo). Opõe-se ao pretérito (v.) e ao futuro (v.), mas a oposição entre presente e futuro pode sofrer neutralização, estendendo-se o uso do presente para os fatos futuros: "o que há primordialmente é uma dicotomia entre presente e passado" (Camara, 1956, 22); ex.: a) pretérito – *fui ontem*; b) presente abarcando o futuro *vou hoje, vou amanhã, vou se puder*. Na língua literária, faz-se em regra cuidadosamente a distinção entre forma de presente e forma de futuro, mas também se pratica a neutralização para exprimir claramente a certeza; ex.: *"Se no primeiro ímpeto não puderdes salvar as barreiras, estais perdido"* (cf. Epifânio, 1918, 196). Também se emprega o presente para narrar fatos do passado como um recurso de estilística (v.), que torna mais vívida a narrativa (presente narrativo ou histórico); ex.: *Promete-lhes o mouro com tenção / de peito venenoso..."* (Lusíadas, I, 70).

O uso geral e fundamental do presente em português é para: a) exprimir um fato permanente (ex.: *a cidade de Londres fica na Grã-Bretanha*); b) um fato que se dá de maneira habitual (ex.: *levanto-me cedo*), mas com uma indicação de presente em relação ao momento em que se fala, e com uma oposição com o pretérito imperfeito, que indica um fato permanente ou habitual no passado (ex.: *a cidade de Nínive ficava na Mesopotâmia – em criança levantava-me cedo*), havendo assim implícito o aspecto imperfeito (v.).

Em seu uso atemporal, como modo (v.), o presente exprime a certeza em oposição ao futuro do presente, que exprime a dúvida, e do futuro do pretérito que exprime a irrealidade; exs.: a) ...*opinião que seria muito difícil de sustentar*... (i.e., ninguém sustenta); b) *opinião que será muito difícil de sustentar* (i.e., é possível que haja quem sustente); c) *opinião que é muito difícil de sustentar* (i.e., que tem sido realmente sustentada).

Há em português um tempo presente no modo indicativo (v.) e no subjuntivo (v.) e as formas de presente (abarcando o futuro) são as únicas do modo imperativo (v.).

O indicativo presente tem morfema zero, sendo o seu sufixo flexional constituído apenas do índice temático e da desinência de pessoa, como em – *cantamos* (i.e. *-cant-*, radical, *-a-*, vogal temática, *-mos*, 1ª pessoa plural). O subjuntivo presente tem o morfema *-e-*, na 1ª conjugação, e, na 2ª e 3ª, o alomorfe *-a-* (v. conjugações), faltando o índice temático, como falta na 1ª pessoa singular do indicativo presente; ex.: *cantemos* (1ª conjugação), *temamos* (2ª conjugação), *partamos* (3ª conjugação).

PRETÉRITO – Diz-se da forma verbal que situa o processo no PASSADO, ou pretérito, em relação ao momento em que se fala. Para o modo indicativo (v.), em português, há dentro do pretérito uma oposição entre o aspecto perfeito (v.) que é pretérito em relação ao presente (pretérito perfeito) e o aspecto perfeito, que é pretérito em relação a outro pretérito (pretérito mais-que-perfeito), além da oposição, para o pretérito em relação ao presente, entre o perfeito e o imperfeito: 1) pretérito imperfeito; ex.: *"Estava naquela casa havia 4 meses"* (Epifânio, 1918, 188); 2) pretérito perfeito; ex.: *"Pelágio expôs em breves palavras..."* (Herculano, Eurico, 259); 3) pretérito mais-que-perfeito; *ex.: explicou-nos por que chegara tarde*. Esse sistema continua a situação latina a partir do momento ainda na época republicana, em que o perfeito se fixou como pretérito (cf. Meillet, 1931). No modo subjuntivo (v.) há, por sua vez, um pretérito, que se opõe a um presente e a um futuro, e provém do pretérito mais-que-perfeito do subjuntivo latino pela reformulação desse modo no romanço em geral e no português em particular (ex.: lat. *cantassem*, por *cantauissem* > port. *cantasse*).

Os morfemas de pretérito, ou sufixos modo-temporais de pretérito, em português, são para as 3 diversas conjugações: a) indicativo pretérito imperfeito: -*va*-, na 1ª conjugação (*ex.: cantava*), e, na 2ª e 3ª, o alomorfe -*ia*- (*ex.: temia, partia*); b) indicativo pretérito perfeito: Ø, salvo na 3ª pessoa plural em que aparece o morfema -*ra*- do pretérito mais que perfeito; c) indicativo pretérito mais que perfeito: – -*ra*- (ex.: *cantara, temera, partira*); d) subjuntivo pretérito -*sse*- /se/ (ex.: *cantasse, temesse, partisse*). São sufixos átonos, recaindo o acento na vogal temática, e na 2ª pessoa plural, em ditongação com a desinência de pessoa -*is*, há por sândi interno (v.) a passagem do /a/ do sufixo para /e/ (exs.: *cantáveis, temíeis, cantáreis*).

O mesmo sistema de tempos aparece em princípio nas conjugações perifrásticas (v.); mas nos tempos compostos, "anteriores, do auxiliar *ter* ou *haver* e um particípio passado, faltam no português moderno as formas com o auxiliar no indicativo pretérito perfeito.

Por sua vez, o futuro (v.) se divide em português em dois tempos, conforme o momento presente ou pretérito em relação ao qual se situa.

No particípio passado, há imanente a noção de pretérito, que se combina com a de aspecto perfeito e, ainda, nos verbos transitivos, com a voz passiva (v. particípios).

PRIMÁRIO – v. adjunto.

PRIMITIVO – v. derivação; radical.

PRINCIPAL – v. oração; subordinação; perífrase.

PRÓCLISE – Significa literalmente em grego "inclinação (*clisis*) para a frente (*pro-*)". Em gramática assim se chama a circunstância de se pronunciar um vocábulo auxiliar átono (forma dependente) incorporado ao vocábulo seguinte, em cujo acento (v.) se apoia. A próclise é a colocação mais comum das formas dependentes que são CLÍTICOS, isto é, desprovidas de acento próprio; a colocação oposta, dita ênclise (v.), é muito mais rara e só se verifica em regra com os pronomes adverbais átonos (v. pessoais, pronomes). Na próclise o vocábulo átono, valendo como sílaba inicial do vocábulo seguinte, tem atonicidade mínima (v.), em contraste com a ênclise que dá atonicidade máxima.

Alguns vocábulos normalmente tônicos podem ficar átonos, conforme a enunciação, estabelecendo-se com eles uma PRÓCLISE ACIDENTAL; tais são os pronomes demonstrativos, os possessivos, os pessoais retos e até um ou outro nome adjetivo. Um resultado da próclise acidental é a redução do volume fonológico, com a perda de fonemas, ou a ditongação (v.); assim, no português arcaico, havia um possessivo *mia*, em duas sílabas, e uma variante proclítica ditongada /mya/, escrita em regra *mha*, porque a letra *h* servia para indicar o iode (v. molhada); ex.: (versos octossílabos): *"Mha senhor, por Deus que vos fez, / que me nom leyxedes morrer..."* (Nobiling, 1907, 25).

A redução do volume fonológico, nos proclíticos, explica a redução de *illu-* > *elo* para *lo* e em seguida *o*, do artigo (v.) em português.

PRÓCLISE ACIDENTAL – v. próclise.

PRONOME – "Palavra que denota o ente ou a ele se refere, considerando-se apenas como pessoa do discurso" (Ali, s.d. A., 91). Assim: 1) como substantivo (v.), denotando "o ente", não dá a sua significação intrínseca, decorrente de certas propriedades, como acontece com o nome substantivo, mas o indica extrinsecamente pela sua situação no espaço (v. dêixis) ou por anáfora (v.) no contexto; 2) como adjetivo (v.), referindo-se ao "ente", não o qualifica por alguma de suas propriedades, como acontece com o nome adjetivo, mas o determina deiticamente ou anaforicamente, isto é, pela sua situação no espaço ou no contexto. Está hoje abandonado o critério de só considerar "pronomes" os que são substantivos e considerar à parte os ADJETIVOS DETERMINATIVOS ao lado dos ADJETIVOS QUALIFICATIVOS, que são os nomes adjetivos.

A indicação característica do pronome faz-se sempre em função da pessoa gramatical (v.) ou do discurso. Entretanto, cabe distinguir os pronomes: a) que designam diretamente uma das pessoas gramaticais; b) que referem o ser como "posse" de uma delas; c) que indicam o ser do ponto de vista de uma delas; d) que fazem do ser uma indefinida 3ª pessoa gramatical. Temos assim em português os pronomes: a) pessoais (v.); b) possessivos (v.); c) demonstrativos (v.); d) indefinidos (v.). A alguns indefinidos cabe a função sintática de assinalar a subordinação de uma oração a outra (v. relativos) ou de entrar numa oração interrogativa como centro da interrogação (v. interrogativos).

Ao contrário dos nomes, os pronomes constituem sistemas fechados de oposições, que podem ser apresentados totalmente na gramática descritiva (v.) e aí são estudados na MORFOLOGIA. Por isso, há o problema de decidir se os radicais dos pronomes correspondem a semantemas ou a morfemas. Reportam-se ao ambiente biossocial como sucede com o semantema (v.), mas essa referência é feita na base da estruturação gramatical da língua, como também acontece com o morfema categórico (v.). Assim, o pronome deve ser considerado um vocábulo gramatical, participante da gramática, ao lado do vocábulo lexical (nome ou verbo), participante do léxico (v.).

O caráter pronominal, em face do nominal, de uma parte dos substantivos e dos adjetivos, estende-se ao advérbio (v.), onde temos os demonstrativos adverbiais em correlação com os demonstrativos substantivos e adjetivos (*este – isto – aqui, esse – isso – aquele – aquilo – ali*), e os indefinidos interrogativos para lugar, tempo ou modo (ex.: *onde, quando, como*).

PRONOMINAL, VOZ – v. medial, voz.

PRONÚNCIA – Impressão acústica geral, produzida pela atividade da fonação numa língua dada. Abrange em seu conceito todos os fatos fônicos, de que tratam separadamente a fonologia, a fonêmica e a ortoépia, incluindo ainda as peculiaridades do sotaque, quer regionais, quer individuais. Do ponto de vista ortoépico, a pronúncia pode ser: a) cuidada ou vulgar; b) precisa ou relaxada. A pronúncia cuidada e precisa corresponde ao ótimo das oposições e correlações de fonemas e das variações posicionais.

PROPAROXÍTONO – v. acento.

PRÓPRIO, NOME – v. substantivo; antropônimos; topônimos.

PROSA – v. poética; verso.

PROSÓDIA – Parte da fonologia (v. fonética, fonologia) referente aos caracteres da emissão vogal que se acrescentam à articulação propriamente dita dos sons da fala, como em português o acento (v.) e a entoação (v.). Os gramáticos gregos estudavam a prosódia para fins da métrica do verso (v.), e às vezes, ainda hoje, também assim se restringe a aplicação do termo. Outras vezes ele se usa como sinônimo de ortoépia (v.).

PRÓTASE – v. condicional; correlação; subjuntivo.

PRÓTESE – Acréscimo de um fonema no início de um vocábulo. Na evolução da língua portuguesa, é particularmente importante a prótese de um /e/ diante de um /s/ inicial em grupo consonântico: *stare* > *estar*, *splendidu-* > *esplêndido*, *scutu-* > *escudo*. Esse /s/ era o primeiro elemento de um grupo pré-vocálico, de tensão silábica crescente (v. sílaba), e separou-se da outra consoante para entrar numa nova sílaba inicial, em que figura como consoante pós-vocálica decrescente. Há também o caso da prótese de um *o-* ou um *a-* por aglutinação (v.) do artigo definido ao nome por ele determinado; ex.: *amora* (lat. *mora*).

PROTOLÍNGUA – v. família linguística; romanço.

PROTOPORTUGUÊS – v. português; português arcaico.

PROTO-ROMANÇO – v. romanço; comparatismo.

PROVENÇAL – v. românicas, línguas.

PROVÍNCIA TARRACONENSE – v. lusitano.

PURISMO – Atitude de extremado respeito às formas linguísticas consagradas pela tradição do idioma (v.), que muitas vezes se assume na língua literária; a língua é considerada à maneira de uma água cristalina e pura, que não deve ser contaminada. Daí, a hostilidade aos estrangeirismos (v.), aos neologismos (v.) e a todas as formas linguísticas não autorizadas pelo uso literário tradicional. Essa atitude, adotada rigidamente, cerceia a capacidade expressiva. A linguística ora vê o purismo literário com desconfiança, como um elemento de perturbação no manuseio espontâneo da língua (como acontece com a escola linguística norte-americana), ora aconselha "um purismo inteligente, adaptado às evoluções necessárias" (Dauzat, 1930, 8) (como é a orientação das escolas francesa, italiana e espanhola modernas).

Q

QUALIFICATIVOS – v. adjetivos.

QUANTIDADE VOCÁLICA – Propriedade de muitas línguas possuírem como fonemas distintos a mesma vogal emitida com uma prolação longa (vogal longa) e com uma prolação breve (vogal breve), podendo distinguir-se duas formas linguísticas pela quantidade diversa de uma dada vogal. As antigas línguas indo-europeias, inclusive o latim, apresentavam a oposição de quantidade no seu sistema de vogais, mas as línguas românicas, inclusive o português, a eliminaram. Em casos especiais, na escrita, a gramática latina indicava a quantidade das vogais pelos sinais diacríticos, de origem grega, macron (ex.: ã?), para a vogal longa, e braquia (ex.: ă?), para a vogal breve.

As cinco vogais latinas correspondentes às letras do alfabeto – *a, e, i, o, u*, eram na realidade dez, pois se desdobravam em pares de longa e breve. Na evolução românica em sílaba tônica, reduziu-se a /a/ a oposição entre /a-/ longo e /a/ breve; /e/, /o/ breves adquiriram timbre aberto /é/, /ó/; /e-/, /o-/, longos adquiriram timbre fechado /ê/, /ô/, enquanto /i/, /u/ breves se tornavam mais abertos e passavam também a /ê/, /ô/, respectivamente; /i-/, /u-/ longos ficaram /i, /u/. É este resultado que se encontra no quadro de vogais portuguesas (v. vogal), enquanto nas outras línguas românicas, como o italiano, o francês e o castelhano, continuou a evolução com tipos variados de ditongação (v.). Exs.: 1) *mare* (/a/) > *mar*, *pace-* (/a-/) > *paz*; 2) *dece* (/e/) > *dez*; 3) *nove-* (/o/) > *nove*; 4) *tres* (/e-/) > *tres*, *vice* (/i/) > *vez*; 5) *colore-* (/o-/) > *cor*, *lupu-* (/u/) > *lobo*; 6) *ficu-* (/i-/) > *figo*; 7) *tu* (/u-/) > *tu*.

Em sílaba átona, não-final, ficaram cinco vogais: /e/ breve, /e-/ longo e /i/ breve reduziram-se a uma só vogal /e/, e a uma só vogal /o/ reduziram-se por sua vez /o/ breve, /o-/ longo e /u/ breve. Em sílaba átona final houve uma fase de passagem com quatro vogais: /a/ < /a/ e /a-/; /e/ < /e/, /e-/, /i/; /i/ < /i-/; /o/, que cedo passou a /u/ < /o/, /o-/, /u/; não há vocábulo português que provenha do /u-/ longo átono final. Mas cedo /e/ e /i/ confundiram-se em /e/, donde, por exemplo, *amasti* > *amaste* e as vogais átonas finais ficaram sendo três – /a/, /e/, /u/, sendo que /e/ evoluiu para o chamado [e$_o$] neutro (v.) em Portugal, e, no Brasil, no Rio de Janeiro e alhures, se apresenta um [i], enquanto mais ao sul se mantém o valor de [e].

Continua, entretanto, a possibilidade da vogal longa como variante estilística de cada uma das nossas vogais (v. fonema).

QUESTÃO – v. interrogação.

QUIMBUNDO – v. africanismo.

QUIMÓGRAFO – v. quimograma.

QUIMOGRAMA – Inscrição obtida no aparelho registrador chamado QUIMÓGRAFO, em que, no papel de um tambor rotativo, um estilete, ligado a um órgão do aparelho fonador (v.) durante a elocução, traça linha indicativa da vibração das cordas vocais, da elevação da língua na articulação dos sons vocais, da ressonância nasal, da natureza oclusiva ou fricativa de uma consoante, da pressão de ar na emissão vogal, e assim por diante. Foi o primeiro aparelho importante empregado na técnica da fonética experimental (v.).

R

RADICAL – A parte lexical de um vocábulo, que se opõe à parte correspondente à flexão externa (v.), a que se liga ou não pelo índice temático (v. tema). Quando essa parte lexical é apenas um semantema, tem-se o radical primário, ou raiz (v.), e o vocábulo é PRIMITIVO. As palavras não-primitivas têm radical SECUNDÁRIO, ou radical *stricto sensu*, que pela análise mórfica (v.) se decompõe até chegar à raiz. Assim, em – *desregularizar*, o radical secundário imediato é – *desregulariz*-, de que, por destaques sucessivos, se obtêm – *regulariz*-, *regular*, *regul*-, *reg*- (com o destaque do sufixo lexical -*ul*-, que aparece no lat. *regula* e port. *célula*, *nótula*, etc.). Os radicais secundários apresentam assim diversos graus de complexidade a partir do radical primário ou raiz. O radical secundário resulta da derivação (v.) ou da composição (v.). Muitos linguistas usam o termo BASE, em contraste com flexão, sem as distinções que pressupõem os termos radical, raiz (v.) e tema (v.).

RAIZ – O semantema (v.) como parte básica da estrutura das palavras (v.) a que se chega pela análise mórfica sincrônica (v.).

Ao lado desse conceito sincrônico, há o conceito diacrônico, da gramática histórica indo-europeia, que considera raiz o segmento fônico originário correspondente a um semantema do indo-europeu.

É fácil compreender que os dois conceitos não coincidem, porque na evolução milenar das línguas indo-europeias as raízes originárias muitas vezes se esvaíram ou mudaram essencialmente, incorporando elementos mórficos originariamente distintos. Assim, port. *comer* já não tem a raiz indo-europeia -*ed*-, que ainda aparece no lat. *comedere*, e no port. *estrela* e lat. *stella* a raiz indo-europeia *ster*- foi absorvida num novo semantema em cuja forma entrou o sufixo -*la* (*ster* + *la* > *stella* < *estrela*). Sincronicamente, a raiz de *comer* é *com*- (que corresponde diacronicamente a um prefixo latino) e a de *estrela* é *estrel*-.

No estudo do português só interessa o conceito sincrônico de raiz. Aí o que individualiza a raiz é um significado permanente, que faz dela um semantema. As diferenças fônicas que não afetam esse significado são variantes do significante (v.) assim, ao lado de *estrel-* em *estrela*, temos *estel-* em *estelar* e *estelífero*. As palavras portuguesas com a mesma raiz constituem uma família léxica (v.) e se dizem cognatas.

Na análise mórfica, indica-se raiz destacada com o sinal matemático de raiz quadrada: $\sqrt{estrel}$.

REALCE – Qualquer processo linguístico para pôr em relevo um ou mais termos da enunciação. Pode ser um realce fonético resultante do acento (v.), ou sintático, dependendo – a) da colocação (v.), b) do pleonasmo (v.), c) de partículas de realce (v.), que não concorrem para a compreensão, mas para a expressividade.

As partículas de realce, ou expletivos, são principalmente em português: 1) um pronome adverbial – a) reiterando um complemento já enunciado, ou – b) reportando ao falante, como objeto indireto, um processo verbal, que logicamente nada tem a ver com ele (dativo ético) (v. objeto); 2) um advérbio como *lá*, *bem*, *assim*; 3) a partícula adverbal reflexiva com verbos intransitivos, especialmente de voz medial para esses verbos (v. medial, voz); 4) o conetivo *que* – a) em iteração, b) em função copulativa em vez de *e*, c) na expressão *é que*, *foi que*, *ora que*, transformando uma oração independente em integrante do verbo impessoal *ser*. Eis alguns exemplos, em que às vezes se acumula mais de um desses processos: "*A passada injúria a vossos conselheiros a atribuí sempre, que não a vós*", (1a, 4b) (Herculano, Lendas, 1, 272) – "*Os peixes lá se vivem nos seus mares*" (2, 3) (cf. Ali, s.d., I, 204) – "*Olhai-me esse perguntar*" (1b) (Moreira, 197, II, 26) – "*Lá entendeu que era melhor esperar*" (2) (*id.*, 66) – "*Eu tinha umas asas brancas /.../ que em me eu cansando da terra, / batia-as, voava aos céus*" (1a) (Garrett, Flores, 184) – "*Quem diz que o amor que enfada, / de certo que nunca amou*" (4a) (cf. Barreto, 1921, 182) – "*Mas se a mãe é que as mandou*" (4c) (Ali, 1930, 74).

RECÍPROCA, VOZ – v. medial, voz.

RECONSTRUÇÃO – v. comparatismo.

REDOBRO – v. reduplicação.

REDUNDÂNCIA – Fato de um significado ser expresso mais de uma vez na mesma comunicação linguística.

No mecanismo gramatical, a redundância consiste na presença de um alomorfe de um morfema (v.) ao lado de um semantema. Neste caso há uma oposição de caráter SUBMÓRFICO, que cabe ao alomorfe menos usual e sistemático na língua, cabendo ao mais usual e sistemático a função de representar propriamente o morfema. Assim em português, a alternância vocálica (v.) é uma regra submorfêmica, cabendo a um morfema aditivo a função de indicar as categorias de gênero nominal, de número, de pessoa verbal. Na análise das formas linguísticas deve-se levar em conta a redundância gramatical, que tem um papel comunicativo auxiliar. Há ainda em português redundância gramatical no emprego do pronome sujeito junto de uma forma verbal que já tem morfema de pessoa (ex.: *nós falamos*, morfema -*mos*; *ele fala*, morfema zero). Também da concordância (v.) resulta a redundância gramatical.

No âmbito dos semantemas, a redundância tem o nome particular e tradicional de pleonasmo (v.).

REDUPLICAÇÃO – Repetição da sílaba radical de um vocábulo, a qual em muitas línguas corresponde a um tipo de morfema (v.), dito reduplicativo. Em português, a reduplicação, ou REDOBRO, aparece com conotação de carinho – nos nomes de parentesco na linguagem infantil (*papá* ou *papai*, *mamã* ou *mamãe*, *titio*, etc., e nos hipocorísticos (v.) (exs.: *Lulu*, *Zezé*). Também serve para a estruturação da onomatopéia (v.).

REFLEXIVA, VOZ – v. voz; medial, voz.

REFLEXO – Termo com que se designa, em gramática histórica, o fonema que resulta da evolução de outro, da protolíngua (v. família linguística, comparatismo). Assim, em português, /d/ entre vogais pode ser o reflexo de um /t/ latino, que sofreu sonorização (v.); e assim por diante.

REGÊNCIA – Em sentido lato, a marca de subordinação de um vocábulo determinante ao seu vocábulo determinado num sintagma (v.). Nas construções analíticas, em que a marca da subordinação é a preposição (v. preposições), a regência em sentido estrito se refere ao valor relacional das preposições, dentro da língua, e às caracterizações dos determinantes que por meio de cada uma delas se estabelecem. É assim a descrição da distribuição e das significações gramaticais, ou significações internas, das preposições existentes numa língua dada. A escolha da preposição depende: 1) da significação interna de cada uma, como em português – *de* "posse", *a* "objeto indireto" ou "direção", *com* "companhia", etc.; 2) da servidão gramatical (v.), que faz com que certos determinados exijam necessariamente certas preposições, especialmente em se tratando de verbos com complementos essenciais (ex.: *tratar de...*, *avisar de...*, *assistir a...* etc.). Num e noutro caso, há muitas vezes variação livre, que a disciplina gramatical (v.) procura eliminar (ex.: *avisar alguém de alguma coisa: avisar alguma coisa a alguém*), e em referência à significação interna das preposições interfere a intenção estilística (v.). Haja vista, em português, o emprego ou omissão de preposições *em*, *por*, *durante* em complemento de tempo indicando ocasião ou duração (ex.: *Saí sábado: Saí no sábado* – "*E o meu suplício durará por meses*", Herculano, Poesias, 73; *durará meses*) e o emprego ou emissão da preposição *a* para um objeto direto designando pessoa ("*Rubião pôs em espanto a todos os seus amigos*", Assis, Borba, 289; v. objetos).

REGIONALISMOS – Em sentido lato, traços linguísticos privativos de cada uma das regiões em que se fala uma dada língua, assim dividida em dialetos (v.).

Em sentido estrito, os regionalismos léxicos, especialmente quando recebem guarida na língua escrita e literária, são de forma (vocabulares) ou de significação (semânticos). O brasileirismo (v.), como o lusitanismo (v.), corresponde a regionalismos em face do léxico comum português; mas para a língua escrita e literária do Brasil há, por sua vez, regionalismos amazônicos, nordestinos, baianos, fluminenses, mineiros, sulistas, bem como em Portugal para a sua língua escrita e literária há regionalismos interamnenses, transmontanos, beirões, estremenhos, alentejanos, algarvios.

REGISTRO – Termo adotado pela escola (v.) linguística de Londres, para designar as mudanças no uso da língua por parte de um falante, conforme a situação social. Assim, o registro da conversação familiar é diferente do de uma conversação cerimoniosa, o registro da língua escrita diverge do da língua oral, e na literatura há um registro especial (v. língua). As variedades no registro abrangem todos os níveis da língua – o léxico, a morfologia, a sintaxe, a estilística. Uma característica típica do registro da conversação familiar no português do Brasil é o emprego do pronome *ele* como objeto direto em vez de *o*.

O erro e a correção (v.) têm de ser avaliados dentro de um registro dado, e não partindo-se uniformemente da língua literária para condenar tudo que se diz noutros registros, fora dessa norma (v.).

O termo "registro" é melhor neste sentido do que o termo estilo (v.), que tem outra acepção fundamental.

REGULARIDADE – Propriedade das formas linguísticas que se pautam por um paradigma (v.). O conceito oposto é a irregularidade (v.).

RELATIVO – Pronome que pela anáfora (v.) se reporta a uma palavra antecedente (v.) ao mesmo tempo que serve de conectivo subordinativo oracional. O pronome relativo, por excelência, em português é a partícula *que*, proveniente nesta função do pronome relativo latino *qui-quae-quod*, cognato do interrogativo *quis-quae-quid* (v. interrogativas). Houve a convergência, em posição átona, das 3 formas latinas – masculina, feminina e neutra, ou, noutra hipótese, a extensão do emprego do neutro interrogativo *quid*, substituindo-se a *quod* e superando a masculina *qui* e a feminina *quae*. A partícula *que*, isolada ou regida de preposição, conforme a sua função, pode servir, latamente, como sujeito, complemento ou adjunto na sua oração subordinada.

Entretanto, ao seu lado, figura em português um conjunto de formas oblíquas: a) *quem* (lat. *quem*, acusativo masculino), que se usa em referência a seres humanos (gênero ANIMADO, como nos interrogativos) e regido de preposição; ex.: *o moço com que falaste...* (cf. Ali, s.d., A., 95); b) *cujo*, forma adjetiva que concorda em gênero e número com o nome substantivo de que é determinante (lat. *cuiu-, cuia-, cuios, cuias*); ex.: *gigante cuja figura causa espanto...* (Ali, s.d., A., 96); c) *onde* (lat. *unde*), em vez de – *em que*, como complemento circunstancial de lugar, que pode aglutinar-se com as preposições *a* e *de* (*aonde, donde*); ex.: *papelaria onde sempre compro* (*por* – *em que sempre compro*). Tem-se assim, na sincronia da língua (v.), um sistema heterônimo ao lado de – *que:* a) uma forma de gênero animado em emprego preposicionado, homônima do interrogativo *quem*; b) uma forma adjetiva para adjunto de um nome substantivo seguinte (a forma homônima como interrogativo no genitivo se tornou obsoleta); c) um locativo em função adverbial, de forma homônima ao interrogativo de lugar.

Outro pronome relativo é a locução *o qual*, combinação do artigo com o indefinido *qual* (v. indefinidos), onde o artigo varia em gênero e número, ao lado da variação em número de *qual*, em concordância com a antecedente. Esse pronome se distingue do mais usual *que*, por ser enfático (devido à tonicidade, que falta ao relativo *que*) e precisar melhor o antecedente por causa da concordância em gênero e número; só aparece, porém, em orações – a) que dão uma informação suplementar sobre o nome antecedente (ATRIBUTIVAS) e não b) nas que concorrem para defini-lo coma faria um adjunto essencial (v.) (RESTRITIVAS), o que na enunciação corresponde – a) a uma pausa inconclusa (v.) entre o relativo e o antecedente, ou – b) à falta de pausa. Exs.: *Aprecio José de Alencar, que escreveu o Guarani* (*ou* – *o qual escreveu o Guarani*).

REPETIÇÃO – v. pleonasmo.

REPRESENTAÇÃO – v. linguagem; denotação.

RESPOSTA – v. interrogação.

RESSONADORES – v. ressonância.

RESSONÂNCIA – Modificação que a cavidade pulmonar, a cavidade bucal ou as fossas nasais, ditas por isso caixas de ressonância, ou RESSONADORES, imprimem às vibrações do ar emitido, reforçando algumas vibrações e atenuando outras. O resultado da ressonância é o timbre (v.), em que um som fundamental é reforçado pelos sons harmônicos, resultantes da vibração da caixa de ressonância: "as vogais são essencialmente fenômenos de ressonância" (Battisti, 1938, 123), por serem sons puros, sem ruídos (v.) e por isso se distinguem pelo timbre. Nas vogais portuguesas, a ressonância nasal caracteriza as vogais de travamento nasal (v.).

RESTRITIVO – v. adjunto.

RETICÊNCIA – v. aposiopese; pausa.

RÉTICO – v. românicas, línguas.

RETÓRICA – Estudo da linguagem greco-latina, que focalizava a atividade literária conhecida como discurso (v.) em sentido estrito. Distinguia-se da gramática (v.) pela intenção estilística (v.). Pode-se dizer que a retórica foi a primeira aproximação do estudo estilístico, como hoje se compreende. A sua maior contribuição para a teoria da linguagem (v.) foi a depreensão das chamadas figuras de linguagem (v.), com conceituações que ainda hoje são aproveitadas. Note-se que a retórica, tendo em vista um ensino normativo para se falar em público, também levava em consideração a mímica (v.) e a ortoépia (v.) em seu sentido estrito.

RIMA – "Disposição de sons idênticos no final de vocábulos vizinhos ou pouco distantes" (Marouzeau, 1943, 188). A rima é um recurso para tornar a enunciação mais expressiva, e aparece em muitos provérbios dividindo-lhes os membros oracionais; ex.: "*A palavras loucas, orelhas moucas*" (Vasconcelos, Eufrosina, 4). No verso (v.) serve para marcar as cesuras (rima interna), ou, mais comumente, para marcar a pausa métrica do fim do verso (rima final); neste último caso, pode suceder-se em versos seguidos ou alternar com outras rimas de verso.

Quando não há identidade de todos os sons finais dos vocábulos, a partir da vogal tônica, tem-se a rima imperfeita; aí, para alguns sons, há apenas coincidência parcial dos seus traços fônicos (ex.: *estrela : bela, enlevo : mancebo*) ou correspondência entre uma vogal simples e a mesma vogal ditongada (ex.: *Julieta; estreita*). O caso extremo da rima imperfeita é a rima toante, ou ASSONÂNCIA, onde só há coincidência de vogais; é usual na poesia popular moderna e o era na poesia arcaica portuguesa (*amada* : *falava*, *belo* : *quero*).

Os versos sem rima dizem-se versos brancos (sendo o adjetivo "branco", aí, uma tradução falsa, tradicionalmente aceita, do inglês *blank* "pálido, sem brilho"); também se dizem "soltos". Na língua portuguesa é tradicional o verso branco decassílabo (dez sílabas métricas), especialmente nos poemas narrativos.

RITMO – Em sentido lato, "a impressão que se tem de uma regularidade de retorno de tempos marcados" (Grammont, 1933, 137). Na linguagem, os tempos marcados são os sons que se sucedem em unidades rítmicas, apresentando regularidade: a) de duração de sílabas (ritmo quantitativo); b) de número de sílabas (ritmo silábico); c) de força expiratória (ritmo intensivo); d) de entoação (v.) (ritmo tonal). Em cada língua predomina um desses aspectos na estrutura fonológica das frases, governando a distribuição das pausas (v. pausa). Para a frase em verso (v.), toma-se um ou mais de um desses ritmos e se reduz a impressão de regularidade a METRO, isto é, a uma medida certa, que se torna o princípio da construção do verso. Note-se, porém, que, ao lado do metro, assim estabelecido, continuam a atuar os demais princípios rítmicos, dando o efeito rítmico total do verso: "A maioria das pessoas que já meditaram seriamente sobre o assunto há de concordar que a nossa notação poética está longe de dar uma noção justa da intenção do artista" (Sapir, 1961, 140).

RIZOTÔNICOS – Chamam-se rizotônicos os vocábulos em que o acento tônico cai em sílaba da raiz. Em português, o gênio da língua (v.) favorece os vocábulos derivados arrizotônicos (v.), com a tonicidade no sufixo lexical (v.), e na flexão verbal também predominam as formas arrizotônicas.

São rizotônicos os nomes derivados com os sufixos *-ico*, de origem grega, correspondente a *-icu* com *-i-* breve em latim (ex.: *pérsico*, *tópico*, *cético*) e os diminutivos eruditos em *-ulo* ou *-culo*, com *-u-* breve em latim (ex.: *glóbulo*, *corpúsculo*), correspondentes a vocábulos populares em que desapareceu a derivação pela síncope desse *-u-* postônico e integração do sufixo átono na raiz (ex.: *espelho*, de *speculu-*, *abelha*, de *apicula*).

Na flexão verbal, os verbos regulares das três conjugações (v.) têm rizotônicas as formas das três pessoas do singular e 3ª pessoa plural do indicativo presente e subjuntivo presente, além da 2ª pessoa singular do imperativo, havendo na vogal radical tônica, na 2ª e na

3ª conjugação, uma alternância (v.) submorfêmica. Nos verbos defectivos (v.) são essas formas que geralmente faltam. Entre os tipos de irregularidade verbal (v.) está a das formas fortes (v.), no indicativo pretérito perfeito e em certos particípios passados (v.) (ex.: *disse*, *dito*, *pago*); também é rizotônico o infinitivo *pôr*, na 2ª conjugação.

Nos helenismos eruditos (v.) são em princípio rizotônicos aqueles cuja parte sufixal tem a penúltima sílaba breve e pois átona em latim; mas há uma tendência, combatida pela disciplina gramatical, a deslocar o acento para aí, o que valoriza o sufixo e enquadra o helenismo no aspecto geral da derivação portuguesa, com sufixos tônicos.

ROMANCE – O mesmo que romanço (v.). O termo provém do advérbio medieval latino *romanice* (*romanice loqui* "falar numa língua românica", em contraste com *latine loqui* "falar em latim") substantivado.

Concomitantemente, o termo passou a ser aplicado a obras literárias medievais escritas numa língua românica e não em latim. Eram, em regra, obras de ficção, em prosa ou verso, assim redigidas para ficar ao alcance do grande público (especialmente o público feminino nobre); assim a palavra *romance* passou a designar também uma obra literária de ficção.

ROMANÇO – Termo derivado do latim medieval *romancium* para designar qualquer língua românica, em contraste com o latim; ex.: "...*texto que se pode fazer em romanço*" (i.e., em português, não em latim) (Vasconcelos, 1926, 14, n.). Assim usa-se romanço como um coletivo para o conjunto das línguas românicas ou, parcialmente, para uma dessas línguas. Mas aplica-se de preferência o termo para designar a fase final do latim vulgar imperial, depois do séc. III d.C., quando já contrasta com o latim clássico em virtude de profundas inovações (v. românicas, criações) e se diferencia de região para região na România (v.), como fase preliminar das línguas românicas; daí, falar-se em romanço ibérico e, mais particularmente, romanço português, que se situa entre o séc. V e o séc. IX.

Do conceito de romanço como coletivo para "línguas românicas" chegou-se ao termo PROTO-ROMANÇO, para designar os traços fonológicos, morfológicos e sintáticos latinos que explicam os traços correspondentes nas línguas românicas. É um termo criado estritamente dentro do comparatismo das línguas românicas (v.), ou gramática comparativa românica; distingue-se do conceito de latim vulgar (v. latim) por ser uma dedução teórica do método comparativo, ou PROTOLÍNGUA, e só abranger o que se pode reconstruir pela comparação das formas e fonemas românicos. Os fatos do latim vulgar que não apresentam reflexo nas línguas românicas não entram na configuração do proto-romanço; em compensação entram nele fatos do latim clássico, opostos aos do latim vulgar, documentado, mas que se prolongaram em língua românica pela corrente erudita.

ROMÂNIA – Nome convencionalmente dado ao conjunto de regiões do Império Romano, em que se radicou o latim como língua regional, substituindo-se às antigas línguas vigentes antes da conquista romana. Essas regiões foram a princípio a Península Itálica, o vale do Danúbio, a costa leste do Adriático, a Dácia nos Bálcãs, as Gálias, a Península Ibérica, as ilhas mediterrâneas ocidentais, como a Córsega e a Sardenha, e a costa africana mediterrânea. Algumas dessas regiões perderam-se posteriormente para o latim. Ficaram definitivamente como partes da România e regiões de língua românica ou neolatina (v. românicas, línguas) a Península Itálica, ilhas mediterrâneas ocidentais (ex.: sardo, na Sardenha), as Gálias, a Península Ibérica, uma faixa alpina (dialetos réticos) no cantão de Grisões, no Tirol e no Friul, a Dácia e seus arredores nos Bálcãs. Posteriormente houve a expansão de uma dada língua românica, como o francês na Bélgica e parte da Suíça e o italiano em parte da Suíça e na costa do Adriático, onde desapareceram as línguas românicas do grupo dalmático (ex.: o velhoto). Hoje pode-se dizer que há uma România americana, com o francês no Canadá, o espanhol na América Central e grande parte da América do Sul e o português no Brasil.

ROMÂNICAS, CRIAÇÕES – Dá-se este nome aos fatos gramaticais das línguas românicas criados na época imperial tardia em virtude da evolução acelerada do latim vulgar. São, portanto, fatos de origem latina que não se encontram no período clássico do latim (v.). Entre as criações românicas estão: a) o artigo (v.) – port. *o*, esp. *el, lo*, it. *lo*, fr. *le* etc.; b) as formas do indicativo futuro (v.) – port. *cantarei, cantaria*, etc.; c) o pronome pessoal de 3ª pessoa (v.) e suas variantes oblíquas – port. *ele*, esp. *el*, it. *egli*, fr. *il* etc.; d) as conjugações perifrásticas com o auxiliar *habere* ou *tenere* e um particípio passado; etc.

ROMÂNICAS, LÍNGUAS – Línguas românicas, ou NEOLATINAS, são as que provêm da evolução e diferenciação do latim (v.) na România (v.).

A lista das línguas românicas é um tanto incerta em virtude de não haver uniformidade em se conceituar a língua em face do dialeto. Às vezes só se levam em conta as línguas que tiveram disciplina gramatical (v.) desde cedo e apresentam uma literatura culta, rica e expressiva, enumerando-se então como línguas românicas – o italiano (na Itália), o francês (no norte da França Medieval), o provençal (na França Medieval do sul), o castelhano, também dito espanhol (no centro dessa península), o catalão (na zona mediterrânea norte dessa península) e o romeno (numa região balcânica que hoje constitui o país chamado Romênia ou Romania). Nessa enumeração, que dá lugar ao provençal em face do francês do norte, "não se consideram entretanto, de per si, os dialetos da Itália do norte, que diferem pouco menos do italiano literário do que o provençal do francês, nem o rético ou o sardo que dele ainda diferem mais" (Meyer-Lübke, 1920, 16). O próprio Meyer-Lübke, porém, na sua enumeração definitiva, exclui os dialetos da Itália do norte, acrescentando à lista das sete línguas românicas, estabelecida "principalmente por critérios políticos e literários" (*ibid.*), o rético, segundo o nome proposto por Gartner para o conjunto de falares "ao longo dos Alpes, entre as fontes do Reno e o Adriático" (Bourciez, 1930, 605), o sardo (na Sardenha) e o dálmata, desaparecido nos fins do século passado (na Dalmácia); exclui da categoria de língua o catalão porque o subordina dialetalmente ao provençal, um ponto de vista que, com razão, está hoje praticamente rejeitado. Podemos fixar-nos numa lista de 10 línguas, em que 7 são línguas comuns e literárias, que se propagaram de um centro cultural e político predominante, abafando as variedades dialetais das regiões vizinhas ou pelo menos a elas se superpondo como língua de intercâmbio político, da literatura e das classes cultas (italiano, da região florentina; francês, da ilha de França; provençal, da região de Tolosa; português, da zona norte de Portugal; castelhano ou espanhol, da região de Castela; catalão, da região de Barcelona; romeno, da região da Valáquia) e 3 são nomes coletivos para conjuntos de falares de grandes linhas estruturais comuns (rético ou ladino, sardo, dálmata). Dessas línguas, desapareceu o dálmata nos tempos modernos, o provençal se estiola em proveito do francês e na Espanha o catalão sofre a superposição do castelhano ou espanhol.

ROTACISMO – Mudança de /s/ entre vogais para /r/ dental. Foi uma lei fonética (v.) em latim arcaico. Por causa dela, uma série de nomes da 3ª declinação (v. declinações), neutros (v. neutro), apresentam radical diferente no nominativo e acusativo, sem vogal temática e sem desinência, em face dos outros casos com desinência começando por vogal, onde /s/ do radical passou a /r/: *corpus* (lat. arc. *corpos – corporis*). Isto explica as diferenças de radical entre o nome correspondente português e adjetivos derivados tirados do radical do genitivo: *corpo – corporal, tempo – temporal, lado – lateral.*

RUÍDOS — Efeitos acústicos da articulação bucal que não dependem dos ressonadores e, ao contrário dos sons, não apresentam um conjunto de vibrações harmônicas em ressonância (v.), sendo portanto destituídos de timbre (v.). O fonema surdo (v.) é um ruído, ao passo que no sonoro (v.), mesmo quando consoante, há um som, resultante das vibrações harmônicas das cordas vocais; mas o som puro, caracterizado pelo timbre, só se encontra na vogal (v.).

Na teoria da comunicação (v.), denominam-se ruídos os efeitos acústicos extralinguísticos, provenientes do ambiente, os quais interferem com os sons vocais e prejudicam a percepção deles. Como usualmente se fala em meio desses ruídos, a redundância (v.) é um recurso para facilitar a compreensão do que é enunciado. Assim, a alternância (v.) vocálica em português, no feminino, compensa a má percepção do -*a* final e torna o gênero feminino mais nítido.

S

SÂNDI – Nome que na gramática hindu do sânscrito se dava às variações morfofonêmicas de condicionamento fonológico (v. morfofonêmica) em caso de juntura (v.). O termo, que significa "composição" (*sam-*, prefixo, "com"; √*dha*: ideia de "pôr"), foi adotado em linguística desde o séc. XIX, distinguindo-se como os gramáticos hindus – o sândi interno, ou dentro do vocábulo (ex.: *leio* para *le + o*), e o sândi externo, de um vocábulo para outro, dentro da frase, que nas línguas modernas, ao contrário do que sucedia em sânscrito, a grafia não registra (ex.: *olhos azuis* /ól'uzazúys/, *olhos pretos* /ól'us'prêtus'/). Como equivalente a morfofonêmica de condicionamento fonológico, o sândi (como era o seu conceito na gramática hindu) é um fato sincrônico, que não se confunde necessariamente com a mudança diacrônica. Mas na gramática histórica (v.) também se usa o termo ao lado da expressão FONÉTICA SINTÁTICA, para as mudanças resultantes de assimilações ou dissimilações de um vocábulo em contato com outro, que se generalizam em seguida para todas as posições e se integram na forma normal do vocábulo; ex.: lat. *illu germanu* > *illu yermanu* (/g/ para /y/ por estar entre vogais), donde uma forma geral *yermanu*, de que provém port. *irmão*.

SARDO – v. românicas, línguas.

SECUNDÁRIO – v. adjunto; radical; foram primitiva.

SELEÇÃO – Processo de economia linguística consistindo em anular a dualidade de formas equivalentes pela conservação de ambas com funções distintas, em vez do abandono de uma delas.

Há, por exemplo, seleção: a) entre vocábulos sinônimos; ex.: *mancha*, termo geral; *malha*, "mancha no pêlo dos animais"; b) entre variantes de sufixos; ex.: *justiça* "exação jurídica"; *justeza* "exatidão em geral"; c) entre formas flexionais variantes; ex.: *soltado*, na conjugação perifrástica com *ter*; *solto*, na conjugação perifrástica da voz passiva; ou, ainda – *fui*, 1ª pessoa; *foi*, 3ª pessoa, dualidade decorrente "do conflito entre a pronúncia escolar com *u* breve de *fui*, *fuisti* etc., fundamentada na regra da quantidade breve das vogais em hiato, e a pronúncia popular anterior com *u* longo, documentada em Ênio" (Camara, 1950, 346) (cf. o arcaísmo, antes da seleção, do emprego de *fui* para 3ª pessoa; ex.: – "*esta carta fuy feita*", e de *foi* para a 1ª pessoa; ex.: "*Tanto eu foy pecador uelho e moncebo*") (Camara, 1933, 257). No caso de *fui : foi*, temos assim a seleção como causa da alternância vocálica (v.) de formas verbais fortes (v.) em português, a qual em outros casos decorre da metafonia (v.).

SEMANTEMA – Dá-se este nome ao elemento formal que simboliza na língua o ambiente biossocial em que ela funciona. Para isso há um "recorte" (Cassirer, 1933) desse ambiente, correspondendo a um conjunto de segmentos fônicos distintos, que são os semantemas da língua. Eles entram em formas mais complexas e autônomas, que são as palavras (v.), aí passando a constituir o que se chama a raiz (v.). As aplicações dos semantemas se multiplicam por meio do tipo de morfema (v.) chamado lexical, cuja adjunção à raiz cria novas palavras, especializando ou ampliando o valor do semantema (v. derivação). Em português esses morfemas lexicais são fundamentalmente segmentos fônicos que se seguem à raiz, isto é, sufixos (v.). Mas o semantema também multiplica as suas aplicações pela combinação com outra palavra ou partícula, o que dá, em vez da palavra derivada, a palavra composta (v. composição).

O termo *semantema*, lançado por Vendryes (1921, 86), tem por base uma raiz grega que quer dizer "significação" (v. significação). Em seu lugar, também se usa *morfema*, indiferencialmente, visto que também é forma (v.), ou ainda lexema (v.).

SEMÂNTICA – Estudo da significação das formas linguísticas. Em regra, assim se focaliza apenas a significação externa das palavras (v.) concentrada no radical (v.).

A semântica pode ser descritiva (sincrônica) e histórica (diacrônica).

Na primeira, estuda-se a significação atual das palavras de uma língua (cf. Ullmann, 1957, 43s). Leva-se em conta: 1) a polissemia de cada palavra (v.); 2) Os CAMPOS SEMÂNTICOS, em que cada palavra se associa com outras, na base de significações correlatas dentro da cultura (v.) a que a língua serve; 3) a homonímia (v.); 4) a autonímia (v.); 5) a sinonímia (v.); 6) a expressividade (v. estilística); 7) a influência da conotação (v.) sobre a significação denotativa; 8) a compreensão do universo, ou VISÃO CÓSMICA, que decorre dos múltiplos campos semânticos, existentes em função da língua e da cultura; 9) a possibilidade de TROPOS, significação figurada em cada palavra (v. figuras de linguagem). Assim, a semântica descritiva em português pode estudar: 1) em *paixão*, a sua polissemia complexa (sofrimento, sentimento imoderado, amor violento, falta de objetividade no julgar) em significações que se correlatam e interferem umas nas outras; 2) em *sol* o seu campo semântico (*astro, estrela, planeta* etc.); 3) em *fiar* a sua homonímia ("tecer", "confiar"); 4) em *luz* o seu contraste com *trevas*; 5) em *mar* a sua sinonímia (*oceano, pélago, pego*); 6) em *noturno* a sua expressividade fônica, decorrente do efeito grave e abafado das consoantes nasais e vogais posteriores; 7) em *madrasta* a conotação pejorativa; 8) em *saudade* um aspecto típico da visão cósmica na cultura e língua portuguesa; 9) em *ouro* as suas possibilidades metafóricas.

A semântica histórica, focalizada sistematicamente de início por Michel Bréal e na língua portuguesa pelo gramático brasileiro Pacheco Junior, estuda as mudanças de significação (v.) que sofrem as palavras no correr dos tempos.

Procura-se depreender princípios gerais que orientam intuitivamente essas mudanças. A complexidade do estudo está na circunstância de que há causas de natureza diversa para as mudanças de significação ou evolução semântica (v.). Podemos enumerar as seguintes (cf. Ullmann, 1957, 171): a) histórico-cultural, quando a coisa nomeada muda de natureza e a denominação permanece (ex.: *pena*, "para escrever", que é hoje uma peça de metal e era antigamente uma pena de ganso); b) psicológica, quando a significação muda em virtude da mudança da conceituação (ex.: *vilão* "camponês", que designa hoje, mais comumente, "indigno", em virtude da conceituação do "camponês", do ponto de vista dos nobres); c) lógica, quando a significação de uma palavra se transfere a outra por força de associações objetivas ou subjetivas (ex.: *tela* "pintura", por metonímia (v.), ou *serra* "cadeia de montanhas", por metáfora) (v.); d) formal, quando a forma da palavra acarreta uma nova significação (ex.: *emérito* "notável", por causa da forma da palavra, que faz lembrar *mérito*); e) sintagmática (v. sintagma), quando as significações das palavras se contaminam em virtude de figurarem comumente lado a lado em certas expressões ou locuções (v. elipse) (ex.: o brasileirismo *levado* "travesso", decorrente da expressão *levado da breca* "arrebatado por uma fúria demoníaca"); f) social, quando a palavra muda de significação porque passa de uma língua especial para a língua comum ou vice-versa (ex.: *éter* "certa substância volátil", em virtude da transferência, para a língua especial da química, da palavra significando "puro ar superior"). Estas causas não se apresentam, entretanto, estremes umas das outras, e são antes, muitas vezes, aspectos múltiplos por que se pode encarar uma mudança semântica. Assim, na evolução de *vilão*, de "camponês" para "indigno", há também – uma causa social (o uso da palavra na língua da corte), uma causa lógica (a associação da grosseria de costumes e de aspecto físico com a grosseria moral) e uma causa formal (a semelhança com *vil*) (cf. Baldinger, 1962, 312).

A evolução semântica explica por que há muitas vezes uma grande diferença de significação entre uma palavra e o seu étimo (v.); assim, a etimologia (v.) tem de valer-se da semântica histórica. É a esta, por exemplo, que se tem de apelar para derivar port. *chegar* do latim *plicare* "dobrar": na linguagem dos marujos a expressão *plicare vela* "dobrar as velas", para entrar suavemente no porto, reduziu-se por elipse e passou à língua geral com uma significação mais ampla (evolução semântica por causa sintagmática e por causa social). A passagem dos nomes próprios para comuns (ex.: *César* "rei", *Bengala* "bastão", etc.) é uma parte da semântica histórica.

SEMICONSOANTE – Termo que se emprega em mais de um sentido: 1) para o elemento assilábico do ditongo (v.) crescente, em contraste com semivogal (v.) reservada a esse elemento no ditongo decrescente; 2) para as consoantes fricativas, palatal (como *j-* no al. *jemand*) ou labiovelar (como *w-* no ing. *war*), que correspondem a um /y/ ou um /w/, respectivamente, com uma fricção que as faz consoantes constritivas (v. consonantização), em contraste com a natureza vocálica (embora assilábica) de /y/ e /w/ nos ditongos crescentes.

SEMIDITONGO – Termo fonético para designar um ditongo constituído de uma vogal longa que apresenta abrimento menor ou maior na sua parte inicial ou final; ex.: ing. *feet* foneticamente [fiyt]. Não coincide com o conceito de ditongo monofonêmico (v.), que é um termo fonológico para designar um ditongo fonético que no sistema fonológico de uma dada língua equivale a um único fonema por não entrar em oposição com a respectiva vogal, simples. Do ponto de vista fonológico, o semiditongo pode ser monofonêmico ou difonêmico, de acordo com a ausência ou a presença de oposições existentes com ele na língua; a respeito de uma vogal longa como do ing. *feet*, por exemplo, há doutrinas divergentes na interpretação fonológica.

Nas gramáticas portuguesas, é hábito chamar semiditongo os grupos vocálicos átonos finais em que a primeira vogal é alta (*glória*, *tábua*, etc.) e em que há variação livre quanto à sinérese (v.) do estilo articulatório coloquial. É um dos casos de sílaba dinâmica (v.), que não corresponde a ditongo sistemático da língua.

SEMIERUDITOS – Vocábulos de proveniência latina, introduzidos na língua portuguesa através das classes cultas, que sabiam latim, mas em seguida popularizados, sofrendo certas mudanças fonéticas. Assim, as vocábulos semieruditos distinguem-se dos populares (v.), porque apresentam mudanças fonéticas, mas não as mudanças (v.) sistemáticas e fundamentais que constituem o conjunto das leis fonéticas do romanço lusitânico e do protoportuguês (v. lei). Por exemplo: a) a penúltima vogal átona dos proparoxítonos mantém-se (ex.: *tabula* > *tábua*); b) nos grupos consonânticos de oclusiva ou /f/ mais líquida /l/ não há a palatalização (v.), mas apenas a mudança de /l/ > /r/ (*platea* > *praça*); c) -*i*- e -*u*-, breves, conservam o seu timbre (ex.: *signu*- > *sino*).
V. eruditos.

SEMIVOGAL – Vogal assilábica que acompanha a base da sílaba (v.) para constituir um ditongo (v.). Muitos foneticistas reservam o nome de semivogal para a vogal assilábica dos ditongos decrescentes (SUBJUNTIVA ou POSPOSITIVA), classificando a dos ditongos crescentes (PREPOSITIVA) como semiconsoante (v.).

SENTENÇA – Termo também usado em vez de frase (v.) ou oração.

SENTIDO – v. significação.

SEQUÊNCIA – v. classes de vocábulos; sintagma; subordinação.

SERVIDÃO – Termo que se aplica a fatos gramaticais meramente mórficos, sem correspondência com uma noção ou categoria gramatical. Na servidão gramatical a forma particular não traz em si uma significação gramatical específica. Assim, em latim, a flexão dos verbos depoentes (v.) era uma servidão gramatical que se eliminou em latim vulgar. Em português, muitas vezes a distribuição dos nomes em masculinos (*palácio* etc.) e femininos (*casa* etc.) é também uma servidão gramatical, da mesma sorte que a regência obrigatória de determinada preposição para os objetos (v.) que são alvo direto do processo verbal (*tratar de alguma coisa*, etc.).

A causa diacrônica das servidões gramaticais é o retardamento da evolução formal da língua em face da evolução semântica geral provocada por mudanças na cultura (v.). Pode-se interpretar a sua eliminação como um PROGRESSO linguístico.

SIBILANTES – v. constritivas.

SIGLA – Nome que se dá à abreviatura (v.) de livros e revistas nas indicações bibliográficas. A sigla é um caso particular da acrografia (v.).

SIGNIFICAÇÃO – Representação mental que uma forma linguística evoca. De acordo com as funções fundamentais da linguagem (v.), a significação global de uma forma linguística compreende a denotação (v.), que é uma simbolização intelectiva do ambiente biossocial, estruturado na linguagem, e a conotação (v.) por meio da qual funcionam o apelo e a manifestação psíquica. Ao lado da significação dos semantemas (v. semantema), dita significação externa, há para considerar a significação interna, ou gramatical, que se refere aos morfemas (v. morfema) e pode ser categórica (indicativa de uma categoria gramatical) ou relacional (quanto à função do morfema como conectivo).

A significação linguística é em princípio fluida e pressupõe a polissemia (v.); ela só se precisa a rigor dentro de um contexto linguístico (v.). O estudo da significação linguística vem a ser a semântica (v.). Convém fazer uma distinção entre os termos significação e SENTIDO, entendendo-se por este a significação dentro de um contexto e a serviço de uma intenção definida do falante em sua comunicação.

Por meio das figuras de linguagem (v.), a significação própria se amplia na significação figurada, que tem como base a metonímia (v.) ou a metáfora (v.).

A forma linguística é uma relação entre a sua significação, ou SIGNIFICADO, e o corpo fonológico que dá a significação, ou SIGNIFICANTE.

SIGNIFICADO – v. formas; significação.

SIGNIFICANTE – v. formas; significação.

SIGNO – v. símbolo; dêixis.

SÍLABA – Emissão vocal assinalada por um ápice de abrimento articulatório e tensão muscular, que corresponde ao fonema SILÁBICO, e pode ser precedido de fonemas assilábicos de abrimento e tensão crescente e seguido de outros de abrimento e tensão decrescente. Desse encadeamento articulatório resulta uma percepção acústica de unidade com um segmento fônico mínimo capaz de constituir uma enunciação linguística. Visto que o ápice de abrimento articulatório corresponde, do ponto de vista acústico, a um ápice de sonoridade, ou perceptibilidade acústica, a sílaba, assim definida, diz-se sílaba sonora (auditiva). Em princípio ela é emitida num único impulso de expiração, mas num só impulso também se podem articular duas sílabas sonoras, que ficam assim reunidas numa única expiratória ou dinâmica (v. sinérese).

Em princípio, o silábico é uma vogal (v.), e na língua portuguesa o é sempre; mas no ditongo (v.) há uma vogal assilábica na parte crescente ou na decrescente da sílaba, dita semivogal (v.), que é a variante posicional de uma vogal alta. A sílaba é simples, quando apenas constituída pelo silábico (ex.: *há/a/*) e composta, quando tem a mais uma parte crescente ou decrescente com consoante (v.) ou semivogal. A sílaba composta é – a) livre ou – b) travada, conforme – a) não tem ou – b) tem uma parte decrescente (ex.: a) *pá*; b) *par*, *pai*). A parte crescente ou a decrescente podem apresentar em princípio mais de uma consoante (v. grupos consonânticos).

Em português, a sílaba é travada: 1) por consoante constritiva anterior ou consoante líquida (ex.: *pas*, *par*, *mal*); 2) por semivogal num ditongo decrescente (ex.: *pai*, *pau*); 3) quando o silábico é vogal nasal (v.) (ex.: *cam-pa*, *lã*); podendo acrescentar-se a constritiva anterior à semivogal ou à vogal nasal (ex.: *paus*, *lãs*) (v. juntura).

SILABADA – Erro de linguagem que consiste na mudança da sílaba tônica dos vocábulos. Assim, fazer proparoxítonos – *pegada*, *decano*, *filantropo*. O conceito de *silabada*, como de qualquer erro linguístico, é o desrespeito à norma (v.) dentro da sincronia (v.). É um caso de barbarismo (v.) prosódico; o fenômeno diacrônico correspondente é o hiperbibasmo (v.). A disciplina gramatical (v.) em português tem mal interpretado esse barbarismo, considerando-o existente quando se trata de uma pronúncia normal, sob o argumento de que tal pronúncia está em desacordo com a origem do vocábulo, ou, em outros termos, porque houve hiperbibasmo. Em vocábulos de origem grega, nem sempre se fixou na norma linguística a prosódia latina, e a grega tem de ser aceita quando normal (prosódia grega: *míope*; *homófono*; *Heráclito*; cf.: *múops*, *-opos*, *homóphonos*, *Herácleitos*); em latim, a penúltima vogal longa (*o* /o-/ *i* /i-/ decorrente de *ei*) impôs a prosódia paroxítona, que o português não conservou.

SILÁBICO – v. sílaba.

SILEPSE – A silepse, ou a construção AD SENSUM, consiste em relacionar um elemento da frase ao que está implícito e não ao que está explícito na forma de outro elemento. Daí uma concordância (v.) inesperada. Assim: 1) um pronome é referido a um nome substantivo que não figura na frase (SÍNESE); ex.: "*Homem de paz, cingindo a espada do guerreiro, que outro mister deverá ser o teu?*" (cf. Epifânio, 1917, 351); 2) um adjetivo não concorda em gênero com o gênero gramatical do substantivo que ele determina; ex.: *"Estas figuras todas que aparecem, / bravos na vista e feros nos aspeitos..."* (Lusíadas, VIII, 2); 3) um verbo vai para o plural, porque o sujeito singular é um coletivo; ex.: *"Destarte a gente força e esforça Nuno, / que com lhe ouvir as últimas razões, / removem o temor frio e importuno"* (Lusíadas, IV, 21); 4) um pronome de tratamento (v.) deixa de ser coerente com o tratamento inicialmente adotado; ex.: *"Ouves isto, Nuno Alvares Pereira? Ouvis, Senhor condestável do reino, senhor conde de Ourém?... Quantos mais títulos e honras e senhorios e mercês e grandezas tendes, para vos eu chamar por eles todos, e vos dizer... para te envergonhar com eles todos, Nuno, e te dizer..."* (Garrett, Alfageme, 146).

A silepse é um recurso da estilística (v.), provocando uma expressiva associação de ideias (SINTAXE IDEOLÓGICA), no apelo a que serve a linguagem (v.), ou revelando um impulso de afetividade (v.) por parte do falante.

SIMBOLISMO – v. símbolo.

SÍMBOLO – Em sentido lato, aquilo que "se substitui convencionalmente a qualquer coisa para funcionar em seu lugar, ao contrário do SINAL, que não carreia em si a ideia de substituição" (Camara, 1959, 30). Na linguagem há, ao lado do símbolo, o sinal, que corresponde à dêixis linguística (v.); um e outro constituem o SIGNO, que é a essência da linguagem e corresponde à significação (v.) das formas linguísticas.

Em sentido estrito, o símbolo é aquilo que tem, para o nosso espírito, semelhança com a coisa substituída e cuja função substituidora decorre dessa motivação. Daí, para a linguagem, o emprego restrito de símbolo para a metáfora (v.) e o processo da linguagem poética (v.) conhecido como SIMBOLISMO, que caracteriza certas correntes literárias na poesia lírica: o simbolismo "se diferencia da poesia lírica em geral pelo fato que os simbolistas, partindo da sua consciência de estilo, procuram fazer do fenômeno momentâneo, como é o mais das vezes o símbolo, o princípio mesmo da poesia" (Johansen, 1945, 76).

SÍMILE – É a comparação assimilativa (v.), em que numa enunciação linguística se põe em cotejo formas de significação diversa: A é como B, A parece B, A dir-se-ia B. É uma técnica tradicional da língua literária desenvolver o termo comparante em longa frase, apenas relacionada ao termo comparado por advérbios de modo como índices de comparação (*assim, destarte, tal, desse modo* etc.). ex.: *"Assim como a bonina que cortada / antes do tempo foi, cândida e bela, / sendo das mãos lascivas maltratada*

/ *da menina que a trouxe na capela,* / *o cheiro traz perdido e a cor murchada*; / *tal está morta a pálida donzela...*" (Lusíadas, III, 134).

Ao contrário do símile, na metáfora (v.) há uma substituição de termos; ex.: *aquela bela e cândida bonina estava morta...*

SIMPLES – Todo termo linguístico que não é suscetível de análise (v.) em constituintes (v.), do ponto de vista sincrônico.

O conceito de termo simples é relativo ao âmbito gramatical que se focaliza. Assim, a sílaba é simples, quando não é analisável em mais de um constituinte (o fonema); o período (v.) é simples, quando não é analisável em mais de uma oração; e assim por diante.

O termo oposto a simples é COMPOSTO em sentido lato; o termo composto em que os constituintes estão numa relação de subordinação (v.) diz-se de preferência COMPLEXO. Por outro lado, para o vocábulo, composto se opõe a derivado, conforme se trata da derivação (v.) ou da composição lexical (v.).

SINAL – v. símbolo; dêixis.

SINALEFA – v. elisão.

SÍNCOPE – Perda de um fonema medial de um vocábulo.

Na evolução do romanço lusitânico há duas síncopes sistemáticas e muito importantes: 1) síncope da vogal postônica dos proparoxítonos latinos, com a redução do vocábulo a paroxítono e possível evolução posterior do grupo consonântico resultante; ex.: *apícula* > *apicla* (donde port. – *abelha*), *teneru-* > *tenru-* (donde port. – *tenro*); 2) síncope de consoante sonora entre vogais: *mala* > *maa* (donde port. mod. – *má*), *pede-* > *pee* (donde port. mod. – *pé*. No português moderno houve ainda a síncope da oclusiva ou constritiva labial, como primeiro membro de grupo consonântico, em vocábulos eruditos (v.) ; ex.: *excepção* > *exceção*, *aritmética* > *arimética*, etc.

SINCRONIA — Termo adotado por Saussure (1922, 117) para designar a concatenação dos fatos de uma língua num momento dado de sua história (v.). Eles se apresentam num conjunto de correlações que constitui um ESTADO LINGUÍSTICO, onde é apreensível uma estrutura (v.). Eis alguns exemplos para o português: 1) CORRELAÇÃO: a) fonética: as vogais anteriores entre si (/e/-/e: /-/i/); b) mórfica: os nomes plurais entre si (*homens, leões*); c) sintática: os dois tipos de VOZ passiva (*ouve-se, é ouvido*); d) semântica: dois ou mais sinônimos (*saber, conhecer*). 2) OPOSIÇÃO: a) fonética: as vogais anteriores com as posteriores (/e/-/o/, /e:/-/o:/, /i/-/u/); b) mórfica: um nome singular com o seu plural (*homem-homens, leão-leões*); c) sintática: a voz ativa com a voz passiva (*ele ouve com atenção – ele é ouvido com atenção*); d) semântica: dois antônimos (*saber – ignorar*).

Os fatos sincrônicos, que assim se destacam, não estão necessariamente vinculados ao que nos revela a diacronia (v.) da língua. Por exemplo: 1) Em *comer*, *com-* corresponde diacronicamente ao prefixo latino de *comedere* (> *comeer* > *comer*), mas sincronicamente é a raiz (v.), que se opõe a *-er* (vogal temática e desinência), como sucede com *am-* em *amar*, *ced-* em *ceder* etc.; no estado linguístico atual é *com-* que nos dá a significação externa do verbo como seu semantema (v.). 2) Em *regra*, *regr-* é diacronicamente a fusão da raiz *reg-* com o sufixo diminutivo de *regula* (> *reg'la* > *regra*), mas como fato sincrônico tem-se uma raiz *regr-*, variante (v.) de *reg-*, que aparece, por exemplo, em *reger*. 3) Em *relógio*, *re-* se explica diacronicamente como uma redução evolutiva de *hora* (pois se trata de uma composição de *hora* e *lógio*, derivado do gr. *lógos*), mas na análise sincrônica só se tem aí uma raiz *relogi-* indivisível, e um índice temático *-o*.

V. oposição.

SÍNDETO – v. coordenação; assíndeto.

SINÉDOQUE – v. metonímia.

SINÉRESE – Modalidade de enunciação de um grupo vocálico (v.), porque se reúnem numa só sílaba dinâmica as vogais contíguas que também poderiam ser pronunciadas em duas sílabas (v. diérese). A sinérese e a diérese constituem assim variações sincrônicas, de que não resulta oposição distintiva (v.) na língua embora haja uma pronúncia normal num ou noutro sentido.

No português do Brasil, é normal a sinérese: a) nos grupos vocálicos átonos não-finais, de segunda vogal, alta, correspondente em vocábulo derivado ou composto à vogal tônica do primitivo (ex.: *traidor*, de *trair*) ou à vogal inicial de uma das formas mínimas componentes (ex.: *vaidade*, rad. *va-*, suf. *-idade*) (v. juntura), sendo que, fora dessas duas condições, se tem aí um ditongo sistemático (ex.: *lei-tu-ra*, *cau-te-la* etc.); b) nos grupos vocálicos átonos não-finais, de primeira vogal alta (ex.: *piedade*, *suavidade*); c) nos grupos vocálicos átonos finais, de primeira vogal átona (ex.: *glória*, *áscua*, *série*, *tênue*), sendo que não há primeira vogal média nesses grupos (cf. *níveo* /níviu/, *mágoa* /mágua/). A intenção estilística ou a métrica, no verso (v.), criam frequentemente diérese nos dois primeiros casos.

Os mesmos fatos de sinérese ocorrem de vocábulo para vocábulo, na frase, quando não há elisão (v.)

ou crase (v.). Também a próclise acidental (v.) leva um hiato cuja primeira vogal é alta e tônica o grupo vocálico átono não-final, possibilitando-se a sinérese (ex.: *tio Pedro*, pronunciado [tiwpêdru]).

SÍNESE – v. silepse.

SINGULAR – v. número.

SINONÍMIA – Propriedade de dois ou mais termos (v. termo) poderem ser empregados um pelo outro sem prejuízo do que se pretende comunicar. A sinonímia aparece em todos os planos das formas linguísticas, embora a denominação, que nos vem dos gregos, tenha apenas pressuposto um "conjunto" (gr. *syn*-) de "nomes", i.e., "palavras" (gr. *ónyma*). Temos, pois, sinonímia em: a) formas mínimas, quer semantemas básicos, quer afixos; b) palavras; c) vocábulos gramaticais; d) locuções; e) frases. Exs.: a) *voc- : fon-* (semantemas sinônimos, como mostram *fônico : vocal*), *a- : in- : des* (prefixos sinônimos como mostram *anormal : inepto : desatento*, onde os prefixos de forma diversa exprimem todos a ideia de "falta de..."); b) *levantar : erguer*; c) *porque : pois*; d) *tenho de sair : preciso sair*; e) *Espero que ele cumpra o prometido : Confio em que ele não falte à sua palavra*. Em regra, a gramática restringe a sinonímia ao plano das palavras (item b), incluindo aí a sinonímia das formas mínimas, que só aparecem integradas nas palavras; e refere-se aos casos previstos nos itens c), d), e) como EQUIVALÊNCIA, PARALELISMO, CORRESPONDÊNCIA. Há, porém, quem distinga entre os sinônimos lexicais e sinônimos gramaticais, pondo de um lado o caso b) incluindo o a), e, do outro lado, os casos c), d) e e) (cf. Poalelungi, 1960).

"É quase um truísmo que a sinonímia total é ocorrência extremamente rara, um luxo a que a linguagem dificilmente se dá" (Ullmann, 1957, 108). Os sinônimos distinguem-se, a rigor, entre si por uma das duas seguintes circunstâncias: I) Significação – a) mais ampla ou mais restrita; b) mais simples ou mais complexa. Exs.: a) *ave e pássaro*; b) *sofrer* e *padecer*. II) Efeito estético do termo – a) delicado ou grosseiro; b) nobre ou vulgar; c) poético ou usual; d) usual ou científico; etc. Exs.: a) *narina* e *venta*; b) *enfadonho* e *cacete*; c) *pulcro* e *belo*; e) *queda* e *ptose*. A circunstância I refere-se ao âmbito da denotação (v.), e a circunstância II ao âmbito da conotação (v.) de fundo estilístico (v. estilística). Eis por que entre vários sinônimos há um que se impõe conforme a frase, para ela se tornar realmente eficiente e expressiva. E no âmbito da denotação é ainda preciso levar em conta a polissemia (v.) imanente em toda palavra, de que resulta que a sinonímia depende essencialmente do contexto (v.) em que se acha a palavra. Assim, o sinônimo de a) *levantar os braços é erguer*; b) *levantar nos bravos é erguer* ou *suspender*; c) *levantar uma estátua é erguer* ou *erigir*; d) *levantar a lebre é descobrir*; e) *levantar ama candidatura é lançar*; f) *levantar um terreno é medir*.

Verifica-se o valor sinonímico e as diferenças denotativas ou conotativas entre duas ou mais palavras por dois processos: a) substituição de uma pela outra ou outras em determinado contexto; b) determinação do antônimo (v.) comum ou diverso de cada uma delas. Assim, em: a) *o cão está livre*, a substituição por *solto* mostrará certa diferença de denotação; b) a mesma diferença aparecerá, opondo-se *livre* a *preso* e *solto* a *amarrado*.

A sinonímia é um fato essencialmente sincrônico, pois diz respeito à significação dos termos num estado lingüístico dado.

A diacronia entra no estudo da sinonímia para explicar as causas que a determinaram em caso concreto e que podem ser, em última análise, duas: 1) empréstimo a uma língua estrangeira; ex.: (*fônico*, *ptose*, empréstimos ao grego, ao lado de *vocal*, *queda*; 2) evolução semântica; ex.: *sofrer*, da idéia de "suportar" à de "suportar uma dor", o que associa o termo com *padecer*.

Também a diacronia nos mostra a eliminação de sinônimos, quando há uma coincidência perfeita na denotação e na conotação ou quando a falta de interesse pela área semântica a que eles se referem faz que se ponham de lado os matizes denotativos e conotativos e um só termo é considerado suficiente para representar toda a área. As línguas que servem a uma cultura muito refinada caracterizam-se pela riqueza sinonímica por dois motivos: a) a preocupação de não repetir os termos num texto dado; b) o esforço para criar cambiantes de significação e valor estético e estabelecê-los firmemente por meio de termos distintos; daí resulta o empréstimo a línguas estrangeiras e uma tendência muito forte para evoluções semânticas sutis dentro de certos contextos com a ampliação da sinonímia.

SÍNQUISE – v. ambigüidade.

SINTAGMA – Termo estabelecido por Saussure (1922, 170) para designar a combinação de formas mínimas numa unidade lingüística superior. De acordo com o espírito da definição, implícita em Saussure, entende-se hoje apenas por sintagma um conjugado binário (duas formas combinadas), em que um elemento DETERMINANTE cria um elo de subordinação (v.) com outro elemento, que é DETERMINADO. Quando a combinação cria uma mera coordenação (v.) entre os elementos, tem-se, ao contrário, uma SEQUÊNCIA. Tanto o sintagma como a sequência apresentam planos hierárquicos de formação, a partir do plano primário das formas mínimas constituindo a palavra (ex.: sintagma – *loba*, em que a desinência do feminino é o determinante do tema *lobo*, *aguardente*, em que *ardente* é o determinante de *água*; sequência – *auriverde*, em que há coordenação de *áureo* com *verde*).

Tem-se assim: 1) o sintagma lexical, que é uma palavra – primária ou simples (v.) ou secundária por derivação (v.) ou composição (v.); 2) o sintagma locucional, que é uma locução (v.); 3) o sintagma suboracional, correspondente a uma parte da oração (v.), como – sujeito, predicado, complemento (complexos); 4) o sintagma oracional, que é a oração e onde o determinado é o sujeito e o determinante é o predicado (v. sujeito; predicado); 5) o sintagma superoracional, constituído de uma oração subordinada a outra (ex.: *creio que irei*).

A análise linguística (v.) resume-se assim na depreensão de sintagmas em ordem decrescente, até ao sintagma da palavra simples, e na separação das sequências que se encontram em cada nível sintagmático (cf. a sequência oracional – *irei amanhã e voltarei logo*, no sintagma superoracional – *creio que irei amanhã e voltarei logo* (v. constituintes).

A predominância dos sintagmas lexicais ou dos sintagmas locucionais caracteriza uma língua, respectivamente, como SINTÉTICA ou ANALÍTICA; assim, o genitivo é um sintagma lexical em latim com o seu sistema de casos (v.), mas em português tem-se, para a mesma expressão, um sintagma locucional (cf. *collis Romae*, lat.; *colina de Roma*, port.).

SINTAXE – v. gramática; morfema; sintagma; oração; distribuição; variantes.

SINTAXE AFETIVA – v. afetividade.

SINTAXE IDEOLÓGICA – v. silepse.

SINTÉTICA (LÍNGUA) – v. sintagma.

SISTEMA – v. estruturalismo.

SISTEMA FONÊMICO – v. fonema; fonêmica.

SISTEMA FONÉTICO – v. fonema, fonêmica e fonética.

SÍSTOLE – v. hiperbibasmo.

SITUAÇÃO – v. frase.

SOBRENOME – v. antropônimos.

SOLECISMO – Vício de linguagem que consiste em erros de sintaxe. Constituem solecismo: a) erros de concordância; b) erros de regência; c) erros de colocação; d) desconexão entre os membros da frase complexa, tornando-se ela confusa e até incompreensível. Não constituem solecismos os desvios das normas sintáticas feitos com intenção estilística (v.), em que a afetividade (v.) predomina sobre a análise intelectiva (v.), como na silepse (v.), na atração (v.), no anacoluto (v.).

SOLILÓQUIO – Modalidade da fala sem objetivo de comunicação a outrem, faltando quer o interlocutor do DIÁLOGO, quer o auditório coletivo do orador, quer o público indefinido do livro, do jornal ou do rádio. No solilóquio, ou MONÓLOGO, falamos para nós mesmos; ele resulta da importância da linguagem para consolidar e concatenar os nossos pensamentos, e é, por isso, normal e frequente. Em regra, não se manifesta em voz alta, mas essencialmente como representação mental sem atividade dos órgãos do aparelho fonador (LINGUAGEM SILENCIOSA); pode haver também movimentos parciais e atenuados de um ou mais desses órgãos com conseqüentes enunciações, esporádicas e em surdina (cf. Sapir, 1954, 30-31).

O teatro, na base desse fenômeno natural, criou a convenção do solilóquio sistemático em voz alta, dito – a) MONÓLOGO, ou – b) A PARTE, conforme o personagem se acha em cena – a) sozinho, ou – b) em diálogo com outro.

SOM DA FALA – v. fonema; fonética.

SONORIZAÇÃO – Espécie de assimilação (v.) que consiste na passagem das consoantes surdas a sonoras, por influência de fonemas sonoros (v. surdo; sonoro).

No romanço português foi uma lei fonética (v.) a sonorização das consoantes surdas intervocálicas por influência das vogais entre as quais se achavam, visto que a vogal (v.) é essencialmente um fonema sonoro. Assim temos: *lupu-* > *lobo*, *caritate-* > *caridade*, *acutu-* > *agudo*, *acetu-* > *azedo*, *profectu-* > *proveito*.

SONORO – Fonema em cuja produção a corrente de ar vem da glote como som (v.), porque as CORDAS VOCAIS, unidas, vibram à sua passagem. Na língua portuguesa são sonoras as vogais, as consoantes líquidas e as consoantes nasais. As consoantes oclusivas e as constritivas se distribuem em pares opositivos de surda: sonora (v. surdo); /p/-/b/, /t/-/d/, /k/-/g/, /f/-/v/, /s/-/z/, /s'/-/z'/. As consoantes sonoras se distinguem a mais das surdas por uma articulação branda ou lene (v. sonorização).

SONS – v. ruídos.

SOTAQUE – Sotaque, também dito impropriamente acento (v.), é o conjunto de traços fonológicos específicos que caracterizam – a) a pronúncia numa modalidade regional de língua, ou – b) a pronúncia de uma língua falada por estrangeiros aloglotas. Assim, em relação à língua portuguesa no Brasil, há – a) o sotaque brasileiro nortista, e assim por diante, b) o sotaque germânico dos imigrantes alemães, e assim por diante. Também entre nações diversas que têm a mesma língua, como Portugal e o Brasil, há uma distinção de sotaque, que, mesmo sem importar em comutação de fonema (v.), prejudica mais ou menos profundamente a INTELIGIBILIDADE mútua. O sotaque apresenta certos traços nítidos em face de outros mais fugidios; tais são: o timbre excepcionalmente aberto das vogais átonas na pronúncia brasileira nortista; a falta ou atenuação do caráter sonoro (v.) das consoantes de articulação lene no português dos imigrantes alemães; a presença do [e₀] neutro como alofone de /e/ átono na pronúncia lusitana.

Foi a existência do sotaque na língua falada por estrangeiros aloglotas que sugeriu a explicação, conhecida como teoria do substrato (v.), para a evolução fonética de uma língua que passa a ser falada por um povo que tinha outra língua. Note-se, entretanto, que esse sotaque tende a desaparecer com o suceder das gerações, quando os aloglotas, como acontece com os imigrantes estrangeiros no Brasil, se radicam no meio social da língua que adotaram, pois as crianças aí nascidas se tornam bilíngues (v. bilinguismo) e acabam abandonando a língua de seus avós.

O bilinguismo, aliás, também se verifica quando um povo adota a língua dos conquistadores, o que é o caso específico para a teoria dos substratos.

SUARABÁCTI – v. anaptixe.

SUBJUNTIVA – v. ditongo; semivogal.

SUBJUNTIVO – O subjuntivo, ou CONJUNTIVO, e o modo verbal (v.) destinado desde o indo-europeu a assinalar que o processo é apenas admitido em nosso espírito e portanto passível de dúvida, em oposição ao indicativo (v.). Quando também traduz o desejo de que o fato se dê, o subjuntivo nas suas formas de presente tem valor de OPTATIVO (que nalgumas antigas línguas indo-europeias, como o grego e o sânscrito, formava um modo especial) e se opõe ao imperativo (v.), pela impossibilidade de ter o desejo caráter de ordem; ex.: "*Natônio, tenhas prazer / lhe disse, gram brado dando*" (cf. Epifânio, 1918, 202); como, porém, o imperativo só tem formas específicas de 2ª pessoa, singular e plural, nas outras pessoas, em que se usa supletivamente o subjuntivo, desaparece a oposição entre optativo e imperativo.

Em português, como nas demais línguas românicas, o subjuntivo sofreu a interferência do indicativo e só aparece em determinados tipos frasais, por uma servidão gramatical (v.). Compreende 3 tempos verbais – presente, pretérito e futuro (v. presente, pretérito, futuro), em que se opõem e correlacionam no emprego – 1) o presente e o pretérito de um lado, e – 2) de outro lado, o pretérito e o futuro; 1 – a) em oração independente depois do advérbio de dúvida *talvez*; ex.: *talvez seja verdade – talvez fosse verdade*; b) em oração integrante subordinada a verbos de significação volitiva ou optativa; ex.: *quero que venhas – quis que viesses; espero que venhas – esperava que viesses*; c) em oração relativa, para expressar apenas a possibilidade da qualificação expressa (em oposição ao indicativo, que estabelece a qualificação); ex.: *só aprecia livros que tragam considerações metafísicas* (em oposição a – *...que trazem...*) *– só apreciava livros que trouxessem considerações metafísicas* (em oposição a – *...que traziam...*); d) em orações subordinadas finais; ex.: *falo alto para que me ouçam – falei alto para que me ouvissem*; e) em orações subordinadas concessivas; ex.: *aconselho-os embora não me atendam – aconselhava-os embora não me atendessem*; 2 – a) na PRÓTASE de uma estrutura frasal condicional (v.), relacionando-se o pretérito ao futuro do pretérito na APÓDOSE (exs.: *iria, se pudesse – iria quem pudesse – iria quando pudesse*) e o futuro ao futuro do presente na apódose (exs.: *irei, se puder – irá quem puder – irei quando puder*); b) numa oração modal que desenvolve uma concessão expressa pelo verbo no subjuntivo, relacionando-se o subjuntivo pretérito ao subjuntivo pretérito da concessão (ex.: *fosse como fosse... – falasse ele como pudesse*) e o subjuntivo futuro ao subjuntivo presente da concessão (ex.: *seja como for... – fale ele como puder*) (v. conectivos).

SUBMORFÊMICO – v. alternância; redundância.

SUBORDINAÇÃO – Processo linguístico que cria o sintagma (v.), estabelecendo entre as constituintes uma relação de determinado a determinante; portanto se opõe à coordenação (v.) em que os termos estão em SEQUÊNCIA. Assim, o adjunto está subordinado ao substantivo que ele determina, o verbo está subordinado ao sujeito, os complementos estão subordinados ao verbo.

Na estrutura da frase, entende-se por subordinação, ou HIPOTAXE, a construção sintática em que uma oração, determinante, e pois subordinada, se articula com outra, determinada por ela e PRINCIPAL em relação a ela. A construção oposta é a coordenação ou PARATAXE.

SUBORDINATIVOS – v. classes de vocábulos; conectivos.

SUBSTANTIVAÇÃO – Processo gramatical que consiste em usar como substantivo (v.) palavra de outra classe. Assinala-se pela adjunção do artigo (v.) ou de um pronome adjetivo como determinante da palavra. É comum em português a substantivação: a) dos nomes adjetivos, que assim passam a substantivos abstratos (v.) de qualidade (ex.: *o belo*); b) dos infinitivos verbais, que se tornam substantivos abstratos de ação (ex.: *este sofrer sem fim*); c) da partícula *que*, pronunciada tônica, para indicar uma propriedade indefinível a rigor (ex.: *Um quê de etéreo*).

A substantivação é um aspecto da derivação imprópria (v.).

SUBSTANTIVO – Todo nome (v.) ou pronome (v.) que designa um ser, caracterizando-se na frase pela possibilidade de funcionar como sujeito ou objeto. Opõe-se ao adjetivo (v.), que com ele se articula como seu adjunto ou predicativo, e, como o adjetivo, é uma divisão secundária dos nomes e pronomes.

O nome substantivo pode ser, como o nome adjetivo, de tema (v.) em *-o* ou em *-e*; mas neste último caso, ao contrário do que sucede com os adjetivos desse tema, apresenta muitas vezes um feminino em *-a* (exs.: *mestre – mestra*; *espanhol – espanhola*) e por isso os nomes gentílicos (v.) derivados com o sufixo *-ês* têm feminino em *-a* (ex.: *português – portuguesa*) em contraste com os derivados em *-ês* que são basicamente adjetivos e não variam em gênero (*cortês, montês, pedrês*). Em muitas palavras a mesma forma nominal serve como substantivo e como adjetivo, sendo este o caso dos nomes gentílicos (ex.: *os portugueses – a língua portuguesa*) e entre os pronomes o dos demonstrativos variáveis – *este, esse, aquele* (v.). Ao lado dos nomes adjetivos, que são em regra formas temáticas em *-o* ou em *-e*, os nomes substantivos também assumem o tema em *-a* ou as mais variadas formas atemáticas (exs.: *poeta, sabiá, colibri, tatu*).

Quanto à denotação (v.), o nome substantivo é – a) COMUM, ou – b) PRÓPRIO, conforme a) envolve em sua significação um conjunto constante de propriedades essenciais, ou – b) evoca um ser particular, sem essa significação intrínseca. Temos assim – a) um substantivo que se aplica em comum a muitos seres linguisticamente associados pelas suas propriedades essenciais comuns (exs.: *homem, tigre, mesa, mar*), ou – b) um substantivo que é próprio de um ser, nada denotando das suas propriedades, e, se aplica a outro, é por coincidência fortuita (exs.: *Pedro, Brasil, Niágara*). Os substantivos próprios mais importantes são os antropônimos (v.) e os topônimos (v.).

Note-se que, na linguagem, o conceito de ente ou ser é, muitas vezes, convencional em referência à realidade física e nem sempre corresponde à de um corpo individual, como sucede em *homem, tigre, mesa*. Traduz também uma interpretação: a) social (ex.: *Brasil*); b) impressionística (ex.: *mar*); c) abstrativa (ex.: *beleza, sofrimento*) (v. abstratos). Por outro lado, no substantivo dito COLETIVO trata-se como um único ser uma pluralidade de indivíduos (ex.: *povo*).

Noutro sentido, aparece o termo "substantivo" para designar em gramática o verbo *ser* nas orações nominais, porque apenas exprime do sujeito a substância, cabendo aos complementos predicativos (v.) exprimir-lhe os aspectos característicos.

SUBSTRATO – Nome que se dá à língua de um povo que é abandonada e esquecida em proveito de outra que a ele se impõe, em regra como consequência de conquista política. O substrato persiste no léxico da nova língua, que se enriquece com um resíduo de palavras, especialmente topônimos (v.), e pode ainda aí introduzir traços morfológicos e fonéticos, estabelecendo-se assim uma modalidade *sui generis* de empréstimo linguístico (v.). Assim, no léxico português, temos um pequeno substrato pré-romano em topônimos como *Coimbra, Lima* e em alguns nomes comuns, como *arroio, baía, cama, lousa*.

Muitos linguistas encaram a adoção de traços fonéticos de um substrato, não como um empréstimo no sentido rigoroso do termo, mas como a consequência ampla e inelutável de um imperativo fisiológico, porque o povo que adota a nova língua usa na sua fonação as articulações a que estava habituado na língua abandonada. Essa teoria, porém, chamada por excelência "a teoria dos substratos", é simplista e inexata em face da complexidade e do lento trabalho de substituição de língua (cf. Camara, 1959, 248s). Seria, por exemplo, temerário e gratuito atribuir a evolução fonética do romanço lusitânico a substratos pré-romanos.

Em relação ao português do Brasil, há que levar em conta substratos indígenas em áreas dialetais, sertão adentro, em que a colonização portuguesa se diluiu numa população indígena, que passou a falar português. Mas o acervo de palavras de origem indígena na língua comum são tupinismos (v.) provenientes do uso do tupi na catequese e no processo de aculturação dos indígenas na época colonial, sob o aspecto de adstrato (v.) ao português.

Pode ainda se falar num substrato africano, decorrente das levas de escravos negros trazidos para o Brasil na sua fase de colônia e dos seus primórdios como nação independente, aparente nos africanismos (v.); aí o substrato fonético pode ser levado em conta em alguns fenômenos do português popular do Brasil, como a iotização (v.), mas não houve qualquer empréstimo de fonema africano ou qualquer articulação especial para um fonema em virtude de peculiares hábitos articulatórios africanos.

SUFIXO – Assim se chama o afixo (v.) que vem na parte final do vocábulo. Os sufixos, em português, podem ser derivacionais (ou lexicais), servindo para a formação de palavras por derivação (v.), ou flexionais, também ditos desinências (v.), para a flexão (v.).

Na língua portuguesa, os sufixos lexicais servem principalmente: 1) para acrescentar a um semantema uma ideia acessória como a de grau (v.) e a de aspecto (v.); 2) para transpor uma palavra de uma classe para outra (ex.: *formoso*, de *forma*; *cantor*, de *canto*; *civilizar*, de *civil*). Não raro as duas funções essenciais do sufixo confluem, como em *mourejar* de *mouro*, com o aspecto iterativo. Quando o sufixo é acompanhado na derivação por um prefixo (v.) derivacional, também (como nos verbos portugueses – *entardecer*, *amanhecer* etc.) os derivados se dizem parassintéticos (v.). Há em português uma derivação de nomes abstratos de ação sem sufixo (v. deverbais).

Em regra, o sufixo lexical, em português, é tônico, sendo os vocábulos derivados arrizotônicos (v.) e esporádicos os sufixos átonos com derivados rizotônicos (v.).

Quanto à língua originária, os sufixos portugueses podem ser: a) latinos (ex.: *-oso*); b) gregos latinizados (ex.: *-izar*); gregos (ex.: *-oide*); germânicos (ex.: *-engo*); de formação românica (ex.: *-aria* ou *-eria*); exs.: *formoso, batizar, antropoide, avoengo, cavalaria*.

SUFIXO FLEXIONAL – v. desinências.

SUJEITO – Termo da oração (v.), que, como determinado desse sintagma, se articula com o predicado (v.) como determinante. É assim o tema da comunicação que se faz no predicado, ou seja, o ponto de partida da enunciação linguística constituída pela oração.

Em línguas de verbo flexional como é o português, o sujeito, apresentado como uma pessoa gramatical (v.), se expressa na própria forma verbal por meio de um morfema, que é parte da flexão verbal. Para a primeira e segunda pessoa há em redundância (v.) pronomes pessoais retos (v. pessoais, pronomes). Para a terceira pessoa o sujeito fica especificado por um nome ou pronome substantivo que nas línguas em que há categoria de casos (v.) figura no caso nominativo (lat. – *lupus currit*) e nas outras, como o português, em que não há essa categoria, se caracteriza pela concordância (v.) do verbo com ele (ex.: *os lobos correm*) e por uma colocação preferente (v.) antes do verbo, que, quando há objeto no mesmo número nominal, é normal para evitar ambiguidade (v.) (ex.: *os lobos atacaram os camponeses*).

Como tema da comunicação, o sujeito pode não se referir a um ser, mas a um fato expresso: a) por oração reduzida de infinitivo (ex.: *é preciso partirmos já*); b) por oração subordinada integrante (ex.: *é preciso que eles venham*). Quando se trata de um ser, não há coincidência necessária entre sujeito e agente (v.), e na construção de voz passiva (v.) o sujeito é necessariamente o paciente.

Muitos teoristas consideram o sujeito um elemento essencial à oração. Acham que o predicado é sempre e inelutavelmente atribuído a um ser, ou grupo de seres, que é o seu sujeito. Quando a análise da oração não mostra um termo gramaticalmente nítido, ou sujeito gramatical, há, segundo eles, um sujeito vagamente concebido, ou sujeito psicológico. A noção de oração sem sujeito, ou impessoal, é, entretanto, perfeitamente justa, correspondendo a um sintagma oracional em que o determinado está reduzido a zero. Aí se focaliza o processo verbal exclusivamente em si mesmo, sem se cogitar de referi-lo a um ponto de partida, que seria a seu sujeito (v. impessoalidade). A oração é, pois, impessoal, quando não há sujeito explícito ou oculto por elipse (v.). Note-se, porém, que pode haver um sujeito INDETERMINADO, ou melhor, indiferenciado (v.), isto é, referindo-se à massa humana indiferenciada. Exprime-se em português pela 3ª pessoa plural do verbo (ex.: "*Contam que certa raposa...*"). Esporadicamente, até a época clássica (ou mesmo na língua literária moderna, por arcaísmo), encontra-se o pronome indefinido *homem*, comparável a fr. *on*, al. *man*; ex.: "*Ca naquel logar sol homem ouvir falar de pescado, mais nono sol veer*" (Nunes, 1932, 50). Noutros indefinidos, como *um, uma pessoa, a gente*, já não há essa indiferenciação da massa humana, que deve conceituar o sujeito indiferenciado como um tipo de frase intermediário entre a frase impessoal e a de sujeito nítido.

SUJEITO GRAMATICAL – v. sujeito; impessoalidade.

SUPERLATIVOS ADJETIVOS – Nomes adjetivos derivados de outros por meio de um sufixo lexical que traduz no semantema a noção de grau intenso (v.); ex.: *belíssimo*, derivado de *belo* com o sufixo *-íssimo* e a elisão da vogal temática *-o*.

O sufixo lexical básico é *íssimo*, mas há a variante átona *-imo* para os radicais terminados em *-r* e *-l*, com o desenvolvimento, de natureza morfofonêmica (v.), do *-r-* em *-ér-* (/r/ forte), donde graficamente *-érr-* (ex.: *fácil – facílimo*, *crebro – crebérrimo*). Por outro lado, o radical do adjetivo se apresenta em regra sob uma variante mais próxima da forma latina, a que se explica diacronicamente pelo fato de que os superlativos em regra provêm de superlativos latinos por via erudita, ou, noutros termos, são vocábulos eruditos (v.); ex.: *sagrado – sacratíssimo* (lat. *sacratu-*), *pobre –paupérrimo* (lat. *pauper*), *humilde – humílimo* (lat. *humilis*), *nobre – nobilíssimo* (lat. *nobilis*). O português arcaico não possuía essa derivação para superlativos, que se estabeleceu, a partir do séc. XVI, por influência italiana. O mecanismo da derivação, entretanto, uma vez criado, é aplicável de maneira geral a qualquer nome adjetivo pela adjunção do sufixo *-íssimo* ao radical português do adjetivo (donde: *humildíssimo*, *pobríssimo*) com a derivação de formas que ora são aceitas, ora são condenadas pela disciplina gramatical (v.). Dos adjetivos superlativos formam-se, por sua vez, advérbios (v. adjetivo, advérbio); ex.:

belissimamente. Na língua popular do Brasil, criou-se por metanálise um sufixo superlativo *-érrimo*, de conotação pejorativa, que se aplica a qualquer forma radical (ex.: *infamérrimo*, de *– infame*).

Esses derivados superlativos correspondem aos "superlativos absolutos" da gramática latina e o mesmo grau pode ser expresso pelo uso de um advérbio de intensidade (normalmente *– muito*) junto ao nome adjetivo; ex.: *muito belo*.

SUPERSTRATO – Nome que se dá à língua de um povo conquistador, quando ele a abandona para adotar a língua do povo vencido. O superstrato persiste no léxico da língua adotada, que se enriquece com termos referentes a traços específicos da cultura do povo conquistador. As línguas germânicas no território da România, com invasões bárbaras, constituíram superstratos do latim. Daí provém o apreciável acervo de GERMANISMOS nas línguas românicas, particularmente referente à arte da guerra e a certas instituições e costumes, como *– guerra, trégua, elmo, estribo, espora, feudo, garbo, galardão*; adjetivos como *– branco, morno, rico, ufano*; verbos como *– roubar, falar, brandir, agasalhar*; e, dignos de nota, os nomes de pontos cardeais que se substituíram aos termos latinos *– norte, sul, leste, oeste*. A morfologia desses termos é inteiramente latina, com a adaptação ao semantema germânico dos morfemas flexionais latinos (flexões verbais, flexão nominal de número etc.); houve apenas a introdução de alguns sufixos derivacionais – -*engo* ou -*engue* (*solarengo, perrengue*), -*ardo* (*felizardo*). Os traços fônicos germânicos também foram substituídos de acordo com o sistema fonológico românico (por exemplo, /w/ > /g/ em *guerra* etc.).

Como o substrato (v.) e o adstrato (v.), o superstrato constitui um condicionamento muito importante para empréstimos linguísticos (v.).

SUPLETIVOS – Diz-se das formas heterônimas que suprem as deficiências de um paradigma gramatical (v.), aí introduzindo a heteronímia (v.) em vez da flexão (v.). Em português são dignos de nota as raízes supletivas que completam certos paradigmas verbais; ex.: *sou, és, fui*. Também há formas supletivas na oposição entre masculino e feminino, quando o gênero (v.) corresponde a uma distinção de sexo no reino animal; ex.: *cavalo, égua* etc.

SURDO – Fonema em cuja produção a corrente de ar vem da GLOTE sem sonoridade, porque as CORDAS VOCAIS, apartadas, não vibram à sua passagem. Na língua portuguesa há uma série de consoantes oclusivas e de constritivas que são surdas, opondo-se em pares simétricos às consoantes correspondentes sonoras (v. sonoro; oclusiva; constritiva).

T

TÁTICA – v. colocação.

TAUTOLOGIA – v. pleonasmo.

TAXIONOMIA – v. classes de vocábulos.

TEMA – Parte do vocábulo flexional em que o radical (v.) se amplia com um segmento fônico, chamado ÍNDICE TEMÁTICO, que serve de característica mórfica de um conjunto de vocábulos da mesma espécie. É ao tema que se acrescenta a desinência (v. flexão). Quando não consta esse índice, o vocábulo diz-se atemático. Em português, como já em latim e no indo-europeu, de maneira geral, o índice temático é uma vogal (VOGAL TEMÁTICA) e a sua adjunção ao radical está sujeita a regras de morfofonêmica (v.), como crase (v.), ditongação (v.) e supressão. Os temas são nominais ou verbais. Aqueles são com -a, -e, -o átonos finais. Os nomes terminados em vogal tônica (*sabiá, bocó, guichê, tupi, tatu*) são atemáticos. Na formação de feminino, que se faz pela adjunção da desinência -*a*, os temas em -*a* ficam sem marca de feminino (cf. *artista*). Também os temas em -*e* não têm essa marca (cf. *triste, intérprete*) e só esporadicamente alguns recebem a desinência -*a* (cf. *mestre, mestra*). Os nomes que no singular terminam em -*r*, /s/ *ou* -*l* são do tema em -*e* e a vogal temática aparece no plural (cf. *mar, mares, luz, luzes,* sendo que nos terminados em -*l* a vogal temática aparece ditongada em virtude da supressão do -*l* (cf. *sal, sais; azul, azuis* etc.). Nos verbos há uma distribuição sistemática em 3 classes temáticas, ditas conjugações (v.), com vogais temáticas -*a* (*cantar*), -*e* (*temer*), -*i* (*partir*) (v. paradigma). Os nomes que entram num composto por aglutinação (v.) como primeiro semantema apresentam a sua vogal temática reduzida a -*i* como VOGAL DE LIGAÇÃO entre os dois radicais (cx.: *frutífero*).

Há divergência em considerar ou não o índice temático como um tipo de morfema (v.), porque no índice temático não há significação e sim, apenas, distribuição mórfica, mas não há dúvida que o índice temático participa do mecanismo gramatical da língua.

TEMPOS – Nome que se dá, tradicionalmente em gramática, aos grupos flexionais em que se divide a conjugação de um verbo, cada qual compreendendo 6 formas correspondentes às 3 pessoas gramaticais do singular e do plural. A denominação resulta da circunstância de que esses grupos de formas verbais situam, em princípio, o processo na sua ocorrência em relação ao momento em que se fala. Mas a sua aplicação temporal ultrapassa essa definição rígida e, por outro lado, junto com a expressão do tempo, aparece a expressão do aspecto (v.), que em português, como nas demais línguas românicas, estabelece no passado do modo indicativo uma oposição entre processo inconcluso (pretérito imperfeito) e processo concluso (pretérito perfeito) – *ele falava* (a fala é apresentada no passado em sua realização), *ele falou* (a fala é considerada depois de concluída). Acresce que os tempos verbais podem ser empregados sem focalização temporal para traduzir o modo (v.); é o emprego atemporal ou modal dos tempos verbais, também chamado "emprego metafórico" (Bello, 1943, 161). As categorias de tempo e aspecto são essencialmente próprias do verbo e se associam para caracterizar a sua natureza dinâmica (v. verbo) em face da natureza estática do nome (v.).

TENSÃO – v. articulação.

TERCIÁRIO – v. advérbio.

TERMINAÇÃO – v. desinências.

TERMO – Em sentido gramatical estrito, vocábulo ou grupo de vocábulos que corresponde a uma unidade de significação ou de função, como elemento constitutivo para a inteligibilidade do que se enuncia.

TIL – v. diacríticos.

TIMBRE – Efeito acústico resultante do fenômeno da ressonância (v.). Em sentido estrito, tem-se em vista com o termo o timbre das vogais, determinado pelo abrimento variável da cavidade bucal, funcionando como caixa de ressonância; assim podemos falar numa escala de timbres crescentes, o mais fechado para o mais aberto, na série das vogais anteriores do /i/ fechado até /a/ aberto, e de uma escala de timbres decrescentes, o mais aberto para o mais fechado, nas vogais posteriores de /a/ (abafado) até /u/ fechado. As vogais fundamentais se ordenam, pois, pelos seus timbres na escala: *i, e, a, o, u*, começando pela mais fechada anterior e terminando pela mais fechada posterior. Cada uma delas pode, por sua vez, desdobrar-se em duas ou mais por mínima diferença de timbre. Em português há esse desdobramento em relação ao /e/ e /o/ tônicos, que podem ser de timbre aberto (/é/, /ó/) ou de timbre fechado (/e:/, /o:/).

Em latim não funcionava, para distinguir as vogais, a diferença de timbre, e sim a quantidade (v.) delas. A única distinção de timbre que se criou, ainda no latim, foi entre /e:/ longo e /e/ breve, escrito *ae*, resultante da monotongação (v.) do ditongo /ay/ escrito *ae*. Na evolução do latim para o português o /e/ breve adquiriu um timbre aberto (que já tinha por certo foneticamente, como traço acompanhante da quantidade breve) e confundiu-se com o desse /e/ aberto, decorrente de *ae*; ex.: *quaerit > quer*, como em *dece- > dez*.

TMESE – Separação de um vocábulo em duas partes numa das suas junturas internas (v. juntura) com a intercalação, entre as duas partes, de uma forma vocabular, como sucede em português com a chamada mesóclise (v.) do pronome adverbial átono, onde a tmese se processa de acordo com a estrutura primitiva, de conjugação perifrástica, das formas verbais de futuro (*falar + ei* etc.; donde *falar-lhei-ei* etc.).

TONICIDADE – v. acento.

TOM – v. acento.

TOPÔNIMOS – Nomes próprios (v. substantivo) de lugares ou acidentes geográficos. Os topônimos são muito importantes na história de qualquer língua como testemunhos das línguas sucessivas que vigoraram no país. Assim, os topônimos de Portugal, sempre em forma alatinada, são de origem: a) ibérica (*Lima*); b) cética (*Coimbra*); c) germânica (*Guarda*); d) árabe (*Alcântara*), além dos de origem latina (*Porto*). Às vezes, a um topônimo primitivo, ibérico, acrescenta-se um nome comum latino ou de outra origem, designando "porto", "rio", "vale", "monte", "ponte", etc.; exs.: *Portugal > Portucale* (lat. *portu-*, ibér. *Cale*); *Odiana* (ar. *odi* "rio", ibér. *Ana*). Muitos topônimos apresentam elipse de elementos ou violentas mudanças fonéticas em virtude de passarem a ser pronunciados por uma população aloglota conquistadora; assim, *Tejo* é uma alteração árabe do latim *Tagu-*, e *Beja* outra alteração análoga do latim *Pace*, onde houve elipse de *Iulia* (*Pace Iulia*). Quanto à forma do vocábulo latino ou alatinado é comum o ablativo para indicar "lugar onde"; exs.: *Pace*, abl. de *Pax*, que deu *Beja*, *Flaviis*, abl. pl. de *Flavius*, com elipse de *Aquis*, para designar estância de águas termais, que deu *Chaves*. Também é comum o genitivo para indicar propriedade; exs.: *Vimaranis*, por *terra Vimaranis* (antropônimo germânico alatinado), que deu *Guimarães*.

O sentido primitivo do topônimo pode ser: a) um substantivo comum, ou locução substantiva, de caráter descritivo (*Alcântara* "a ponte"); b) um nome de deus, na fase pagã (*Mondaecu-* "divindade fluvial"? > *Mondego*); c) um nome de santo padroeiro, na fase cristã (*Santa Irene* > *Santarém*); d) um nome de autoridade governamental ou homem público, que é assim homenageado (*Flaviis* "em homenagem ao Imperador" > *Chaves*; e) um nome próprio do proprietário (*Vimaranis* > *Guimarães*) (cf. Nascentes, 1952).

No Brasil, os topônimos, ainda sem grandes mudanças fonéticas, representam: a) nomes comuns, ou locuções substantivas, de caráter descritivo; b) nomes de santos padroeiros; c) reprodução de topônimos portugueses, ou, escolhidos por imigrantes de outros países, topônimos do seu país de origem; d) tupinismos (v.) e africanismos (v.), em regra de intenção descritiva; e) antropônimos de autoridades governamentais ou homens públicos. No caso b), especialmente quando se trata de *Nossa Senhora*, nota-se a tendência a reduzir o topônimo ao epíteto particularizador; no caso e) usa-se às vezes o helenismo *-polis*, aglutinado ao antropônimo. Exs.: a) *Bahia, Belo Horizonte*; b) *Salvador, São Luís, Penha* (*Nossa Senhora da Penha*), *Copacabana* (*Nossa Senhora de Copacabana*); c) *Viseu*, português; *Friburgo*, alemão-suíço; d) *Piauí*, tupi, "rio dos piaus"; *Caxambu*, africano, "espécie de tambor"? em virtude do aspecto da montanha; e) *João Pessoa, Petrópolis* "cidade de Pedro" (Pedro II, imperador do Brasil). Os topônimos estrangeiros aparecem na língua portuguesa sob diversos aspectos: a) como estrangeirismos lexicais (v.) sob a forma da língua originária ou de uma língua intermediária que os transmitiu ao português: *Stuttgart, Hong-Kong* (por via inglesa); b) aportuguesados (são as mais freqüentes): *Florença, Bordéus, Holanda*; c) traduzidos integralmente: *Rio Amarelo, Montanhas Rochosas, Rio da Prata, Países Baixos* (em alternativa com *Holanda*, já citado); d) traduzidos num dos seus elementos: *Inglaterra* (ing. *England*), *Nova York* (*York*, no caso a), *Nova Iorque* (*Iorque*, no caso b).

TRAÇOS DISTINTIVOS – v. fonema.

TRANSCRIÇÃO FONÉTICA – v. alfabeto; fonema; grafia.

TRANSFORMAÇÃO – Processo gramatical que consiste em mudar as posições e as funções dos elementos constituintes de uma frase, de modo a chegar a outra frase, dentro dos tipos frasais existentes na língua dada. Assim, pela transformação, as múltiplas e variadíssimas frases que se podem construir na língua correspondem a um pequeno número de estruturas fundamentais, de que se obtém um número indefinido de frases. Em português, por exemplo, podemos considerar: 1) a frase passiva como uma transformação da frase ativa (cf. *Os pais castigaram a criança – A criança foi castigada pelos pais*); 2) as frases interrogativa e negativa como uma transformação da afirmativa (cf. *O viajante partiu – O viajante partiu? – O viajante não partiu*); 3) o complemento objetivo pronominal como uma transformação do complemento objetivo nominal (cf. *Vejo as montanhas – Vejo-as*); 4) a frase com complementos circunstanciais auxiliares como a transformação da frase mais simples sem esses complementos (cf. *Vejo as montanhas – Vejo nitidamente as montanhas ao longe*); 5) um sujeito ou um complemento com adjunto como a transformação de um sujeito ou complemento simples (cf. *Há nuvens – Há densas e pesadas nuvens*); etc.

Há uma escola lingüística (v.), que faz da gramática um conjunto de regras de transformação (cf. Bach, 1964).

Pela transformação, portanto, obtêm-se frases: a) equivalentes (ex.: frase ativa transformada em passiva); b) complementares (ex.: frase afirmativa transformada em interrogativa ou negativa); c) desenvolvidas (ex.: sujeito simples transformado em sujeito com adjuntos). As estruturas frasais fundamentais, que servem de ponto de partida para as transformações, são as frases primárias ou os tipos mínimos frasais da língua, e se caracterizam pela circunstância de que não se pode passar de uma para outra com os mesmos elementos constituintes. Assim, entre a frase nominal e a verbal há a diferença básica da espécie de verbo e dos complementos, que numa é predicativo (cf. *Pedro é bom*) e noutra é objeto (cf. *Pedro pratica o bem*). V. complementos.

A transformação em frases equivalentes mostra não raro distinções de tipo frasal entre frases aparentemente análogas. Assim, pode-se distinguir, por esse processo em português, um complemento objetivo e um complemento circunstancial não-preposicionado (ex.: a) *Leio o livro inteiro*; b) *Leio o dia inteiro*; transformações: a) *Leio-o inteiro – O livro inteiro foi lido por mim*; b) *Leio de manhã à noite*), bem como a voz passiva propriamente dita e a voz médio-passiva pela impossibilidade de se aproveitar nesta última o que era sujeito da voz ativa (v. apassivador).

TRANSFORMACIONAL – v. escola (v.).

TRANSCRIÇÃO – Termo com que se traduz em português o termo inglês GLIDE. Designa o fato articulatório de se emitir um som de transição entre dois fonemas em sequência. A ditongação (v.), dialetal, de vogal tônica final seguida de /s/, se explica pela transição. A transição é um fenômeno puramente fonético, mas que na diacronia é ponto de partida para mudanças fonéticas (v.), de que resultam efeitos na fonêmica (v.) da língua.

TRANSITIVIDADE – Em sentido estrito, a necessidade, que há em muitos verbos, de se acompanharem de um objeto direto (v.) que complete a sua predicação (v.); em línguas de sistemas de casos (v.), como o latim, esse complemento indispensável é expresso pelo acusativo. O nome de TRANSITIVOS, dado a tais verbos em latim, decorreu da sua possibilidade de poderem passar (lat. *transire*) para a voz passiva, numa transformação (v.) em que o objeto é feito sujeito paciente (v.), no caso nominativo. Os intransitivos já não admitem essa transformação.

Em sentido lato, a transitividade é sinônimo de predicação incompleta, aplicando-se quer aos verbos de objeto direto (transitivos diretos), quer aos de objeto indireto (transitivos indiretos). É conveniente, entretanto, manter o conceito estrito de transitividade, que corresponde, também em português, à possibilidade da transformação na construção passiva analítica (ex.: *vê-me...: sou visto...*); daí, a divisão dos intransitivos em: a) relativos (com objeto indireto); b) absolutos (sem qualquer objeto), que são de predicação completa em geral (salvo alguns que exigem complemento de lugar; ex.: *ir a...*). Note-se que a transitividade depende de uma significação particular dentro da polissemia (v.) do verbo; assim os verbos transitivos podem ser intransitivos para exprimir que o sujeito é capaz da atividade pressuposta no significado verbal (ex.: *este homem vê bem* "tem a capacidade da visão").

TRANSITIVOS – v. transitividade.

TRANSPOSIÇÃO – Processo gramatical que consiste em dar a um termo uma aplicação diversa da que lhe é própria.

A retórica greco-latina considerava-a na figura de linguagem (v.) chamada ENÁLAGE, como sucede: a) no presente histórico (v.) (transposição dos tempos verbais); b) no futuro (v.) de caráter puramente modal (transposição de categoria verbal); c) na hendíade (v.), e assim por diante.

A transposição é, porém, um mecanismo linguístico muito mais amplo e fundamental e está condicionada pelo fenômeno da polissemia (v.). A função e significação mais comum, dita CONGRUENTE (cf. Gardiner, 1932, 142), é desviada para uma função INCONGRUENTE, que coloca em primeiro plano certas possibilidades funcionais e significativas já contidas na forma linguística, como um halo marginal.

Quando a transposição funcional se caracteriza, de maneira formal, no contexto, tem-se a derivação imprópria (v.), como é o caso da substantivação (v.) formalmente indicada no contexto pelo artigo (ex.: *aliar o útil ao belo*).

TRATAMENTO – Forma por que se designa o ouvinte numa comunicação oral ou escrita (e, por extensão, por que se designa o falante). A 2ª pessoa gramatical: a) quer do singular, para um só ouvinte (port. – *tu*); b) quer do plural, para mais de um ouvinte (port. – *vós*) pode ser substituída por um tratamento diverso, em virtude de intenções estilísticas ou de convenções sociais. Em português, há o emprego da 2ª pessoa do plural para um único ouvinte em linguagem poética ou ritualizada; ex.: "*Vós, poderoso Rei,...*" (Lusíadas, 1-8), da mesma sorte que a 1ª do plural para um único falante (ex.: *Escrevemos este livro...*, em se tratando de um só autor; – *Havemos por bem...*, em se tratando de um rei). A convenção social corrente é, porém, a de nos dirigirmos, indiretamente, a uma qualidade ou categoria do ouvinte, o que determina um tratamento na 3ª pessoa, ou melhor, um tratamento indireto de 2ª pessoa. Na função de sujeito e vocativo, figuram então locuções como *Vossa Majestade, Vossa Mercê*, a que correspondem o verbo, os pronomes pessoais adverbiais e os possessivos de 3ª pessoa, cabendo o valor exclusivo de 3ª pessoa ao pronome *ele* (donde uma oposição entre *seu* e *dele* para o possessivo; cf. *Traga seu livro e o dele*). Exs.: *Vossa Majestade ordena e eu, obedecendo-lhe, executarei suas ordens*. Esse tratamento indireto criou na linguagem coloquial, por aglutinação e redução fonética de *Vossa Mercê*, um pronome pessoal reto *você* (plural -*vocês*), de 2ª pessoa indireta, que: a) em muitas regiões de língua portuguesa substitui o tratamento de 2ª pessoa; b) em outras, alterna com ele, conforme as intenções estilísticas ou as convenções na hierarquia social.

Essa complexidade, no português moderno, propicia a incoerência de tratamento: a) estilisticamente, por silepse (v.); b) viciosamente, por vulgarismos (v.).

TREMA v. diacríticos.

TRITONGO – Grupo vocálico numa só sílaba sonora, em que uma vogal silábica, ou BASE, se acha entre duas vogais auxiliares, ou assilábicas, uma prepositiva (em port. /w/ e uma pospositiva (em port. /y/ ou /w/) (v. ditongo). O tritongo é, pois, a fusão de um ditongo crescente com um decrescente pelo fato de terem uma base, ou vogal silábica, comum; em português é sempre constituído de uma parte inicial /k/ ou /g/ seguido de /w/; ex.: *quais, iguais, quão*.

Pode haver tritongos adventícios, resultantes de uma sinérese (v.); ex.: *fiéis*, pronunciado numa só sílaba dinâmica.

TROPOS – v. semântica; retórica; figuras de linguagem.

TUPI – v. adstrato; tupinismos; brasileirismos.

TUPINAMBÁ – v. tupinismos.

TUPINISMOS – Traços linguísticos, no português do Brasil, decorrentes de empréstimos (v.) ao TUPI (de acordo com o dialeto TUPINAMBÁ), com que os portugueses entraram em contacto na costa e serviu de base para a constituição da chamada LÍNGUA GERAL, empregada no intercurso com os índios e posta em disciplina gramatical (v.) pelos jesuítas missionários. São fundamentalmente empréstimos lexicais íntimos (por adstrato) (v.), abrangendo os campos semânticos da fauna e da flora do país (ex.: *aipim, jacarandá, tamanduá*), topônimos (v.) (ex.: *Pará, Tijuca*); e antropônimos (v.), alguns de formação artificial, popularizados pela literatura romântica indianista (ex.: *Peri, Iberê, Iracema*); há ainda um ou outro nome geral (ex.: *xará, pereba*). Os topônimos são geralmente produtos de composição (v.), feitos com intenção descritiva; ex.: *Itajubá* "pedra amarela", *Paraná* "semelhante ao mar", *Itobi* "rio verde"; vários foram cunhados no período colonial pelos indivíduos bilíngües das bandeiras de exploração do sertão (v. bilingüismo).

U

UAU – v. consonantização.

ULTRACORREÇÃO – "Equivocação no desejo de falar bem" (Pidal, 1944, 194), quando se modifica, num indevido intento de correção (v.), o que é da norma espontânea linguística (v.). Pode resultar: a) de um raciocínio gramatical em falso; b) de um esforço confuso de resistência a certas tendências para mudanças (v.), no qual se impõe uma solução única a fatos linguísticos diversos. São ultracorreções, encontradiças entre nós, por exemplo: a) a substituição para *copo com água* da expressão *copo de água*, no pressuposto de que a preposição *de* sugeriria aí necessariamente a matéria; b) a substituição, na língua escrita do Brasil, para – *à rua*..., da expressão – *na rua*..., em complementos de lugar indicando domicílio, como reação ao vulgarismo do tipo *sentar na mesa* (v. vulgarismos) (cf. Camara, 1962, 145s). É próprio das ultracorreções aplicarem-se de maneira incoerente e incompleta. Assim, nas acima citadas, não se abrange: a) expressão como – *garrafa de vinho*, *frasco de perfume*; b) expressão como – *morar no Largo do Machado*, com nome de logradouro masculino.

A ultracorreção na pronúncia constitui o hiperurbanismo (v.).

UMLAUT – v. metafonia.

UNIPESSOAIS – Dizem-se dos verbos que, sempre ou em determinado sentido, só aparecem na 3ª pessoa gramatical. Os verbos podem ser unipessoais por dois motivos: 1) por serem IMPESSOAIS, ou sem sujeito (v. impessoalidade); 2) por terem sistematicamente para sujeito uma ação ou qualidade, expressa – a) por substantivo, b) por oração integrante com verbo finito. Os verbos do primeiro tipo ficam necessariamente no singular. Os do segundo tipo podem ir para o plural, no caso a), se o substantivo sujeito está no plural. Entre os verbos unipessoais do segundo tipo destacam-se as locuções verbais com o verbo *ser* e um adjetivo predicativo; têm em regra, como equivalente, um verbo simples também unipessoal: *ser preciso, ser necessário (cumprir); ser urgente (urgir); ser conveniente (convir)* etc.

Um verbo referente a fenômenos mentais (de memória, por exemplo), como *lembrar, esquecer*, pode ser tratado: a) como unipessoal, tendo para sujeito o fato lembrado ou esquecido e um objeto indireto, expresso por pronome adverbial átono, referente à pessoa que lembra ou esquece (*esqueceu-me pôr*...); b) como reflexivo, em voz medial, tendo por sujeito essa pessoa e para objeto, regido de *de* por servidão (v.), o fato lembrado ou esquecido (*esqueci-me de pôr*...).

Há na língua portuguesa um mecanismo que consiste em tornar impessoais os verbos unipessoais referentes a fenômenos psíquicos pela subordinação à preposição *de* do fato mental a que eles se referem, o que transpõe esse fato para o predicado como complemento; exs.: *"pesa-me de vos haver ofendido"* (Manuel Bernardes) – *"lembrou-me de ver as horas"* (Machado de Assis) (cf. Barreto, 1924, 238).

UVULAR – Fonema em que a úvula, na extremidade interna do céu da boca, atua como órgão fonador em articulação com a raiz da língua.

Em português há uma articulação uvular do /r/ forte, que constitui uma variante livre da articulação velar (com o dorso da língua) e da articulação dental rolada (vibrante múltipla) (v. líquidas).

V

VARIAÇÃO – Consequência da propriedade da linguagem de nunca ser idêntica em suas formas através da multiplicidade do discurso (v.). Essa variação real é compensada por uma invariabilidade imanente, que faz de cada realização, a rigor diferente de qualquer outra, a apresentação de uma invariante que é o seu PADRÃO. Assim, sob a variação incessante dos discursos há a invariabilidade de um modelo, a que essa variação se refere, e cujo sistema constitui a LÍNGUA, no sentido em que Saussure a opunha a discurso. Cada elemento padronizado da língua tem as suas VARIANTES; há assim as variantes do fonema (v.), do morfema (v.), do semantema (v.) e dos padrões frasais (v. oração). A variação pode ser livre, quando decorrente da própria impossibilidade de se repetir uma forma sempre exatamente da mesma maneira e de se chegar a uma identificação absoluta de realização entre todos os falantes de uma língua, ou pode ser estilística (v.) quando há a intenção do apelo e da manifestação psíquica (v. linguagem). Por outro lado, a variação posicional decorre de uma assimilação geral (v.) dentro do contexto.

VARIANTES – v. variação.

VARIÁVEL – v. flexão; invariável.

VAU – v. em consonantização.

VERBO – Classe de palavras que se opõem aos nomes (v. nome) pela natureza dos seus semantemas: "indicam os processos, quer se trate de ações, de estado ou da passagem de um estado a outro" (Meillet, 1921, 175). A sua significação é, pois, essencialmente DINÂMICA: referem-se aos movimentos em seu sentido lato, isto é, ao que se passa nos seres ou por intermédio dos seres. Caracterizam-se por trazerem em si uma ideia temporal, seja a) a da duração ou do resultado do processo, seja b) a do momento da sua ocorrência. Assim essa ideia temporal pode assumir o caráter de a) aspecto (v.); ou b) tempo (v.). Quando uma forma nominal encerra a ideia temporal de transcurso, isto é, de transitoriedade, típica do verbo, constitui uma forma nominal do verbo, ou VERBO-NOMINAL, também dita VERBOIDE, apresentando-se na língua portuguesa como infinitivo (v.), particípios (v.) ou gerúndio (v.).

O verbo em português, como em muitas outras línguas, é uma palavra sujeita à flexão (v.), desenvolvendo-se em conjuntos flexionais chamados conjugações (v.); aí, na língua portuguesa, como nas demais línguas românicas, as diferenças de ideia temporal se ampliam em diferenças de modo (v.) e na indicação da pessoa gramatical do sujeito (v. pessoa).

VERBOIDE – v. verbo.

VERBO-NOMINAL – v. verbo; infinitivo; gerúndio; particípios; oração.

VERBOS ABUNDANTES – v. em particípios.

VERBOS AUXILIARES – v. em auxiliar.

VERNACULIDADE – v. em vernáculo.

VERNÁCULO – Nome comumente aplicado à LÍNGUA NACIONAL (v. língua) pelos seus próprios falantes, a fim de acentuarem os aspectos característicos e distintivos em confronto com as línguas estrangeiras. Em relação ao uso literário, chama-se VERNACULIDADE a qualidade de um escritor saber aproveitar os traços característicos e distintivos da língua nacional, mesmo os mais fugidios, de preferência a recorrer a neologismos e estrangeirismos; a vernaculidade é o dom da expressão estilística (v.) dentro do purismo (v.).

VERSIFICAÇÃO – v. em verso.

VERSO – Frase ou segmento frasal em que há um ritmo (v.) nítido e sistemático, o qual é na língua portuguesa uma conseqüência da regularidade do número de sílabas (ritmo silábico) e da disposição dos acentos tônicos (ritmo intensivo). Essas duas regularidades combinadas constituem a medida, ou MÉTRICA, do verso. É a sílaba dinâmica, ou enunciação contida num único impulso expiratório (v. sílaba), que determina o ritmo silábico; daí o processo métrico de aumentar ou reduzir o número de sílabas, respectivamente, pela diérese (v.) ou pela sinérese (v.) e o efeito de frouxidão ou de tensão, conforme o caso, que resulta do processo quando com ele se contraria a silabação normal (v. estilística). O final do verso é indicado na enunciação por uma pausa especial, dita PAUSA MÉTRICA, assinalada em regra na escrita pela mudança de linha, de um verso a outro, ou, em casos especiais de economia de espaço, por uma barra vertical ou inclinada. A pausa métrica coincide comumente com uma pausa respiratória, inconclusa ou conclusa, intrínseca à frase enunciada (v. pausa). Quando não há essa coincidência tem-se um efeito rítmico especial, o ENCADEAMENTO ou debordamento (v.), mais conhecido pelo nome francês de ENJAM-

BEMENT (cf. Camara, 1953, 142): a pausa métrica se reduz a uma rápida tomada de impulso para a passagem ao verso seguinte; ex.: *"Cerra-se a noite em toda a curva infinda / do céu..."* (Correia, 1948, 1, 122). Na língua portuguesa, como nas demais línguas ocidentais modernas, a técnica do verso, ou VERSIFICAÇÃO, depreende esquemas de versos, que vão de duas a doze sílabas, com uma distribuição regular de acentos, e até, nos mais longos, com uma pausa interna, ou CESURA (latinismo que quer dizer "corte"); a nomenclatura faz-se na base de prefixos numerais de origem grega: versos dissílabos, trissílabos, tetrassílabos, pentassílabos, hexassílabos, heptassílabos, octossílabos, eneassílabos, decassílabos, hendecassílabos e dodecassílabos (também chamados alexandrinos, no esquema tradicional de origem francesa). Muitos poetas, entretanto, abandonam intencionalmente esses esquemas, adotando o chamado VERBO LIVRE, em que o ritmo como na prosa, decorre apenas da sucessão dos grupos de força, valorizados por uma entoação especial (v.) e com a desigualdade de sílabas em parte compensada pela maior rapidez ou lentidão da enunciação (cf. Sapir, 1961, 119s). A alternância dos versos ou de segmentos de verso pode ser assinalada pela rima (v.).

Em contraste com a enunciação corrente chamada PROSA, em que o ritmo já não é a linha mestra da elaboração da frase, a enunciação em verso é típica da linguagem poética (v.), que, entretanto, pode existir sem a frase em verso.

VERSOS BRANCOS – v. em rima.

VERSO LIVRE – v. verso.

VIBRANTE – v. em líquido.

VICÁRIO – Termo que funciona na frase em substituição de outro. Assim: 1) o pronome pessoal de 3ª pessoa, que substitui um nome substantivo, ao contrário dos pronomes pessoais de 1^a e 2ª pessoa, que se referem diretamente ao falante e ao ouvinte, respectivamente, assim se explicando porque muitas línguas (como o latim) não têm esse pronome pessoal vicário; 2) os demonstrativos em seu uso em anáfora (v.), quando aparecem em vez de um substantivo precedente expresso; 3) verbos como *ser*, *fazer*, que podem substituir em português um verbo precedentemente expresso; ex.: *"Se dizem, fero Amor, que a sede tua / nem com lágrimas tristes se mitiga, / é porque queres, áspero e tirano, / tuas aras banhar em sangue humano"* (Lusíadas, III, 119); 4) as partículas frasais *sim* e *não*, que expressam por si sós a resposta a uma interrogação (v.).

VÍCIO – Qualquer desrespeito à norma linguística (v.), que não é um erro fortuito, mas um hábito inveterado, num dado idioleto (v.), por má assimilação dessa norma, no âmbito fonológico, morfológico ou sintático.

VIVA, LÍNGUA – Toda língua que é o meio básico de comunicação oral entre os membros de uma sociedade. Assim, o conceito de língua viva decorre, essencialmente, do seu uso na fala (v.), embora daí resulte em regra o seu uso na escrita (v.); mas há casos de língua viva exclusivamente oral (como muitos falares regionais, em que a língua comum do país é que é usada na escrita) e até complementando-se na sociedade com uma língua escrita que é língua morta (v. morta, língua).

VOCABULÁRIO – Em sentido lato, o conjunto de vocábulos de uma língua (v. vocábulo), tendo portanto uma aplicação mais ampla do que léxico (v.), que se refere particularmente às palavras (v.).

Na técnica da lexicografia (v.), chamam-se vocabulários os registros de vocábulos sem a respectiva significação, em contraste com o dicionário (v.). Assim, temos os vocabulários ortográficos, que arrolam os vocábulos em ordem alfabética a fim de consignar a sua grafia correta (v.).

VOCÁBULO – Do ponto de vista da fonação (v.), o vocábulo corresponde a uma divisão fonológica intermediária entre a sílaba e o grupo de força. Como forma linguística (v.), sequência de fonemas, resultante dessa divisão, que é – a) forma livre ou – b) forma dependente, isto é, – a) pode constituir por si só uma frase, ou – b) pode desprender-se na frase de outra forma a que necessariamente se liga, pela intercalação livre de outras formas ou pela mudança de posição (cf. Camara, 1959, 121s). Assim, em – *o livro de Pedro*, temos duas formas livres – *livro* (cf. a pergunta – *Livro?*, por – *Queres um livro?*), *Pedro* (cf. a frase vocativa – *Pedro!*), e duas formas dependentes – *o, de* (cf. *o grande e magnífico livro de meu incomparável amigo Pedro*).

Na língua portuguesa, a estrutura fônica do vocábulo, como forma livre, compreende: 1) uma ou mais sílabas, raramente além de seis, dividindo-se os vocábulos em monossílabos, dissílabos, trissílabos, polissílabos (mais de 3 sílabas); 2) um acento tônico na última, penúltima ou antepenúltima sílaba (v. acento). No conjunto que apresenta 2 acentos (o primeiro secundário, e o segundo principal) tem-se uma justaposição (v.) mesmo quando por convenção gráfica se escrevem os dois elementos vocabulares sem espaço entre si, como se fosse vocábulo uno (ex.: *esplendidamente, cafezinho*).

Como forma dependente o vocábulo é monossílabo ou dissílabo e pode ser apenas um CLÍTICO, integrado sem acentuação própria na enunciação de outro vocábulo contíguo (v. próclise; ênclise).

Na frase a individualidade dos vocábulos é prejudicada pela juntura fechada (v.) dentro de um grupo de força, quando falta pausa de um vocábulo para outro e se dá o enfraquecimento do acento de cada vocábulo em proveito de um único, que é o do vocábulo mais importante do grupo. Assim, em *hábil idade*, temos a ligação (v.) do /l/ final com o /i/ inicial e uma sequência contínua /abilidadi/. Não obstante, mantém-se a delimitação vocabular por causa do acento secundário a que se reduziu o de *hábil* e pela distribuição dos graus de atonicidade (v.), que são diferentes dos de *habilidade*, vocábulo único.

Quanto à estrutura mórfica, o vocábulo é indivisível, constituído de uma única forma mínima: um morfema – *de*, um semantema, sem afixo – *mar*; ou divisível com mais de uma forma mínima (ex.: *mares*), podendo as divisíveis ser a) simples (semantema e afixos flexionais) ou b) complexos por derivação (v.) ou composição (v.); (ex.: a) *mares*, b) *maremoto*, *marulho*. Do ponto de vista da significação (v.), os vocábulos podem ser lexicais, ou palavras (v.) que encerram um semantema, e gramaticais, se são meramente morfemas. Pela significação e pela função na frase, os vocábulos se distribuem em classes ou categorias léxicas (v. classes de vocábulos). Na escrita, a praxe tradicional é separar os vocábulos por um espaço em branco. Contudo, nos documentos do português arcaico (v.) isto nem sempre se fazia; ex.: "*ca entanto comeu pudesse sofrer*" em vez de – *ca entanto como eu pudesse sofrer* (cf. Carolina, 1924, 5, 82, 1, 21).

VOCÁBULO EXPRESSIVO – v. onomatopeia.

VOCALISMO – v. vogal; consonantismo.

VOCALIZAÇÃO – Mudança fonética que consiste, literalmente, na passagem de uma consoante a vogal por um maior distanciamento entre o órgão bucal ativo e o passivo, até anular-se o embaraço, típico da consoante, à emissão da corrente de ar (v. consoante).

Na evolução do latim hispânico para a língua portuguesa é particularmente importante a vocalização de uma consoante latina pósvocálica, decrescente, que passa a vogal assilábica ou semivogal, com a formação de um ditongo decrescente (v.). Essa vocalização atingiu as oclusivas como primeiro elemento de um grupo de duas consoantes distribuído em duas sílabas (v. grupos consonânticos).

Em regra produziu a semivogal anterior /y/; ex.: *lectu-* > *leito*; *conceptu-* > *conceito*; mas há exemplos da preferência pela semivogal /w/ em vocábulos de introdução mais tardia na língua; ex.: *actu-* > *auto*, *Cepta* > *Ceuta*. Também a líquida lateral pós-vocálica, que já era velarizada em latim, sofreu vocalização, passando a /w/ pelo mesmo processo que hoje se encontra na língua popular do Brasil (v. líquida); assim tivemos – *saltu* > *sauto* (donde, *souto*) (v. assimilação), *altariu-* > *autário* > *outeiro*; depois de vogal labial posterior teve-se, entretanto, /y/ por diferenciação (v.), em – *multu-* > *muito*.

A vocalização resulta, em última análise, de uma assimilação da consoante ao ambiente vocálico em que se acha.

VOCATIVO – Enunciação em que se nomeia o ouvinte, para chamá-lo ou interpelá-lo. Pode figurar – a) isolado, ou – b) concatenado numa oração como aposto (v.). Em latim o vocativo figurava no sistema de casos (v.). Em português, caracteriza-se apenas pela entoação exclamativa (v.) e muitas vezes por interjeição de chamamento, como – *ó, eh, olá!* Exs.: a) *"Eh! tia Maria... Olá, rapariga!"* – *"É horrível, Zé Fernandes, é horrível!!"* (Queirós, Cidade, 267-8).

VOGAL – Diz-se do fonema (v.) em cuja produção a corrente de ar passa livremente na cavidade bucal, distinguindo-se-lhe o efeito acústico pela forma assumida por essa cavidade, que assim atua como caixa de ressonância. A forma da cavidade bucal depende de três movimentos articulatórios conjugados, que são os traços distintivos das vogais: 1) avanço ou recuo da língua, o que faz a vogal ser anterior (também dita palatal), central e posterior (também dita velar); 2) elevação gradual da língua, o que estabelece a distinção entre baixa, média e alta; 3) arredondamento ou distensão dos lábios, que faz a vogal arredondada (também dita labial) e não-arredondada (também dita não-labial).

Na língua portuguesa há 7 vogais, como fonemas, em sílaba tônica: 1) /a/ central, baixa, não-arredondada; 2) e 3) /e/-/e:/, anteriores, médias, não-arredondadas, com uma distinção na menor e na maior elevação da língua (respectivamente – /e/, dita "aberta", /e:/, dita "fechada"); 4) /i/, anterior, alta, não-arredondada; 5) e 6) /o/-/o:/, posteriores, médias, arredondadas; 7) /u/, posterior alta, arredondada. Exs.: *vala, vela, vê-la, vila, soco* /o/, *soco* /o:/, *suco*. Em posição átona esse quadro sofre neutralização, tanto em Portugal como no Brasil, e há muita variação posicional (como o /e_0/ neutro em Portugal) (v. xuá).

Há ainda em português as chamadas vogais nasais, em que a articulação bucal é acompanhada de uma ressonância nasal e em posição final se realizam ditongadamente ([bey(n)], [bow(n)], [siy(n)], [uw(n)], isto é – *bem, bom, sim, um*); podem ser interpretadas fonologicamente como variantes posicionais das vogais orais em virtude da ressonância nasal que decorre de uma consoante nasal pós-vocálica, foneticamente reduzida ou até anulada (v. nasal).

A vogal é que constitui sempre em português o silábico ou ápice da sílaba (v. sílaba). A vogal alta (/i/, /u/) pode ser assilábica e formar com a vogal silábica um ditongo (v.), reduzindo-se a semivogal (v.).

Sobre a origem das 7 vogais portuguesas, v. quantidade (v.).

VOGAL BASE – v. ditongo; tritongo.

VOGAL DE APOIO – Vogal reduzida que se desenvolve no meio dos grupos consonânticos, por anaptixe (v.), ou depois de consoante final, por epítese (v.), em língua que, como a portuguesa, não favorece um e outra pelo seu gênio (v. gênio da língua) e propende a fazer essencialmente das consoantes fonemas pré-vocálicos.

VOGAL DE LIGAÇÃO – v. tema.

VOGAL TEMÁTICA – v. tema.

VOZ – Este termo tem na gramática portuguesa um sentido fonético (I) e um sentido mórfico (II), completamente distintos.

I. Foneticamente, a voz é um som, ou um conjunto de sons, emitido pelo aparelho fonador (v.). Às vezes restringe-se o termo aos sons em cuja produção houve vibração das CORDAS VOCAIS (v. sonoro).

II. Morficamente, voz designa a forma em que se apresenta o verbo para indicar a relação entre ele e seu sujeito. Tem-se então o que se chama a VOZ VERBAL.

Em português, a apresentação fundamental, ou primária, da forma do verbo constitui o que se chama a VOZ ATIVA. A denominação decorre da circunstância de que aí o processo verbal é tratado como uma ação, ou atividade, de determinado ser sujeito, de quem, na representação linguística pelo menos, parte o processo; ex.: *o homem anda, o vento zune, a estrada sobe pela encosta, o livro ensina*, etc. Não há, pois, uma relação constante e indissolúvel entre os conceitos metafísicos de agente (v.) e AÇÃO e os conceitos gramaticais de sujeito e verbo da voz ativa, onde não raro há até, imanente, a) a inércia, ou b) a passividade (v.) do sujeito (ex.: a) *o menino dorme*, b) *o menino apanha uma surra*) (cf. Vendryes, 1921, 121).

Ao lado da construção fundamental de voz ativa há ainda em português as apresentações secundárias da voz passiva (v.), em que o verbo tem uma forma específica para indicar a passividade em oposição à sua forma ativa, e a VOZ REFLEXIVA *lato sensu*, melhor dita medial (v.), que podemos definir como a de uma integração do sujeito ativo no processo que dele parte.

Em vez de voz, no seu sentido morfológico, também se usa o termo de origem grega DIÁTESE ou ainda GÊNERO VERBAL.

VULGARISMO – Qualquer traço linguístico do uso da língua nas classes populares, que diverge da norma (v.), sendo portanto considerado ERRO dentro do conceito de correção (v.). Caracteriza-se especialmente pelo seu efeito de categorização social: contrariando um ideal da língua culta, serve de índice de incultura e de nível intelectual baixo. São, por isso, os vulgarismos combatidos no ensino escolar, embora muitas vezes revelem fortes tendências para mudanças (v.). Quando essas tendências são irrefreáveis, estabelece-se um *modus vivendi* entre o vulgarismo e o uso ditado pela norma; esta só vigora a rigor na língua culta (v.) e aquela se firma até certo ponto na língua cotidiana, com "situações turvas", em que os homens cultos fazem às inovações um mínimo de concessões e os semicultos, que deles se aproximam, procuram conformar-se em certa medida com o uso elegante (Meillet, 1931, 237).

Entre os vulgarismos mais radicados no português do Brasil citam-se: 1) a obsolescência das formas verbais do imperativo, substituídas por uma frase de pedido com o verbo no indicativo; 2) a próclise (v.) dos pronomes adverbiais átonos em início de frase, principalmente nos pedidos de intenção mais ou menos requisitiva; 3) o sincretismo das formas de tratamento (v.) entre *tu* e *você*; 4) o abandono dos pronomes adverbiais átonos para objeto direto (v. objetos) – *o, a, os, as*, substituídos – a) na 3ª pessoa por *ele* e suas formas de feminino e plural (cf. Camara, 1957), e – b) no tratamento indireto de 2ª pessoa por *lhe, lhes*, que é aplicado para objeto direto e indireto, como sucede com *te, me*; 5) emprego do verbo *ter* como equivalente de *haver*, em sentido existencial. A literatura usa esses vulgarismos com intenção estilística, especialmente para sugerir o nível social e cultural do personagem que fala, na narrativa de ficção; ex.: "*Ó seu Rodrigues, Manduca está lhe chamando*" (Azevedo, Contos, 66) – "*Ainda ontem deixei ele na quitanda*" (Assis, Cubas, 191).

Os vulgarismos fonológicos constituem a pronúncia popular e criam um sistema fonêmico subnormal, ou variedade relaxada, que

vulgarismo (cont.)

apresenta às vezes com o sistema fonêmico normal (v. fonema) diferenças profundas. Assim, na pronúncia do Rio de Janeiro, são típicas da variedade relaxada: a) a ausência de /r/ final (cf. nos infinitivos – *amá*, *fazé*, *parti*); b) a despalatalização de /n'/ e /l'/ diante de /i/ tônico; ex.: *compania*, *folinha*; c) a palatalização dos grupos /ly/, ny/ em /l'/, /n'/ respectivamente; ex.: /ól'us/, como *olhos*, para *óleos*; d) a vocalização do /l/ pós-vocálico velar; donde a neutralização da oposição entre *mau* e *mal*, *vil* e *viu*, etc., pronunciados (máw/, /viw/ etc).

X

XUÁ – Uma vogal "neutra", produzida por uma ligeira elevação da parte central da língua, que praticamente não se desloca na boca.

O chamado *e* "neutro" no vocalismo do português da Europa é um xuá (v. vogal). O termo é hebraico e significa "nada".

Z

ZEUGMA – v. elipse, artigo.

REFERÊNCIAS BIBLIOGRÁFICAS

DOUTRINA

ABERCROMBIE 1949: David Abercombrie. *"What is a letter?"*, L. 1-1.

ACADEMIA 1943: Academia Brasileira de Letras, *Pequeno Vocabulário Ortográfico da Língua Portuguesa*, Rio de Janeiro.

_____ *Gramática Histórica da Língua Portuguesa*, São Paulo.

_____ *Gramática Secundária da Língua Portuguesa*, 3ª ed., São Paulo. [s.d.]

_____ *Dificuldades da Língua Portuguesa*. Rio de Janeiro. [s.d.]

_____ *Meios de Expressão e Alterações Semânticas*. Rio de Janeiro, 1930.

ALONSO, Amado. *Estudos Linguísticos. Temas Españoles*. Madrid, 1951.

ALONSO-UREÑA 1945: A. Alonso y P.H. Ureña, *Gramática Castellana*, 2 vols. Buenos Aires, 1945.

ALONSO, Damaso. *La Fragmentación Fonética Peninsular*. ELH, 1, supl., 1962 [s.l.].

AULETTE, F.J. *Dicionário Contemporâneo da Língua Portuguesa*, 2 vols. Lisboa, 1925.

BACH, Emmon. *An Introduction to Transformational Grammars*. New York, 1964 [s.e.].

BALBIN, Rafael de. *Sistema de Ritmica Castellana*. Madrid, 1962.

BALDINGER, Kurt. *Die Semasiologie. Versuch eines Überblicks*. Berlim, 1957.

_____ *"Comunications"* em RLR, XXVI- 103-104, 1962.

_____ *La Formación de los Dominios Linguisticos en la Península Ibérica*, tr. esp., Madrid, 1962.

BALLY, Charles. *Le Language et La Vie*. Paris, 1926.

_____ *Linguistique Générale et Linguistique Française*. Bern., 1950.

BALLY-RICHTER-ALONSO-LIDA 1942: Ch. Bally, E. Richter, A. Alonso, R. Lida. *El Impresionismo en el Lenguaje*, Buenos Aires.

BARALT, R.M. *Dicionário de Galicismos*. Madrid, 1918.

BARBOSA, J. de Morais. *Les Voyelles Nasales Portugaises*. Interpretation Phonétique, em ICPhSc., 1962.

BARRETO, Mario. *Factos da Língua Portuguesa*. Rio de Janeiro, 1916.

_____ *Novos Estudos da Língua Portuguesa*. Rio de Janeiro, 1921.

_____ *De Gramática e de Linguagem*. Rio de Janeiro, 1922.

_____ *Novíssimos Estudos da Língua Portuguesa*. Rio de Janeiro, 1974.

_____ *Através do Dicionário e da Gramática*. Rio de Janeiro, 1936.

BARROS, João de. *Gramática da Língua Portuguesa*, fac-símile. Lisboa, 1950.

BATTISTI, Carlo. *Fonética Generale*. Milano, 1938.

BECHARA, Evanildo. *O Futuro Romance*. Rio de Janeiro, 1962.

BOAS, Franz. *"Introduction"*, em *Handbook of American Indian Languages*, I. Washington D.C., 1911.

BOLÉO, M. de Paiva. *O Perfeito e o Pretérito em Português em confronto com as outras Línguas Românicas*. Coimbra, 1936.

_____ *O Estudo dos Dialectos e Falares Portugueses*. Coimbra, 1942.

_____ *Tempos e Modos Portugueses*. Em BFL, III, 1942.

_____ Brasileirismos. Coimbra, 1943.

_____ *Introdução ao Estudo da Filologia Portuguesa*. Lisboa, 1946.

BOURCIEZ, Edouard. *Éléments de Linguistique Romane*. Paris, 1930.

BRUNOT, Ferdinand. *La Pensée et la Langue*. Paris, 1936.

CAMARA Jr., J. Mattoso. *Elementos da Língua Pátria*, 3 vols. Rio de Janeiro, 1936-1938.

_____ *Una alternância portuguesa full: fol*, em RFH 1, 1938.

_____ *Filologia*, em MBEB.

_____ *Contribuição à Estilística Portuguesa*. Rio de Janeiro, 1953.

_____ *Para o Estudo da Fonêmica Portuguesa*. Rio de Janeiro, 1953.

_____ *Sobre a Classificação das Palavras*, Boletim de Filologia, ed. Dois Mundos, fasc. 6, Rio de Janeiro.

_____ *Uma Forma Verbal Portuguesa, estudo estilístico-gramatical*. Rio de Janeiro, 1956.

_____ *Sur la neutralisation morphologique*, em TIL, II, 1957.

_____ *Ele comme un accusatif dans le portugals de Brèsil*, em MHAM, I.

_____ *Princípios de Lingüística Geral*, 3ª ed. Rio de Janeiro, 1959.

_____ *Manual de Expressão Oral e Escrita*, 2ª ed. Rio de Janeiro, 1961.

_____ *Ensaios Machadianos*. Rio de Janeiro, 1962.

CARDOSO, Wilton. *Ditologia Léxica*. Belo Horizonte, 1950.

CARNEIRO, Ernesto. *Serões Gramaticais*. Bahia, 1915.

CARRETER, Lázaro. *Dicionário de Términos Filológicos*. Madrid, 1953.

_____ *"Problemas de Terminologia Linguística"*, Ponencia Prestada al Congreso de Instituciones Hispánicas, Presente y Futuro de la Lengua Española. Madrid, 1963.

CARVALHO, José Herculano de. *Os Estudos Dialectológicos em Portugal nos Últimos Vinte Anos*, em RPF, XI, 1962.

CASSIRER, Ernst. *Le Langage et la Construction du Monde des Objets*, em JP, 1933.

COHEN, Marcel. *Le Langage, Structure et Evolution*. Paris, 1950.

_____ *L'Ecriture*. Paris, 1953.

CORNU, J. *Die Portugiesische Sprache*, em GRPh, 1, 1888.

COUTINHO, Ismael de Lima. *Gramática Histórica*. Rio de Janeiro, 1962.

CRESSOT, M. *Le style et ses techniques*. Paris, 1947.

CUNHA, Celso. *Em torno dos conceitos de gíria e calão*, em MHAN, 1941.

DALGADO, Rodolfo. *Gonçalves Viana e a Lexicologia Portuguesa de Origem Africano-Asiática*, em BACL, X, 1916.

DAUZAT, Albert. *La Gèographie Linguistique*. Paris, 1922.

_____ *Histoire de la Langue Française*. Paris, 1930.

DIETH, E. *Vademekum der Phonetik*. Bern, 1950.

referências bibliográficas

DIEZ, Fr. *Grammaire des Langues Romanes*, tr. fr. Paris, 1874.

ELCOCK, W.D. *The Romance Languages*. London, 1960.

_____ *La Penombre des Langues Romanes*, em RPF, XI, 1961.

ELIA, Silvio. *O Problema da Língua Brasileira*. Rio de Janeiro, 1940.

_____ *Orientações da Linguística Moderna*. Rio de Janeiro, 1955.

ENTWISTLE, W. *The Spanish Language*. London, 1936.

ERNOUT, Alfred. *Recherches sur l'emploi passif latin*. Paris, 1909.

_____ *Morphologie Historique du Latin*. Paris, 1945.

FELICE, Emidio de. *La terminologia linguística de G.I. Ascoli e della sua scuola*. Utrecht, 1958.

FIGUEIREDO, Cândido de. *Lições Práticas*. Lisboa, 1904.

_____ *Novo Dicionário da Língua Portuguesa*, 2 vol. 4ª ed. Lisboa. [s.d.]

FREIRE, Laudelino. *Grande e Novíssimo Dicionário da Língua Portuguesa*, 5 vols. Rio de Janeiro, 1943.

FUCHS, A. *Initation à l'étude de la Langue et de la Litèrature Allemandes Modernes*. Strasbourg, 1948.

GALVÃO, Ramiz. *Vocabulário Etimológico, Ortográfico e Prosódico das Palavras Portuguesas Derivadas da Língua Grega*. Rio de Janeiro, 1909.

GARCIA, Rodolfo. *Dicionário de Brasileirismos*. Rio de Janeiro, 1913.

GARDINER, Alan. *The Theory of Speech and Language*. Oxford, 1932.

GLEASON, H.A. *Introduction to Descritive Linguistics*. New York, 1955.

GLINZ, Hans. *Die Innere Form des Deutschen*. Bern, 1952.

GRAMMONT, Maurice. *Traitè de Phonétique*. Paris, 1933.

_____ *Le Vers Français*. Paris, 1947.

GRANDGENT, Ch. *Introducción al Latin Vulgar*, tr. esp. Madrid, 1928.

GRANDSAIGNES, d'Hauterive. *Dictionaire des Racines des Langues Indo-Européennes*. Paris, 1949.

HAMP, Eric. *A Glossary of American Technical Linguistic Usage*. Utrecht, 1950.

HARTMANN, Hans. *Das Passiv, eine Studie zur Geistgeschichte der Kelten, Italiker und Arier*. Heidelberg, 1954.

HAUDRICOURT, A. & JUILLAND, A. *Essai pour une Histoire Structurale du Phonétisme Français*. Paris, 1949.

HAVERS, W. *Handbuch der Erklarenden Syntax*. Heidelberg, 1931.

HAYAKAWA, A. *Language in Action*. New York, 1943.

HEMPL, George. *German Orthography and Phonology*. Boston, 1897.

HJELMSLEV, L. *Prolegomena to a theory of language*. Memoir 7, IJAL, 1953.

HOCKETT, Ch. *A Course in Modern Linguistics*. New York, 1958.

HUBER, Joseph. *Altportugiesische Elementarbuch*. Heidelberg, 1933.

JANSEN, J. Billeskov. *Esthétique de l'oeuvre d'art littèraire*. Copenhague, 1948.

JAKOBSON, Roman. *Selected Writings*. S'Gravenhage, 1962.

_____ *Fonema e Fonologia*, tr. e sel. port. Rio de Janeiro, 1967.

JESPERSEN, O. *Language, its nature, development and origin*. London, 1928.

_____ *The Philosophy of Grammar*. London, 1929.

JOHANSEN, Svend. *Le Symbolisme*. Copenhague, 1945.

JOOS, Martin. *Acoustic Phonetics, Supplement to Language*, vol. 24, n. 2, 1948.

KAYSER, Wolfgang. *Das Sprachliche Kunstwerk*. Bern, 1948.

KRAPP, G. *The Knowledge of English*. New York, 1927.

KUHN, Alwin. *Die Romanischen Sprachen*. Bern, 1951.

LAPA, Rodrigues. *Estilística da Língua Portuguesa*. Lisboa, 1945.

LEÃO, Duarte Nunes. *Origem da Língua Portuguesa*, 3ª ed., fac-símile. Lisboa, 1864.

LENZ, Rodolfo. *La Oración y sus Partes*. Madrid, 1925.

LEONI, F.E. *O Gênio da Língua Portuguesa*, 2 vols. Lisboa, 1958.

LIMA, M. de Sousa. *Gramática Portuguesa*. São Paulo, 1945.

MACHADO FILHO, Aires da Mata. *O negro e o garimpo em Minas Gerais*. Rio de Janeiro, 1944.

MAROUZEAU, J. *Léxique de la Terminologie Linguistique*. Paris, 1943.

_____ *Précis de Stylistique Française*. Paris, 1946.

_____ *Traité de Stylistique apliquée au Latin*. Paris, 1946.

MARQUES, Xavier. *Cultura da Língua Nacional*. Bahia, 1933.

MARROQUIM, Mário. *A Língua do Nordeste*. São Paulo, 1934.

MARTINET, André. *Economie des Changements Phonétiques*. Bern, 1955.

_____ *Eléments de Linguistique Générale*. Paris, 1960.

MAURER JR., T.H. *Dois Problemas da Língua Portuguesa*. São Paulo.

_____ *Gramática do Latim Vulgar*. Rio de Janeiro, 1959.

_____ *O Problema do Latim Vulgar*. Rio de Janeiro, 1962.

MEILLET, Antoine. *Linguistique Historique et Linguistique Générale*. Paris, 1921.

_____ *La Méthode Comparative em Linguistique Historique*. Oslo, 1925.

_____ *Esquisse d'une Histoire de la Langue Latine*. Paris, 1931.

_____ *Introduction à l'étude des langues indo-européennes*. Paris.

MELO, Gladstone Chaves de. *A Língua do Brasil*. Rio de Janeiro, 1946.

_____ *Iniciação à Filologia Portuguesa*. Rio de Janeiro, 1951.

_____ *Novo Manual de Análise Sintática*. Rio de Janeiro, 1954.

MENDONÇA, Renato de. *A influência Africana no Português do Brasil*. Rio de Janeiro, 1933.

_____ *O Português do Brasil: origens, evolução, tendência*. Rio de Janeiro, 1936.

MEYER-LÜBKE, W. *Grammaire des Langues Romanes*, tr. fr. Paris, 1890.

_____ *Einführung in das Studium der Romanischen Sprachen*. Heidelberg, 1920.

MOHRMANN, Christine. *Les formes du Latin dit Vulgaire. Essai de chronologie et de systematisation*, em FIAEC, 1951.

_____ *Latin vulgaire, latin des chrétiens, latin medieval*. Paris, 1956.

_____ *Les relations entre culture profane et culture chrétienne aux premiers siècles de notre ère*, em RPF, XII, 1962.

MONTEIRO, Clóvis. *Português da Europa* e *Português da América*. Rio de Janeiro, 1931.

MORAIS SILVA, A. *Dicionário da Língua Portuguesa*, 4ª ed. (revisão de Teotonio José de Oliveira Velho). Lisboa, 1831.

MOREIRA, Julio. *Estudos da Língua Portuguesa*, 2 vols. Lisboa, 1907.

MOTA, Otoniel. *Lições de Português*. São Paulo, 1926.

_____ *Horas Filológicas*. São Paulo, 1937.

_____ *O Meu idioma*, 4ª ed. São Paulo [s.d.].

MULLER, R. & TAYLOR, P. *A Chrestomathy of Vulgar Latin*. Boston, 1932.

MURRY, J. Middleton. *El Estilo Literario*. Trad. esp., México-Buenos Aires, 1951.

NASCENTES, A. *Dicionário Etimológico da Língua Portuguesa*, I. Rio de Janeiro, 1932.

_____ *O Idioma Nacional (gramática histórica)*. Rio de Janeiro, 1933.

_____ *O Idioma Nacional*. São Paulo, 1937.

_____ *Tesouro da Fraseologia Brasileira*. Rio de Janeiro, 1945.

_____ *Léxico da Nomenclatura Gramatical Brasileira*. Rio de Janeiro, 1946.

_____ *A Gíria Brasileira*. Rio de Janeiro, 1952.

_____ *Dicionário Etimológico da Língua Portuguesa, II (nomes próprios)*. Rio de Janeiro, 1952.

_____ *O Linguajar Carioca*. Rio de Janeiro, 1953.

NOBILING, Oskar. *As Cantigas de João Garcia de Guilhade*. Erlangen, 1907.

NOGUEIRA, R. de Sá. *Elementos para um Tratado de Fonética Portuguesa*. Lisboa, 1938.

NUNES, J.J. *Convergentes e Divergentes*, em BACL, X, 1916.

_____ *Crestomatia Arcaica*. Lisboa, 1921.

_____ *Cantigas de Amigo*, 3 vols. Lisboa, 1926.

_____ *Digressões Lexicológicas*. Lisboa, 1928.

_____ *Compêndio de Gramática Histórica Portuguesa*. Lisboa, 1930.

_____ *Cantigas de Amor*. Lisboa, 1932.

OITICICA, José. *Manual de Análise*. Rio de Janeiro, 1926.

_____ *Teoria dos Complementos*, em MHMSA.

_____ *Teoria da Correlação*. Rio de Janeiro, 1952.

_____ *Roteiros em fonética fisiológica, técnica do verso e dicção*. Rio de Janeiro, 1954.

OLIVEIRA, Fernão de. *Gramática da Linguagem Portuguesa*, ed. Sá Nogueira. Lisboa, 1936.

OLIVEIRA FILHO, A.M. de. *Problemas de Linguística e Gramática*. Rio de Janeiro, 1952.

PÁDUA, Maria da Piedade Canais e Maria de Pádua. *A Ordem das Palavras no Português Arcaico*. Coimbra, 1960.

PAIVA, Maria Helena de Novais. *Contribuição para uma Estilística da Ironia*. Lisboa, 1961.

PIDAL, Menéndez. *Manual de Gramática Histórica Española*. Madrid, 1944.

PIEL, Joseph. *Os Nomes Germânicos na Toponímia Portuguesa*, em BPL, 1937.

PISANI, V. *L'Etimologia*. Milano.

_____ *Über Volksetymologie*, em SCL, XI, 1960.

POALELUNGI, Gh. *Sinonimia Gramaticala*, em SCL, 1960.

POP, Sever. *La Dialectologie, Aperçu historique et methodes d'enquête linguistique*. Louvain, 1950.

POS, H. *Perspectives du Structuralisme*, em TCLP, 8, 1939.

POTTIER, Bernard. *Terminologia Gramatical, Ponencia presentada al Congreso de Instituciones Hispánicas, Presente y Futuro de la Lengua Española*. Madrid, 1963.

RAMOS, Artur. *O Negro Brasileiro*. Rio de Janeiro, 1934.

REGULA, Moritz. *Grundlegung und Grundprobleme des Syntax*. Heidelberg, 1931.

REIS, Otelo. *Hipocorísticos Brasileiros e Portugueses*, em MHMSA, 1938.

_____ *Breviário da Conjugação dos Verbos da Língua Portuguesa*. Rio de Janeiro, 1951.

RIBEIRO, João. *Dicionário Gramatical*. Rio de Janeiro, 1906.

_____ *Frases Feitas*, 2 vols. Rio de Janeiro, Lisboa, 1908-1909.

_____ *Curiosidades Verbais*. São Paulo, 1927.

_____ *Gramática Portuguesa, curso superior*, 21ª ed. Rio de Janeiro, 1930.

_____ *A Língua Nacional*. São Paulo, 1933.

RIEMANN, O. *Syntaxe Latine*. Paris, 1927.

RODRIGUES, Nina. *Os Africanos no Brasil*. São Paulo, 1932.

ROHLFS, Gerhard. *Das romanische Habeo Futurum and Kónditionalis*, em AR, VI, 1922.

_____ *Diferenciación Léxica de las Lenguas Románicas*, trad. esp. Madrid, 1960.

ROSETTI, Al. *Le Mot, esquisse d'une théorie générale*. Copenhague-Bucaresti, 1947.

_____ *Introdução à Fonética*, tr. port. Lisboa, 1962.

SÁ, Franco de. *A Língua Portuguesa, Dificuldades e Dúvidas*. Maranhão, 1915.

SAMPAIO, Teodoro. *O Tupi na Geografia Nacional, Bahia*, tr. port. Rio de Janeiro, 1928.

SAPIR, Edward. *Linguística como Ciência*, tr. e sel, port. Rio de Janeiro, 1961.

SAUSSURE, F. de. *Cours de Linguistique Générale*. Paris, 1922.

SECHEHAYE, Albert. *Essai sur la Structure Logique de la Phrase*. Paris, 1926.

SILVA, C.E. Correia da. *Ensaio sobre os Latinismos nos Lusíadas*. Coimbra, 1931.

SILVA NETO, Serafim da Silva. *Divergência e Convergência na Evolução Fonética*. Niterói, 1940.

_____ *Manual de Gramática Histórica Portuguesa*. Rio de Janeiro, 1942.

_____ *A Santa Vida e Religiosa Conversação de Frei Pedro, porteiro do Mosteiro de São Domingos de Évora, de André de Resende* (edição e estudo crítico). Rio de Janeiro, 1947.

_____ *Introdução ao Estudo da Língua Portuguesa no Brasil*. Rio de Janeiro, 1950.

_____ *Manual de Filologia Portuguesa*. Rio de Janeiro, 1952.

SILVEIRA, Sousa da. *Lições de Português*. Rio de Janeiro, 1937.

_____ *Trechos Selectos*. Rio de Janeiro, 1937.

_____ *Fonética Sintática*. Rio de Janeiro, 1952.

SMYTH, H.W. *A Greek Grammar for Colleges*. New York, 1920.

SPITZER, Leo. *Linguistics and Literary History*. Princeton, 1948.

TRUBETZKOY, N. *Principes de Phonologie*, tr. fr. Paris., 1949.

ULLMANN, Stephan. *Précis de Semantique Française*. Bern, 1952.

_____ *The Principles of Semantics*. Glasgow., 1957.

VACHEK, Josef. *Zum Problem der geschrleben Sprache*, em TCLP, 8, 1939.

_____ *Dictionnaire de Linguistique de l'École de Prague*. Utrecht, 1960.

VASCONCELOS, Carolina Michaëlls. *A Saudade Portuguesa*. Lisboa, 1922.

_____ *O Cancioneiro da Ajuda*, edição crítica, 2 vols., Halle.

_____ *Lições de Filologia Portuguesa*. Lisboa, 1946.

VASCONCELOS, Leite de. *Estudos de Filologia Mirandesa*, 2 vols. Lisboa, 1900-1901.

_____ *Esquisse d'une Dialectologie Portugaise*. Paris, 1901.

_____ *Lições de Filologia Portuguesa*. Lisboa, 1926.

_____ *Antroponimia Portuguesa*. Lisboa, 1928.

_____ *Opúsculos*, 7 vols. Lisboa, 1928-1938.

_____ *Estudos de Filologia Portuguesa*, seleção e organização de Serafim da Silva Neto. Rio de Janeiro, 1961.

VENDRYES, Joseph. *Le Langage, introduction linguistique à l'histoire*. Paris, 1921.

_____ *Sur les têches de la linguistique statique*, em JP, 1933.

VIANA, Gonçalves. *Exposição da Pronúncia Normal Portuguesa*. Lisboa, 1892.

_____ *Ortografia Nacional*. Lisboa, 1904.

_____ *Apostilas aos Dicionários Portugueses*, 1906.

_____ *Palestras Filológicas.* Lisboa, 1931.

_____ *Essai de phonétique et de phonologie de la langue portugaise d'après le dialecte actuel de Lisbonne*, 2ª ed. Lisboa, 1941.

VOSSLER, Karl. *The Spirit of Language in Civilization*, tr. ing. London, 1932.

_____ *Filosofía del Lenguaje*, tr. esp. Buenos Aires, 1943.

WELLEK-WARREN. *Teoria Literária.* tr. esp. Madrid, 1953.

WHITNEY, W.D. *Sanskrit Grammar.* Cambridge: Mass, 1941 (reprint).

WILLIAMS, Edwin. *From Latin, to Portuguese.* Philadelphia, 1938.

ZANIER, Guido A. *Ensaio Paleográfico sobre las Abreviaturas Latinas de la Edad Romana.* Montevideo, 1955.

SIGLAS (OBRAS COLETIVAS)

AR: *Archivum Romanicum*, Genève.

BACL: *Boletim da Academia de Ciências de Lisboa*, 2ª Classe, Lisboa.

BFL: *Boletim de Filologia. Centro de Estudos Filológicos*, Lisboa.

ELH: *Enciclopedia Linguística Hispânica*, Madrid.

FIAEC: *Federation Internationale des Associations d'Etudes Classiques, Acts du Premier Congrès*, Paris.

GRPh: *Gundriss der Romanischen Philologie G. Gröber I*, Strasbourg, 1888.

ICPhSc: *International Congress of Phonetic Sciences*, Helsink (Proceedings, s'- Gravenhage, 1962).

IJAL: *International Journal of American Linguistics*, Bloomington.

IP: *Journal de Psychologie, numéro excepcionnel*, Paris, 1933.

L: *Língua*, Amsterdam.

MBEB: *Manual Bibliográfico de Estudos Brasileiros.* Rubens Borba de Morais e William Berrien, Rio, 1949.

MHAM: *Miscelanea-Homenaje André Martinet, Diego Catalán*, 1. La Laguna.

MHAN: *Miscelânea em homenagem a Antenor Nascentes*, Rio de Janeiro, 1941.

MHMSA: *Miscelânea em homenagem a Manuel Said Ali*, Rio, 1938.

RFH: *Revista de Filologia Hispânica*, Buenos Aires-New York.

RLARPR: *Revue de Linguistique de l'Academie de la Republique Populaire Roumaine*, Bucaresti.

RLR: *Revue de Linguistique Romane, publièe por la Société de Linguistique Romane*, Strasbourg.

RPF: *Revista Portuguesa de Filologia*, Coimbra.

SCL: *Studi si Cercetari Linguistice, editure Academiei Republicii Populare Romine*, Bucaresti.

TCLP: *Travaux du Cèrcle Linguistique de Prague*, Prague.

TIL: *Travaux de l'Institut de Linguistique*, Université de Paris, Paris.

TEXTOS

ABREU, Obras: Casimiro de Abreu, *Obras*, Ed. Sousa da Silveira, São Paulo, 1940.

ALENCAR, Iracema: José de Alencar, *Iracema*, ed. Gladstone Chaves de Melo, Rio de Janeiro, 1948.

ALENCAR, Ipê: José de Alencar, *O Tronco do Ipê*, ed. J. Olympio, Rio de Janeiro, 1955.

ALMEIDA, Medeiros: Julia de Almeida, *A Família Medeiros*, Rio de Janeiro, 1919.

ALVES, Obras: Castro Alves, *Obras Completas*, ed. Afrânio Peixoto, 2 vols., Rio de Janeiro, 1921.

ANJOS, Eu: Augusto dos Anjos, *Eu e Outras Poesias*, América Editora, 6ª ed., Rio de Janeiro.

ASSIS, Semana: Machado de Assis, *A Semana*, ed. Garnier, Rio de Janeiro.

ASSIS, Casmurro: Machado de Assis, *D. Casmurro*, ed. Garnier, Rio de Janeiro.

ASSIS, Cubas: Machado de Assis, *Memórias Póstumas de Brás Cubas*, ed. Garnier, Rio de Janeiro.

ASSIS, Poesias: Machado de Assis, *Poesias*, ed. Garnier, Rio de Janeiro.

ASSIS, Histórias: Machado de Assis, *Várias histórias*, ed. Garnier, Rio de Janeiro.

referências bibliográficas

ASSIS, Borba: Machado de Assis, *Quincas Borba*, ed. Garnier, Rio de Janeiro.

AZEVEDO, Contos: Artur de Azevedo, *Contos Fora da Moda*, ed. Garnier, 4ª ed., Rio de Janeiro.

BARBOSA, Oração: Rui Barbosa, *Oração aos Moços*, ed. Rocha Lima, Rio de Janeiro, 1949.

BARBOSA, Réplica: Rui Barbosa, *Obras Completas*, XXIX, t. II-III, ed. Casa Rui Barbosa, Rio de Janeiro, 1953.

BILAC, Poesias: Olavo Bilac, *Poesias*, ed. Alves, Rio de Janeiro, 1922.

CARTER, Ajuda: H.H. Carter, *Cancioneiro da Ajuda*, ed. Diplomática, New York, 1941.

CASTILHO, Geórgicas: Antônio Feliciano de Castilho. *As Geórgicas de Vergílio*, ed. Otoniel Mota, São Paulo, 1930.

CESAR, Guerre: *La Guerre des Gaulles*, ed. Les Belles Lettres, Paris, 1947.

COELHO, Elogio: Latino Coelho, *Elogio Histórico de José Bonifácio de Andrade e Silva*, Lisboa, 1877.

CORREIA, Poesias: Raimundo Correia, *Poesias Completas*, ed. Mucio Leão, 2 vols., São Paulo, 1948.

DIAS, Obras: Gonçalves Dias, *Obras Poéticas*, ed. Manuel Bandeira, 2 vols., São Paulo, 1944.

DINIZ, Pupilas: Julio Diniz, *As Pupilas do Sr. Reitor*, ed. Anuário do Brasil, Rio de Janeiro, s.d.

GARRETT, Flores: Almeida Garrett, *Flores sem Fruto*, Lisboa, 1958.

GARRETT, Teatro: Almeida Garrett, *Obras Completas*, VI, ed. Teófilo Braga, Lisboa, 1904.

GARRETT, Alfageme: Almeida Garrett, *O alfageme de Santarém*, ed. Lusitania, Porto.

GUIMARÃES, Sonetos: Luis Guimarães Junior, *Sonetos e Rimas*, ed. Elzeviriana, Roma, 1880.

GUIMARÃES, Poesias: Alphonsus de Guimarães, Poesias, ed. Manuel Bandeira, Rio de Janeiro, 1938.

HERCULANO, Cartas: Alexandre Herculano, *Cartas*, 2 vols., 3ª ed., Lisboa, s.d.

HERCULANO, Eurico: Alexandre Herculano, *Eurico, o Presbítero*, ed. rev. David Lopes, 22ª ed., Lisboa.

HERCULANO, Inquisição: Alexandre Herculano, *História da Origem e Estabelecimento da Inquisição em Portugal*, 1ª ed., Lisboa, 1907.

HERCULANO, Lendas: Alexandre Herculano, *Lendas e Narrativas*, 2 vols., Lisboa, 1822.

HERCULANO, Opúsculos: Alexandre Herculano, *Opúsculos*, 5 vols., Lisboa, 1880.

LEONI, Luz: Raul de Leoni, *Luz Mediterrânea*, 6ª ed., São Paulo.

LIMA, Orfeu: Jorge de Lima. *Invenção de Orfeu*, Rio de Janeiro, 1952.

LOPES, Aljamia: David Lopes, *Textos em Aljamia Portuguesa*, Lisboa, s.d.

LUSÍADAS, Luís de Camões, *Os Lusíadas*, ed. nacional organizada por José Maria Rodrigues, Lisboa, 1931.

ODORICO, Virgílio: Manuel Odorico Mendes, *Virgílio Brasileiro*, ed. Garnier, Rio de Janeiro, s.d.

OLIVEIRA, Poesias: Alberto de Oliveira, *Poesias*, 2 vols., ed. Garnier, Rio de Janeiro, 1912.

QUEIRÓS, Cidade: Eça de Queirós, *A Cidade e as Serras*, ed. Chardon, Porto, 1833.

QUENTAL, Sonetos: Antero de Quental, *Sonetos Completos*, Lisboa, 1890.

REZENDE, vide Silva, 1947.

SOUSA, Obras: Cruz e Sousa, *Obras Poéticas*, 2 vols., ed. Instituto Nacional do Livro, Rio de Janeiro, 1945.

VARELA, Obras: Fagundes Varela, *Obras Completas*, 2 vols., ed. Coaracy, Rio de Janeiro, 1892.

VASCONCELOS, Eufrosina: Ferreira de Vasconcelos, *Comédia Eufrosina*, ed. Aubrey Bell, Lisboa, 1919.

VERGÍLIO, Eneide: Publio Vergílio Maro, *L'Eneide*, ed. Les Belles Lettres, Paris, 1945-1946.

POSFÁCIO

FRANCISCO GOMES DE MATOS*

Explicação prévia

Os verbetes incluídos neste Posfácio objetivam um aprimoramento apenas *quantitativo* desta obra, pois dificilmente conseguiríamos maximizar a qualidade didática inerente ao trabalho de Mattoso Camara. A seleção feita constitui uma tentativa, por parte de um ex-discípulo, no sentido de oferecer aos usuários do *DLG* explicações breves sobre outros conceitos que, ainda vivo, Mattoso certamente teria abordado em uma edição revista e ampliada. Evidentemente, a responsabilidade pela escolha reflete a formação e a atuação profissionais do posfaciador no campo da Linguística Aplicada ao Ensino de Português (como língua materna e estrangeira) e do Inglês. Cumpre registrar que, graças ao apoio e estímulo de Mattoso Camara, procuramos dedicar também nossos esforços à causa do aprimoramento das condições de aprendizagem da língua portuguesa no Brasil – mormente através das contribuições que a linguística pode oferecer a autores de livros didáticos, gramáticos, professores e alunos.

Os leitores deste Posfácio encontrarão, em alguns verbetes, referências a obras relativamente recentes, incluídas em *Referências bibliográficas suplementares*. Nosso intuito foi o de estimular a aquisição de conhecimentos mais profundos, despertar a curiosidade científica e o interesse pela investigação em fontes atuais.

Verbetes adicionais ao corpus *do* DLG

ACEITABILIDADE – Conceito da Gramática Gerativa, referente a uma escala de julgamento, em grande parte intuitiva, aplicada pelo usuário a respeito da aceitação ou não-aceitação de um enunciado. Um enunciado pode ser considerado aceitável, mesmo que seja gramaticalmente discutível. Exemplo: São uma e meia. A aceitabilidade está para o desempenho (v.) como a gramaticalidade (v.) está para a competência (v.). Eis um exemplo de enunciado inaceitável: Os torcedores querem invadirem o campo.

---

* Diretor do Centro de Linguística Aplicada do Instituto de Idiomas Yázigi S/C, em São Paulo. Professor no programa de pós-graduação em Linguística Aplicada na PUC/SP.

Constitui tarefa do linguista e do gramático (este último é, na realidade, um tipo de linguista) descrever e explicar o fenômeno da aceitabilidade (cf. Perini, 1976, 30-34). Através de testes do tipo Seleção dentre variantes, Avaliação de graus de aceitabilidade e Escala de preferência é possível verificar atitudes dos usuários de uma língua (cf. Greenbaum e Quirk, 1970).

APLICADA, LINGUÍSTICA – Ao lado da Linguística Teórica (ou Geral), constitui um dos grandes campos da Ciência da Linguagem. Tem por objetivo a aplicação de princípios, intravisões, técnicas, resultados da investigação linguística à solução de problemas de natureza educacional e sociocultural. Podemos ter uma ideia concreta da abrangência da Linguística Aplicada ao examinarmos os 11 temas do V Congresso Internacional de Linguística Aplicada (Montreal, Canadá; 21 a 26 de agosto de 1978): 1) Ensino e Aprendizagem de línguas segundas; 2) Ensino e aprendizagem da língua materna; 3) Formação de professores de língua materna e de língua segunda; 4) Línguas para fins instrumentais ou profissionais; 5) Mensuração, avaliação e testes; 6) Bilinguismo e Multiculturalismo (línguas em contato; línguas de minorias; estudos étnicos); 7) Planejamento e política linguísticas: aspectos políticos, organizacionais, administrativos e financeiros; 8) Sociolinguística; 9) Psicolinguística; 10) Centros de estudo ou de pesquisa linguística; 11) Linguística aplicada às ciências da saúde mental (psiquiatria, psicanálise, psicologia). A Linguística Aplicada tem se desenvolvido mais intensamente no subcampo das Aplicações à Metodologia do Ensino de Inglês como língua estrangeira (v. Gomes de Matos, 1976a). Sobre a influência da linguística em livros didáticos de Português, v. Gomes de Matos, 1978. O desenvolvimento da Linguística Aplicada no Brasil está documentado em Gomes de Matos, 1976b.

AQUISIÇÃO DA LINGUAGEM – Um dos temas mais fascinantes estudados pela Psicolinguística (v.). Há três interpretações a respeito do complexo processo da aquisição da linguagem: 1) behaviorista ou empirista, segundo a qual a linguagem é aprendida através de condicionamentos (estímulo-resposta). A imitação desempenha um papel importante. O expoente mais notável desse ponto de vista é o psicólogo B.F. Skinner, cuja obra foi objeto de apreciação crítica pelo pai da corrente gerativo-transformacional, o linguista americano Noam Chomsky; 2) nativista, inatista ou racionalista. Para os adeptos deste ponto de vista, existiria uma capacidade ou predisposição linguística inata na criança, um conhecimento prévio dos universais linguísticos, isto é, das características ou propriedades comuns a todas as línguas naturais. Dentre as figuras que propugnam pela interpretação nativista destaca-se o linguista prematuramente desaparecido Eric Lenneberg, para quem o desenvolvimento linguístico está ligado à evolução biológica do organismo humano (v. Lenneberg, 1975); 3) cognitivista. Os adeptos desta interpretação sustentam que a criança possui um conjunto de procedimentos e de regras de inferência que possibilitam um processamento dos dados linguísticos. Segundo os cognitivistas – para eles a linguística viria a ser um ramo da psicologia cognitiva – o processo da aquisição da linguagem é ativo e progressivamente aprimorado com a idade do falante. Em suma, é o desenvolvimento cognitivo e mental que promoveria a aquisição da linguagem, posição esta semelhante à do grande psicólogo suíço Jean Piaget (cf. Bello Lima, 1976).

CASOS, GRAMÁTICA DOS – Abordagem funcional desenvolvida pelo linguista americano Charles Fillmore na década de 1960. Consiste na representação da estrutura profunda (v.) ou subjacente de uma oração em termos de um verbo e uma ou mais frases nominais, cada uma das quais está relacionada ao verbo por meio de casos, tais como instrumental, dativo, locativo e objetivo. Para uma compreensão mais explícita desse tipo de gramática, v. Fillmore, *Em favor do caso*. In: Lobato, 1977.

COMPETÊNCIA – Diz-se, em Gramática Gerativa, do domínio intuitivo de uma língua. É a capacidade parcialmente inata de que é possuidor o usuário e que possibilita a transformação e/ou construção de enunciados bem como a distinção entre ambiguidade e a paráfrase (v.).

COMUNICATIVA, COMPETÊNCIA – Expressão proposta pelo linguista americano Dell Hymes para designar o conhecimento prático das regras psico-sócio-culturais que caracterizam os usos linguísticos em contextos sociais bem definidos.

CRIATIVIDADE LINGUÍSTICA – Capacidade que tem o usuário de uma língua de produzir e de compreender enunciados novos ou originais. É, também, uma das propriedades características da linguagem humana (v. Gomes de Matos, 1976a: 26-27). Uma das estratégias para desenvolvimento da criatividade, do ponto de vista da redação em língua portuguesa, é a paráfrase (v.).

DESEMPENHO, ATUAÇÃO OU PERFORMANCE – Diz-se, em Gramática Gerativa, do processo de realização ou concretização da competência. O desempenho ou atuação do usuário se dá através da percepção e/ou produção de enunciados.

DISTINTIVOS, TRAÇOS – Características mínimas integrantes de um conjunto universal de traços fonéticos constitutivos dos fonemas de uma língua. Os traços distintivos são de natureza acústico-articulatória. Em português, por exemplo, o traço SONORO distingue pares como "deu/teu", "gola/cola". Os traços distintivos são as verdadeiras partículas subatômicas da Fonologia, pois representam o fracionamento do fonema. A análise dos traços distintivos (também chamada "análise de traços pertinentes ou diferenciais") muito deve ao linguista Roman Jakobson e ao grupo linguístico de Praga.

EMPATIA COMUNICATIVA – Escala de interação empática manifestada linguisticamente pelo usuário em termos sintático-semânticos. Suponhamos que a equipe de futebol de João perdeu o jogo e Pedro quer empatizar com aquele amigo. Poderia dizer:

a) Seu time perdeu, hem? Que pena!
b) A gente não pode ganhar sempre, não é?

c) Eu sei que você tá chateado, mas na próxima a gente vence.
Qual a alternativa mais empática? c)
A interação empatia-sintaxe-semântica é objeto de investigação pelos linguistas da corrente funcionalista nos Estados Unidos. Para uma aplicação do conceito de empatia ao ensino de português como língua estrangeira v. Yázigi, 1976-1977 e, no ensino de inglês, Gomes de Matos, 1976a.

ESTRATIFICACIONAL, GRAMÁTICA – Esse tipo de abordagem ao fenômeno linguístico considera uma língua como um sistema de estratos ou camadas bem inter-relacionados. O estrato fonológico abrange a Fonêmica e a Hipofonêmica (aspecto biofísico dos sons). A Semêmica ocupa o estrato mais elevado, ao passo que a Hipersemêmica compreende aspectos da experiência ou categorias de elementos semânticos como, por exemplo, entidades, eventos, processos. Os expoentes mais destacados dessa gramática são Sydney M. Lamb e David G. Lockwood.

FORMAL, USO – Diz-se do uso oral ou escrito em situações formais ou cerimoniosas, por exemplo: conferências, discursos em solenidades, ata de diretoria de uma empresa, editoriais jornalísticos, correspondência oficial. Compare: Maria está mais bem vestida do que Alice (uso formal) melhor (uso informal).

FALA, ATOS DE – Segundo uma abordagem proposta pelo filósofo inglês John Austin, convêm estabelecer uma dicotomia para a descrição dos atos de fala, isto é, daquilo que efetivamente fazemos quando desempenhamos nosso papel de falante: 1) atos locucionais. São, por exemplo, os atos da fonação como o fechamento da glote; 2) atos ilocucionais. Seriam os atos através dos quais anunciamos, afirmamos, descrevemos, admitimos, ordenamos, prometemos, lamentamos. Essa categoria compreende enunciados constativos e enunciados performativos. Um exemplo de constativo: O sol nasce às 7 amanhã; de performativo: Prometo deixar de fumar. Para Austin, falar é uma série de atos de natureza bem definida, com intenções características, em vez de uma série de eventos (cf. Austin, 1962).

GLOSSEMÁTICA – Abordagem dedutiva ao fenômeno linguagem, desenvolvida pelo linguista dinamarquês Louis Hjelmslev. Seu enfoque, um tanto abstrato, é centrado em relações, das quais obtém-se a "forma". Pontos positivos da contribuição de Hjelmslev são "a clareza e a lógica das deduções e a exatidão de sua estrutura teórica" (cf. Mattoso Camara, 1975 b: 180-183).

GRAMATICALIDADE – Conceito ligado à competência do falante. Há enunciados gramaticais e agramaticais (que infringem regras gramaticais). Exemplo de enunciado agramatical: Vi não nada. Há, na realidade, uma escala de gramaticalidade, do mesmo modo que existe uma de aceitabilidade. A distinção precisa entre gramaticalidade e aceitabilidade constitui um desafio às teorias linguísticas atuais. Um enunciado gramatical nem sempre é aceito pelo ouvinte, que poderá considerar a construção como inaceitável. Exemplo: Esta é a casa que o homem que a mulher com quem se casou ontem não quis alugar. Em Gramática Gerativa diz-se que um enunciado é gramatical quando o mesmo é construído segundo as regras da língua e quando os falantes dessa língua também a consideram gramatical.

HUMANÍSTICA, LINGUÍSTICA ou LINGUÍSTICA HUMANA – Um movimento verdadeiramente renovador que preconiza o estudo linguístico centrado na pessoa humana em toda sua amplitude existencial, i.e., em todos os fenômenos comunicativos por nós experienciados. O surgimento de uma Linguística Humanística é uma resposta ao descontentamento de um número crescente de linguistas com os modelos teóricos existentes. Dentro do próprio campo da linguística gerativa várias subescolas brotaram, das quais destaca-se a da Semântica Gerativa, cujas investigações já propiciam uma compreensão mais adequada da Competência Comunicativa no uso de uma língua. Por outro lado, coexistem, a par da Gramática Gerativa, outras modalidades de Gramática bastante produtivas como a Tagmêmica e a Gramática Sistêmica (os estudos do linguista britânico M.A.K. Halliday sobre *coesão textual ou interoracional* são particularmente importantes. V. sua obra notável *Cohesion in English*, London: Longman, 1976). Dentre os apologistas e praticantes de uma Linguística Humanística no exterior destacam-se Robin Lakoff, Dell Hymes, George Lakoff, Robert Di Pietro, Roman Jakobson, Victor Yngve e Adam Makkai. Em um breve levantamento da Linguística Aplicada no Brasil (cf. Gomes de Matos, 1976b) aludimos ao "surgimento de uma Linguística Humana entre nós". Esse vigoroso movimento procura responder às seguintes indagações: Com que intenções as pessoas se comunicam? Com que eficácia? De que modos podem os falantes humanizar-se ainda mais, linguisticamente (cf. o papel da empatia comunicativa a esse respeito). No plano pedagógico, da metodologia humanística, as indagações prioritárias seriam: O que as pessoas querem comunicar? Em que situações se comunicam? Que escalas utilizam (polidez, empatia, intensificação, por exemplo)? Quais os objetivos dos aprendizes (de português no 1º e 2º graus)? Como podemos satisfazer as necessidades e os interesses linguísticos dos aprendizes? De que modo professores, alunos e métodos de ensino podem ser mais humanizados?

INFORMAL, USO – Uso linguístico oral ou escrito característico de situações socialmente descontraídas, i.e., não-cerimoniosas, por exemplo: conversa entre amigos, correspondência familiar. Compare-se:

José? Mandei ele comprar o jornal (Uso informal).
      -o   (Uso formal).

A propósito de usos formal e informal no português oral do Brasil v. Gomes de Matos, 1976c.

NEUTRO, USO – Uso linguístico não-marcado, socialmente, cujo julgamento por um interlocutor corresponde a um grau intermédio em uma escala tripartida do tipo: USO FORMAL – USO NEUTRO – USO INFORMAL. A locução *uso neutro* é empregada pelo gramático britânico Quirk (v. 1973: 7).

Compare-se: José? Mandei comprar o jornal (Uso neutro)
Mandei-o (Uso formal)
Mandei ele (Uso informal)
A descrição dos usos do português oral e escrito constitui um desafio aos linguistas e gramáticos escolares.

PADRÃO – Termo empregado para designar uma das variedades de uma língua. No caso do português, convém distinguir: padrão ou variedade supranacional (a luso-brasileira), padrões nacionais ou variedades brasileira e lusa da língua portuguesa, padrões regionais (no caso brasileiro é essa caracterização que mais adequadamente descreve nossa realidade linguística, nossa pluralidade de padrões cultos regionais) ou variedades regionais. No Brasil não há uma variedade ou padrão predominante a despeito de um certo folclore linguístico (ideias preconcebidas) concernente à variedade carioca; há, isso sim, variedades regionais cultas, atualmente sendo objeto de investigação científica através do Projeto de Descrição da Norma Urbana Regional Culta executado por equipes de linguistas em cinco capitais brasileiras: Rio de Janeiro, São Paulo, Recife, Salvador e Porto Alegre. Sobre *Língua padrão*, v. Aryon Dall'Igna Rodrigues, "Problemas Descritivos do Português contemporâneo como língua padrão no Brasil". In: *Actas do I Simpósio Luso-Brasileiro sobre a Língua Portuguesa Contemporânea*. Coimbra: Embaixada do Brasil e Instituto de Alta Cultura, 1968.

PARÁFRASE – Em Gramática Gerativa a paráfrase é um tipo de equivalência semântica que inter-relaciona enunciados. No par de orações
A) O avião chegou atrasado
B) Chegou atrasado o avião
dizemos que B) é uma paráfrase de A), logo A) e B) são orações sinônimas. A capacidade de parafrasear constitui uma das estratégias mais produtivas ou criativas para o aprimoramento redacional do aluno de 1º e 2º graus. Testes de paráfrase são empregados por pesquisadores linguísticos para a verificação do grau de desempenho linguístico de sujeitos falantes nativos.

PRAGMÁTICA – Um campo interdisciplinar cujo objetivo é a descrição científica do uso linguístico. A linguística pragmática tem um interesse primordial pelos usuários dos diversos sistemas linguísticos. A natureza interdisciplinar da Pragmática possibilita a interação efetiva de outros domínios importantes da linguística, a saber: sociolinguística, psicolinguística, linguística aplicada, interação homem-máquinas, filosofia da linguagem. Aprimorar nossa compreensão do fenômeno linguagem como o principal instrumento de interação socioecológica, eis o objetivo central da Pragmática. Convém distinguir o campo interdisciplinar da Pragmática do ramo da Semiótica, também chamado Pragmática, que trata das relações entre as palavras, expressões ou símbolos e seus usuários. A exemplo de outros campos da linguística, conta a Pragmática com uma revista própria: *Journal of Pragmatics*, lançada em abril de 1977 pela editora North-Holland Publishing Company, Amsterdam.

PROFUNDA, ESTRUTURA – As orações de uma língua possuem, além de uma estrutura superficial (manifestada oral ou graficamente), uma estrutura profunda, subjacente ou conceptual. Existe, por assim dizer, na mente do falante que, mediante a aplicação inconsciente de regras, transforma tal estrutura profunda em superficial. Eis um exemplo, pedagogicamente adaptado, de uma estrutura profunda: o enunciado

   Pedro prometeu a Maria que ele viria

tem, como estrutura subjacente parafraseada, o seguinte par de enunciados

   Pedro prometeu (algo) a Maria
   Pedro virá

A Gramática Gerativa representa as estruturas profundas através de um esquema gráfico denominado diagrama-árvore (cf. utilização desse recurso em Luft, 1976).

PSICOLINGUÍSTICA – Vigoroso e produtivo campo da Linguística que tem por objetivo o estudo do desenvolvimento do pensamento e da linguagem, as inter-relações entre psicologia e linguística, a aquisição (v.) e o desenvolvimento da linguagem pela criança. Desenvolve-se também uma Psicolinguística Aplicada ao Ensino de Línguas (cf. Titone, 1976, e Tatiana Slama-Casacu, *Psicolinguística Aplicada ao Ensino de Línguas*, São Paulo: Pioneira, 1978. Coleção Línguas e Cultura, AIMAV).

SEMIÓTICA – O estudo científico de todos os signos, quer humanos quer animais (Zoossemiótica). Entre os linguistas de países de língua inglesa há uma tendência no sentido de estabelecer-se uma sinonímia entre Semiótica e Semiologia. Este úlltimo campo foi definido por Saussure como o estudo de todos os sistemas de signos oriundos da vida em sociedade (v. Saussure, 1969). A Associação Internacional de Estudos Semióticos, fundada em 21/01/1969, recomendou que "o termo Semiótica deve ser usado como tradução de Semiologia" (cf. Mônica Rector. *Problemas e tendências da semiótica*, RBL, n. 2, 1975: 104-109). Sobre a origem de Semiótica, v. Thomas Sebeok. *Semiótica e seus congêneres*, RBL, vol. 2, n. 2, 1975. Para algumas ideias de um dos grandes precursores da Semiótica, v. Peirce (1972).

SOCIOLINGUÍSTICA – Este vigorosíssimo campo da Linguística aborda os usos da linguagem (de uma língua) e as distintas modalidades de comunicação encontradas em diferentes grupos sociais. Tem por objetivo uma compreensão das línguas como partes ou instrumentos da vida social. Para uma aplicação da sociolinguística v. Preti, 1974 (2ª edição: 1978) e para alguns trabalhos por brasileiros, cf. Vandresen, 1973.

Dos campos da Linguística, a Semântica, a Sociolinguística, a Pragmática, a Psicolinguística e, naturalmente, a Linguística Aplicada são, a nosso, ver, os que melhores possibilidades oferecem à formação do professor de língua portuguesa segundo uma abordagem eminentemente humanística.

USUÁRIO, GRAMÁTICA DO – Gramática centrada nos usuários de uma língua: em suas necessidades e interesses. Corresponde a um anseio educacional. Descreveria e procuraria explicar as opções de que dispõe um usuário e as implicações das escolhas feitas por ele nos repertórios sociolinguístico e estilístico. Uma gramática dessa natureza ainda está para/por ser escrita. Exploraria os processos transformacionais (por exemplo, adição ou expansão, supressão, transposição) como recursos promotores da criatividade do usuário. Abordaria a economia expressional e a paráfrase como estratégias a serviço do usuário. Do mesmo modo que há MANUAIS DO USUÁRIO para a orientação técnico-científica do ser hurnano, deveria haver inúmeros MANUAIS DO USUÁRIO DE PORTUGUÊS, centrados não no sistema, mas no usuário deste!

Referências bibliográficas suplementares

1. Livros e artigos

AUSTIN, J.L. *How to do things with words*. Cambridge: Massachusetts, Harvard University Press, 1962.

AZEVEDO, Milton Mariano de. *O subjuntivo em português*. Petrópolis: Vozes, 1977.

BÁRBARA, Leila. *Sintaxe Transformacional do modo verbal*. São Paulo: Ática, 1975.

BELLO LIMA, Balina. *Linguagem* e *Pensamento em Piaget*. Petrópolis: Vozes, 1976.

BOLINGER, Dwight. *Aspects of Language*, 2nd edition. New York: Harcourt Brace Jovanovich, 1975.

BORBA, Francisco da Silva. *Fundamentos da Gramática Gerativa*. Petrópolis: Vozes, 1977.

BISOL, Leda. *Predicados Complexos. Uma análise transformacional do português*. Porto Alegre: Editora Formação e Editora da URGS, 1975.

COUTINHO, Ismael de Lima. *Gramática Histórica*, 7ª ed., revista. Rio de Janeiro: Ao Livro Técnico S/A, 1976.

DEESE, James. *Psicolinguística*. Petrópolis: Vozes, 1970.

DUBOIS-CHARLIER, Françoise. *Bases de Análise Linguística*. Contém 30 exercícios com soluções. Tradução e adaptação ao português de João Andrade Peres. Coimbra: Livraria Almedina, 1976.

ELIA, Silvio. *Ensaios de Filologia e Linguística*, 2ª ed. Rio de Janeiro: Grifo Edições e Brasília: Instituto Nacional do Livro, 1975.

_____ *Orientaçõess à Linguística Moderna*, 2ª ed., revista e ampliada. Rio de Janeiro: Ao Livro Técnico S/A, 1977.

GALISSON, Robert e COSTE, Daniel (orgs.). *Dictionnaire de Didactique des Langues*. Paris: Hachette, 1976.

GENOUVRIER, E. e PEYTARD, Jean. *Linguística e Ensino de Português*. Tradução e adaptação de Rodolfo Ilari. Coimbra: Livraria Almedina, 1974.

GOMES DE MATOS, Francisco. *Linguística Aplicada ao Ensino de Inglês*. São Paulo: McGraw-Hill do Brasil, 1976a.

_____ 10 Anos de Linguística Aplicada no Brasil: 1965-1975, *in: Revista de Cultura Vozes*, janeiro/fevereiro de 1976b.

_____ Usos no Português Oral do Brasil: uma lista de referência, *in: Littera*, julho/dezembro de 1976c.

_____ Influência da Linguística no livro de Português, *in:* Lobato, Maria Lúcia Pinheiro (org.), *Ensino de Português no Brasil como língua materna*, Rio de Janeiro, Tempo Brasileiro, 1978.

GREENBAUM, Sidney e Quirk Randolph, Elicitation Experiments in English: Linguistic studies in Use and Attitude. London: Longman, 1970.

HEAD, Brian F., A teoria da linguagem e o ensino do vernáculo, *in:* "Estudos Linguísticos em Homenagem a Mattoso". *Revista de Cultura Vozes*, n. 5, 1973.

KATO, Mary Aizawa. *A semântica gerativa e o artigo definido*. São Paulo: Ática, 1974.

LENNEBERG, Eric H. e Elizabeth, *Foundations of Language Development. A multidisciplinary approach*, vols. 1 e 2. New York. Academic Press, Paris, UNESCO Press, 1975.

LILES, Bruce L., *An Introduction to Linguistic*, Englewood-Cliffs, New Jersey, Prentice Hall International, 1975.

LOBATO, Lúcia Maria Pinheiro (org.). *A Semântica na Linguística: o Léxico*. Rio, Francisco Alves, 1977.

_____ (org.), Ensino do Português no Brasil como língua materna. Rio de Janeiro: Tempo Brasileiro, 1978.

LUFT, Celso Pedro. *Moderna Gramática Brasileira*. Porto Alegre: Editora Globo, 1976.

LYONS, John (org.). *Novos horizontes em Linguística*. São Paulo: Cultrix e Editora da USP, 1976.

MALMSTROM, Jean. *Understanding Language: a primer for the language arts teacher*. New York: St. Martin's Press, 1977.

MARCUSCHI, Luiz Antônio. *Linguagem e classes sociais*. Porto Alegre: Editora Movimento e Editora da URGS, 1975.

MATTOSO CAMARA JR., Joaquim. *Estrutura da língua portuguesa*. Petrópolis: Vozes, 1975a.

_____ *História da Linguística*. Petrópolis: Vozes, 1975b.

_____ *História e Estrutura da Língua Portuguesa*. Rio de Janeiro: Padrão Livraria Editora, 1975c.

_____ *Dispersos*, 2ª ed., Seleção e introdução por Carlos Eduardo Falcão Uchoa. Rio de Janeiro: Fundação Getúlio Vargas, 1975.

MENYUK, Paula. *Aquisição e desenvolvimento da linguagem*. Trad. de Geraldina Porto Witter e Leonor Scliar Cabral. São Paulo: Livraria Pioneira, 1975.

MIRA MATEUS, Maria Helena. *Aspectos da Fonologia Portuguesa*. Lisboa: Centro de Estudos Filológicos, Livraria Sá da Costa, 1975.

NARO, A.J. (org.). *Tendências da Linguística e da Filologia no Brasil*. Rio de Janeiro: Livraria Francisco Alves Editora, 1977.

NIDA, Eugene A. *Componential Analysis of Meaning*. The Hague and Paris, Mouton, 1975.

NIVETTE, Joseph. *Princípios de Gramática Gerativa*. Tradução, adaptação, glossário e bibliografia adicional de Nilton Vasco da Gama. São Paulo: Pioneira, 1975.

OLÍVIA, Madre. *Prática de Português*. Série constituída de vários volumes. Termos da Oração, Relacionamento entre Orações, Iniciação à Análise Semântica. Petrópolis: Vozes, 1976.

PEIRCE, Charles Sanders. *Semiótica e Filosofia*. São Paulo: Cultrix, 1972.

PERINI, Mário. *A Gramática Gerativa: introdução ao estudo da sintaxe portuguesa*. Belo Horizonte: Editora Vigilia Ltda., 1976.

PONTES, Eunice. *Verbos Auxiliares em Português*. Petrópolis: Vozes, 1973.

PRETI, Dino. *Sócio-Linguística: os níveis de fala*. São Paulo: Cia. Editora Nacional, 1974.

QUIRK, Randolph *et al*. *A Grammar of Contemporary English*. London: Longman, 1972. Edição compacta, *A University Grammar of English*, London, Longman, 1973.

RECTOR, Mônica. *A linguagem da juventude*. Petrópolis: Vozes, 1975.

RODRIGUES, Aryon Dall'Igna. "Tarefas da linguística no Brasil", *in*: *Estudos Linguísticos. Revista Brasileira de Linguística Teórica e Aplicada*. São Paulo: Centro de Lingüística Aplicada do Instituto de Idiomas Yázigi, vol. 1, n. 1, julho de 1966. Esta revista cessou sua publicação com o falecimento de Mattoso Camara Jr., um de seus diretores.

RUWET, Nicolas. *Introdução à Gramática Gerativa*. Tradução e adaptação de Carlos Vogt. São Paulo: Editora Perspectiva S/A, 1975.

SAUSSURE, Ferdinand de. *Curso de Linguística Geral*. São Paulo: Editora Cultrix e Editora da USP, 1969.

TITONE, Renzo. *Psicolinguística Aplicada*. Buenos Aires: Editorial Kapeluz, 1976.

TONDO, Nadia Vellinho. *Uma teoria integrada da comunicação Linguística. Introdução à Gramática Transformacional*, 2ª edição. Porto Alegre: Livraria Sulina, 1975.

VANDRESEN, Paulino *et al*. Panorama da Sócio-Linguística, *Revista de Cultura Vozes*, n. 8, 1973.

WARDHAUGH, Ronald e BROWN, H. Douglas (orgs.). *A Survey of Aplied Linguistics*. Ann Arbor: the University of Michigan Press, 1976.

YÁZIGI, Instituto de Idiomas. *Português do Brasil para Estrangeiros*, Edição Experimental. Vols. 1 e 2. São Paulo: Difusão Nacional do Livro, 1976; 1977.

2. Revistas

Revista Brasileira de Linguística. Publicação semestral. Editada pela Sociedade Brasileira de Professores de Linguística. Redatora-chefe: Mônica Rector (PUC-RJ).

A *RBL* compreende 3 seções: a) artigos; b) resenhas, notas e comentários; c) informações.

Littera. Revista semestral para professor de português e de literaturas de língua portuguesa. Diretor: Evanildo Bechara, Rio de Janeiro, Grifo Edições Ltda.

Construtura. Revista de Linguística, Língua e Literatura. Diretor: Geraldo Mattos (Univ. Católica do Paraná). Publicada pela Editora F.T.D., São Paulo.

Letras de Hoje. Estudo e debate de assuntos de linguística, literatura e língua portuguesa. Redatores: Elvo Clemente e Mainar Longhi. Centro de Estudos da Língua Portuguesa, PUC-RS.

Língua e Literatura. Revista do Departamento de Letras da Faculdade de Filosofia, Letras e Ciências Humanas da Universidade de São Paulo. Publicação periódica.

Acta Semiótica et Linguistica. Revista Internacional de Semiótica e Linguística. Publicação semestral da Sociedade Brasileira de Professores de Linguística. Editor: Cidmar Teodoro Pais (USP). Editora de Humanismo, Ciência e Tecnologia HUCITEC, São Paulo.

Hispania. A journal devoted to the interested of the teaching of Spanisch and Portuguese. Published by the American Association of Teachers of Spanish and Portuguese (AATSP). 5 números por ano. Editor: Donald W. Bleznick, Dept. of Romance Languages and Literatures, Univ. of Cincinatti, Ohio, 45221. Esta revista traz, periodicamente, artigos, resenhas e notas sobre o ensino de Português como língua estrangeira.

Revista de Cultura Vozes. Durante a sua existência a RCV publicou números especiais sobre linguística e resenhas de livros didáticos e de linguística.

CULTURAL

Administração
Antropologia
Biografias
Comunicação
Dinâmicas e Jogos
Ecologia e Meio-Ambiente
Educação e Pedagogia
Filosofia
História
Letras e Literatura
Obras de referência
Política
Psicologia
Saúde e Nutrição
Serviço Social e Trabalho
Sociologia

CATEQUÉTICO PASTORAL

Catequese
Geral
Crisma
Primeira Eucaristia

Pastoral
Geral
Sacramental
Familiar
Social
Ensino Religioso Escolar

TEOLÓGICO ESPIRITUAL

Biografias
Devocionários
Espiritualidade e Mística
Espiritualidade Mariana
Franciscanismo
Autoconhecimento
Liturgia
Obras de referência
Sagrada Escritura e Livros Apócrifos

Teologia
Bíblica
Histórica
Prática
Sistemática

REVISTAS

ncilium
udos Bíblicos
nde Sinal
B (Revista Eclesiástica Brasileira)
LA (Revista de Interpretação Bíblica Latino-Americana)
OOC (Serviço de Documentação)

VOZES NOBILIS

O novo segmento de publicações da Editora Vozes.

PRODUTOS SAZONAIS

Folhinha do Sagrado Coração de Jesus
Calendário de Mesa do Sagrado Coração de Jesus
Almanaque Santo Antônio
Agendinha
Diário Vozes
Meditações para o dia-a-dia
Guia do Dizimista

CADASTRE-SE
www.vozes.com.br

EDITORA VOZES LTDA.
Rua Frei Luís, 100 – Centro – Cep 25.689-900 – Petrópolis, RJ – Tel.: (24) 2233-9000 – Fax: (24) 2231-4676 –
E-mail: vendas@vozes.com.br

UNIDADES NO BRASIL: Aparecida, SP – Belo Horizonte, MG – Boa Vista, RR – Brasília, DF – Campinas, SP –
Campos dos Goytacazes, RJ – Cuiabá, MT – Curitiba, PR – Florianópolis, SC – Fortaleza, CE – Goiânia, GO –
Juiz de Fora, MG – Londrina, PR – Manaus, AM – Natal, RN – Petrópolis, RJ – Porto Alegre, RS – Recife, PE –
Rio de Janeiro, RJ – Salvador, BA – São Luís, MA – São Paulo, SP
UNIDADE NO EXTERIOR: Lisboa – Portugal